Georges Manolescu

FÜRST LAHOVARY

GEORGES MANOLESCU

FÜRST LAHOVARY

MEIN ABENTEUERLICHES LEBEN ALS HOCHSTAPLER

Wohlfeile Ausgabe

Aus dem Französischen übersetzt von
Dr. Paul Langenscheidt

Kommentiert von
Horst Lauinger

Mit einem Nachwort von
Thomas Sprecher

MANESSE

MEMOIREN

Erster Band

EIN FÜRST DER DIEBE

Erlebtes und Erlittenes

I

MEINE ERSTEN SCHRITTE IN DIESER WELT

Ich bin am 20. Mai 1871 in der Stadt Ploësci[1] in Rumänien geboren. Zu dieser Zeit stand mein Vater dort als Hauptmann der Kavallerie; da er aber seines hochmütigen und brüsken Charakters wegen ständig mit seinen Vorgesetzten in Konflikt lag, wurde er fortwährend von einer Garnison in die andere versetzt. Er verheiratete sich nicht weniger als viermal; seine vierte Frau ist gleich alt wie ich. Meine Mutter war, wie man mir mitteilte, eine berühmte Schönheit und unter dem Namen die «schöne Gebirglerin» bekannt. Ich selbst habe keine Erinnerung an sie; sie starb schon 1873, zwei Jahre nach meiner Geburt.

Die Pflege meiner Kindheit wurde meiner Großmutter väterlicherseits übertragen, die nahezu achtzig Jahre zählte; ich habe der armen guten Frau schon damals in meiner Jugend viel zu schaffen gemacht.

Obgleich ich bereits mit acht Jahren sehr ernst und selten einmal ausgelassen erschien, war ich andererseits doch sehr launisch, ein großer Freund der Veränderung und ein Feind jeglicher Schablone und jeder Pedanterie; daher brachte mich mein Vater nach seiner Heimkehr aus dem russisch-rumänisch-türkischen Krieg im Jahre 1879[2] in ein Pensionat nach Bukarest, das unter dem Namen «Institut Helliade» weithin bekannt war. In diesem erfasste mich aber bald ein Widerwille gegen die sitzende und streng geregelte Lebensweise, zu der ich verurteilt war, und in kurzer Zeit gehörte ich zu den Unzufriedensten dort. Nach einem Jahr ließ ich mich daher von meinem Vater in ein anderes Pensionat bringen, das mir aber nach meiner damaligen Anschauung nicht besser erschien als das erste. Nach einem zweiten Schuljahr verließ ich deshalb auch dieses Institut und kam in ein drittes, das von dem wohlbekannten, jetzt verstorbenen und viel betrauerten Professor Noveanu geleitet wurde.

In diesem dritten Pensionat entwickelte sich mein Hang zu Veränderung, zu immer neuen Abenteuern vollständig. Obgleich erst zwölf bis dreizehn Jahre alt, empfand ich doch beim Studium der Geografie, wie schön es sein musste, alle Länder der Welt frei durchstreifen zu können. Wenn am Abend meine Kameraden an ihren Aufgaben arbeiteten, saß ich, den Kopf in die Hand gestützt, in Träumereien versunken da, und weit in der Ferne grüßte mich schimmernd das verheißene Land.

II

IM ALTER VON VIERZEHN JAHREN TRETE ICH IN DIE MARINE EIN

Nachdem ich bis zum Jahre 1885 meinen Eltern und der ganzen Familie viel Sorgen gemacht hatte, wurde im August dieses Jahres mit Rücksicht auf meine ständig wechselnden Neigungen, meine Lust am Reisen und den augenscheinlichen Geschmack an Abenteuern, der mich beseelte, beschlossen, mich in die Seekadettenschule zu bringen.

Ich legte also das Examen für die Marineschule in Galatz[3] ab und wurde als Sechstbester in ihre Reihen aufgenommen.

Sechs Tage befand ich mich in der ersten – untersten – Klasse, als eines Tages unvermutet der Leiter der Anstalt, Major Draghicescu, in das Klassenzimmer trat; er fand hier einen abscheulichen Lärm vor, denn der Klassenerste vermochte nicht, Ruhe und Ordnung aufrechtzuerhalten. Nach einer Konferenz der Lehrer wurde dieser daher seiner Würde als Primus enthoben und ich an seine Stelle gesetzt, und Major Draghicescu bezeichnete mich meinen Kameraden als den, dem sie fortan in Abwesenheit der Lehrer zu gehorchen hätten.

Am Abend desselben Tages trat ich mein neues Amt an. Vom ersten Augenblick an waren sich meine Kameraden wohl bewusst, dass sie es bei mir künftig nicht mehr so gut haben würden wie bei meinem Vorgänger. Vier bis fünf der Faulsten und zugleich Lautesten setzte ich auch sogleich auf die Liste der Ungehorsamen, die ich am gleichen Abend dem diensthabenden Offizier vorlegte; dieser bestrafte die Notierten dadurch, dass er sie nach dem Zapfenstreich um acht Uhr abends noch eine Stunde lang auf dem Schulhof auf einem Bein stehen ließ. Meine Kameraden, die nun einsahen, mit welchem neuen Aufseher sie zu tun hatten, hüteten sich am folgenden Morgen, die Unordnung, das Schwatzen und den Lärm von ehedem wieder zu beginnen. Die Lehrer und der Leiter der Marineschule bemerkten denn auch sehr bald die Ruhe und Ordnung, die jetzt in der Klasse herrschte, und beglückwünschten mich zu meinem Erfolg.

Während der vier folgenden Monate, in denen ich Primus der Klasse blieb, errang ich mir durch ebenso große Strenge als Gerechtigkeit die Achtung und den Respekt meiner Kameraden wie die Zuneigung meiner Vorgesetzten. Aus dem zu Weihnachten stattfindenden Examen ging ich wiederum als Erster hervor und behielt meine Stelle als Aufsichtsführender.

Der Direktor der Anstalt, Major Draghicescu, schrieb damals meinem Vater, dass ich einer seiner besten Schüler wäre und dass ich, wenn ich so fortführe, eines Tages der Marineschule, meiner Familie und dem Vaterland Ehre machen würde.

Aber ach, die Freude dauerte nicht lange! Hier wie in den beiden Pensionaten bedrückte mich die monotone Lebensführung immer mehr, und als ich eines Sonntags meinen Urlaub überschritten hatte, wurde ich bei meiner Rückkehr in die Anstalt in den auf dem Boden befindlichen Karzer gesteckt. Ich fühlte mich hierdurch tief gedemütigt und in meiner Würde verletzt; meine Abenteuergelüste erwachten aufs Neue, und ich beschloss, die Schule zu verlassen. Eingeschlossen in meine Zelle unter dem Dach, die so niedrig war, dass ich mich darin nicht einmal aufrichten konnte, empfand ich diese Lage als eine schmerzliche Strafe für meinen Körper und eine noch härtere für meinen Geist, die beide sehnsüchtig nach der Freiheit draußen verlangten.

Mit einem Druck meiner Schultern sprengte ich die Tür meines Gefängnisses, lief über den Speicher, stieg auf das Dach und ließ mich an einer dort befindlichen Telegrafenstange auf die Straße hinabgleiten. Einen letzten Blick wandte ich noch auf das Gebäude und winkte der Schule ein Lebewohl zu. Wer weiß, ob nicht diese Anstalt der Grundstein einer glänzenden Karriere für mich geworden wäre, wenn ich sie nicht in jener Nacht verlassen hätte!

Noch mit der Seekadettenuniform bekleidet, begab ich mich zum Hafen von Galatz und suchte nach einem Mittel, um mein Vaterland zu verlassen und aufs Geratewohl auf Abenteuer in die weite Welt zu gehen.

III

MEINE ERSTEN ABENTEUER

Beim Verlassen der Marineschule hatte ich einen Franc und 80 Centime[4] in der Tasche und die Aufgabe vor mir, mit einem solch geringfügigen Betrag die Fahrt auf einem Schiff oder der Eisenbahn zu ermöglichen, ganz gleich in welche Richtung des Erdballs.

Ich begab mich auf einen mit Waren beladenen Dampfer, der sich zur Abfahrt rüstete, ohne zu wissen, wohin die Reise ging. Ich verbarg mich in dem untersten Schiffsraum; nachdem das Schiff die Donau hinunter über Sulina[5] ins Meer gelangt war, machte ich in meinem Versteck einen schauderhaften Sturm auf dem Schwarzen Meer durch, währenddessen ich fünfzehn Stunden lang mit Getreidesäcken und Geflügelkäfigen durcheinandergerüttelt wurde.

Plötzlich entdeckte ein Matrose meine Anwesenheit an Bord und schleppte mich vor den Kapitän, der mich bis zur Ankunft im nächsten Hafen im Mannschaftsraum unterbringen ließ. In Konstantinopel[6] angekommen, wohin die Reise gegangen war, wurde ich kurzerhand an Land gesetzt.

Entkräftet vor Müdigkeit und halb tot vor Hunger, sprach ich den ersten mir begegnenden fliegenden Händler mit Pilaf – weich gekochtem und mit zerlassener Butter gedämpftem Reis – an, ließ mir eine reichliche Portion dieser türkischen Nationalspeise sowie ein Stück Brot geben, setzte mich an den Rand des Weges und verzehrte mein Mahl. Der Händler, der es törichterweise versäumt hatte, Bezahlung zu verlangen, bevor er mir den Pilaf gab, forderte nun den Betrag, einen Piaster[7] und zehn Para[8], in türkischer Münze. Ich bot ihm meinen Franc an, er wollte jedoch nur türkisches

Geld annehmen; als ich sagte, dass ich kein anderes als rumänisches bei mir hätte, fing er heftig an, auf mich zu schimpfen. Um also der unangenehmen Unterhaltung und allen Zahlungsschwierigkeiten ein Ende zu machen, warf ich ihm seine metallene Schüssel an den Kopf und ergriff die Flucht.

Ich ging nun von Galata[9] – einem Stadtteil Konstantinopels, wo man mich an Land gesetzt hatte – nach dem höher gelegenen Pera[10], denn ich hatte gehört, dass Pera ein ganz europäisch angelegter Stadtteil wäre. Äußerlich war dies wohl der Fall, aber die Sitten und Gebräuche sind auch dort von der schlechtesten orientalischen Qualität. Als ich am Abend meiner Ankunft in Konstantinopel oben in Pera ankam und mich ohne Karte in den überaus großen Garten des Konkordia-Varietétheaters eingeschlichen hatte, sah ich mich von einem großen Türken beobachtet, dessen reich bestickte Uniform einen hochgestellten Offizier verriet. Im ersten Augenblick glaubte ich, der Pilafhändler aus Galata habe nach Einreichung seiner Klage diesen Repräsentanten der türkischen Macht gesandt, um mich bis in den Konkordiagarten zu verfolgen. Ich brauchte jedoch nicht viel Scharfsinn anzuwenden, um bald zu erkennen, dass ich im Irrtum war.

Kaum hatte ich auf einem der primitiven Stühle, einer Art Taburett[11] einfachster Konstruktion, Platz genommen, als der Türke sich auf einen ähnlichen Sitz niederließ und mich hartnäckig betrachtete, anstatt der interessanten Aufführung seine Aufmerksamkeit zuzuwenden, in der wenn auch vielleicht nicht die hervorragendsten, so doch sicherlich die reizendsten Soubretten[12] ganz Europas auftraten. Es waren prächtig gebaute, bildschöne Mädchen. Der Türke jedoch schenkte ihnen keinen einzigen Blick; seine tierischen orientalischen Augen hafteten so auffallend an mir, dass mir die Sache bald lästig wurde. Ich habe nie im Leben Furcht gekannt, und so tat ich einfach, als ob ich ihn nicht bemerkte. Mein Nachbar ließ sich jedoch hierdurch keineswegs abschrecken, sondern sprach mich nach einer Weile auf Türkisch an, eine Sprache, von der ich kein Wort verstand. Ich blickte ihm also frei ins Gesicht, zuckte die Achseln, um ihm dies begreiflich zu machen, und deutete ihm an, er möchte mich in Ruhe lassen. Da er jedoch meine Zeichensprache nicht kapierte oder nicht kapieren wollte, redete er mich auf Griechisch an, was ich noch weniger verstand, sodass ich ihm überhaupt nicht antwortete. Hierauf sprach er in abscheulich schlechtem Italienisch zu mir – eine Sprache, die ich auf der Marineschule zu lernen begonnen hatte und in der ich, zumal bei der Verwandtschaft des Rumänischen mit dem Italienischen, bereits eine kleine Unterhaltung zu führen vermochte. Es entspann sich nun folgendes Gespräch zwischen uns:

«Sie sind ein hübscher kleiner Bursche.»

«Was geht das Sie an?», antwortete ich ihm.

«Ich liebe alles Schöne, vor allem prächtige schwarze Augen.»

«Sagen Sie mir, sind Sie verrückt, oder sind Sie betrunken? Ich bin kein Mädchen.»

«Mein Lieber», antwortete er verächtlich, «die Frauen sind alle Kamele und widern mich geradezu an.»

«Sie haben einen sehr sonderbaren Geschmack, mein lieber Herr; ich finde, dass schöne Frauen etwas Herrliches sind.»

«Sie sind noch sehr jung, mein kleiner Freund, und wissen noch nicht, welcher Satan in jedem Weibe steckt. Aber wenn Sie gern die Bekanntschaft eines dieser Mädchen hier machen wollen, so werde ich Ihnen diese vermitteln.»

Sein Anerbieten war zu verlockend, als dass ich nicht darauf hätte eingehen sollen; auch erkannte mein praktischer Blick sofort, dass hier etwas zu machen wäre, und so ergriff ich die gute Gelegenheit beim Schopf. Ich gestand dem Türken jedoch, dass ich nur noch einen Franc und 80 Centime besäße, was für eine Bekanntschaft mit solch einer Sängerin wohl nicht ausreichen würde, worauf er lachend erklärte, dass er dafür umso reicher wäre.

Der Türke ließ hierauf seinen Kawassen kommen, eine Art Ordonnanz, der ihm überallhin folgte, seinen Mantel trug und auf etwaige Befehle harrte, entnahm seiner Brieftasche eine Visitenkarte und schrieb unter seinen mit vielen Titeln und Würden gespickten Namen einige Worte mit Bleistift; dann steckte er die Karte in ein Kuvert und übergab sie seinem Kawassen zur Besorgung an eine Dame, die ich ihm auf seine Aufforderung hin als die schönste bezeichnet hatte. Wir verließen unsere abscheulichen Sitze und den Garten und betraten ein großes Gebäude, in dem sich der Saal befand, wo die Vorstellungen bei schlechtem Wetter stattfanden. Der Offizier ließ uns ein Zimmer geben, das in der luxuriösesten Weise mit allen Bequemlichkeiten ausgestattet war, wie ich sie damals noch nicht kannte und auch später in meinem äußerst bewegten und teilweise sehr opulenten Leben nur höchst selten angetroffen habe.

Wir befanden uns noch keine zehn Minuten in diesem kostbar eingerichteten Raum, als die schöne Soubrette, eine Französin, von dem martialischen Kawassen geleitet, eintrat, der sich gebärdete, als ob er einer Königin aus dem Märchenland seine Ehrenbezeugungen zu erweisen hätte. Mit einem stereotypen Lächeln auf den Lippen ging sie direkt auf meinen Gönner los und reichte ihm die Hand zum Gruß. Mich, den bescheiden gekleideten schmächtigen

Jungen, beachtete sie überhaupt nicht. Der Türke informierte sie aber kurzweg, dass er sie nicht um seinetwillen, sondern für mich, seinen jungen Freund, habe rufen lassen. Er bestellte dann ein reichhaltiges Mahl sowie zwei Flaschen Champagner auf Eis. Während des Diners, mitten in einer sehr animierten Unterhaltung, bemerkte ich plötzlich, dass aus dem halb geöffneten Rock des Türken die Ecke seiner Brieftasche herausschaute. Wie ein Blitz kam mir der Gedanke, mich ihrer zu bemächtigen, da sie sicherlich noch mehr enthielt als nur die Visitenkarten mit den ellenlangen Titeln. In einem Augenblick, da er seine ganze Aufmerksamkeit der Sängerin zugewandt hatte, gelang es mir auch, die Brieftasche von ihm unbemerkt aus dem Rock zu ziehen und sie in meine Weste gleiten zu lassen, worauf ich noch kühner wurde und ihm auch sein Zigarettenetui aus Bernstein mit goldenem, reich mit Brillanten besetztem Monogramm entwendete. Glücklicherweise trug er in den Taschen seiner Beinkleider unter dem Kleingeld, Medschidies[13] und Piastern, auch einige Goldstücke, sodass er, als er die Rechnung für das Diner mit etwa drei Pfund türkisch beglich, mit diesem Geld zahlte. Nachdem er noch der Sängerin zwei Pfund geschenkt, verließen wir die «Konkordia». Der Herr Offizier bestieg seinen Wagen, um in sein Palais in Kabatasch[14] zurückzukehren; vorher hatte er mir seine Adresse gegeben und mich gebeten, ihn am nächsten Morgen in seiner Wohnung zu besuchen. Ich beeilte mich nun, mit der Brieftasche das Weite zu suchen, in der ich 20 Pfund in Papier, einige Fetische und eine Menge Visitenkarten fand. Selbstredend hütete ich mich wohl, zu dem Stelldichein zu gehen, aus Furcht, dass er mich für den Diebstahl bestrafen lassen würde. Drei Tage später fand ich mich aber plötzlich auf der Brücke von Galata ihm gegenüber. Ich beschloss, ihm kühn entgegenzutreten. Anstatt zu fliehen, redete ich ihn folgendermaßen an: «Mein Herr, wenn Sie mich jetzt arretieren[15] lassen, versichere ich Ihnen, dass Sie selbst den Schaden tragen sollen, da ich den größten Skandal machen und Sie gebührend kennzeichnen werde.» Er begnügte sich damit, mir zähneknirschend zu sagen, ich sollte machen, dass ich fortkäme, was ich mir nicht zweimal sagen ließ.

Mit den 20 Pfund, die ich dem Türken abgenommen, errichtete ich nun eine Art fliegenden Basar, indem ich einen großen Korb, wie man ihn bei uns in Rumänien zur Wäsche braucht, kaufte und ihn mit Kämmen, Messern, Briefpapier, Bleistiften und hunderterlei anderem Kram füllte. Dieser Korb wurde von mir und einem jungen Italiener, den ich als meinen Gehilfen angenommen hatte, getragen; wir durchzogen damit ganz Konstantinopel und schrien unsere Waren laut aus. Bei diesem meinem ersten Unternehmen legte ich jedoch vom ersten Tag an ziemlich viel Geld drauf, und nach fünf Tagen brannte mir mein Gehilfe mit dem ganzen Basar einschließlich des Korbes durch.

Dieses Fallissement[16] verstimmte mich zwar für den Augenblick; doch eine halbe Stunde später trällerte ich schon wieder die Marseillaise[17] und fühlte mich eher erleichtert als betrübt bei dem Gedanken, fortan nicht mehr diesen mich nur ruinierenden Handel betreiben zu müssen. Ich machte nun bald hier, bald da ein kleines Geschäft auf eigene Faust, und es gelang mir so allmählich, wenigstens meinen Unterhalt zu bestreiten. Da jedoch die türkische Polizei bald nähere Bekanntschaft mit mir suchte, fand ich es an der Zeit, Konstantinopel den Rücken zu kehren; und weil ich kein Reisegeld hierzu besaß, wandte ich mich an die rumänische Gesandtschaft dort, um als guter rumänischer Bürger meine Beförderung in die Heimat zu erbitten. Die Herren dieser Gesandtschaft machten erst einige Schwierigkeiten, beschlossen aber endlich doch, mich nach Hause zu senden, indem sie mich auf dem Deck eines Handelsschiffs allerletzter Klasse ohne Bett und ohne Nahrung die Heimreise machen ließen, genau wie man leere Kisten und Fässer zu transportieren pflegt.

Ich war jedoch jung und stark, und so machte es mir nichts aus, mit welchem Komfort ich die Fahrt auf dem Schiff zurücklegte. Nach drei Tagen und vier Nächten erreichte ich endlich Galatz, an allen Gliedern zerschlagen und vor Entkräftung mehr tot als lebendig.

Da ich bei meiner Ausschiffung in Galatz keinen Pfennig besaß, ging ich in das erstbeste Café, nahm einen der daselbst hängenden Überzieher und eilte fort, um ihn einem Juden zu verkaufen. Ich erhielt dafür vier bis fünf Franc, eine Summe, die nicht hinreichte, um mich zu meiner in Bukarest lebenden Familie zu bringen. Ich ersann daher ein anderes Mittel, das viel praktischer war als das zuerst angewandte. Da alles, was Schifffahrt und Marine anbelangt, meine höchste Bewunderung erregte, machte ich mir diese Liebhaberei zunutze und begann die verschiedenen fremden Handelsschiffe, die im Hafen von Galatz vor Anker lagen, zu besuchen. Ich ging als enthusiastischer Bewunderer an Bord und besichtigte zunächst die Maschinen, endigte aber stets damit, dass ich die Kabinen der Kapitäne und Obermaschinisten inspizierte und dort goldene Uhren und Ketten, Geld, das ich in den Schubladen fand, Ringe, die auf den Tischen lagen, und anderes stahl. Diese kleinen Wallfahrten waren sehr nach meinem Geschmack, und ich setzte dieselben ungefähr drei Wochen lang fort; als ich aber merkte, dass der Boden zu heiß für mich wurde, fand ich es für gut, etwas mehr westlich zu wandern, und begab mich nach Bukarest.

Dort angelangt, hielt ich mich bald hier, bald da bei verschiedenen Verwandten auf, bis das Geld, das ich bei meiner Abreise von Galatz besessen hatte, zu Ende ging. Ich ließ mir nun von einem und dem anderen meiner Angehörigen einige Franc geben und gedachte, mit diesen Almosen nach zivilisierteren Breitengraden, nämlich nach Paris, zu gelangen. Paris! Dieser Traum so vieler junger Leute! Es war eine ausgezeichnete Idee – wie aber konnte ich sie zur Ausführung bringen, da ich kaum 25 Franc mein eigen nannte?

Ich löste diese Aufgabe, indem ich den Seeweg wählte. Zuerst begab ich mich nach Galatz, wo ich mit zehn Franc die Überfahrt nach Konstantinopel auf einem Handelsschiff bestritt. Für drei Franc überließ mir ein Matrose seine Schlafstelle, und um zu essen, ging ich mit einem alten Metallteller, den ich im Quartier gefunden hatte, in die Küche, wo ich für 20 Centime eine mächtige Portion Makkaroni erhielt. So erreichte ich zwar Konstantinopel, doch trat mir dort die Schwierigkeit des Landens entgegen, da ich weder einen Pass besaß, noch einen Schiffer fand, der mich an Land geschmuggelt hätte. Es blieb mir also nichts übrig, als das in der Türkei ebenso einfache wie kostspielige Mittel anzuwenden, ein Boot zu nehmen und beim Passieren der Polizeibarke – die das Aussteigen der Passagiere beaufsichtigt, damit die Schiffer sie nirgends anders als am Zollamt absetzen – dem Beamten ein Fünf-Franc-Stück anstatt des Passes in die Hand zu drücken. Leider war dies auch mein letztes großes Geldstück. Der Beamte steckte das Geld unbesehen in seine weiten Hosen und begleitete meine Landung mit den tiefsten Verbeugungen.

So befand ich mich denn zum zweiten Mal in dieser Perle des Orients, dem schönen Konstantinopel!

Ich hütete mich wohl, von Neuem einen Handel anzufangen oder mir einen Gehilfen zu suchen, erstens weil ich nicht das nötige Kapital hierzu besaß und zweitens weil ich fürchtete, der Prokurist möchte mir abermals mit dem Basar durchbrennen. Ich zerbrach mir jedoch den Kopf nicht weiter darüber, welche Tätigkeit ich beginnen könnte, sondern begab mich direkt auf den großen Basar zu Stambul, wo ich bei den kleinen Juwelenhändlern goldene Ringe, Knöpfe und Broschen zu stehlen begann, während ich mich mit ihnen unterhielt. Es gelang mir dies zwei- oder dreimal, bis mich eines Tages ein großer Türke erwischte, als ich eben einige Ringe von seiner Auslage in meine Tasche gleiten lassen wollte. Er packte mich über den Tisch weg am Kragen, ich entwand mich ihm jedoch und ergriff die Flucht.

Er rannte mir nach, und es war eine verzweifelte Jagd zwischen uns durch die kleinen Gassen des Basars. Plötzlich, als ich ihn dicht hinter mir gewahrte, ergriff ich ein äußerstes Mittel, um meinen Verfolger loszuwerden: Ich sah vor mir eine Kolonialwarenhandlung, in der alle möglichen Dinge feilgeboten wurden, und erblickte in einem der offenen Säcke roten gemahlenen Pfeffer. Ich griff hinein und warf dem mich verfolgenden Händler rasch eine Faust voll Paprika in die Augen.

Mit einem fürchterlichen Schrei taumelte er zurück, und ich beeilte mich, aus dem Basar herauszukommen und nach Galata zu gehen, wo ich die gestohlenen Goldsachen für vier türkische Pfund verkaufte. Mit diesem Geld bezahlte ich nachmittags meine Überfahrt dritter Klasse auf einem Passagierschiff der «Compagnie des Messageries Maritimes»[18], das nach Piräus in Griechenland abdampfte.

IV

STREIFZÜGE IN GRIECHENLAND

Anfang August 1887 erreichte ich Piräus und nahm mir gleich vor, mich daselbst gut zu amüsieren. Der prachtvolle, hufeisenförmige Hafen, den diese Stadt besitzt, die Reinlichkeit auf den Kais, die Schönheiten des Klimas und der Umgebung machen aus diesem Handelsplatz einen herrlichen Ort. Im ganzen Umkreis des Hafens sind Cafés chantants[19], und zwar solche ersten Ranges.

Am Abend meiner Ankunft begab ich mich gleich in eines dieser Lokale, wo ich mich gut unterhielt. Obgleich ich nur ungefähr 40 Drachmen in der Tasche hatte, gab ich doch einer schönen Sängerin, einer Irländerin, fünf Drachmen beim Einsammeln. Sie sah mich ganz verdutzt an, und da sie gewahrte, wie jung ich war – ich zählte eben erst sechzehn Jahre –, glaubte sie, ich wäre entweder ein mit der Kasse durchgebrannter Handlungsgehilfe oder ein kleiner Prinz mit großen Einkünften. Trotzdem nahm sie meine Aufforderung an, nach beendigtem Rundgang mit dem Teller an meinem Tisch Platz zu nehmen. Nach zehn Minuten kam sie also zu mir zurück und bestellte sich sofort eine Flasche englisches Ale[20].

Wir unterhielten uns sehr lebhaft in französischer Sprache, bis der Augenblick kam, wo sie auf die Bühne zurückkehren musste.

Sie sang, indem sie zugleich einen englischen Tanz aufführte, worauf sie abermals die Runde mit dem Teller machte und ich ihr noch einmal fünf Drachmen spendete. Meine Großmut schien sie zu rühren, als ob sie wüsste oder doch ahnte, dass ich nicht im Besitz großer Geldmittel war;

diese wiederholte Freigebigkeit bereitete mir jedoch von anderer Seite unvermutete Unannehmlichkeiten. Ein Polizeikommissar, den ich an einem Nebentisch zuvor kaum bemerkt hatte, sah mit Argwohn, wie ich, ein so knabenhafter, unbedeutender Mensch, zweimal fünf Drachmen als Trinkgeld gab, und dachte nicht anders, als dass ich irgendeinen schlechten Streich verübt, zumindest aber meinen Eltern das Geld geraubt hätte. Er kam folglich an meinen Tisch und interpellierte[21] mich, indem er nach meinem Alter fragte. Ich antwortete ihm: «Habe ich Sie denn nach Ihrem Alter gefragt?»

«Ich fordere Sie im Namen des Gesetzes auf, mir zu antworten. Ich bin Polizeikommissar!»

«Das interessiert mich durchaus nicht.»

«Wenn Sie nicht sofort meine Fragen beantworten, werde ich Sie verhaften lassen.»

«Und wenn Sie mich nicht in Ruhe lassen, werfe ich Ihnen diese Weinflasche an den Kopf.»

Bei dieser Drohung ließ er einen Detektiv herbeirufen, der sich vor der Tür befand, und gebot ihm, mich zu arretieren. Dieser schickte sich jedoch kaum an, mich am Arm zu packen, als ich die Flasche ergriff und ihm bedeutete, dass ich ihn bei der ersten Berührung niederschlagen würde.

Der Kommissar versuchte nun noch einmal im Guten auf mich einzuwirken. Er näherte sich mir, sprach mir Vernunft zu und ersuchte mich, ihm verständig auf seine Fragen zu antworten. Ich fragte, weshalb ihm denn etwas daran läge, mein Alter zu wissen, worauf er erwiderte, dass es seine Pflicht verlangte, nähere Erkundigungen einzuziehen, wenn er solche jungen Menschen sähe, die sich im Café chantant mit den Sängerinnen amüsierten und achtlos mit Fünf-Drachmen-Stücken um sich würfen. Ich sagte hierauf spöttisch, dass ich sechzehn Jahre zählte und ein Mensch genau wie alle anderen wäre, die so viel Geschmack hätten, sich an den Unterhaltungen eines Cafés chantant zu erfreuen.

Er musste unwillkürlich lächeln, bemerkte aber, dass ich wohl später, wenn ich als Mann mir durch Arbeit Geld verdienen würde, das Recht hätte, mich zu amüsieren, wie und wo ich wollte; dass ich aber jetzt erst noch auf die Schulbank gehörte. Dies verdross mich, und ich erwiderte hochmütig, dass ich trotz meiner Jugend schon schönes Geld als Besitzer eines großen Basars verdient hätte.

«Und wo befand sich Ihr großer Basar?»

«In Konstantinopel, mein Herr!»

«Warum besitzen Sie ihn denn nicht mehr?»

«Weil ich die Bude zugemacht habe.»

«Wahrscheinlich sind Sie mit den Waren geflüchtet, die die Kaufleute Ihnen anvertraut haben.»

«Im Gegenteil, mein Herr. Vielmehr hat sich mein Geschäftsführer, der den Vertrieb leitete, mit dem Geldschrank dünngemacht.»

Diese Unterhaltung fand in französischer Sprache statt, die er schlecht genug beherrschte, sodass er kaum die nachlässigen Ausdrücke richtig verstand, deren ich mich mit Absicht bediente. Da sich jedoch Menschen um uns ansammelten, vor denen er sich keine Blöße geben wollte, und auch wohl befürchtete, sich durch die Hänseleien eines sechzehnjährigen Jungen lächerlich zu machen, gab er sich den Anschein, als hätte er jedes Wort verstanden und wäre von meinen Antworten befriedigt. Daher sagte er möglichst herablassend in abscheulichem Französisch: «Ich sehe, dass Sie nur etwas leichtsinnig, aber nicht schlecht sind, und will daher von einer Verhaftung absehen. Amüsieren Sie sich meinetwegen heute, morgen früh werden Sie mich auf der

Polizei aufsuchen und ich das Weitere mit Ihnen besprechen. Wo wohnen Sie?»

«Vorläufig noch nirgends. Aber vielleicht können Sie mir ein Hotel ersten Ranges empfehlen?»

«Wie, Sie sind obdachlos?»

«Mit Geld in der Tasche findet ein Mann wie ich jederzeit ein standesgemäßes Unterkommen.»

Er musste wieder lachen und verließ mich, indem er mich nochmals für den nächsten Tag vorlud und versicherte, dass er mich auf jeden Fall schon ausfindig machen würde, da die Stadt nicht allzu groß wäre. Das Publikum, das über die lange Störung schon ungeduldig geworden war, kehrte auf seine Plätze zurück, und die junge Engländerin trat wieder zu mir, der ich während der ganzen Unterhaltung mit gekreuzten Beinen nachlässig auf dem Diwan gesessen hatte.

An einem der nächsten Tage bummelte ich in den Straßen von Piräus umher und hielt nach irgendeiner Gelegenheit zum Geldverdienen Ausschau. Da tauchte plötzlich der Kommissar von neulich an der Straßenecke auf und kam direkt auf mich zu. Ich erwartete ihn ganz ruhig, denn ich wollte mich durchaus nicht einschüchtern lassen. Es begann nun zwischen uns folgendes Zwiegespräch: «Warum haben Sie sich nicht im Kommissariat bei mir gemeldet?»

«Weil ich mit Ihnen absolut nichts zu tun habe und gern auf den Genuss verzichte, Ihre rote Nase aus der Nähe zu betrachten.»

«Sie sind ein verteufelter Frechdachs und verdienten, einfach bei den Ohren genommen zu werden.»

«Mein Herr, ich glaube, dass meine Ohren sicher nicht schlechter sind als Ihre. Ich sehe deshalb nicht ein, weshalb man nicht ebenso gut Ihre Ohren verlängern sollte.»

Er hielt trotz dieser Unverschämtheit an sich und bemerkte nur grollend, dass er meinen kecken Redensarten kein Gewicht beilegen wollte, da ich noch ein Kind wäre. Ich antwortete darauf: «Wenn Sie glauben, mein Herr, dass ich noch ein Kind bin, so täuschen Sie sich. Obwohl ich nur sechzehn Jahre zähle, bin ich genau dasselbe wie Sie, nur Gott sei Dank nicht so dumm.»

Diesmal wurde er wirklich böse und wollte mich am Kragen fassen, allein ich sah dies Manöver voraus und machte mich schnell davon. Es fiel ihm gar nicht ein, mir nachzulaufen, vielmehr schien er froh zu sein, mich auf diese Weise loszuwerden.

Als ich sah, dass er mir nicht folgte, verlangsamte ich meinen Gang und schlenderte wie ein kleiner Rentier den Kai entlang.

Dort sah ich auf einer Bank einen schlafenden Matrosen, der höchstwahrscheinlich des süßen Weines voll war. Ich ging auf ihn zu, um ihn anzufassen – nicht etwa zu konstatieren, ob er vielleicht krank, sondern um zu fühlen, ob er nicht im Besitz einer Brieftasche wäre. Eine solche fand ich zwar nicht, dagegen in der Hosentasche eine Geldbörse, die ich rasch an mich nahm und in meiner Kleidung versteckte. Der Schlafende hatte auch eine silberne Taschenuhr bei sich; allein ich ließ sie ihm, da sie keinen großen Wert für mich hatte. Natürlich fiel es mir gar nicht ein, ihn nach meiner Manipulation aus seinen Träumen zu wecken, denn ich respektiere den friedlichen Schlaf jedes Sterblichen. Nachdem ich mich einige zwanzig Schritte entfernt hatte, untersuchte ich den Inhalt der Börse. Ich fand 25 Drachmen in mehreren Scheinen zu zwei und fünf Drachmen vor. Dies war allerdings nicht viel, aber trotzdem war ich damit zufrieden. Niemand hatte mich gesehen, während ich diese kleine

Finanzoperation vorgenommen hatte, und so entfernte ich mich mit dem stolzen Gefühl, das der Besitz eines kleinen Vermögens verleiht.

Ich begab mich hierauf in ein in der Nähe des Cafés chantant gelegenes besseres Restaurant, wo ich einige Gläser von dem berüchtigten griechischen Wein trank.

Da dies Getränk für einen jungen Burschen, wie ich es war, zu stark ist, bemerkte ich bald, dass ich nahe daran war, dem betrunkenen Matrosen gleichzukommen. Ich hörte deshalb zu trinken auf, bezahlte meine Rechnung und verließ das Lokal. Die frische Luft tat mir gut, und ich versuchte irgendein Potpourri vor mich hinzupfeifen. Längere Zeit schlenderte ich so in der Stadt herum, und gegen neun Uhr abends begab ich mich in das Café chantant zu meiner schönen Engländerin.

Ich traf dieselbe in Gesellschaft eines alten Schiffskapitäns, der ihr trotz seiner weißen Haare gewaltig den Hof machte. Dies erregte meinen Neid, und da ich nicht recht wusste, was ich sagen oder tun sollte, so nahm ich zunächst dem schönen Paar gegenüber an einem Tisch Platz. Trotzdem mir der genossene Wein bereits ein wenig zu Kopf gestiegen war, bestellte ich im Ärger einen recht steifen[22] American Grog[23] und begann das Paar, das mich so sehr interessierte, zu fixieren. Da ich damals noch nicht rauchte – ich gewöhnte mir dieses Laster erst im Alter von fünfundzwanzig Jahren an –, wusste ich vor Langeweile nicht, was tun, und so knetete ich kleine Kügelchen aus den Brotresten, die auf dem Tisch lagen, und bewarf meine Schöne damit. Die Engländerin sagte nichts, da sie mein Benehmen als einen Scherz auffasste, der Alte jedoch, der mich nicht kannte, warf mir böse Blicke zu. Um den Spaß nicht zu weit zu treiben, stellte ich das Bombardement bald ein, doch war meine Verstimmung eine immer heftigere geworden, und da es mir schien, dass die Engländerin mich über den neuen Verehrer ganz vergessen hatte, erhob ich mich von meinem Platz, ging auf das Paar zu, stellte mich mit herausfordernder Miene dem Alten als jungen Matrosen, also quasi als Kollegen vor und nahm ohne Weiteres an seinem Tisch Platz. Ich sprach ihm meine Anerkennung über seinen guten Geschmack aus, einem so hübschen Mädchen den Hof zu machen, das auch bereits mein Gefallen gefunden hätte. Die Engländerin legte ihre Hand auf meinen Mund und meinte schelmisch lächelnd, ich sollte doch keinen Unsinn reden, und auch der Kapitän fasste die Sache als Spaß auf und bestellte eine neue Flasche und ein weiteres Glas.

Während wir nun auf unsere gegenseitige Gesundheit tranken, entspann sich zwischen uns folgendes Gespräch: «Mein lieber Junge, ich finde es eigentlich ziemlich anmaßend von dir, ohne weitere Einladung an unseren Tisch zu kommen und mir dabei aufzutischen, dass du bereits die nähere Bekanntschaft dieser Dame gemacht hast.»

«Ich tat dies, mein Kapitän, weil du als Seemann bereits meine Sympathie gewonnen hast und ich dir gern nähere Auskünfte über ein angemessenes Verhalten diesem herrlichen Mädchen gegenüber geben wollte.»

«Aber ich habe dich doch gar nicht darum ersucht.»

«Gerade deshalb musst du meine Gutherzigkeit anerkennen, dir einige Winke zu geben, die einer alten abgetakelten Fregatte wie dir von hohem Wert sein müssen.»

Er sah mich zuerst verblüfft an und schien es kaum fassen zu können, dass ein so kleiner Mann ihn duzte und solch dreiste Redensarten führte; gleich darauf aber lächelte er väterlich und meinte, man müsste meiner «Jugend und Aufrichtigkeit» manches nachsehen. Während die Engländerin auf der Bühne sang, tranken wir weiter unseren Wein, worauf sie wieder die Runde durch den Saal machte, um ihre Beträge einzusammeln. Als sie an unseren Tisch trat, reichte sie den Teller zuerst dem Kapitän, der ein 50-Lepta-Stück[24] hineingleiten ließ, während ich ihr großmütig wie am vorhergehenden Abend fünf Drachmen gab. Die Engländerin lächelte wieder, wogegen der Kapitän ein recht dummes Gesicht machte, als er sah, dass ich, der bedeutend Jüngere, eine zehnfach größere Summe als er als Trinkgeld gab. Nachdem uns die Engländerin verlassen, um ihre Runde zu beenden, setzten wir unsere Unterhaltung fort. Der Kapitän begann zuerst, und zwar sagte er nun mit einem Mal «Sie» zu mir: «Sie scheinen ja sehr wohlhabend zu sein, mein Sohn, wenn Sie jedes Mal fünf Drachmen als Beitrag geben.»

«Geehrter Herr, ich war ein reicher Warenhausbesitzer in Konstantinopel, aber mein Kompagnon brannte mir mit meinem ganzen Kapital durch, sodass ich jetzt hier in Piräus noch kaum 35 Drachmen bei mir habe.»

«Wenn dies Ihr ganzes Vermögen ausmacht, warum legen Sie dann jedes Mal fünf Drachmen auf den Teller?»

«Weil ich kein schmutziger Geizhals bin und es für meine Pflicht als Gentleman betrachte, bei dieser armen Engländerin die Knauserigkeit aller derer gutzumachen, die viel, viel reicher und viel, viel schäbiger sind als ich.»

Am nächsten Morgen fuhr ich nach Athen.

V

VÖLLIG MITTELLOS IN ATHEN. GESUCH BEI DER RUMÄNISCHEN GESANDTSCHAFT, NACH HAUSE GESCHICKT ZU WERDEN. NACH ABSCHLÄGIGER ANTWORT SCHIESSE ICH MIR EINE KUGEL IN DIE BRUST. KÖNIGIN OLGA VON GRIECHENLAND

Nachdem ich sechs Wochen lang mich in Athen herumgetrieben und vergebens alle Berufe versucht hatte, befand ich mich eines schönen Tages ohne einen Pfennig in der Tasche und ohne jedwede Aussicht, irgendeine einträgliche Beschäftigung zu finden.

So beschloss ich denn von Neuem, die rumänische Gesandtschaft zu ersuchen, mich in die Heimat zurückzubefördern, und begab mich deshalb am 27. September 1887 in das «Hotel Royal» nach Athen, wo der Sekretär der rumänischen Gesandtschaft, Herr C... wohnte; ich bat ihn, mich nach Rumänien zurückschicken zu lassen. Er schlug jedoch meine Bitte rundweg ab, und ich ging ohne jeglichen materiellen oder moralischen Trost davon. Da ich aber entschlossen war, auf alle Fälle meinen Willen durchzusetzen und den Sekretär zu zwingen, sich mit mir zu beschäftigen, so nahm ich mir vor, eine ungewöhnliche Szene aufzuführen.

Ich verkaufte meine sämtlichen Kleider und alle Wäsche und erwarb mit dem Erlös einen Revolver.

Mit dieser Schusswaffe in der Tasche ging ich zum zweiten Mal zum Sekretär; allein auch diesmal konnte ich keine Zusage erhalten. Da stellte ich mich vor einen Spiegelschrank, zog meinen Revolver aus der Tasche und setzte ihn an meine Brust an einer Stelle an, wo ich hoffen konnte, mir keine lebensgefährliche Verletzung zuzuziehen. Hierauf fragte ich den Sekretär laut, um ihn einzuschüchtern: «Ja oder nein, wollen Sie mich auf Staatskosten nach Rumänien zurückschicken?»

Auf eine kurz verneinende Antwort drückte ich den Hahn ab, und der Schuss krachte. Ich fiel sofort bewusstlos zu Boden. Das ganze Gesandtschafts- und Hotelpersonal lief zusammen; nachdem die Rettungsgesellschaft avisiert[25] worden war, wurde ich auf einem Ambulanzwagen in das Spital transportiert.

Daselbst angekommen, begann man mich mit allen nur möglichen Lanzetten zu foltern und versuchte mit den verschiedensten Instrumenten die Kugel zu extrahieren, indem man mir die furchtbarsten Schmerzen verursachte. Dann legte man mich in ein Bett eines Zimmers dritter Klasse, in welchem bereits acht Kranke lagen, die den regelmäßigen Preis von drei Franc täglich zahlen mussten, wickelte mich in Eistücher und legte außerdem noch Eisbeutel auf meine Wunde; denn ich hatte eine Fiebertemperatur von nicht weniger als 41 Grad. Auf einem Fauteuil neben meinem Bett installierte sich eine barmherzige Schwester, und als der Chefarzt zu mir kam, war er erstaunt, dass ich noch atmete; er flüsterte der Schwester in das Ohr – wie ich nachher erfahren habe –, dass ich die Nacht nicht mehr überleben würde. Aber dank meiner Jugend und kräftigen Konstitution überstand ich diese erste Krisis, und die Wärterin, die an meinem Lager wachte, um mir die Augenlider zu schließen, konnte gegen Morgen konstatieren, dass das Fieber abnähme. In der Tat zeigte das Thermometer um vier Uhr morgens 40 Grad und um sechs Uhr schon 39,6 Grad. Der Chefarzt, der in Begleitung der Oberin gegen neun Uhr kam, lächelte und gab der Hoffnung Ausdruck, dass ich nicht sterben würde.

Um besser gepflegt zu werden, ließ mich Herr C... in ein Zimmer zweiter Klasse transportieren, das fünf Franc pro Tag kostete und wo wir nur zwei Kranke waren.

Um diese Zeit – es war Ende September 1887 – kehrte Königin Olga[26] aus Dänemark, wo sie ihre Schwiegereltern besucht hatte, nach Athen zurück und beehrte als Protektorin[27] das Krankenhaus, in dem ich lag, mit ihrem Besuch.

Die Oberin kündigte diesen Besuch mit den Worten an: «Die Königin ist da.» Beim Eintritt derselben lag ich auf dem Rücken hingestreckt und versuchte vergebens, irgendeine Bewegung zu machen. Die Königin, eine große, schlanke Dame, mit einem Gesicht, das nur Milde und Güte ausdrückte, nahm auf einem Stuhl neben meinem Lager Platz. Als sie meine Anstrengung bemerkte, winkte sie mir freundlich und fragte mich, wie ich hieße, welches Alter ich hätte und ob meine Eltern noch lebten. Ich antwortete auf diese Fragen ausführlich, aber als ich auf ihre letzte Frage, ob mir meine Wunde Schmerzen bereitete, antworten wollte, verließen mich die Kräfte, und ich brach in bitteres Schluchzen aus. Tränen des Mitleids netzten darauf die Wangen der Königin, und als ihr Privatsekretär sie bat, nicht zu weinen, weil sie sonst Migräne bekommen würde, antwortete sie: «Dieses bisschen Migräne wird mir wohl wenig schaden, aber ist es nicht herzzerreißend, einen so jungen Knaben leiden zu sehen?» Sie blieb noch einige Augenblicke und tröstete mich mit sanften Worten. Nachdem sie mir versprochen hatte wiederzukommen, verließ sie den Saal.

In der Tat kam sie auch nochmals nach vier Tagen, und ich merkte ihr die Freude an, dass sie mich besser fand. Ich erfuhr nachher, dass sie sich während meiner dreimonatigen Krankheit und Rekonvaleszenz täglich über meinen Zustand Bericht erstatten ließ.

Auf ihren Befehl wurde mir ein schönes und elegantes Zimmer erster Klasse angewiesen, das ich ganz allein bewohnte. Ihre Majestät besuchte mich regelmäßig wöchentlich einmal, tröstete mich jedes Mal und predigte mir wie eine Mutter Moral.

Nach Verlauf von vierzig Tagen durfte ich in immer kürzeren Zwischenräumen das Bett verlassen. Mithilfe der Schwester lernte ich von Neuem gehen, und als es auch damit besser wurde, machte ich erst im Korridor und später auch im Garten des Krankenhauses kleine Spaziergänge. Als meine Rekonvaleszenz weitere Fortschritte machte, sandte mir die Königin täglich einen bequemen Wagen, in welchem ich in Begleitung eines Krankenwärters Ausfahrten unternehmen konnte.

Genau drei Monate nach dem Tag, an dem ich mich zu erschießen versucht hatte, erklärten mich die Ärzte für vollständig wieder geheilt. Die Wunde war ganz vernarbt, wenn auch die Kugel nicht hatte extrahiert werden können. Ich trage auf diese Weise noch heute – fast zwanzig Jahre nach der Tat – die Kugel in mir herum.

Ich konnte also endlich das Krankenhaus verlassen; als ich mich auf Befehl der Königin bei Hofe präsentierte, empfing sie mich recht mütterlich und ließ mich großherzig auf ihre Kosten nach Rumänien zurückschicken.

So kam ich via Piräus-Konstantinopel-Galatz gegen Ende des Monats Dezember 1887 wieder nach Bukarest zurück.

VI

VON BUKAREST ZU WASSER NACH PARIS

Im Monat Juli des Jahres 1888 zog mich der Hang zu Abenteuern wieder von der Heimat fort, und ich entschloss mich, nach Paris zu reisen; denn vom Orient hatte ich genug. Allein da weder ich noch meine Verwandten Geld besaßen, gedachte ich, ohne dieses sonst unentbehrliche Verkehrsmittel meine Reise auszuführen.

Ich begab mich also von Bukarest nach Braïla[28] und versteckte mich dort in einem Getreideschiff, das nach Antwerpen abgehen sollte. Nach einer fünfzehnstündigen Reise entdeckte mich der Schiffskapitän; entrüstet darüber, dass er mich nicht gleich in das Meer stürzen konnte, ließ er mich in Konstantinopel an Land setzen. Jung, fast noch ein Knabe, fremd in einem für Abenteurer so ungünstigen Land, musste ich anfangs Papierfächer in den Straßen Konstantinopels verkaufen und verdiente auf diese Weise wenigstens das Allernotwendigste zum Leben. Da ich jedoch keine Aussicht hatte, mich auf diese Weise nach Paris durchzuschlagen, ging ich nach Stambul und kaufte in dem Basar verschiedene kleine Gegenstände, die ich dann weiterverkaufte. Ich verdiente bei diesem Handel während fünf bis sechs Wochen etwa 20 bis 30 Piaster pro Tag. Ich ersparte hiervon etwa drei türkische Pfund, die es mir ermöglichten, eine Schiffskarte von Konstantinopel zu der griechischen Insel Sara[29] zu lösen. In Sara angelangt, schiffte ich mich für den Rest meines Geldes auf ein Schiff nach Marseille ein.

Diese Reise nach Marseille auf dem Schiffsdeck bei andauernd kaltem, nassem und stürmischem Wetter zwischen allerhand Geflügel und anderen Tieren erschien mir fast unerträglich. Endlich eines Abends in Marseille angelangt, stieg ich sofort an Land. Mit zerrissenen Stiefeln an den Füßen ging ich in ein Nachtasyl, wo ich ein Nachtlager für 20 Centime erstand. Es war die erste Nacht, die ich nach sieben Tagen in einem sogenannten Bett zubrachte. Müde und zerbrochen schlief ich sofort ein. Als ich erwachte, fand ich, dass mir meine letzten wenigen Pfennige gestohlen waren. Niedergedrückt verließ ich am Morgen das Asyl und schlenderte in den Straßen der Vorstadt umher. Als ich an einer Bar vorüberging, hörte ich Menschen rumänisch sprechen. Aus Neugierde trat ich in das Lokal und traf daselbst einige kürzlich aus Rumänien ausgewiesene Juden, die miteinander rumänisch sprachen. Ich ließ mich mit ihnen in ein Gespräch ein, und nach kurzer Zeit hatte ich einen Beruf. Die Juden verkauften nämlich angerauchte Meerschaumpfeifen, die aber nicht echt, sondern künstlich waren. Es gelang mir, ein Dutzend in Kommission zu übernehmen, um sie vor den Kaffeehäusern an Passanten zu verkaufen. Mit großer Mühe vermochte ich, zwei Stück abzusetzen, bei der dritten Pfeife erkannte der Käufer, dass das Angebotene keine echte Meerschaumpfeife war, und warf mir dieselbe an den Kopf. Die Pfeife fiel zu Boden und zersplitterte in tausend Stücke. Um ihn nachzuahmen, schleuderte ich ihm meinen ganzen Vorrat an den Kopf und machte dabei einen derartigen Lärm, dass die Passanten um uns stehen blieben. Diese Affäre hätte für mich schieflaufen können, wenn nicht die Umstehenden sich meiner angenommen hätten, die es für feig ansahen, dass ein großer, wohlhabender Mann so schroff gegen einen jungen, armen Burschen auftrat. Diese braven Leute sammelten sogar untereinander eine Summe von etwa 35 Franc und gaben mir diese als Schadenersatz für die zerbrochenen Pfeifen. Anstatt nun das Geld den rumänischen

Juden zurückzubringen, fand ich es sachgemäßer, mit diesem Kapital mein langersehntes Ziel Paris zu erreichen. Paris – mein Traum!

Ich kaufte mir für 25 Franc einige einfache Arbeiterkleider, die aber wenigstens sauber waren, und mit dem Rest des Geldes machte ich mich auf den Weg zu dem «Schlachthaus-Matrosen», der, wie ich erfahren hatte, für zehn Franc jeden als Wärter in einem mit Vieh beladenen Güterzug nach Paris zu expedieren[30] imstande ist. Ich verließ also Marseille, ohne einen Centime in der Tasche oder auch nur Reiseproviant erübrigt zu haben, und sah resignierten Herzens meiner achtundvierzigstündigen Reise von Marseille nach Paris in einem mit Schafen beladenen Waggon entgegen.

Während der langen Fahrt begann mein Magen aber allmählich heftig zu knurren, und ich überlegte, auf welche Art ich zu Geld gelangen könnte. Der Zufall kam mir auf folgende Weise zu Hilfe. Während der Fahrt warfen einige der armen Schafe, und da die Neugeborenen nicht mitgezählt waren, betrachtete ich sie als eine Himmelsgabe und verkaufte sie auf den verschiedenen Stationen zu spottbilligen Preisen. Wieder andere tauschte ich für Weintrauben ein, und für den Rest bekam ich ein Paar gute Stiefel, denn die meinigen waren bereits unter aller Kritik und erwarteten schon ungeduldig ihre Pensionierung. Satt und munter langte ich so in Paris auf der Gare de Lyon[31] an, und mit vollem Magen, mit neuen Schuhen und 30 Franc bar in der Tasche betrat ich die Straßen der Weltstadt.

VII

MEINE SCHICKSALE IN PARIS. EIGENTÜMER EINES RENNSTALLS

Zunächst suchte ich das Quartier Latin auf, wo, wie ich wusste, Landsleute von mir wohnten. Ich wurde auch von diesen, die mich für irgendeinen Studenten hielten, auf das Freundlichste aufgenommen. Da ich vorschützte, meine Reisekasse unterwegs verloren zu haben, so bewirteten sie mich und verschafften mir in einem kleinen Logierhaus[32] Kredit, bis das von meinen Angehörigen erbetene Geld eingetroffen sein würde.

In der Tat gewährte mir jetzt meine Familie, nachdem ich sie von meiner Ankunft in Paris in Kenntnis gesetzt hatte, eine monatliche Pension von 300 Franc unter der Bedingung, dass ich mich einem Brotstudium zuwende. Ich ließ mich deshalb als Student der Rechte immatrikulieren und belegte zwei Kollegs. Die Nachtcafés interessierten mich aber mehr als das ganze Jus[33], den Vormittag verschlief ich, und so war ich im Kolleg ein seltener Gast.

Sehr bald befand ich mich auch mit meinen Finanzen auf gespanntem Fuß; die Einkünfte reichten nach kurzer Zeit nicht im Entferntesten mehr hin, um meine Ausgaben zu decken. Es war dies umso weniger der Fall, als meine jungen Landsleute, die von ihren Eltern daheim einen Monatswechsel von 800, 1500, ja selbst 2000 Franc erhielten, sich in die tollsten Vergnügungen stürzten und ich es meiner Ehre schuldig zu sein glaubte, es ihnen darin gleichzutun.

Um meine Einnahmen zu verbessern, stattete ich deshalb den großen Warenhäusern[34], dem Louvre, Printemps, Bon Marché und anderen Besuche ab und stahl dort silberne Serviettenringe und ähnliche kleine Gegenstände. Ich kannte den Brauch der Inhaber dieser Basare, Gekauftes, wenn dasselbe nicht konveniert[35], gegen Rückzahlung des Kaufpreises wieder zurückzunehmen; deshalb präsentierte ich manchmal die gestohlenen Gegenstände am folgenden Morgen an der Kasse des Warenhauses und nahm dafür das Geld in Empfang, das ich nie bezahlt hatte, oder versetzte und verkaufte sie.

Dieser Trick hielt einige Monate vor und verschaffte mir eine Vermehrung meiner Einkünfte um mehrere 100 Franc monatlich. Schließlich aber reichte auch diese Einnahmequelle nicht hin. Ich beendete deshalb dieses bescheidene Debüt und fing an, bei den großen Diamanthändlern ungefasste Edelsteine zu stehlen. Diese Beschäftigung brachte mir eine monatliche Einnahme von 4000 bis 5000 Franc. Endlich also hatte ich es so weit gebracht, dass ich es meinen Landsleuten in ihren Ausgaben und Passionen gleichtun, ja sie darin übertreffen konnte. Das Ziel meines Ehrgeizes war erreicht.

Um noch rascher zu größeren Summen zu kommen, machte ich eines Tages einen Abstecher nach Monte Carlo und versuchte dort am Spieltisch mein Glück. Dasselbe war mir indessen nicht hold, und so kehrte ich sehr bald nach Paris zurück, wo ich über sichere Einnahmequellen verfügte.

Ich begann also dort meine Tätigkeit mit frischen Kräften, und bald besaß ich wieder reichliche Geldmittel. Ich mietete mir jetzt eine elegante Villa in der Straße François I., im Viertel Champs-Élysées und kaufte mir einen Viktoriawagen[36], einen Landauer[37], zwei fesche amerikanische Traber und ein Reitpferd. Hierauf mietete ich mir eine Stallung in der Rue Commandant Bruyère und erwarb ferner zwei

Favorites[38] auf dem Rennplatz, «Parisienne» und «Amadeo II.».

Wiewohl dies zwei prachtvolle Rennpferde waren, so verursachten sie mir doch nur Mühe, Unannehmlichkeiten und große Unkosten. Ich hielt außerdem eine Schließerin, einen Kammerdiener, einen Vorreiter und einen Kutscher.

Meine Pferde ließ ich durch einen Stallburschen beaufsichtigen und durch einen Trainer einreiten. Ich spielte oft auf der Rennbahn, und der Buchmacher Levy hat hübsche Summen durch mich einkassiert. Meistens spielte ich auf Favorites, und erst heute sehe ich ein, welch ein unsinniges System dieses Spiel war. Ich beteiligte mich auch öfter mit meinen Pferden am Rennen, konnte aber nie einen ernstlichen Gewinn erzielen, bis endlich meiner «Parisienne» ein Gelenk brach und ich den «Amadeo II.» an einen Droschkenkutscher verkaufen musste.

Die Mahlzeiten nahm ich in den ersten Restaurants von Paris ein, bald da, bald dort. Fast jeden Abend speiste ich im «Café de la Paix»[39], auch besuchte ich fast allabendlich die Theater und lorgnettierte[40] mit meinem Glas von der Orchesterloge aus die hübschen Damen. Ich war fast bei allen Empfängen, die die Herzogin Y... veranstaltete, zugegen und machte bei ihr auch die Bekanntschaft der Baronin von ..., mit der ich fast drei Monate eng liiert war und die Ende des Jahres 1890 von einem Omnibus überfahren wurde.

Sehr oft, ja fast täglich verkehrte ich in den vornehmsten Zirkeln, wo ich als Sohn einer sehr reichen Familie betrachtet wurde. Ich spielte dort sehr stark und verlor ansehnliche Summen im Baccara[41].

Das Unglück im Spiel und die bedeutenden Ausgaben nötigten mich zu großer Tätigkeit, um mir ungewöhnliche

Summen zu verschaffen, bis ich eines schönen Tages, am 17. April 1890, wegen siebenunddreißig begangener Diebstähle im Gesamtwert von 540 000 Franc arretiert wurde. Ich stürzte auf einmal von der erreichten Höhe in den tiefsten Abgrund hinab.

VIII

DIEBSTAHL VON JUWELEN IM WERT VON 540 000 FRANC. VIER JAHRE GEFÄNGNIS

Während der zwei Jahre, die ich in Paris so verschwenderisch verbrachte, war es mein Ziel, in der feinen Welt zu verkehren, um auf diese Weise meinen höchsten Wunsch erreichen zu können. Es war schon der Traum meiner ganzen Jugend, ein sehr reiches Mädchen zu heiraten, um mir dadurch eine jährliche Rente von mindestens 500 000 Franc zu sichern. Um dies erreichen zu können, musste ich so luxuriös leben und war gezwungen, die dazugehörigen Mittel durch die verschiedensten Veruntreuungen und Diebstähle zu erwerben. Indem ich siebenunddreißig Diamantenhändlern kostbare Steine im Wert von 540 000 Franc entwendete, war es mir möglich, 160 000 Franc zusammenzubringen, die ich aber auch in diesen zwei Jahren völlig verausgabte. Der siebenunddreißigste Händler, den ich um seine Steine bringen wollte, war von seinen Kollegen benachrichtigt worden, und auf diese Weise erwischte er mich auf frischer Tat und ließ mich arretieren. Ich wurde am 11. Juni 1890 zu vier Jahren Gefängnis verurteilt. Damals war ich kaum neunzehn Jahre alt. Wiewohl ich also noch jung und unerfahren war, denunzierte ich doch keinen Einzigen der Leute, die mir die Steine abgekauft hatten, sodass, während diese routinierten Leute sich der Freiheit erfreuten, ich allein, fast noch ein Knabe, in das Gefängnis von Gaillon[42] – eine Stadt im Département Eure – wandern musste. Es war am 23. Juli 1890, dass ich zum ersten Mal meinen Fuß in eine Strafanstalt setzte.

Traurig und niedergedrückt durch diesen Schlag, der mich getroffen, beugte ich mich meinem Schicksal, aber verzweifelte nicht. Wenn auch meine Munterkeit, Sorglosigkeit und Freude verschwunden waren, so waren doch mein Mut und meine Festigkeit geblieben. Voller Energie machte ich mich daran, dieses neue und harte Dasein achtundvierzig Monate lang zu führen. Fremd, wie ich war, ohne Bekanntschaften, ohne Stütze, wurde ich unter die verworfensten und niederträchtigsten Verbrecher gesteckt, wie irgendein Tier, das man zur Schlachtbank führt. Sofort nach meiner Ankunft musste ich meine elegante Toilette ablegen und mir das Kopf- und Barthaar rasieren lassen. Ich legte die grobe Uniform der «Forçats»[43] an und kam nun in die Abteilung der Lederarbeiter. Nach dreimonatiger Tätigkeit steckte man mich in die Bürstenmacherabteilung, und später machte ich nacheinander den Blumenfabrikanten, Schustern, Webern und Gott weiß noch was für Berufen Konkurrenz.

Die Disziplin war außerordentlich streng; insbesondere war es den Gefangenen verboten, miteinander zu sprechen. Wiewohl ich von Natur ziemlich schweigsam und wortkarg bin, so drängt es einen doch, im Laufe der Zeit an seinen Nachbar irgendein Wort zu richten. Es ist dies eine rein natürliche Notwendigkeit, von der aber die französische Gefängnisdisziplin nichts wissen will. Bereits nach acht Tagen wurde ich wegen Übertretung des Sprechverbots vom Direktor auf drei Tage bei Wasser und Brot in Arrest gebracht. Aber kaum hatte ich diese drei Tage hinter mir, als ich wegen desselben unschuldigen Verbrechens für vierzehn Tage in den «Disziplinsaal» gesteckt wurde. Diese barbarische Strafe besteht darin, dass man in einem viereckigen, zementierten Saal verbleibt, in dessen Mitte sich etwa zwanzig Kilometersteinen ähnliche Steine befinden, auf denen die Bestraften je eine halbe Stunde mit den Händen auf den Knien sitzen müssen, während sie je eine andere halbe Stunde hintereinander im Saal auf und ab gehen müssen, genau hundertzwanzig Schritte in der Minute; dabei sind sie in Ketten geschlossen, und die nackten Füße stecken in Holzschuhen. Nach einem halbstündigen Marsch setzt man sich auf diese Steine, und nach halbstündiger Ruhe beginnt wieder der Marsch. Dies wird von sechs Uhr morgens bis acht Uhr abends strengstens durchgeführt. Als Nahrung bekommt man ein Schwarzbrot von siebenhundertfünfzig Gramm und eine sogenannte «Gemüsesuppe», die fast ungenießbar ist. Schon nach vierundzwanzigstündiger Strafe, sei man jung oder alt, von starker oder schwacher Konstitution, wird man so zerschlagen, krumm und die Füße derartig blutig, dass es zu verwundern ist, wie manche Leute diese Quälerei fünf, acht, zehn, ja bis zu vierzehn Tage aushalten können, ohne zu sterben oder ohne sich zu widersetzen. Letzteres aber trägt eine noch härtere Strafe ein, den «Cachot»[44].

Dies war mein Fall. Ich marschierte erst zehn Tage, als meine Knochen bereits wie gebrochen waren und von meinen Füßen das Blut floss. Am elften Tag weigerte ich mich weiterzumarschieren, einfach weil ich nicht mehr konnte.

Für diese Widersetzlichkeit bekam ich nicht weniger als dreißig Tage «Cachot» zugeteilt, mit der Verfügung, dass ich nach Verbüßung derselben die fünf restlichen Tage der Disziplinarstrafe nachzumachen habe. Ich bezog also mein ungemütliches Gefängnis; vorher aber musste ich mich ausziehen, um eine ganz abscheuliche Toilette zu machen. Als ich dem Wärter bemerkte, dass die Kleidung niederträchtig schmutzig sei, antwortete er, dass sie für mich Hund von Verbrecher ausgezeichnet wäre. Dadurch furchtbar erregt, versetzte ich ihm einen derartigen Fußtritt vor den Bauch, dass er fünf Meter weit von mir hinfiel. Sofort sprang er auf und gab das Notsignal. Es erschienen auch gleich darauf sechs Wärter mit einem Anführer, welche mich wie ein Bündel Wäsche packten und in das noch tiefer gelegene Verließ, die «Oubliettes[45] de Gaillon» brachten. Am anderen Tag bekam ich neunzig Tage «Oubliettes» noch zu den dreißig Tagen «Cachot» und fünf Tagen «Disziplin» hinzu.

Das war gewiss hart, sehr hart, aber was war zu tun? Ich musste mich beugen und in die «Oubliettes» hinuntersteigen. Tag und Nacht herrschte hier eine gleiche Finsternis, und nur zwischen elf und zwölf Uhr mittags drang durch eine tellergroße Öffnung etwas Dämmerlicht in diese höllische «Oubliette». Dabei herrschte eine Feuchtigkeit in diesem Raum, die mir durch Mark und Bein drang. Als Schlafstätte diente mir ein Strohsack, der um acht Uhr abends hineingeworfen und morgens um sechs Uhr wieder fortgenommen wurde. Auf diesem Strohsack und in dieser Feuchtigkeit musste ich die Nächte größtenteils schlaflos zubringen. So vegetierte ich, fast lebendig begraben und vor Hunger umkommend – denn ich erhielt nur zweimal wöchentlich warme Suppe –, in diesem finsteren, feuchten Keller sechsundfünfzig Tage lang. Am siebenundfünfzigsten Tag fand mich der Wächter, der in meine Zelle gekommen war, halb tot und fast erfroren auf dem Strohsack liegen. Er benachrichtigte den Arzt, der mich in die Krankenabteilung bringen ließ, wo man Kampferinjektionen anwenden musste, um mich zum Leben zurückzubringen.

Dank meiner Jugend und rüstigen Konstitution begann ich mich langsam zu erholen und konnte nach siebenundzwanzig Tagen wieder in die «Oubliettes» hinuntersteigen, um den Rest der neunzigtägigen Strafe abzubüßen. Obwohl ich hierbei zu einem Skelett abmagerte, trat ich trotzdem sofort die dreißigtägige «Cachot»-Strafe an. Allein der Arzt, der meinen Zustand erkannte, verordnete mir zweimal täglich während der dreißig Tage Krankenkost. Im Vergleich zu den grauenhaften «Oubliettes», die ich eben verlassen hatte, glaubte ich mich jetzt in einer heimischen Wohnung zu befinden.

Nach diesen dreißig Tagen kam ich in den Disziplinarstrafsaal zurück, um dort noch die letzten fünf Tage abzubüßen. Noch einmal musste ich den entsetzlichen Marsch von hundertzwanzig Schritten die Minute antreten; endlich aber war auch diese Tortur vorbei, und nach viereinhalb Monaten, die ich in der «Disziplin», im «Cachot» und in den grässlichen «Oubliettes» zugebracht hatte, kehrte ich endlich zu meinen Genossen zurück, um meine Tätigkeit als Lederetui-Arbeiter wieder aufzunehmen. Als ich in den Saal trat und die Leute mich erblickten, hörte man von überallher leise Ausrufe des Erstaunens und Entsetzens, das bald in dumpfes Grollen und Murren über die mir widerfahrene unmenschliche Behandlung überging. Denn ich sah jämmerlich aus und war fast nicht mehr zu erkennen.

Ich begab mich nun fleißig an die Arbeit, um so viel als möglich zu verdienen, allein diese guten Vorsätze wurden nur zu bald zerstört. Unser Wärter suchte mich nämlich auf alle möglichen Arten zu ärgern, wie er dies schon seit

Jahren auch mit den anderen Sträflingen getan hatte. Anstatt aber, wie jene es wohlweislich getan, zu schweigen, gab ich meinem Unmut durch leises Murren Ausdruck. Nach kaum vierzehntägiger Ruhe musste ich daher schon wieder vor dem Richter erscheinen, unter der Anklage, dem Wärter frech geantwortet zu haben. Da jedoch dieser Vorwurf ziemlich unwahrscheinlich klang und auch der Charakter meines Wärters mehr als genügend bekannt, endlich zu meinem Glück der Direktor an diesem Tag durch den gutmütigen Inspektor vertreten war, so kam ich mit einer bloßen Rüge davon. Trotzdem die Sache also möglichst günstig für mich endigte, ging ich doch zu dem Oberwärter und sagte ihm kurz und bündig, dass ich die Quälereien des Wärters nicht länger dulden könnte und entschlossen wäre, ihm bei der nächsten Gelegenheit den Schädel zu spalten; denn jede Geduld hätte ihre Grenzen, und die meinige wäre nunmehr völlig am Ende. Der Oberwärter, der ein Mann von gutem Herzen und noch besserem Charakter war, wusste meine gerechte Entrüstung und meinen verzweifelten Seelenzustand zu würdigen und veränderte deshalb meine Beschäftigung, indem er mich in die Bürstenabteilung sandte, wo ich nicht mehr mit dem verhassten Wärter zusammenzutreffen brauchte.

In dieser Werkstatt machte ich mich fleißig an die Arbeit, sodass ich nach fünf Monaten einer der besten Bürstenbinder war. Der Werkmeister empfahl mich öfter dem Arbeitsinspektor, und da auch der Wärter ein guter, netter Mensch war, so verbrachte ich zwei den Umständen nach verhältnismäßig glückliche Jahre in dieser Branche, wo ich drei Franc und 75 Centime pro Tag verdiente, den fast höchsten Lohn, den man in diesen Anstalten erzielen kann. Mit dem vierten Teil dieses Geldes und dem Zuschuss, den mir mein Vater ab und zu sandte, war es mir möglich, mir jeden Tag etwas bessere Nahrung und dreimal wöchentlich sogar ein viertel Liter Wein zu kaufen, sodass ich mich in kurzer Zeit außerordentlich erholte und meine durch die feuchten «Oubliettes» zugrunde gerichtete Gesundheit wiedererlangte.

Ich hätte auf diese Weise meine Strafe glücklich ganz abgebüßt, wenn nicht unerwartet wieder eine Änderung eingetreten wäre. Da nämlich nicht mehr so viele Bürsten abgesetzt werden konnten, musste man die Arbeiter anders verteilen und versetzte mich mit noch acht anderen Gefangenen in die Blumenabteilung. Hier hatten wir die langweilige Aufgabe, Glasperlen aneinanderzureihen, um Totenkränze daraus zu machen, eine Arbeit, die wohl für Mädchen und alte Frauen, aber nicht für einen kräftigen Mann passt!

Ich musste dort drei Monate als Lehrling arbeiten, bis ich es so weit brachte, 45 Centime pro Tag zu verdienen – gewiss ein äußerst geringer Betrag! Dazu begann noch der Werkmeister, ein Trunkenbold erster Klasse, Schikanen aller Art. Allerdings machte der Mensch die Rechnung ohne den Wirt, denn sein Benehmen gegen mich trug ihm eines schönen Tages drei gebrochene Rippen ein, und zwar geschah dies unter folgenden Umständen. Nach dreimonatiger Lehre wurde ich, wie erwähnt, Geselle. Etwa acht Tage später kam ich zu ihm, um ihm die gefertigte Arbeit abzuliefern. Ich fand ihn vollständig betrunken und, wie gewöhnlich bei diesem Zustand, in bösester Laune. Er hielt mir die Arbeit vor die Nase und schrie mich wild an: Wenn ich nicht nächstens die Lücken und Löcher besser ausfüllte, würde er mich selbst ins Loch stecken. Mich erregte diese Frechheit aufs Höchste; ich erwiderte ihm daher, er möchte gefälligst nicht so grob sein, sonst würde ich ihm sein großes Maul mit der Faust zustopfen. Auf diese Auflehnung hin begann der Mann mich überlaut auszuschimpfen und zu bedrohen, in der Meinung, mich dadurch einschüchtern zu können; allein das Maß war voll, ich konnte nichts mehr ertragen; und so legte ich denn die Arbeit beiseite, schob meine Ärmel zurück und begann ihn so nachdrücklich durchzubläuen, dass seine sämtlichen Rippen krachten. Die anderen Sträflinge, denen der Werkmeister ebenfalls ein Dorn im Auge war, unterstützten mich dabei indirekt, indem sie den Aufseher zurückhielten, der den Werkmeister aus meinen Händen befreien wollte. Auf den Lärm hin kam aber die Wache, bestehend aus sechs Mann und einem Sergeant, im Laufschritt herbei; diesmal ging es jedoch für sie nicht so glatt ab wie vor zwei Jahren, als sie mich vom «Cachot» in die «Oubliettes» führten. Während der Werkmeister sich vor Schmerz krümmte, schlossen die Soldaten einen Kreis um mich, und der Führer forderte mich auf, mich fesseln zu lassen und sofort «hinabzusteigen», d. h. im Gefängnisjargon, mich bis zur morgigen Verhandlung in das «Cachot» einsperren zu lassen. Als zugleich einer der Wärter mich am Kragen fassen wollte, machte ich mich mit einer geschickten Wendung frei und versetzte ihm einen derartigen Kopfstoß vor die Brust, dass er zurücktaumelte, gegen einen eisernen Ofen stieß und sich eine blutende Wunde am Kopf holte. Ein zweiter Wärter zog darauf seinen Säbel; ich ergriff ihn aber geschickt am Handgelenk, drehte ihm die Hand um und zwang ihn, den Säbel loszulassen. Zu gleicher Zeit stürzten sich auch die anderen Sträflinge, die für mich Partei nahmen und sowieso schon hinreichend kompromittiert waren, auf die Soldaten, und wir jagten sie mit Fußtritten aus dem Saal, den sie in höchster Eile verließen. Wir kehrten hierauf in den Arbeitsraum zurück und verbarrikadierten die Tür. Denn wir waren uns dessen wohl bewusst, was nun folgen würde und tatsächlich auch sofort eintraf: Eine Soldatenabteilung mit aufgepflanztem Seitengewehr stürzte die Treppe hinauf. Als sie vor unserer Tür angelangt war, forderte uns der Führer auf, sofort zu öffnen, sonst würden sie schießen. Da ich es nicht zu weit kommen lassen und nicht die Verantwortlichkeit für das Schicksal meiner Genossen übernehmen wollte, machte ich den siebenunddreißig Sträflingen den Vorschlag, dass ich mich als den alleinigen Urheber der Revolte melden wollte. Gesagt, getan. Ich ging an die Tür und antwortete, ich wollte mich unter der Bedingung übergeben, dass man mich nicht anrührte. Der Sergeant nahm dies auch an. Nachdem ich die Tür geöffnet hatte, führte man mich zum Oberaufseher, in dessen Zimmer sich auch mein so arg zugerichteter Werkmeister befand. Der Oberaufseher machte nicht viele Umstände mit mir, sondern ließ mich in Eisen legen und ins «Cachot» abführen. Der «Cachot»-Aufseher hütete sich aber wohl, mir wie vor zwei Jahren nahe zu kommen, da er den Fußtritt in den Bauch noch nicht vergessen hatte. Am anderen Tag wurde ich vom Direktor zu neunzig Tagen «Oubliettes» verurteilt, und zwar während der ersten dreißig Tage mit Eisenfesseln an Händen und Füßen – eine Unmenschlichkeit und Barbarei! Allein das alles half nichts, ich konnte mich dieser Strafe nicht entziehen. Mein einziger Trost war der: Ich hatte den Werkmeister derart durchgeprügelt, dass er, wie ich erfuhr, sich seiner drei eingeschlagenen Rippen wegen pensionieren lassen musste. Ich bin überzeugt, dass mich so mancher arme Teufel von Sträfling für diese Tat gesegnet hat.

Diesmal war es Winter, als ich in die «Oubliettes» hinunterstieg, die Feuchtigkeit erreichte ihre höchste Grenze, und es tropfte unbarmherzig von allen Wänden auf mich herab. Nach fünfundvierzig Tagen waren meine Beine halb ohne jede Empfindung und mein Körper durch die Nässe angeschwollen, sodass der Arzt, dem dies gemeldet wurde, mich in die Krankenabteilung schickte. Dort blieb ich fünf Monate. Als ich halbwegs genesen war, musste ich ins Gefängnis zurück, um den Rest meiner Strafe – fünfundvierzig Tage – abzubüßen. Ich will meine moralischen und physischen Schmerzen und Qualen während dieser endlosen Zeit nicht schildern – kurz, ich überstand schließlich auch dies und durfte aus meinem Grab hinaus, um endlich, endlich einmal wieder das liebe Sonnenlicht zu schauen und mit vollen Lungen die würzige Luft einzuatmen. Wie glücklich war ich, mich an diesen Gaben der Natur erfreuen zu können, die nur ein so hart geprüfter Mensch, wie ich es damals war, nach ihrem vollen Wert schätzen kann; man muss gleich mir monatelang lebendig begraben gewesen sein, um ganz ermessen zu können, was es bedeutet, die köstliche, reine Luft atmen, das goldene Licht, das Grün der Bäume, die ganze schöne Welt erblicken zu dürfen!

Man teilte mich jetzt der Schusterabteilung zu, wo ordinäre Schuhwaren gemacht wurden. Die Arbeit wird mithilfe von Maschinen angefertigt, und auch ich kam an eine solche, deren Funktion man mir natürlich genau zeigte. Sowohl der Werkmeister wie der Aufseher waren sehr anständig, solange man nur seine Pflicht tat, denn Schikanieren war nicht ihre Sache. Ich arbeitete daselbst zu meiner und ihrer Zufriedenheit ein ganzes Jahr, bis ich wegen Arbeitsmangel wieder in die Weberabteilung versetzt wurde. Von sechs Uhr morgens bis acht Uhr abends musste ich dort ein Rad drehen – eine unglaublich anstrengende Arbeit! Allein man wurde dafür sehr gut bezahlt, vier Franc pro Tag und dazu einen halben Liter Wein, was bei der Gefängniskost gar nicht zu verachten ist. Auch entwickelte sich meine

Muskelkraft dank dieser regelmäßigen Arbeit und der guten Pflege in außerordentlicher Weise, was mir zehn Jahre später zugutekam, als ich in der Irrenanstalt Herzberge, wo ich auf lebenslänglich eingesperrt war, den Aufseher überrumpelte, fesselte und glücklich entfloh.

Die letzten zwei Monate brachte ich im Gefängnis damit zu, Tag für Tag für die Sträflinge Brotscheiben zu schneiden und solche für die Suppe zu zerreiben.

Am 31. Mai 1894 kam der Generalinspektor Grenier in die Anstalt, und man benachrichtigte mich, dass ich binnen vierzehn Tagen den französischen Boden verlassen müsste. Am 11. Juni 1894 hatte ich meine Strafe verbüßt. Ich wurde jedoch nicht per Schub über die Grenze gebracht, sondern an der Tür der Anstalt entlassen.

IX

MEINE REISE NACH MONTE CARLO

Von Gaillon aus fuhr ich nach Paris. Welch ein eigentümliches Gefühl bemächtigte sich meiner, als ich jetzt wieder die Freiheit genoss und das Leben und Treiben auf den Straßen sah! Es kam mir vor, als sei ich von einem anderen Stern auf die Erde gefallen, ich betrachtete mich und meine Umgebung mit erstaunten Augen und konnte es kaum begreifen, wie ich Gaillon und seine «Oubliettes» hatte überleben können!

Allein ich riss mich bald von diesen Betrachtungen los, und ohne mich in dieser Stadt, in der ich auf so großem Fuß gelebt, weiter aufzuhalten, fuhr ich vom Ostbahnhof abwechselnd zweiter und dritter Klasse bis nach Bukarest.

Das in Gaillon verdiente Geld leistete mir gute Dienste, und trotz der hohen Reisespesen blieben mir doch noch etwa 260 Franc. In Bukarest angelangt, suchte ich meinen Vater auf dem Land auf, und wir fuhren von dort zusammen nach Ploësci, um verschiedene Erbangelegenheiten mütterlicherseits zu ordnen und Geld in Empfang zu nehmen. Auf dem Gericht übergab man mir ein kleines Gütchen, das mir von der Mutter vermacht worden war und das ich am nächsten Tag für 14 000 Franc verkaufte. Mit dem Rest meines Erbteils, das von der Eisenbahn seinerzeit zu meinen Gunsten für Terrainentschädigungen auf der Sparkasse hinterlegt worden war – es waren 50 000 Franc –, hatte sich jedoch Folgendes zugetragen: Mein Vater hatte sich während meines Aufenthalts in Gaillon von mir Vollmacht geben lassen, in der Folge allmählich diese Summe erhoben und sich damit in verschiedene Geschäftsspekulationen eingelassen. Hierbei hatte er aber Unglück und verlor alles bis auf den letzten Pfennig. Da ich überzeugt war, dass er diese Manipulationen in bester Absicht gemacht hatte, um unser Vermögen dadurch zu vergrößern, verzieh ich ihm gern und verlor überhaupt kein Wort darüber.

So verblieben mir von meinem Erbe nur die zuvor erwähnten 14 000 Franc, und ich beschloss, mit diesem Geld nach Monte Carlo zu gehen, wohin ich schon einmal einige Jahre früher von Paris aus gefahren war. Ich hatte dort Leute getroffen, wie zum Beispiel den Prinzen R… de P…, die in wenigen Stunden 180 000 Franc und mehr gewonnen hatten; wenn dafür auch viele ihr ganzes Vermögen in einigen Minuten verloren und solche Geschichten meist mit Selbstmord endigten, so war ich doch mehr Optimist als Pessimist und hoffte daher, in Monte Carlo womöglich die Bank zu sprengen.

Ich reiste also von Bukarest über Wien nach London, wo ich mir eine elegante Garderobe für 3200 Franc bestellte. So konnte ich als Gentleman in Monte Carlo auftreten. Noch am Abend meiner Ankunft verschaffte ich mir ohne die geringste Schwierigkeit vom Kasinokommissariat eine Eintrittskarte in die Spielsäle und begann sofort das Spiel. Fünf Jahre war es her, dass ich den Fuß nicht mehr in diesen Raum gesetzt hatte. Da ich ganz bescheiden zu setzen anfing, gewann ich am ersten Abend nur 260 Franc und am nächsten 500 Franc im Trente-et-quarante[46]. Aber das Glück währte nicht lange.

Als ich aus den Spielsälen trat, erkannte ich in einem der Salons eine junge Russin in Trauerkleidung, die ich vor fünf Jahren mit ihrem Mann kennengelernt hatte. Ich näherte mich sofort ihrem Tisch und begann an der Roulette Rot zu spielen. Ich setzte erst 20 Franc und verlor, dann 40, 80 – ich verlor; ich setzte 160, dann 500 und endlich 1000 Franc, und unerbittlich gewann Schwarz, während Rot ebenso unerbittlich verlor. So verspielte ich in kaum zwanzig Minuten 9000 Franc – über 7000 Mark –, mein ganzes Vermögen, abgesehen von einigen 20-Franc-Stücken, die mir blieben.

Die kleine Russin, die mein unglückliches Spiel beobachtete und offenbar glaubte, dass ich nur ihr zuliebe auf Rot und so hoch setzte, erhob sich von ihrem Platz und kam auf mich zu; nach kurzer Begrüßung empfahl sie mir, mich im Spiel zu mäßigen, ein Rat, dem ich auch aus guten Gründen sogleich Folge leistete. Doch wurde ich dafür reich entschädigt, denn die hübsche Russin schloss Freundschaft mit mir, und wir verlebten einige gemütliche Wochen zusammen. Mit den wenigen mir verbliebenen Louisdors[47] hatte ich mehr Glück, denn ich gewann damit 4500 Franc, sodass die Russin gar nicht merkte, dass ich bei unserer Begegnung mein ganzes Kapital verspielt hatte.

Als ich endlich einsah, dass ich in Monte Carlo mir kein Vermögen erwerben konnte, nahm ich kurzen Abschied von meiner Freundin und fuhr nach Genf, von wo ich nach Halifax in Kanada hinüberflog. Dort stieg ich im «Hotel Victoria» ab und machte die Bekanntschaft eines reichen Amerikaners, der mich zu einem Glas Grog zu sich einlud; hierbei begann er, mit mir Poker zu spielen, und als Dritter spielte sein Sekretär mit. Ich hatte großes Glück, denn ich erhob mich mit 17000 Dollar Gewinn. Der Amerikaner lächelte dazu und meinte, dass ich zu beklagen sei, denn Glück im Spiel bedeute Unglück in der Liebe; er ziehe es deshalb vor, im Spiel Pech zu haben und sich dafür von hübschen Frauen trösten zu lassen.

Ich war mit dieser Auffassung durchaus einverstanden und empfahl mich wärmstens. Am nächsten Tag fuhr ich nach Chicago, wo ich, dank der deutschen Sprache, die ich vollständig beherrschte, in der Finanzwelt gut aufgenommen wurde; denn bekanntlich sind die größten Bankiers in Chicago deutscher Abkunft. Wie ich es mir gewünscht hatte, wurde ich hier überall eingeladen und machte so die verschiedensten Bekanntschaften. Da ich leidenschaftlich gern tanzte und von nicht unvorteilhaftem Äußeren war, galt ich damals als der gesuchteste Kavalier in den Salons, zumal ich den Titel eines «Herzogs von Otranto»[48] angenommen hatte, ein Rang, der überall großen Eindruck machte. Nach kaum drei Wochen begann man mir reiche Heiraten zu proponieren[49]. Die größte Mitgift, die man mir antrug, war 50000 Dollar Rente pro Jahr, die kleinste 12000 Dollar Rente, während das Kapital nach amerikanischem System deponiert bleiben sollte. Natürlich entschied ich mich für die 50000 Dollar Rente, speziell, da das Mädchen wunderschön und erst neunzehn Jahre alt war. Aber – immer muss ein «Aber» dazwischenkommen – die pedantischen Eltern verlangten, dass ich authentische Akten über meine Herkunft brächte, und bestanden fest auf dieser Formalität.

Ich versuchte anfangs, den Beleidigten zu spielen und ihre Vorsicht ins Lächerliche zu ziehen; als ich jedoch merkte, dass ich damit nichts änderte, musste ich den Platz räumen und mein Glück anderwärts versuchen.

X

MEINE BEUTE AUF DEM WEG NACH KALIFORNIEN

Ich verließ also diese korrekten Amerikaner des Zentrums und begab mich an die Küste des Stillen Ozeans nach San Francisco in Kalifornien. Meine Finanzen waren dem Nullpunkt nahe, da die in Halifax gewonnenen 17000 Dollar inzwischen fast aufgezehrt waren; ich musste mich also nach neuen Einnahmequellen umschauen, und eine solche fand sich auch bald.

Im Schlafwagen des Zuges, in dem ich nach San Francisco fuhr, bemächtigte ich mich einer kleinen Reisetasche; sie gehörte einer reichen Amerikanerin, die mit ihren beiden Söhnen reiste und sich gerade im Speisewagen aufhielt. In der Toilette versuchte ich die Tasche zu öffnen; da diese jedoch verschlossen war, schnitt ich das Leder mit dem Taschenmesser auf und eignete mir den Inhalt an. Ich fand: unter anderem ein Diadem im Wert von 11000 Dollar, ein Perlencollier im Wert von 9000 Dollar, einen Platinring mit drei

Brillanten im Wert von 1250 Dollar und sonstige Schmucksachen, alles zusammen im Wert von 27000 Dollar. Außerdem fielen mir noch 2000 Dollar in Banknoten und ein Scheckbuch in die Hände, das ich jedoch nie benutzt habe. Nachdem ich das Geld und den Schmuck in meinen Taschen hatte verschwinden lassen, warf ich den Rest nebst der Tasche zum Fenster hinaus und begab mich in mein Abteil zurück, wo ich mir eine Havanna ansteckte und mich mit der Lektüre einer französischen Zeitschrift beschäftigte. Nach kaum einer halben Stunde hörte ich das Notsignal, und alle Welt stürzte auf den Korridor, um zu sehen, was es gäbe. Es war die reiche Amerikanerin, die aus dem Speisewagen zurückgekehrt war und das Fehlen der Ledertasche, in der sie außer den Wertsachen auch wichtige Familienpapiere aufbewahrte, bemerkt hatte; sie hatte sofort die Notleine gezogen und jammerte nun furchtbar über ihren Verlust. Der Schaffner versicherte der Frau, dass bei der nächsten Station niemand den Zug verlassen dürfte und die Polizei benachrichtigt werden würde. Bis zur nächsten Station waren es jedoch noch zwei Stunden, und so zerbrach sich während dieser Zeit alle Welt den Kopf, wer der Urheber dieses Diebstahls sein könnte. Obwohl die ganze Geschichte mich selbst mehr als jemand anders anging, spielte ich doch den Gleichgültigen, blies stilvolle Rauchwolken vor mich hin und vertiefte mich scheinbar ganz in meinen *Gil Blas*[50]. Mehr als ein Reisender betrachtete mich von der Seite, um den Eindruck, den diese Affäre auf mich ausübte, zu studieren; allein ich blieb gefühllos, unbeweglich wie aus Marmor gehauen und zuckte mit keinem Muskel, obgleich mir das Herz nicht wenig klopfte. Während die Reisenden und das Personal den Vorfall lebhaft besprachen, schenkte ich also der ganzen Sache anscheinend gar keine Aufmerksamkeit.

Wiewohl nun der Verdacht ebenso gut auf jeden anderen fallen konnte wie auf mich, musterte man mich doch besonders argwöhnisch; man sah es mir offenbar an, dass ich zu der Tat fähig war, denn ich hatte ein entschlossenes und hochmütiges Aussehen. Aber wenn man sich auch hütete, sich auch nur das leiseste Flüstern über mich zu erlauben, so musste ich doch standhaft jedermanns Blicke aushalten, und ich tat dies, ohne mit der Wimper zu zucken.

Endlich langte der Zug an der nächsten Station an und machte Halt, bevor er in den Bahnhof einfuhr. Der Zugführer ließ sämtliche Coupétüren bewachen, damit niemand aussteigen konnte, und Polizeibeamte begannen die Untersuchung von der Lokomotive und dem Zugführer bis zum letzten Waggon. Anfangs untersuchte man auf das Genaueste jeden Winkel, dann aber befragte man jeden einzelnen Reisenden; hierbei kam schließlich auch die Reihe an mich. Mehr als je musste ich jetzt auf der Hut sein, und deshalb fragte ich zuerst, wie es denn käme, dass man es wagte, mich, den Neffen des spanischen Gesandten in Washington, zu verdächtigen. Dabei zeigte ich einen spanischen Pass vor, der auf den Namen «Marchese da Passano»[51]. lautete. Diesen Pass hatte ich während meiner Reise von Genf nach Halifax gestohlen und aufbewahrt, um mich seiner im Notfall zu bedienen. Der Kommissar überzeugte sich von der Richtigkeit des Passes, und überrascht, einen spanischen Granden vor sich zu haben, begann er sich unter Verbeugungen tausendmal zu entschuldigen. Ich hätte gern laut aufgelacht, als ich dieses Werkzeug der Gerechtigkeit mich um Verzeihung bitten sah, allein ich beherrschte mich wohlweislich und führte, jetzt schon wesentlich erleichtert, meine schwierige Rolle sorgsam weiter durch. Auch die Reisenden schienen mir im Stillen den gegen mich gehegten Verdacht abzubitten. Nach und nach wurden sämtliche anderen Fahrgäste untersucht, und als die Reihe an einen Polen, einen Doktor, kam, der die englische Sprache nicht verstand, benahm sich dieser so ungeschickt, dass man nahe daran war, sich an ihn zu halten. Dies konnte ich aber nicht ruhig mit ansehen – denn trotz aller meiner Fehler glaube ich im Innern doch, ein anständiger Charakter geblieben zu sein –, und ich beeilte mich deshalb, dem armen Teufel zu Hilfe zu kommen. Mit kalter, aber höflicher Miene erklärte ich dem Kommissar, dass ich den Polen bei einer Gesellschaft auf der spanischen Gesandtschaft in Paris kennengelernt hätte, dass er einer solchen Tat unbedingt nicht fähig wäre und übrigens ich, der Marchese da Passano, für ihn garantierte. Der arme Pole protestierte nicht, weil er kein Wort von dem verstand, was ich dem Kommissar aufband.

Da die ganze Untersuchung somit zu keinem Resultat geführt hatte, schloss der Kommissar sein Protokoll, verlangte die Adresse der Dame, die in New York wohnte, und versprach ihr, alles weiter Erforderliche zu veranlassen. Nach halbstündiger Verspätung setzte sich der Zug wieder in Bewegung. Ich atmete auf. Es war höchste Zeit, denn der Vorgang hatte mich innerlich doch furchtbar erregt. Alles nahm jetzt wieder sein gewöhnliches Aussehen an, und niemand dachte weiter an das, was geschehen, bis auf einen englischen Reisenden, der mich nicht aus dem Auge verlor; ich tat das Gleiche, denn ich sah es ihm deutlich an, dass er mich im Verdacht hatte. Ich setzte indessen meine Reise weiter fort, als wenn ich nichts bemerkte, und kam endlich in San Francisco an.

XI

ALS DETEKTIV IN SAN FRANCISCO

Am Bahnhof in San Francisco durfte ich mich nicht umwenden, um den englischen Reisenden mit den Blicken zu verfolgen, allein ich war davon überzeugt, dass er mir nachschlich.

In der Tat bemerkte ich, kaum im «Hotel Balmoral» abgestiegen, in der Vorhalle einige Detektive, die bereits da waren, um alle meine Bewegungen zu bewachen. Ich verlor jedoch meine Ruhe nicht und kümmerte mich sehr wenig um diese Leute, sondern führte in der nächsten Zeit ein sehr solides und geregeltes Leben. Obwohl ich Tag und Nacht von geheimen Polizisten umgeben war, gelang es mir doch, unter der Hand die Adresse eines Individuums zu erfahren, das gestohlene Wertsachen kaufte; dieser erwarb heimlich den gesamten Schmuck, den ich in der Eisenbahn gestohlen hatte. Die Detektive arbeiteten also vergebens. Bald darauf brachte der unvorsichtige Käufer der Diamanten diese in San Francisco selbst in den Verkehr, obgleich nicht nur die Dame, der die Sachen gehörten, einen Preis von 4000 Dollar, sondern auch die Polizei einen solchen von 2500 Dollar für die Auffindung des Diebes ausgesetzt hatte. Kein Wunder, dass die Detektivs alle ihre Kunst aufwandten, um der Sache auf die Spur zu kommen; ja sogar der berühmte Fachmann, Detektiv Williams, wurde von der Polizeidirektion in dieser Sache aufgeboten.

Da ich fürchtete, dass die Sache schließlich doch schlecht enden könnte, und zu gleicher Zeit auf die merkwürdige Idee kam, selbst die 6500 Dollar zu verdienen, ließ ich mich durch mir bekannte Bürger auf der Polizeidienststelle als

Detektiv-Amateur anmelden. Ich wurde mit offenen Armen aufgenommen, da drei Viertel der dortigen Geheimpolizei aus fremden Elementen besteht. Als Detektiv-Amateur gelang es mir nun, die Freundschaft Williams' zu erlangen, und wir durchsuchten, von einem dritten Detektiv gefolgt, sämtliche Schenken, Bars und Spelunken von San Francisco. Natürlich fanden wir nichts, und meinem lieben Williams wäre es nie im Leben eingefallen, dass der Vielgesuchte ruhig zu seiner Rechten einherschritt.

Eines Nachts, als ich mit Williams eben ein Lokal verlassen hatte, kam uns der englische Reisende entgegen. Ich erkannte ihn sofort, und indem ich mich so stellte, als ob ich mit gesenktem Haupt ginge, stieß ich ihn direkt mit meinem Kopf ins Gesicht. Er wetterte laut los, während ich, anstatt mich zu entschuldigen, ihm den Vorschlag machte, ihm noch einen Faustschlag auf die Nase zu applizieren[52]. Als Williams sich zwischen uns stellen wollte, bat ich ihn, seinen Dieb allein weiterzuverfolgen und mich mit diesem Engländer allein zu lassen. Er trat also beiseite. Der Engländer erkannte mich nun auch, setzte sich sofort in Positur und war im Begriff, mir das Nasenbein zu zerschlagen.

Wiewohl der Boxersport bei uns in Rumänien nicht gepflegt wird, kannte ich mich dennoch sowohl im französischen als auch im englischen Boxkampf[53] aus.

Ich machte mich also ebenfalls bereit, und es begann um vier Uhr morgens auf offener Straße ein regelrechter Boxkampf, wie ihn sowohl die Engländer als auch die Amerikaner lieben.

Bevor mein Partner noch Zeit hatte, sich vorzusehen, versetzte ich ihm einen gewaltigen Fußtritt vor den Mund. Man nennt diesen Stoß im französischen Boxkampf «*Coup de savate*»[54], ein Trick, der bei den Engländern wenig angewandt wird und den mein Gegner daher auch nicht erwartet hatte. Durch diesen Stoß auf Nase und Mund getroffen, begann er heftig zu bluten, und während er noch zu überlegen schien, woher ihm das Blut ränne, versetzte ich ihm einen derartigen zweiten Fußtritt vor die Brust, dass er zu Boden stürzte. Er sprang aber sofort wieder auf und versuchte in fürchterlicher Erregung, mir einen Faustschlag zwischen die Augen zu versetzen. Dadurch, dass ich den Hieb rechtzeitig parierte, traf er mich aber nur am Schädel und schlug mir eine ungefährliche Wunde, aus der ich allerdings stark blutete. In meiner Erbitterung hierüber ließ ich den Boxkampf beiseite und begann, ihn rechts und links mit meinen Fäusten wild zu bearbeiten, bis er, kampfunfähig gemacht, sich mit dem Versprechen vom Platz schleppte, mir dies gehörig heimzuzahlen.

Williams, der dem Kampf zugesehen hatte, gratulierte mir herzlich; im weiteren Verlauf des Gesprächs versicherte er mir, dass ich, wenn ich weiterhin als Detektiv tätig sein wollte, es gewiss bis zum Inspektor bringen könnte. Ich wünschte ihm dagegen, dass er es bald bis zum Präsidenten der Vereinigten Staaten bringen möchte, da ich auf Beförderung verzichtete und dies alles nur aus Liebhaberei täte.

Weder am nächsten noch am dritten Tag nach diesem Zweikampf ließ sich der Engländer blicken; als wir uns nach ihm erkundigten, erfuhren wir, dass er San Francisco verlassen hatte. Möglich, dass er seine Geschäfte hier beendigt hatte, wahrscheinlicher aber ist, dass er sich mit seinem zerschlagenen Gesicht nicht sehen lassen wollte.

Da kam mir die Idee, den Inspektor der Geheimpolizei und auch Williams selbst glauben zu machen, dass der Engländer der Dieb der Schmucksachen auf der Eisenbahn wäre und dass er sich nur deswegen verstohlen aus San Francisco entfernt hätte. Williams bekannte sich wirklich zu meiner Ansicht und der Inspektor natürlich zu der Meinung Williams', sodass sofort die Maßregeln zur Verfolgung des Engländers Thomson ergriffen wurden. Am Abend desselben Tages erfuhren wir, dass er in Buffalo verhaftet worden wäre; am nächsten Tag wurde er nach San Francisco expediert, wo ich ihn zu meiner großen Freude eingesperrt sah. Es gelang ihm aber, sich durch Papiere zu legitimieren und seine Ehrlichkeit zu beweisen, sodass er bald wieder freigelassen wurde. Ich blieb noch drei Wochen in Williams' Begleitung, ohne aus guten Gründen den Dieb ausfindig machen zu können, und verließ bald darauf die Stadt.

XII

REISE NACH HONOLULU UND YOKOHAMA

Während meiner mit dem Detektiv Williams in San Francisco unternommenen Streifzüge hatte ich auch die Bekanntschaft eines angesehenen Großkaufmanns aus Manchester gemacht. Derselbe hielt sich in San Francisco vorübergehend auf, um sich über Honolulu nach Japan zu begeben, wo er mit mehreren Firmen in Geschäftsverbindung treten wollte. Da der Kaufmann Gefallen an mir fand, so lud er mich mehrmals zu einem Dejeuner[55] ein, und als er abreiste, begleitete ich ihn bis zum Schiff. Als ich mich dort von ihm verabschieden wollte, kam ihm der plötzliche Einfall, mich zu bitten, die Reise nach Honolulu und Japan mitzumachen.

Ich hatte die Absicht, nach Europa zurückzukehren, und daher wenig Lust, nach Yokohama[56] zu gehen. Da ich aber sah, dass es dem Engländer, der meine Bedenken eifrig zu zerstreuen suchte, mit seinem Vorschlag ernst war, und nachdem er wiederholt betont hatte, dass er alle Spesen meiner Reise tragen wollte, dachte ich zu guter Letzt, dass ich nichts dabei verlieren würde, wenn ich einen Vergnügungsausflug nach Yokohama unternähme, und gab deshalb meine Zustimmung. Da dies alles sich aber kurz vor Abgang des Schiffes abspielte und ich keine Zeit mehr hatte, in mein Hotel zurückzukehren, musste ich so, wie ich ging und stand, die Reise antreten, wobei mir während der Seefahrt der Engländer mit seiner eigenen Wäsche aushalf. Den Hotelier benachrichtigte ich durch einen Dienstmann von meiner Abreise und ersuchte ihn zugleich, mir meine Sachen mit dem nächsten Schiff in das «Hotel Royal» in Yokohama, das mir der Engländer als sein Absteigequartier bezeichnet hatte, nachzusenden.

Die Reise ging zunächst nach Honolulu, wo der Dampfer einen kurzen Aufenthalt nahm. Da dieser Aufenthalt für die Erledigung der Geschäfte, die mein Engländer dort hatte, aber nicht genügte, so verließen wir das Schiff und quartierten uns in ein europäisches Hotel ein, um mit einem nächsten Dampfer die Reise nach Yokohama fortzusetzen.

Während der Engländer seinen Geschäften nachging, hatte ich Zeit und Muße, das mir so fremdartige Leben und Treiben in Honolulu näher anzusehen. Hierbei machte ich die Bekanntschaft einer schwarzen Obsthändlerin, bei der ich eines Tages einige Bananen kaufte. Es war ein junges, prächtiges Weib, mit nicht unschönen Gesichtszügen und recht anmutigem Wesen, dabei im Gegensatz zu den meisten ihrer Landsleute von größter Eigenheit. Aus Langeweile ließ ich mich mit der Schwarzen, die fließend Englisch sprach, in ein Gespräch ein, und als ich ein zweites und drittes Mal bei ihr kaufte, wurden wir immer herzlicher, und sie lud mich ein, sie abends in ihrem Haus, das sie mir näher beschrieb, zu besuchen.

Das ungewöhnliche Abenteuer reizte mich, und ich folgte denn auch der Einladung, jedoch nicht ohne mich vorher mit einem Revolver versehen zu haben; denn ich wusste nicht, ob ich nicht etwa in eine Falle geraten würde. Meine Besorgnis war jedoch unbegründet. Ich fand meine Negerin in einem kleinen, reinlich gehaltenen Häuschen ganz allein hausend vor. Sie bewirtete mich mit einer reichen Auswahl von herrlichen Früchten, wie sie das kleine Inselreich erzeugt. In der Folge war ich jeden Abend bei ihr zu finden, und wenn ich auch nichts von meinen Verhältnissen und Plänen erzählt hatte, so gab sie sich in ihrer Beschränktheit doch dem Wahn hin, dass ich für immer in Honolulu bleiben würde.

Inzwischen hatte der Engländer seine Geschäfte erledigt, und wir rüsteten uns zur Weiterfahrt. Nur noch zwei Abende standen mir bevor, dann hieß es von Honolulu und meiner Freundin Abschied nehmen. Als ich des Abends wieder in dem mir so vertraut gewordenen kleinen Häuschen weilte, teilte ich der Obsthändlerin mit, dass ich sie nur noch einmal sehen könnte, da ich wieder abreisen müsste. Das arme Geschöpf hielt dies zuerst für einen Scherz, den ich mit ihr machte; als sie aber die Wahrheit meiner Worte merkte, war sie außer sich und beschwor mich, Honolulu nicht zu verlassen. Nur mit Mühe und Not konnte ich mich von ihr befreien, musste ihr jedoch das Versprechen geben, den nächsten Abend so zeitig wie möglich zu ihr zu kommen.

Dieses Versprechen hielt ich auch, und früher als sonst fand ich mich an diesem letzten Abend bei meiner Schwarzen ein. Sie bewillkommnete mich mit der alten Herzlichkeit und bot mir wie sonst Früchte an, von denen sie mir namentlich bereits geschälte Bananen empfahl. Zwar fiel mir hierbei ihr scheues Wesen auf, doch setzte ich dies auf Rechnung der nahen Abschiedsszene, und erst später wurde mir der wirkliche Grund ihres sonderbaren Benehmens klar. Nach einer Stunde bereits verließ ich das kleine Haus, da ich mich unwohl fühlte. Auf dem Rückweg zum Hotel verstärkte sich das Unwohlsein mit jedem weiteren Schritt, den ich tat. Schließlich überfiel mich ein starker Schüttelfrost, und so kehrte ich in einem kleinen Kaffeehaus ein, in dem ich häufig eine Tasse Kaffee oder Tee einzunehmen pflegte. Mein Aussehen musste wohl Zeugnis von dem Leiden, das mich befallen hatte, ablegen, denn der Cafetier, ein Grieche, den das Schicksal nach Honolulu verschlagen hatte, fragte mich, was mir fehlte. Er reichte mir eine Tasse Kaffee, da ich aber auch darauf keine Besserung verspürte, vielmehr merkte, wie sich mein Magen krampfhaft zusammenzog, schüttelte der Grieche den Kopf, schaute mir in die Augen und forschte mich aus, wo ich gewesen wäre und was ich gegessen hätte.

Zu meinem nicht gelinden Schrecken erklärte er mir darauf, dass ich vergiftet worden wäre, und eilte gleich selbst in eine nicht unweit gelegene Apotheke, um ein geeignetes Gegengift zu holen und mir einzugeben. Nachdem ich mich durch heftiges Erbrechen erleichtert hatte, brachte mich der Grieche, dem ich zum Dank dafür später die von ihm ersehnte Rückkehr in seine Heimat ermöglichte, in das Hotel und dort in das Bett, wo ich am nächsten Morgen in Schweiß gebadet, aber doch wohl und guter Dinge erwachte.

In Yokohama stiegen der Engländer und ich in dem großen «Hotel Royal» ab, einem enormen Gebäude mit nicht weniger als vierhundert Zimmern. Dieses Hotel war mit Gästen aller Nationalitäten, besonders aber mit Engländern und Amerikanern voll besetzt – alles Großindustrielle, Großkaufleute oder auch reiche Rentner, die eine Vergnügungsreise in den äußersten Osten unternommen hatten. Man glaubte sich in diesem Hotel in London oder New York, keineswegs aber in Japan.

Da mich der Engländer auch hier öfter allein ließ, unternahm ich zahlreiche Spaziergänge; diese führten mich meistens in die Parkanlagen, die auch in Yokohama zu finden sind. Bei einem dieser Ausgänge machte ich die Bekanntschaft einiger reizender, junger Japanerinnen, von denen mich namentlich eine alleinstehende junge Witwe anzog. Bei einem späteren Zusammentreffen lud mich dieselbe zu einer Tasse Tee ein, und als ich dieser Einladung Folge leistete und die Villa betrat, die mir die Japanerin als die ihrige bezeichnet hatte, machte ich die Wahrnehmung, dass ich es mit einer sehr reichen Dame zu tun hatte. Alles war auf das Luxuriöseste und zugleich mit einer Solidität eingerichtet, die Kunde von einem fest begründeten Wohlstand gab. Ein hinter der Villa befindlicher Garten mit sorgfältig gepflegten Beeten und Wegen prangte in herrlichem Grün, und eine zahlreiche Dienerschaft gehorchte jedem Wink der Herrin dieses schönen Besitztums.

Es entspann sich bald ein lebhafter Verkehr zwischen mir und der Witwe, in dessen Verlauf sie mir wiederholt das Anerbieten machte, sie zu heiraten und mit nach Paris zu nehmen. Ich wich diesen Anträgen zunächst aus und lehnte sie dann direkt ab, denn es schien mir nicht gerade verlockend, ehelich mit einer Japanerin behaftet in Europa wieder aufzutauchen, auch wenn sie, wie diese junge Witwe, eine jährliche Rente von 16 000 Pfund Sterling besaß.

Trotzdem blieben wir gute Freunde, und als ich endlich über Amerika nach Europa zurückkehrte, überreichte sie mir beim Abschied zur Erinnerung an die gemeinsam verlebten Stunden einen Scheck über eine unverhältnismäßig hohe Summe auf die Englische Bank in London.

XIII

ÜBER AMERIKA NACH ENGLAND. GROSSE SPIELVERLUSTE. ZWANGSARBEIT

Von Yokohama kehrte ich nach San Francisco zurück und fuhr von hier ohne Aufenthalt nach Philadelphia. Dort sollte, wie ich gehört hatte, ein reicher Emporkömmling, ein vielfacher Millionär, wohnen, der den Ehrgeiz hätte, seine schief gewachsene und bleichsüchtige Tochter zu einer Prinzessin oder wenigstens zu einer Marquise zu machen. Ich hatte auch erfahren, dass dieser Mann ein Dummkopf war, den man leicht rupfen könnte, und so hoffte ich, dass es mir in diesem Falle gelingen würde, den längst ersehnten Goldfisch zu fangen, falls der gute Mann, im Gegensatz zu seinen Chicagoer Konkurrenten, es mit der Prüfung meiner Papiere bei einer Heirat mit seiner Tochter nicht so genau nahm.

Die Sache war aber doch nicht so leicht, wie ich sie mir vorgestellt hatte. Zwar wurde ich, als ich mich als «Prinz von Padua»[57] und mit meinem auf diesen Namen lautenden, hierfür eigens fabrizierten Empfehlungsschreiben bei ihm einführte, mit großer Liebenswürdigkeit empfangen und auch von seiner Tochter, der ich alsbald vorgestellt wurde und die in mir einen ihr sehr willkommenen Freier erblickte, auf das Freundlichste begrüßt; allein ich konnte doch bald merken, dass der Brave nicht ganz so dumm war, wie er mir geschildert worden, und dass er, wenn es zur Heirat mit seiner Tochter kommen würde, bezüglich der Authentizität meiner Papiere ebenso rigoros sein würde wie die Herren in Chicago.

Dazu kam, dass ich mit dem besten Willen an seiner Tochter keinen Gefallen finden konnte und dass es mir frivol schien, mit der armen kranken, aber herzensguten Kreatur, die sich ihrer körperlichen Fehler sehr wohl bewusst war, aber dennoch sich fürchtete, als alte Jungfer zu sterben, ein leichtfertiges Spiel zu treiben. Ich hätte, wenn ich nur wollte, sie sehr leicht entführen, heiraten und mit ihr nach England fliehen können, und der Alte hätte uns gewiss verziehen. Allein mit Weiberherzen habe ich nie gespielt, am wenigsten mit den Herzen eines solchen armen Mädchens.

So schützte ich denn wichtige Geschäfte vor, die mich nach Europa riefen, und schiffte mich bereits nach drei Tagen nach Portsmouth ein.

Von dort ging ich nach London, kassierte daselbst den Scheck meiner Japanerin ein und begann mit dem erhaltenen Geld von Neuem ein Leben voll Saus und Braus.

Ich engagierte mir einen Sekretär und einen Lakaien, logierte[58] mich in einem der komfortabelsten Hotels ein und suchte Zutritt zu den fashionablen[59] Klubs der englischen Hauptstadt. Es wird in denselben viel und hoch gespielt, und so fand meine Spielleidenschaft reichliches Genüge.

Indessen erging es mir auch hier wie fast stets, wenn ich mich im Besitz größerer Summen an den Spieltisch setzte: Ich verlor fast unaufhörlich. Und da ich auch im Übrigen ein kostspieliges Leben führte, jeden Sport mitmachte, in den teuersten Vergnügungsetablissements zu finden war und überall den Mittelpunkt von Freunden, mehr aber noch von

Freundinnen bildete, so dauerte es nicht lange, bis ich meine Barschaft wieder bis auf einige wenige Pfund Sterling zusammengeschrumpft sah.

Um mein Leben in der bisherigen Weise fortsetzen zu können, sah ich mich daher gezwungen, mir auf irgendeine Weise Geld zu beschaffen. Ich begab mich zu dem Zweck in eins der feinsten Hotels Londons, das «Grand Hotel» in der Old Bond Street, und drang in ein elegantes Appartement ein, das im ersten Stock gelegen war. Ich fand dort auf dem Tisch eine feine Krokodilleder-Handtasche, deren Schlüssel im Schloss steckte. Ich tat, als wäre ich zu Hause, riegelte die Tür ab, öffnete die Tasche und fand zu meiner großen Genugtuung eine Unmenge Schmuckgegenstände darin. Natürlich begann ich sofort meine Taschen damit zu füllen, doch blieben noch immer viele Wertsachen zurück. Da ich nun meine Kleider nicht auffallend vollstopfen wollte, weil dann im Korridor das Personal auf mich hätte aufmerksam werden können, legte ich sämtliche Sachen in die Ledertasche zurück, schloss sie ab und entfernte mich mit ihr aus dem Zimmer. Ich durchschritt den Korridor mit festen Schritten und passierte mit sicherer Haltung vor dem Portier, der mir nichts sagte. Ein Groom[60] aber, der mich im Verdacht hatte, dass ich das Hotel verlassen wollte, ohne zu bezahlen, fragte mich, woher ich käme. Ich glaubte nicht verpflichtet zu sein, dem Jungen eine Antwort zu geben, und verließ schweigend das Hotel. Der Groom aber erbat sich wahrscheinlich vom Portier die Erlaubnis, mir folgen zu dürfen, denn ich sah ihn bald neben mir einherschreiten. Da sagte ich ihm, dass ich aus dem Zimmer Nummer 26 käme, wo ich dieses Köfferchen genommen hätte, um es dem Herrn zu übergeben, der das Zimmer bewohne und zurzeit im «Café Monico»[61] in der Regent Street weile. Der

Groom aber folgte mir trotzdem hartnäckig weiter, und als ich sah, dass ich ihn nicht loswerden konnte, begann ich ihn durch Seitenstraßen und dunkle, schmutzige Passagen zu führen, drehte mich dann plötzlich um und versetzte ihm einen ordentlichen Schlag mit der Ledertasche ins Gesicht, sodass er betäubt zu Boden fiel. Er erholte sich jedoch im Moment und begann fürchterlich zu schreien, sodass viele Passanten und Leute aus ihren Wohnungen herbeiliefen, um die Ursache dieser Rufe zu erfahren. Anstatt mich aus dem Staube zu machen, wie es vielleicht ein anderer an meiner Stelle getan hätte, blieb ich ruhig stehen, als wäre ich ein einfacher Zuschauer. Der Junge erhob sich und bezeichnete mich als den, der ihm den Schlag versetzt hatte. Ohne viele Erklärungen führten mich nun zwei Polizeileute, die ebenfalls herbeigekommen waren, auf die «Metropolitan Station», das Polizeibureau. Der Groom folgte uns dorthin, erklärte dem Kommissar ganz genau, wie sich die Sache zugetragen hatte, und fügte hinzu, dass ich ihn wahrscheinlich hätte töten wollen, um mich seiner zu entledigen.

Ich antwortete dem Inspektor ziemlich kalt und ironisch, dass hier ein Missverständnis obwalten müsste und dass Mister Gordon, der das Zimmer Nummer 26 des genannten Hotels bewohne, mir die Ledertasche übergeben hätte, um sie auf die Englische Bank zu bringen und die Schmucksachen in einer von ihm gemieteten Stahlkammer aufbewahren zu lassen. Dieser Fabel schenkten sowohl die Polizisten als auch der Kommissar keinen großen Glauben, und während man mich weiter ins Verhör nahm, kamen im Laufschritt der Portier des Hotels und die Zofe der Dame an, der ich die Tasche entwendet hatte. Letztere erklärte weinend, dass ich mich, während sie für fünf Minuten das Zimmer verlassen und leider die Tür zu schließen vergessen hätte, eingeschlichen und den Diebstahl begangen haben müsste. Sie hätte den Verlust eben erst bemerkt, als sie etwas aus der Tasche herausnehmen wollte. Ganz kopflos vor Schreck hätte sie dem Kellner den Vorfall gemeldet, der telefonisch den Portier des Hotels davon in Kenntnis setzte. Dieser hätte sofort geäußert, dass nur der elegante Herr der Dieb sein könnte, den er durch den Groom habe verfolgen lassen. Man hätte darauf sofort die Polizei telefonisch verständigt, zufällig auch die richtige Station angerufen und von dieser die Mitteilung von meiner Festnahme empfangen, worauf sie mit dem Portier sogleich hierhergeeilt wäre.

Ohne große und lange Formalitäten wurde ich nach dieser von dem Portier bestätigten Aussage kurzerhand in eine Zelle gesperrt, wo man mir des Abends als Lager eine aus Wachsleinwand gefertigte und mit dürrem Reisig gefüllte Matratze anwies. Als Decke gab man mir ein sprödes Linoleumstück, mit dem ich alles tun, nur mich nicht einhüllen konnte. Welch ein Unterschied war doch zwischen dieser Zelle und dem hocheleganten «Hotel Cecil», wo ich ein herrliches und bequemes Appartement bewohnt hatte! Allein ich gab es bald auf, daran zu denken, denn ich hatte ganz andere Sorgen. Wer weiß, welch eine Strafe mich jetzt erwartete! Und ich dachte mit Schaudern an die «*hard labour*», die englische Zwangsarbeit, und ahnte, dass meine Strafe etwas harter Natur sein würde.

Des Morgens holte man mich aus diesem Gemach und transportierte mich vor das Tribunal des Gerichts. Der Richter drohte mir für den Diebstahl mit einer Strafe von mehr als sechs Monaten und schickte mich am Nachmittag in das Untersuchungsgefängnis «Holloway»[62]. Acht Tage später musste ich vor dem Schwurgericht «North London Session» erscheinen. Es war dies am 10. Mai 1895. Die Anklage, welche man gegen mich erhob, lautete auf Diebstahl von Schmuckgegenständen im Wert von 72 000 Franc. Mit den Engländern ist nicht zu spaßen, und so gestand ich denn kurz und bündig meine Schuld ein. Doch kam es an diesem Tag noch nicht zur Urteilsverkündung, da man sich erst noch näher über mein Vorleben informieren wollte.

In den englischen Gefängnissen existierte nämlich damals noch nicht das anthropometrische Messsystem[63], sondern man verfuhr zur Feststellung der Identität eines Verhafteten viel einfacher. Jeden Tag werden die neuen Gäste des «Holloway» im Hof in einem Halbkreis aufgestellt, während etwa zwanzig alte Polizeiveteranen und vierzig bis fünfzig Detektive die Leute genau in Augenschein nehmen. Sie mustern die Gefangenen vom Scheitel bis zur Sohle und sehen zu, ob sie es mit Novizen oder mit «ausgetragenen Jungen» zu tun haben. Ich musste also *nolens volens*[64] dieselbe Prozedur durchmachen, wurde aber von niemand erkannt, weil ich in England vorher noch nicht gearbeitet hatte. Da aber der Präsident der «North London Session» genauere Details über mich haben wollte, ließ er in sämtlichen Hauptstädten der Welt telegrafisch anfragen, ob man dort bei der Polizei etwas von mir wüsste. Um die Antworten abzuwarten, wurde der Prozess auf acht Tage verschoben, was übrigens in England bei den ersten Terminen sämtlicher Prozesse Brauch ist. Nach acht Tagen kam aus Paris die Antwort, dass ich bereits vier Jahre gesessen hätte, ein sehr gefährlicher Einbrecher wäre und dass man sich vor mir hüten müsste. Der Präsident drückte mir ironisch seine Anerkennung aus und verschob den Prozess auf weitere acht Tage, um eventuelle weitere Antworten aus den anderen Hauptstädten abzuwarten; in jedem Falle stellte er mir schon jetzt eine gesalzene Strafe in Aussicht.

Anstatt ihm für seine herzlichen Versprechungen zu danken, bat ich ihn, mir von den bei mir beschlagnahmten Geldern zwei Pfund anweisen zu lassen, um mich in Holloway selbst beköstigen zu können. Wiewohl der Präsident als Richter mehr als streng urteilte, besaß er doch die einem Richter notwendigen Eigenschaften, einen milden Charakter und ein fühlendes Herz. Ohne also etwas zu erwidern, ließ er durch den Polizisten, der mir mein Geld abgenommen hatte, zwei Pfund an das Holloway-Gefängnis für mich entrichten. Als innerhalb acht Tagen keine Auskünfte über mich mehr anlangten, wurde ich vor das Schwurgericht gebracht und in weniger als zehn Minuten zu acht Monaten «*hard labour*» verurteilt. Bei den Engländern geht das wie gesagt sehr schnell, denn «time *is money*» – Zeit ist Geld. Anstatt mich also erst wieder vom Schwurgericht nach Holloway zu überführen, wurde ich direkt nach «Wormwood»[65] gebracht, um meine Strafe anzutreten, und dort auch sofort uniformiert! Vorerst führte man mich zum Arzt der Anstalt, damit derselbe mich untersuchte, ob ich die Anstrengungen, die mich erwarteten, würde aushalten können. Denn von den Sträflingen werden von hundert Mann kaum sechzig hierzu für tauglich befunden. Die Arbeit ist aber auch eine furchtbar anstrengende und ermüdende. Da muss man den ganzen lieben Tag von sechs Uhr morgens bis acht Uhr abends am Rad einer Pumpe stehen. Man nennt diesen Apparat «*crank*», Kurbel. Er ist aus Eisen, hat die Form einer automatischen Pumpe und ist an den Boden einer Einzelzelle angeschraubt. Der Häftling muss die Kurbel dieses Apparats wie das Rad einer Maschine fortwährend drehen. Er ist verpflichtet, achttausend Drehungen pro Tag auszuführen – eine für den Körper vernichtende Arbeit –, und eine automatische Uhr zeigt jeden Abend bei der Kontrolle, ob diese Zahl erreicht worden ist oder nicht. Die Uhr ist auch für den Sträfling sichtbar, damit er weiß, wie viele Touren er noch zu machen hat.

Der Leser wird sich kaum einen Begriff machen können, was es bedeutet, mit einer solchen Pumpe zu arbeiten; sogar ein normal gebauter Mann fällt vor Müdigkeit um, wenn er vier- bis fünfhundertmal die Pumpenkurbel gedreht hat.

Außer dieser qualvollen Arbeit muss man aber noch aus alten Stricken täglich sechs Unzen Hanfwolle zupfen, was sehr viel Zeit in Anspruch nimmt; achttausendmal das Rad zu drehen und sechs Unzen Wolle pro Tag zu zupfen, ist also zusammen ein Arbeitspensum, das nur ganz kräftige, urgesunde Menschen ausführen können.

Ich wurde vom Arzt für vollständig gesund erklärt und demnach zu dieser Zwangsarbeit bestimmt.

Am nächsten Tag schon musste ich in meiner Zelle beginnen. Genau wie die anderen sollte ich tagtäglich achttausend Touren drehen und sechs Unzen Wolle zupfen. Ich spannte mich also an die Kurbel und begann diese mörderische Arbeit, allein nach kaum drei viertel Stunden musste ich aufhören, da ich vollständig erschöpft war. Ich begann also, um nicht müßig zu sitzen, mich an das Auseinandernehmen der Stricke zu machen, wobei ich es – trotz meiner fleißigen Arbeit – kaum auf zwei Unzen brachte.

Nachts schlief ich auf dem feuchten Fußboden, wobei ich nur ein kleines Polster und zwei Betttücher besaß, von denen das eine als untere, das andere als obere Decke diente. Am nächsten Morgen erwachte ich natürlich mit einem schweren Kopf, denn trotz der anstrengenden Arbeit hatte ich nicht gut schlafen können. Als der Aufseher eintrat und den Apparat kontrollierte, fand er statt achttausend Touren nur vierhundertzwanzig – eine hübsche Differenz – und anstatt der sechs Unzen Wolle kaum zwei. Da er jedoch ein verständiger Mann war, kam ich mit einer Rüge davon; er drohte mir aber, mich am nächsten Tag vor den «*Governor*», den Direktor des Gefängnisses, zu führen, wenn ich meine vorgeschriebene Arbeit nicht leisten würde. Ich erwiderte nichts, weil ich nichts versprechen wollte. Allein da ich die englischen Verordnungen kannte und wusste, dass keine Späße geduldet werden und strenge Disziplinarstrafen in Aussicht stehen, so dachte ich angestrengt nach, wie ich es anfangen könnte, diese Zyklopenarbeit fertigzubringen. Als demnach der Aufseher die Zelle verlassen hatte, setzte ich mich hin, stützte meinen Kopf in beide Hände und begann über meine Lage nachzusinnen. Ich fühlte mich außerstande, diese kolossale Arbeit zu bewältigen, und musste deshalb unbedingt ein Mittel finden, das mir dieselbe erleichterte.

Als ich nach vergeblichem Sinnen den Apparat zu untersuchen begann, bemerkte ich, dass der Deckel des Tourenzählers mit Schrauben befestigt war und ich nur einen Schraubenzieher brauchte, um diesen Deckel abzunehmen und ganz einfach den Zeiger zu stellen, ohne die Kurbel achttausendmal drehen zu müssen.

Aber woher nehmen und nicht stehlen! Wurde doch den Sträflingen nicht einmal ein Metalllöffel in die Hand gegeben. Ich suchte an den Wänden der Zelle, am Fenstergitter – nichts Brauchbares war zu erspähen. Alle meine Gedanken richteten sich auf dies so unbedingt notwendige «Etwas», und nach langem Sinnen fand ich es endlich in den Knöpfen meines Hemdes.

Dieselben waren nämlich aus Metall. Kaum hatte ich dies bemerkt, als ich auch schon zwei davon abriss, sie auf dem Zementboden meiner Zelle ein wenig abstumpfte und damit die Schrauben aufzudrehen versuchte. Nach langer, mühsamer Arbeit gelang es mir wirklich. Ich nahm den Deckel ab und rückte den Zeiger auf die gewünschte Stelle. Wie unbeschreiblich glücklich war ich in diesem Moment!

Wohl hatte ich schon viele freudige Momente erlebt, aber keiner kam dem gleich, als ich die Entdeckung dieses Universalmittels machte und nun nicht mehr das entsetzliche Pumpenrad achttausend Touren drehen musste! Ich hätte diese Arbeit niemals zustande gebracht und wäre den harten Strafen und Prügeln, die in den englischen Gefängnissen noch zulässig sind, gewiss erlegen. Jetzt aber brauchte ich solche schmerzhaften, erniedrigenden Strafen nicht mehr zu fürchten. Während der acht Monate, die ich im Gefängnis zubrachte, schraubte ich regelmäßig zur Mittagszeit, wenn die Aufseher sich zum Essen entfernt hatten, den Deckel der Uhr ab, schob den Zeiger auf die Zahl Achttausend und befestigte gemächlich den Deckel wieder. Selbstredend hatte ich nun auch Zeit genug, in aller Ruhe meine sechs Unzen Wolle zu spinnen, sodass der Aufseher mit meinem Fleiß mehr als zufrieden war.

Nach einem Monat kam ich in die zweite Etage, wo alles wie vorher zuging, nur dass ich bessere Kost bekam – nämlich zwei Unzen Brot mehr pro Tag – und fünfmal in der Woche auf einer Matratze schlafen durfte. Nach dem zweiten Monat kam ich in die dritte Etage, wo ich fünf Unzen Brot pro Tag mehr hatte und sechs Nächte auf der Matratze schlafen konnte. Außerdem erhielt ich zu Mittag statt «*gruel*» – Haferschleim – das bedeutend bessere und nahrhaftere «*porridge*» – Suppe. Das Essen in den englischen Gefängnissen ist überhaupt sehr reinlich und nahrhaft, aber so knapp, dass man fast verhungert. Nach Ablauf des dritten Monats kam ich in die vierte Etage, wo ich für jede

Nacht eine Strohmatratze erhielt. Meine Nahrung bestand mittags aus «*porridge*», abends aus «*gruel*», und außerdem erhielt ich wiederum zehn Unzen Brot mehr sowie auch etwas «*pudding*».

Hier verblieb ich bis zur Verbüßung meiner Strafe, das heißt bis zum 10. Januar 1896. Bei meiner Entlassung wurde ich weder aus England noch selbst aus London ausgewiesen, auch wurde mir keine Moral gepredigt oder mir irgendwie gedroht, sondern es öffneten sich mir einfach die Gefängnispforten, und ich war ein freier Mann.

Diese Gerechtigkeit der englischen Gesetze hat meine Bewunderung erregt, sodass ich den Entschluss fasste, nie mehr in diesem Land ein Unrecht zu begehen.

XIV

ABENTEUER IN DEN VERSCHIEDENSTEN STAATEN EUROPAS

Aus dem Gefängnis entlassen und wieder mein eigener Herr, blieb ich noch einige Tage zu meiner Erholung in London und fuhr dann zunächst nach Ostende und von dort nach Brüssel, um in einem anderen Land erneut mein Glück zu versuchen.

Da ich genug Geld bei mir hatte, spielte ich noch immer den Grandseigneur[66] und mietete ein elegantes Zimmer im «Hotel de Flandres». Nach kaum drei Tagen machte ich daselbst die Bekanntschaft eines reichen Brasilianers, dem ich besonders zu gefallen schien. Ich erriet sofort, dass ich hieraus manchen Vorteil ziehen könnte, und legte mir sorgfältig einen Plan zurecht. Wir brachten unsere Abende zusammen in den Cafés und feineren Bars zu, und ich muss gestehen, dass mein Brasilianer ziemlich standfest im Trinken war. Eines Tages machte er mir sogar den Vorschlag, mich mit nach Brasilien zu nehmen, aber ich erwiderte ihm darauf, dass ich es nicht für notwendig hielte, meinen Aufenthalt zu ändern, denn ich fühlte mich hier sehr wohl.

Da ich nicht imstande war, die Verhältnisse des Brasilianers zu erraten, mir aber über seinen Charakter und sein Vermögen Klarheit verschaffen wollte, richtete ich eines Tages an ihn die Frage, ob er mir einige 1000 Franc borgen könnte, da ich große Summen im Spiel verloren hätte und es zwei bis drei Tage dauern würde, ehe ich mein Geld von zu Hause bekäme. Er entschuldigte sich damit, momentan nicht über viel disponieren zu können, und bot mir 200 Franc an.

Ich maß ihn von Kopf bis Fuß mit einem niederschmetternden Blick und antwortete ihm, dass er diese Summe seinem Kammerdiener anbieten möge, nicht aber einem «Hidalgo» – einem spanischen Edelmann. Er erging sich hierauf verlegen in Entschuldigungen und versicherte mir, dass er alles aufbieten würde, um mir das verlangte Geld zu verschaffen; ich antwortete ihm aber, dass es überhaupt nicht mehr nötig wäre, sich deshalb zu inkommodieren[67], und überlegte mir, wie es einzurichten wäre, den Geldsack dieses Geizhalses zu erleichtern.

Zu diesem Zweck suchte ich an demselben Abend die verrufensten Viertel Brüssels auf und mietete einige handfeste Burschen, die für Geld alles zu tun imstande sind. Es wurde abgemacht, dass dieselben um zehn Uhr im Stadtpark auf mich warten sollten. Ich würde dort mit einem Herrn promenieren; in dem Moment, wo ich mich auf eine Bank niederließe, sollten sie über meinen Begleiter herfallen und ihn ordentlich durchbläuen. Ich versprach den Leuten 50 Franc pro Mann und 100 Franc Gratifikation[68], wenn ich mit ihrer Arbeit zufrieden wäre.

Gesagt – getan! Nach dem Abendessen schlug ich meinem Freund einen Spaziergang in den Stadtpark vor, womit er sofort einverstanden war. Wir nahmen unsere Überzieher und Hüte und gingen in den Park, wo ich mich vergewisserte, dass meine Leute zugegen waren. Kaum eine Viertelstunde später nahten die drei Burschen sich unserer Bank, und ohne ein Wort der Vorrede packte der eine von ihnen meinen exotischen Begleiter beim Kragen und warf ihn zu Boden. Zu gleicher Zeit versetzte ihm der zweite einige Faustschläge in das Gesicht und hielt den Überfallenen mit dem dritten am Boden fest. Ich stellte mich natürlich so, als ob ich den Brasilianer beschützen wollte, benutzte aber zugleich die Gelegenheit, ihm seine Brieftasche abzunehmen. Nachdem ich sie zu mir gesteckt hatte, raunte ich den Leuten zu, dass es genug wäre. Die Burschen verschwanden hierauf in alle Richtungen, und zwar war es höchste Zeit, denn es nahten bereits einige Spaziergänger. Ich war jetzt mit meinem Freund beschäftigt, hob ihn vom Boden auf, wo er der Länge nach halb bewusstlos hingestreckt gelegen hatte, griff ihm unter die Arme und führte ihn in das «Hotel de Flandres» zurück, das zwei Schritte vom Park gelegen ist. Er war weit entfernt davon, auch nur zu ahnen, dass der Urheber des Überfalls an seiner Seite ging. Ich ließ ihn auf sein Zimmer bringen, wo man ihn mit Kampfersalbe massierte. Ich selbst nahm einen Tee mit Kognak und schlief darauf einen wohlverdienten Schlaf, denn ich fand in seiner Brieftasche nicht weniger als 37 000 Franc. Am anderen Morgen war der Brasilianer schon wieder frisch und munter, und als er mich sah, konnte er nicht genug Entschuldigungen für die Unannehmlichkeiten vorbringen, die er mir verursacht hätte, wobei er mir sein blutunterlaufenes Auge und mehrere andere blaue Flecken zeigte. Da ich in diesem Hotel nichts mehr zu suchen hatte, teilte ich am Nachmittag meinem Brasilianer mit, dass mich Geschäfte nach Antwerpen riefen, und noch am Abend desselben Tages fuhr ich in entgegengesetzter Richtung, nach Paris, ab.

In Paris stieg ich in einem der feinsten Hotels in der Rue de Rivoli[69] ab, wo ich ein Appartement mit drei Zimmern mietete. Am nächsten Tag nahm ich einen Sekretär und einen netten Lakaien in meine Dienste und legte mir wieder den Titel eines Herzogs von Otranto zu, ließ mir eine prachtvolle Garderobe anfertigen, mietete eine elegante Equipage für den Monat und begann von Neuem ein herrliches Leben zu führen. Alle meine Freunde und Freundinnen, von denen die meisten nicht einmal ahnten, dass ich ein Hochstapler war, glaubten, dass ich einen Goldonkel beerbt hätte und jetzt ein Vermögen von einigen Millionen Mark besäße, eine Annahme, der ich nicht widersprach.

Meine Finanzen nahmen jedoch schließlich rapid ab, und da ich in Paris nicht wieder das alte Schwindlerleben anfangen wollte, entschloss ich mich schweren Herzens abzureisen, um wieder nach Monte Carlo zu fahren, in der Hoffnung, dort das erträumte Vermögen endlich zu finden.

XV

ZUM ERSTEN MAL LÄCHELT MIR DAS GLÜCK.
SPIELGEWINN VON CA. 250 000 FRANC.
ICH VERSPIELE ALLES WIEDER.
JUWELENDIEBSTAHL.
ACHTZEHN MONATE GEFÄNGNIS IN NÎMES

Ich bestieg den Zug in Paris auf dem Lyoner Bahnhof und dachte im Schlafwagen darüber nach, was ich an der Riviera beginnen sollte. Um zwei Uhr nachmittags langte ich in Nizza an und stieg im «Palace Hotel» ab, wo es derart überfüllt war, dass ich kaum ein Zimmer im vierten Stock für fünfzehn Franc pro Tag finden konnte. Später ging ich in die Stadt und bewunderte das Gedränge der dort promenierenden internationalen Spaziergänger und eleganten Damen. Da ich aber keinen von den amerikanischen Millionären, die ich hier zu finden glaubte, traf, fuhr ich schon nach zwei Tagen nach Monte Carlo. Dort stieg ich im «Hotel de Paris» ab und bezog im zweiten Stock ein kleines Appartement für 100 Franc pro Woche. Vor allem bezahlte ich an der Kasse des Fremdenklubs 500 Franc, die mir ein Jahr vorher gegeben worden waren, als ich alles verspielt hatte. Mit dieser Quittung ging ich auf das Kommissariat dieses Klubs und ließ mir eine Eintrittskarte für die ganze Saison, also für sechs Monate, auf meinen wirklichen Namen Georges Manolescu ausstellen.

Ich hatte noch 3600 Franc bei mir, als ich die Spielsäle betrat. Ohne mich sofort ans Spiel zu machen, schweifte ich zuerst von Saal zu Saal, von Tisch zu Tisch und sah mir ein wenig die Anwesenden an, von denen mir manche bekannt waren. In dem Saal, wo Trente-et-quarante gespielt wurde, blieb ich endlich stehen, da sich hier die kühnen Spieler aufhalten und ich demgemäß da auch die fand, mit denen ich eventuell arbeiten konnte. Ich begann ganz niedrig mit 20 und 40 Franc Einsatz zu spielen und hatte nach einer halben Stunde etwa 600 Franc gewonnen. Ich verließ hierauf den Saal und begab mich an die Roulette, wo sich meine Blicke unwillkürlich mit denen einer reizenden, sehr eleganten Dame kreuzten. Fast automatisch trat ich an den nächsten Tisch und sah dem Spiel zu, worauf die Dame ihren Platz verließ und sich direkt vor mich stellte, indem sie mich gleichzeitig mit einem eigentümlichen Blick maß. Ich schenkte jedoch diesem Manöver keine besondere Aufmerksamkeit, denn ich war derartige Situationen schon gewöhnt. Als sie sah, dass ich mich fast gar nicht um sie kümmerte, kam sie noch näher an den Platz, wo ich stand, und indem sie mich fast anstieß, warf sie zwei Scheine zu je 1000 Franc auf den Tisch auf Gerade. Ohne sich bei mir zu entschuldigen, schaute sie mir fest in die Augen und lächelte. Da eben Nummer 18 gewann, wurden zu ihren 2000 Franc noch andere 2000 Franc hinzugelegt. Ohne auch nur mit der Wimper zu zucken, ließ sie die 4000 Franc auf demselben Platz. Wieder wurde die Kugel in Bewegung gesetzt und blieb, verfolgt von den gierigen Augen der Spieler, auf Nummer 30 stehen. Die Dame gewann also weitere 4000 Franc. Als sie das Geld zu sich nehmen wollte, bat sie mich in einem sehr schlechten Französisch, ihr dabei behilflich zu sein, da sie nicht so weit über den Tisch reichen könnte. Ich beeilte mich, ihrem Wunsch nachzukommen, und übergab ihr die 8000 Franc. Sie nahm das Geld ziemlich gleichgültig und bemerkte lächelnd, dass ich ihr Glück gebracht hätte.

Wir traten vom Tisch zurück und gerieten in ein lebhaftes Gespräch. Sie erzählte mir, dass sie aus Szegedin[70] käme, vor Kurzem Witwe geworden und sehr wohlhabend wäre. Sie verlebte jeden Winter in Mentone[71], wo sie eine schöne Villa besaß.

Wir verbrachten den Tag in heiterster Stimmung zusammen, und noch an demselben Abend gestanden wir uns gegenseitig unsere «Liebe auf den ersten Blick».

Der nächste Tag fand uns wieder in den Spielsälen. Dort setzten wir uns einander gegenüber an einen Tisch beim Trente-et-quarante-Spiel. Sie begann mit Banknoten von 500 bis 1000 Franc, ich mit 20 und 100 Franc zu spielen. Merkwürdigerweise gewannen wir beide – sie im Laufe von etwa einer halben Stunde 18 000 Franc und ich etwas über 5000 Franc. Als das andauernde Spiel sie zu ermüden begann, erhob sie sich von ihrem Platz und kam zu mir herum. Sie legte ihr ganzes Geld – etwa 30 000 Franc – vor mich auf den Tisch hin und bat mich, für sie weiterzuspielen. Ohne ein Wort zu erwidern, akzeptierte ich dies; ich legte ihr Geld auf die eine und mein Geld auf die andere Seite und begann dann für mich und für sie gleich hoch zu setzen. Sie stand währenddessen hinter mir und stützte sich auf meine Schultern. Als sie sah, dass ich die beiden Geldhaufen streng getrennt hielt, mischte sie alles, Banknoten und Goldstücke, durcheinander; auf meine Frage, weshalb sie das täte, erwiderte sie, dass dies so besser sei, denn wir gehörten doch jetzt zueinander; auch könnten wir ja später Verlust und Gewinn teilen. Da ich also vor mir etwa 38 000 Franc liegen hatte, begann ich hoch zu spielen und machte Einsätze von 6000, 8000 und 12 000 Franc. Seltsamerweise begünstigte mich das Glück auch diesmal, und nach einigen Stunden befand ich mich im Besitz einer Summe von 209 000 Franc. Ich hielt es jetzt für angemessen, für heute Schluss zu machen, und so verließen wir das Kasino und gingen ins «Hotel de Paris», wo ich das ganze Geld vor sie hinlegte. Sie nahm 50 000 Franc und gab mir den Rest. Da ich den Charakter dieser ausgezeichneten Frau bereits kannte und es deswegen für vollständig unnütz hielt, irgendwelchen Widerspruch zu erheben, steckte ich die 159 000 Franc in meine Tasche.

Wir gingen dann nach Nizza, um dort für den Rest des Tages zusammenzubleiben.

Am nächsten Tag kehrte Marianne – so hieß die schöne Ungarin – mit dem Zug um ein Uhr nachmittags von Mentone nach Monaco zurück. Wir gingen in das «Hotel Métropole» zu Tisch und begaben uns darauf wieder in die Spielsäle. Wir nahmen wie am vorigen Tag an einem Tisch bei Trente-et-quarante Platz, und während ich sehr hoch zu pointieren[72] begann, begnügte sie sich mit 20-Franc-Stücken – dem niedrigsten Einsatz, der gestattet ist –, nur um sich zu zerstreuen. Nach etwa einer Stunde hatte ich 38 000 Franc gewonnen, während sie etwa 40 Louisidors verloren hatte. Wir verließen nun die Spielsäle und begaben uns in das «Hotel de Paris», um das Diner einzunehmen.

Auf diese Weise verbrachten wir etwa zwei Monate in der schönsten Eintracht. Nach dem Karneval in Nizza verspielte ich eines Tages die fabelhafte Summe von 97 000 Franc. Als Marianne sah, dass ich ein solches Pech hatte, bat sie mich inständig, die Spielsäle zu verlassen und etwas frische Luft zu schöpfen. Da ich sehr niedergeschlagen war, mag ich wohl an diesem Tag kein besonders amüsanter Gesellschafter für die so lebhafte Frau gewesen sein. Um mich daher aufzumuntern, sagte sie mir, dass sie mir ihre Villa zum Geschenk anböte, denn sie trüge sich sowieso mit dem Gedanken, dieselbe zu verkaufen, da sie den Rest des Winters in Kairo verbringen wollte. Anfangs dachte ich, dass sie spaßte, und hörte sie deshalb mit ungläubiger Miene an. Am nächsten Morgen aber übergab sie mir einen von einem Notar beglaubigten Akt, worin sie erklärte, mir ihre Villa für 140 000 Franc verkauft und das Geld von mir bereits erhalten zu haben. Wiewohl über solche Freigebigkeit erstaunt, verzog ich doch keine Miene, sondern umarmte sie nur, küsste sie auf die Stirn und sagte ihr meinen kurzen herzlichen Dank.

Ich hatte anfangs die Absicht, dieses Eigentum zu behalten, um im Ausland einen festen Aufenthalt zu haben; allein das verdammte Spiel, das während meines ganzen Abenteurerlebens, also zwanzig Jahre hindurch, mein Unglück war, wollte es anders. Nach kaum zehn Tagen, in deren Verlauf die Ungarin nach zärtlichem Abschied von mir nach Szegedin abreiste, hatte die Roulette mein ganzes Vermögen verschlungen, sodass ich gezwungen war, die Villa an einen Engländer für 115 000 Franc zu verkaufen.

Mit dieser Summe in der Tasche begann ich natürlich weiterzuspielen, und nach etwa drei Wochen hatte ich alles verloren. Angewidert durch dieses Malheur, entschloss ich mich, Monte Carlo zu verlassen und nach Amerika zu reisen. Von der Ungarin hatte ich mich wie gesagt getrennt, da sie in Szegedin in Erbangelegenheiten beschäftigt war. Wir waren zwar übereingekommen, uns in der ersten Hälfte des Monats Mai in Wien zu treffen, allein ich sollte dieses herrliche Wesen nicht mehr wiedersehen.

Um mir etwas Geld zu verschaffen, ging ich nach Nizza, wo ich einen Juwelendiebstahl im Wert von 25 000 Franc beging. Ich war schon im Begriff, nach Marseille abzureisen, um mich von dort nach Amerika einzuschiffen, als ich durch eine Ungeschicklichkeit des Hehlers, dem ich den Schmuck für 13 000 Franc verkauft hatte, als der Urheber des Diebstahls entdeckt und zu achtzehn Monaten Gefängnis verurteilt wurde. Diese Strafe büßte ich in Nîmes (Département Gard)[73] ab.

XVI

ICH HEIRATE EINE GRÄFIN

Kurze Zeit nach meiner Entlassung befand ich mich in einem Abteil erster Klasse auf der Reise von Dänemark nach der Schweiz. In Luzern stieg ich frühmorgens aus, um im Bahnhofsrestaurant eine Erfrischung zu nehmen, da des Nachts keine Speisewagen mitfahren. In dem Moment des Aussteigens stieß ich mit einer sehr hübschen schlanken Dame zusammen, die denselben Wagen besteigen wollte. Ich entschuldigte mich, und als ich aus dem Restaurant wieder in mein Abteil zurückkehrte, fand ich daselbst die Dame in Gesellschaft einer älteren Begleiterin vor. Während ich mich auf meinem Platz ihr gegenüber in eine Zeitung zu vertiefen schien, fixierte ich sie und entdeckte, dass sich unsere Blicke öfters kreuzten. Ein Fluidum gegenseitiger Sympathie schien uns zu verbinden und ein lebhafteres Interesse für einander wachzurufen. Die ältere Dame merkte bald unser Manöver, machte aber trotzdem keine feindlichen Vorkehrungen. Auf der Station Bellinzona stieg ich aus dem Wagen, um ein wenig auf dem Bahnsteig zu promenieren, und bemerkte dabei, wie die beiden Damen mir aus dem Fenster nachschauten und die ältere mit dem Finger auf mich zeigte. Wie ich später erfuhr, äußerte sie zu der jungen Dame, dass ich denselben Gang und dieselbe Haltung wie der Graf C…, einer ihrer einstigen Anbeter, hätte. Als ich in den Wagen zurückkam, merkte ich bereits den Damen an, dass sie meine Person mit Wohlwollen betrachteten. Eine halbe Stunde später machte ich im Speisewagen die Bekanntschaft von zwei Reisenden, die ich die Damen vorher hatte grüßen sehen. Von diesen erfuhr ich, dass diese die Gräfin R… nebst Tochter aus L… seien, wo der Gatte der Gräfin, der einer der angesehensten Adelsfamilien Deutschlands entstammte, eine hohe Stellung einnähme. Als ich in das Coupé zurückgekehrt war, benützte ich nunmehr die erste Gelegenheit, um mich den Damen vorzustellen und ihre nähere Bekanntschaft zu machen. Als nämlich eine der Damen die Luftklappe über dem Fenster öffnen wollte und sie nicht mit der Hand erreichen konnte, sprang ich auf und verrichtete diesen kleinen Dienst für sie; die jüngere Dame dankte und bemerkte dabei, dass man in der Schweiz im Allgemeinen nicht gewohnt wäre, Gefälligkeiten zu erhalten. Ich antwortete darauf, dass ich nicht Schweizer, sondern Rumäne wäre und Georges Manolescu hieße. Nunmehr war das Eis gebrochen, und die Konversation ging munter weiter, bis wir am Bahnhof von Lugano anlangten; hier machte ich der jungen Dame den Vorschlag, ein wenig auszusteigen, um von dem sehr hoch gelegenen Bahnhof aus auf die Stadt Lugano und den See hinabzusehen. Sie stieg auch in der Tat mit mir aus, und wir ergötzten uns an dem herrlichen Panorama.

Der Zug fuhr weiter, wir setzten unser Gespräch lebhaft fort, und nach einigen Stunden waren wir schon gute Freunde.

Die Damen fuhren gen Süden, nach San Remo in Italien oder Mentone in Frankreich, um daselbst den Winter zuzubringen; dieses Ziel war auch das meinige, denn ich beabsichtigte ebenfalls, den Winter an der Riviera zu verleben.

Da wir also denselben Reiseweg hatten, stiegen wir zusammen in Mailand aus und kehrten in demselben Hotel – «Hôtel de la Ville» – ein. Während die Damen in der ersten Etage Zimmer nahmen, begnügte ich mich mit einem in der dritten Etage. Wir speisten zusammen im Speisesaal und zogen uns um zehn Uhr abends mit dem Versprechen zurück, uns am nächsten Morgen um zehn Uhr im Lesesaal zu treffen. Am anderen Morgen traf ich daselbst aber nur die Komtesse in einer schwarzen Toilette, die ihr herrlich stand und ihren zarten Teint zu voller Geltung brachte.

Sie empfing mich mit ungesuchter Liebenswürdigkeit, entschuldigte ihre Mutter, die – es war ein Sonntag – zur Kirche gegangen wäre, und lud mich ein, neben ihr Platz zu nehmen. Wiewohl wir uns im Lesesaal befanden, waren wir doch vollständig ungeniert; denn im ganzen Saal war außer einer alten Engländerin, die in ihrem Baedeker studierte und Notizen in ein Heftchen machte, niemand, der uns hätte beobachten können. Ich benutzte diese günstige Gelegenheit, machte dem jungen Mädchen eine stürmische Liebeserklärung und – fand Erhörung. Nach einer Unterhaltung von kaum einer halben Stunde hatten wir gegenseitig das Heiratsversprechen ausgetauscht. Sie sagte mir, dass ihre Mutter sehr für mich eingenommen wäre – eine Sympathie, die wahrscheinlich durch meine Ähnlichkeit mit ihrem einstigen Anbeter gesteigert wurde. In ihrer Aufrichtigkeit fügte sie hinzu, dass sie persönlich nicht reich wäre und nur eine Rente von 6000 Mark von einer Verwandten erhielte. Ich meinerseits trug mich mit dem Gedanken, endlich einmal zu heiraten, denn ich war zu jener Zeit schon achtundzwanzig Jahre alt und sehnte mich nach einer Häuslichkeit. Die ganze Sachlage gab mir aber viel zu denken, denn ich selbst hatte ja auch gar kein Vermögen; ihr sagte ich allerdings, dass ich Großgrundbesitzer in Rumänien wäre und eine Rente von 20000 Franc besäße.

Sie achtete aber nicht sehr auf meine Mitteilungen, ebenso wenig wie sie Gewicht darauf zu legen schien, dass ich nicht adelig war. Letzteres setzte mich umso mehr in Erstaunen, als ich wusste, dass bei der deutschen Aristokratie der Widerstand gegen eine Verbindung mit einer nicht adeligen Familie ein sehr hartnäckiger zu sein pflegt. Sie wollte mich aber offenbar gern zum Mann haben und setzte sich daher leicht über alle diese Prinzipien und Vorurteile hinweg.

Als die alte Gräfin aus der Kirche zurückkehrte und uns im Lesesaal traf, begrüßte sie uns beide mit dem Wohlwollen einer Mutter. Da sie eine Frau von besonderer Herzensbildung und selten gutem Charakter war, merkte sie sofort, dass wir einander liebten, und schien auch ihrerseits damit einverstanden, dass die Standesunterschiede unberücksichtigt blieben.

Wir nahmen das Frühstück zusammen ein; dann fuhren wir in einem Landauer aus und besichtigten die Schönheiten Mailands. Um fünf Uhr wollten die Damen die Stadt verlassen, um sich nach Genua zu begeben, wo sie einige Wochen zuzubringen beabsichtigten. Da ich aber in Mailand noch einiges zu besorgen hatte, konnte ich nicht mit ihnen fahren, sondern musste meine Abreise auf zwei bis drei Tage verschieben. So nahmen wir denn im Hotel mit dem Versprechen voneinander Abschied, uns in kürzester Zeit in Genua in dem bekannten «Grand Hotel Isola» zu treffen. Wir versicherten uns gegenseitig unseres vollständigen Vertrauens zueinander, und ich war beim Abschied aufrichtig bewegt, da ich es als meinen innigsten Wunsch betrachtete, dieses herrliche Mädchen zu meiner Gattin zu machen.

Im Verlauf von zwei Tagen ordnete ich meine Angelegenheiten in Mailand; am dritten Tag reiste ich nach Genua ab, nachdem ich der Gräfin meine Ankunft telegrafisch angezeigt hatte. Sie empfingen mich in der Vorhalle des «Hotel Isola», die eine wie eine treue Mutter, die andere wie eine treue Braut. Ich nahm ein Zimmer, das von den Zimmern der beiden Damen möglichst entfernt lag, und kam mit meiner Braut, die stets von ihrer Mutter begleitet war, im Hotel nur im Lesezimmer oder im Speisesaal zusammen. Wir machten oft Ausflüge nach Righi[74] im Norden Genuas und zum Campo Santo[75], dem herrlichsten und monumentalsten Friedhof der ganzen Welt; mitunter gingen wir auch an den Hafen, spazierten längs des Meeresstrandes und bewunderten den großen Verkehr, der dort herrschte; denn bekanntlich ist Genua der größte Seehafen Italiens, wo die gewaltigen transatlantischen Dampfer ein- und auslaufen.

Wir lebten wie eine einzige Familie, und oft hielt man uns für eine Mutter mit ihren zwei Kindern. Während dieser Ausflüge unter dem tiefblauen italienischen Himmel, in der köstlichen Luft, umgeben von der unbeschreiblich schönen Natur, fühlte ich meine Liebe zu diesem Mädchen immer tiefer und mächtiger werden, eine keusche, reine Liebe, die ich bis dahin noch nicht gekannt hatte. Ich möchte schon an dieser Stelle offen bekennen, dass ich dieses edle Weib aufrichtig und uneigennützig geliebt habe, dass ich noch heute, wo wir viereinhalb Jahre voneinander getrennt sind und jede Verbindung zwischen uns aufgehört hat, sie liebe und lieben werde, solange noch Blut in meinen Adern fließt.

Denn wenn auch Jugend, Glück und Schönheit vergänglich sind, so sind doch die Erinnerungen unvergesslich; und auch der Name der «Mutter meines Kindes», den sie trägt, wird mir ewig teuer und heilig sein.

Doch ich will den Ereignissen nicht vorgreifen, sondern sie schildern, wie sie sich zugetragen haben. Nach einigen Tagen bat ich die Gräfin-Mutter um Erlaubnis, sie privatim sprechen zu dürfen; als sie mich am nächsten Morgen empfing, hielt ich bei ihr um die Hand ihrer Tochter an. Die Gräfin gab mir dieselben Erklärungen ab, wie einige Wochen vorher die Tochter in Mailand. Ich erwiderte, dass ich über alles bereits nachgedacht hätte und zu der Überzeugung gekommen wäre, dass wir beide unglücklich sein würden, wenn wir uns nicht angehören dürften. So gab denn die Mutter ihre Einwilligung zu unserer Verlobung, umarmte mich, küsste mich auf die Stirn und segnete mich nach Art der Katholiken. Fröhlich wurde die Verlobung gefeiert, und da wir die Ankunft meiner Papiere aus Rumänien abwarten mussten, um die Hochzeitsformalitäten vornehmen zu können, blieben wir noch bis auf Weiteres in Genua.

Nachdem wir einen Monat verlobt waren und unter nicht geringen Schwierigkeiten den Widerstand der gräflichen Familie überwunden hatten, kamen endlich meine Papiere aus Rumänien. Ich zeigte sie zuerst zum Zwecke der Zivilheirat dem rumänischen Konsulat in Genua vor, dann trug sie meine zukünftige Schwiegermutter zum Erzbischof von Genua. Dieser empfing die Gräfin wegen ihrer gesellschaftlichen Stellung und ihres aufrichtigen Glaubens mit Auszeichnung und erklärte sich gern bereit, jede Schwierigkeit zu beseitigen. Diese waren nicht gering; denn es war nicht leicht, mich als Griechisch-Katholischen mit einer Katholikin zu trauen. Allein der Erzbischof tat alles, um uns nützlich zu sein. Das Vertrauen und die Achtung, die mir die Gräfinnen entgegenbrachten, hatten für mich auch die glückliche Wirkung, dass man weder vom rumänischen Konsulat noch vom Erzbischof aus sich nach meinen privaten Verhältnissen und meiner sozialen Stellung erkundigte. Der rumänische Vizekonsul wurde sogar einer meiner besten Freunde und einer der eifrigsten Besucher unseres Kreises. Zu unseren intimen Freunden gehörte auch der Herzog B…, dessen Bekanntschaft ich ebenfalls erst in Genua machte. Der Vizekonsul und der Herzog sind denn auch meine Trauzeugen gewesen.

Am 17. Oktober 1898 fuhren wir in drei eleganten Landauern in das erzbischöfliche Schloss, wo uns das ganze Personal in Paradeuniform erwartete. Wir bestiegen, die Gräfin-Mutter voran, das erste Stockwerk, durchschritten fünf bis sechs Salons und gelangten schließlich in die Privatkapelle, wo uns der Erzbischof, mit seinem reichsten Ornat angetan, empfing.

Nach einem kurzen Gottesdienst knieten meine Braut und ich auf ein Samtpolster zu Füßen des Erzbischofs. Er segnete uns, und wir wechselten die Ringe. Nachher musste ich ein Dokument unterschreiben, worin ich mich verpflichtete, meine Kinder nur katholisch taufen und erziehen zu lassen. Natürlich tat ich dies ohne Zögern, denn mir waren und sind alle Religionen gleich viel wert. Was die Ziviltrauung anbelangt, so war diese bei meiner streng katholischen Schwiegermutter Nebensache, und wir nahmen uns vor, diese Zeremonie später im Süden Italiens oder gar erst in Deutschland zu vollziehen.

Nach drei Stunden verließen wir das erzbischöfliche Palais. Im ersten Wagen fuhr ich mit meiner Braut, während die Gräfin und die Zeugen in den anderen Wagen folgten. Wir unternahmen zuerst eine kleine Spazierfahrt am Meeresstrand und kehrten dann in das «Eden-Palace Hotel», wohin wir von dem «Hotel Isola» übersiedelt waren, zurück. Dort erwartete uns ein ausgewähltes Diner. Wir waren etwa zehn Personen bei Tisch, und es ging fröhlich und lustig zu. Der Wein mundete prächtig, und besonders der Vizekonsul war so vergnügt, dass er nicht wenige Toaste auf das Wohl des jungen Ehepaares zum Besten gab. Der Herzog dagegen war sehr vorsichtig, trank wenig und blieb deswegen auch ernst. Ich meinerseits blieb ebenfalls sehr mäßig. Meine junge Frau trank und aß fast gar nichts, dafür strahlten aber ihre Augen glücklich und zufrieden. Um zwei Uhr nachmittags war das Diner zu Ende. Wir blieben noch den Rest des Tages in den prachtvollen Salons und in dem Lesezimmer des Hotels, abends dinierten wir im Garten desselben und begaben uns dann auf unsere Zimmer, um unsere Koffer zu packen.

XVII

MEINE HOCHZEITSREISE

Gegen Mitternacht verließ ich mit meiner Frau Genua, um mit dem Express nach Rom zu reisen. Meine Schwiegermutter begleitete uns nur bis zum Hotelportal, während uns der Herzog das Geleit bis zum Bahnhof gab. Wir nahmen in einem Abteil des Schlafwagens Platz und langten am nächsten Mittag in Rom an, wo wir im «Hotel D'Angleterre» abstiegen. Meine Frau war hier wie auf der ganzen Fahrt von einer kindlichen Fröhlichkeit, und auch ich war überaus glücklich, uns für immer vereint zu wissen. Obwohl mein Naturell sonst ernst und zurückhaltend ist, fügte ich mich doch gern ihren kindlichen Einfällen und Streichen. Im großen Saal unserer Räume ging es durcheinander, als wäre Gerda – so hieß meine junge Frau[76] – eben erst aus dem Pensionat gekommen. Wir machten Ausflüge auf den Pincio[77], zur Villa Borghese[78], zum Tiberstrand und in andere Richtungen. Aber anstatt alle diese Schönheiten zu bewundern und sich an ihnen zu begeistern, lehnte sie sich an mich und zwitscherte wie ein lustiges Vöglein durch die Lüfte. Von dieser Glückseligkeit angesteckt, war ich schließlich ebenso fröhlich und ausgelassen wie sie. Während wir in Rom weilten, bekamen wir eine Unzahl Telegramme und Glückwunschschreiben von Bekannten und Verwandten meiner Frau. Gerda sandte eine Menge meiner Fotografien an ihre Verwandten und Freundinnen. Eine ihrer Intimen soll beim Anblick meines Bildes ausgerufen haben: «Das ist der Mann, den ich brauchen könnte!» Diese Worte wurden von einer anderen Freundin gehört, die nichts Eiligeres zu tun hatte, als sie meiner Frau unter dem Siegel der Verschwiegenheit mitzuteilen. Ich erinnere mich ganz genau, dass wir eben den Wagen bestiegen hatten, um auszufahren, als uns dieser Brief übergeben wurde. Mein Frauchen wurde, als sie den Inhalt gelesen, blass und dann zornig, und es war mir unmöglich, sie zu beruhigen. Sie sagte, sie hätte nie erwartet, dass ihre beste Freundin sie so verraten würde! Welch entzückende Eifersucht! Als ob L... Rom gewesen wäre! Sie meinte, ihre Freundin sei die schönste Frau in L..., und fragte mich, ob ich nicht auch darüber empört wäre. Ich lächelte über diese Erregung und vergaß bald den ganzen Vorfall, meine Frau aber litt noch mehrere Tage darunter, bis nach und nach andere Eindrücke sie diesen kleinen Verrat verschmerzen ließen. Nach drei Wochen verließen wir Rom und begaben uns nach Neapel, wo wir den Winter zuzubringen gedachten. Wir kamen daselbst am Abend bei windigem und regnerischem Wetter an. Am nächsten Tag zogen wir aus dem Hotel und mieteten eine Wohnung in einer Villa für 350 Franc monatlich. Sie bestand aus sechs Zimmern mit Küche. Wir engagierten eine Köchin und nahmen unsere Mahlzeiten zu Hause ein. Die Wohnung war wunderbar gelegen. Von der einen Seite hatten wir eine freie Aussicht auf den Golf von Neapel mit seinen tiefblauen und durchsichtigen Fluten, und zu unserer Linken sahen wir den Vesuv, der gerade damals aktiv war. Am Tag stieg eine blaugraue Rauchsäule gegen den blauen Himmel empor und am Abend, während der blasse Mond sich im ruhigen Golf widerspiegelte und mit seinen matten Strahlen die Umgebung geisterhaft beleuchtete, wurde der Horizont vom Feuerschein des Vesuvs mit rötlichem Licht übergossen. Meine junge Frau saß fast jeden Abend auf dem Balkon, ein leichtes Tuch über den Schultern, eng an mich geschmiegt, und träumte, in diesen einzig schönen Anblick versunken, von unserem Glück und unserer Zukunft.

Am fünften Tag unseres Aufenthalts in der Villa ereignete sich ein trauriger Vorfall, den ich hier erzählen will, da er auf unsere Stimmung sehr tief einwirkte. Wir saßen nämlich eines Nachmittags auf dem Balkon, als wir plötzlich einen lauten Aufschrei hörten und dicht vor uns einen Mädchenkörper krachend auf das Steinpflaster aufschlagen sahen. Ich stürmte sofort mit anderen Leuten und Nachbarn hinunter und fand ein junges Mädchen von etwa achtzehn Jahren mit zerschmetterten Gliedern und blutigem Schädel leblos auf dem Bürgersteig. Es war ein schreckliches Schauspiel. Meine Frau hielt sich die Augen zu und begann zu weinen; ich musste sie in das Zimmer zurückführen. Ich eilte dann wieder hinaus und erfuhr, dass das Mädchen, das mit einem jungen Mann verlobt war, aus Verzweiflung sich aus dem Fenster ihres im dritten Stock gelegenen Zimmers auf das Pflaster gestürzt und so getötet hatte, weil der Arzt ihr soeben unvorsichtigerweise verkündigt hatte, dass sie unheilbar brustleidend wäre.

Meine arme Gerda war von diesem Vorfall so tief ergriffen, dass sie einige Tage lang melancholisch und missgestimmt umherging und sehr sentimentale Betrachtungen über dieses Erdendasein anstellte. Erst jetzt sah ich an ihrer Herzensgüte so recht, welchen Schatz ich an ihr, obwohl sie arm war, gewonnen hatte. Und ich fühlte mich über alles stolz und glücklich, denn ich verehrte und liebte sie mit der ganzen Kraft meines Herzens. Nie hatten wir irgendeinen Streit oder Wortwechsel, sondern lebten stets in voller Harmonie.

Da meine Frau unerwarteterweise bereits im November in andere Umstände kam und deshalb auch häufig unpässlich war, suchte ich auf ihren Wunsch des Abends kleine Zerstreuungen auf und kam auf diese Weise in einige abgelegene Spelunken, die aber innen elegant eingerichtet waren und in denen sehr hoch gespielt wurde. Ich ging bald allabendlich in diese Spielhöllen und kehrte erst gegen zwei oder drei Uhr morgens heim, wo mich meine Frau ängstlich erwartete. Insbesondere wurde sie von Eifersucht geplagt, denn sie dachte, dass ich die Nächte in Gesellschaft anderer Frauen zubrächte; andererseits fürchtete sie auch, dass ich zu so später Stunde einmal von Lazzaroni[79] überfallen werden könnte. Denn im Süden Italiens, also auch in Neapel, sind solche Überfälle zu jeder Tages- und Nachtzeit an der Ordnung, besonders in den Seitenstraßen der Riviera di Chiaia, die ich jedes Mal passieren musste, und des Abends auf der Piazza San Carlo. Die Lazzaroni machen hierbei weiter keine großen Umstände – sofort blitzt der Dolch, und bevor der Überfallene Zeit hat, einen Laut auszustoßen, liegt er verwundet und beraubt am Boden. Ich selbst war eines Abends Augenzeuge, wie ein alter Mann von zwei solchen Strolchen überfallen und ermordet wurde. Da ich unbewaffnet war, begann ich, laut um Hilfe zu rufen, doch zu spät. Der Mann lag schon mit aufgeschlitztem Bauch und ausgeraubten Taschen am Boden, während die Lazzaroni sich aus dem Staube machten. Viele meiner Leser und Leserinnen werden gewiss darüber den Kopf schütteln, dass ich mich erdreiste, über diese Banditen den Stab zu brechen, da ich doch selbst ständig im Kampf mit den Gesetzen lag. Ich möchte darauf jedoch erwidern, dass, wenn ich auch ein Abenteurer ersten Ranges war, ich für meine Person doch nie Gewalt, nie eine Waffe angewendet habe, ja nicht einmal je einen schweren Einbruch verübt habe. Meine Waffen waren Intelligenz und Kaltblütigkeit, und überall und zu jeder Zeit habe ich mich als vollendeter Kavalier zu benehmen bemüht.

Ich erwähnte schon, dass meine Frau sehr beunruhigt darüber war, dass ich so spät nach Hause zu kommen pflegte. Ich konnte aber nicht gegen meine Leidenschaft ankämpfen; ich musste in diese Spelunken gehen, um dort zu spielen, und hatte jede Nacht Differenzen von 5000 bis 10 000 Franc. Beim Spiel achtete ich wenig auf die Stunden, sodass ich selten vor drei Uhr morgens heimkam. Als mich meine Gerda aber einmal umschlang und so herzig bat, ihr doch zu sagen, wo ich so lange bliebe, als sie mir gestand, dass sie von Eifersucht fast verzehrt würde, da hatte ich Mitleid mit meiner geliebten Frau und beichtete ihr, dass ich spielte. Welch eine Freude war dies Geständnis für meine Frau! Die Gewissheit, dass ich meine Zeit nicht bei verführerischen Frauen, sondern beim Spiel zubrachte, war für ihr Herz ein mildernder Balsam, sodass sie darüber völlig über meine Spielerleidenschaft hinwegsah. Von nun an kam ich

Abend für Abend immer später nach Hause und teilte meiner Frau jedes Mal genau die Resultate meines Spieles mit.

Eines Nachts, als ich, um nach Hause zu fahren, einen jener unmöglichen Wagen, die eher ein Spielzeug als ein richtiges Fuhrwerk sind, bestieg und durch die engen Straßen fuhr, passierte mir das, was meine Frau stets befürchtet hatte. Es war eine stockfinstere Nacht, als der Wagen hin und her schwankend durch die Via Caracciolo fuhr. Plötzlich stürzten zwei Lazzaroni, der eine von der rechten, der andere von der linken Seite, auf den Wagen und packten mich an der Gurgel. Durch eine jähe Bewegung machte ich mich los und versetzte dem einen meinen altbewährten, furchtbaren Fußtritt vor den Leib, sodass er vor Schmerz mich losließ, das Gleichgewicht verlor und aus dem Wagen fiel. Es blieb mir aber noch der zweite Halunke zurück, der mich recht fest an der Gurgel hielt. Der Kutscher fuhr in schnellem Tempo weiter, ohne für seinen Fahrgast auch nur das leiseste Interesse zu haben, denn die neapolitanischen Kutscher gehören fast alle dem Verein «Mafia» an und sind genau eben solche Mörder wie die anderen Lazzaroni. Kaum gewahrte ich, dass der eine Attentäter aus dem Wagen gestürzt war, als ich dem zweiten Strolch einen derartigen Faustschlag auf das Nasenbein versetzte, dass er meinen Hals freiließ, worauf ich ihn, ohne ihm Zeit zur Besinnung zu lassen, aus dem Wagen schleuderte. Als ich nach Hause kam und meine Frau mich in meinem derangierten Zustand erblickte, erschrak sie nicht wenig, stieß einen Schrei aus und betastete mich, um sich zu überzeugen, dass ich nicht ernstlich verwundet war. Ich versicherte sie, dass mir nichts passiert wäre und ich meine Rippen noch sämtlich heil hätte, musste ihr aber versprechen, nie mehr unbewaffnet auszugehen und nicht zu so später Stunde heimzukommen. Den nächsten Tag blieb ich ganz bei ihr, denn sie beschwor mich, sie nicht allein zu lassen. An demselben Tag noch mietete ich einen guten Wagen, um mit meiner Frau Spazierfahrten unternehmen zu können. Ich zahlte für dieses Vergnügen 1000 Franc monatlich, da die Zweispänner in Neapel sehr teuer sind. Ich tat es aber um meiner Frau willen gern, denn sie verdiente jede nur denkbare Liebe.

XVIII

BESUCH BEI DEN ARISTOKRATISCHEN VERWANDTEN MEINER FRAU

Nach etwa drei Monaten, die wir auf diese Weise zubrachten, trat regnerisches Wetter ein, und wir beschlossen nach Deutschland zu reisen, um die Familie meiner Frau und deren Bekannte kennenzulernen. Der Tag, an dem wir Neapel mit seinen Gefahren und Versuchungen verließen, war für meine Frau ein Tag des Glücks.

In Rom unterbrachen wir die Reise, da uns Gräfin V..., die schon früher erwähnte reiche Tante meiner Frau, dort erwartete. Sie kam aus Deutschland, um den Rest des Winters im Süden auf ihren großen Besitzungen zuzubringen, und war im «Hotel d'Angleterre» in Rom abgestiegen, wo sie uns zu sehen und besonders meine Bekanntschaft zu machen wünschte.

Im Hotel wurden wir von dem Personal wie Prinzen empfangen. Man wies uns elegante Räume neben denen an, die die Gräfin bewohnte, und nach einer Stunde meldete uns der Zeremonienmeister meiner Tante, dass sie uns empfangen wolle. Diese Gräfin reiste mit einem ganzen Hofstaat. Wir wurden mit großem Pomp eingeführt und von ihr und ihrer adligen Umgebung, von welcher namentlich eine Frau von A... zu nennen ist, empfangen. Die Gräfin, eine alte siebzigjährige Dame mit harten, hocharistokratischen Zügen, nahm meine Frau sehr herzlich und lieb auf, während sie gegen mich höflich und korrekt, aber doch etwas kühl war. Dagegen erwarb ich mir rasch die Liebe und das Wohlwollen der Frau von A..., und diese war auch bei jeder Gelegenheit bemüht, für mich Partei zu nehmen. So erfuhr ich, dass die Gräfin V... sich geäußert hätte, ich wäre noch zu jung und besäße wahrscheinlich nicht den nötigen Ernst für einen Ehemann, worauf Frau von A... erwiderte, dass ich im Gegenteil auf sie den besten Eindruck gemacht hätte.

Am Abend dieses Tages dinierten wir, die Gräfin V..., Frau von A..., Gerda und ich zusammen in dem wundervollen Speisesaal des «Hotel Royal». Die Speisefolge und die Weine waren so reich und großartig, dass ich, der ich doch in den elegantesten Hotels beider Kontinente zu Hause war, darüber erstaunt war. Nach dem Essen zogen sich die beiden alten Damen zurück, während ich mit meiner Frau in das «Argentinia»-Theater[80] ging, wo eine Oper von Mascagni[81] gegeben wurde. Am nächsten Morgen besuchte ich in Begleitung der Gräfin und der Frau von A..., dank der Protektion, die die Erstere hatte, die Vatikanischen Gärten, den Vatikan selbst und die Privatgemächer des Papstes. Meine Frau blieb zu Hause, weil die Tante besorgt war, dass das Auf- und Absteigen in dem Vatikan ihr in ihrem Zustand schaden möchte.

Bei dieser Gelegenheit schenkte die Gräfin als Peterspfennig[82] 10 000 Lire und bat dafür um die Gnade, eine Kappe, die der Papst getragen hätte, als Andenken mitnehmen zu dürfen. Man brachte ihr eine solche, und meine Tante wickelte sie ehrfurchtsvoll in ihr seidenes Taschentuch, wobei sie ein Gesicht machte, als ob sie wenigstens die Kuppel der St. Peterskirche mit sich nähme. Ich bemerkte scherzhaft, dass ich für die halbe Summe meiner Tante gern einen meiner besten Zylinder dedizieren[83] würde, worauf diese mir mütterlich auf die Schulter klopfte und sagte, ein jeder werde nach seiner Façon selig[84]. Dank dem Wohlwollen der Frau von A… begann ich, meiner Tante nach und nach mehr Sympathie einzuflößen. Nach einigen Tagen mussten ich und meine Frau daran denken, Rom zu verlassen; denn da wir auf Kosten meiner Tante in dem Hotel lebten, wollten wir ihre Freigebigkeit nicht missbrauchen. Damit scheine ich aber einen großen Fehler begangen zu haben, denn ich bin sicher – und dies war auch später die Meinung der übrigen Verwandten meiner Frau –, dass sie uns, wenn wir noch länger geblieben wären, bestimmt eine Rente ausgesetzt hätte, um standesgemäß leben zu können. Für sie war ja dies eine Kleinigkeit, da sie eine Rente von 1 200 000 Franc hatte und das Geld bei ihr infolgedessen absolut keine Rolle spielte. Hatte sie doch einst einem ihrer Zimmermädchen eine Mitgift von 50 000 Mark gegeben!

So verließen wir denn Rom und kamen über München nach L…, wo wir im ersten Hotel abstiegen. Ein merkwürdiger Zufall fügte es, dass in demselben Hotel auch die Freundin meiner Frau logierte, die seinerzeit beim Anblick meiner Fotografie die früher mitgeteilte Bemerkung gemacht hatte. Da meine Frau hierüber noch immer schockiert war, verließen wir schon am nächsten Vormittag L… und fuhren nach N… in Preußen, wo der Schwager meiner Frau große Güter besaß. Wir wurden sehr herzlich aufgenommen und blieben dort von Ende Februar bis April

1899. Dies waren wohl die zwei schönsten Monate, die ich in meinem Leben zugebracht habe; ich werde an sie mein ganzes Leben lang denken.

Im Schloss ging es lebhaft zu; stets waren hervorragende Gäste anwesend, und man verbrachte die Zeit sorgenlos auf fröhlichen Jagden. Wir erlegten Hasen, Fasane und anderes Wild in großen Mengen. Meine Frau nahm an diesen Jagden nicht teil, einerseits, weil sie keine passionierte Jägerin war, andererseits aber, weil sie sich schonen musste.

Des Abends kamen wir, oft bis auf die Haut durchnässt, ganz gebrochen vor Müdigkeit, von der Jagd heim. Wir wechselten dann unsere Toilette und begaben uns auf ein Glockenzeichen in den Speisesaal.

Wir waren fast stets fünfundzwanzig bis dreißig Personen bei Tisch, meist Bekannte oder Verwandte, da die Familie meines Schwagers selbst nur aus vier Personen bestand.

Nach einer solchen Tagesarbeit in frischer Luft hatten wir auch einen entsprechenden Appetit, und so verschlangen wir einen Gang nach dem anderen und leerten ganze Batterien von Flaschen guten Rheinweins. Dazu kam dann noch ein Fässchen bayerisches Bier, das nie des Abends fehlte. Das waren herrliche Tage. Man schlemmte wie Lukull[85] und unterhielt sich dabei auf das Prächtigste.

Wenn ich heute diese Zeitbilder an meinem Geiste vorbeiziehen lasse, so empfinde ich stets ein besonderes Vergnügen, wie ein Mensch, der sich längst vergangener schöner Träume erinnert.

Nach etwa fünf Wochen begab sich meine Frau zunächst allein nach Bayern, um dort bei der Einrichtung unserer Villa, die in M… am Bodensee gelegen und uns als Wohnort zugewiesen war, zugegen zu sein. Sie verließ uns also im Laufe des Monats März.

Ich selbst blieb noch bei meinem Schwager und verbrachte die Zeit wie bisher mit Jagd- und Reitsport sowie kurzen Abstechern in die Provinz. Täglich bekam ich einen Brief von meiner Frau, die ausdrücklich verlangte, ich sollte ihr ebenso alle Tage schreiben. Wenn ich nun auch ihren Wunsch nicht ganz pünktlich erfüllen konnte, so schrieb ich doch so oft als nur möglich. In jedem Brief fragte sie mich tausend Dinge hinsichtlich unserer Einrichtung in M… Ich ließ ihr jedoch ganz freie Hand, denn ich wollte über das bisschen Geld, das ihre Mutter für die Einrichtung aussetzen konnte, auch nicht im Geringsten disponieren, damit man, wenn man eines Tages erfahren sollte, dass ich nur ein Abenteurer wäre, nicht sagen könnte, ich hätte Gerda aus materiellen Gründen geheiratet.

Während dieser Zeit wurde ich krank, und da ich die Gelbsucht bekam, musste ich nach L… fahren, wo ich mich von einem Spezialarzt behandeln ließ und eine sehr komplizierte Kur durchzumachen hatte. Nachdem meine Krankheit sich gebessert hatte, kehrte ich nach N… zurück und wurde von meinem Schwager und meiner Schwägerin sehr fürsorglich weitergepflegt. Man bestellte für mich speziell alten Bordeauxwein und scheute keine Ausgaben, mich so schnell als möglich wiederherzustellen. So genas ich denn auch nach etwa drei Wochen völlig. Unterdessen machte ich die Bekanntschaft einer jungen Dame, mit der ich mich häufig traf. Ihr Bruder, der hinter unseren Verkehr kam und sich durch mein Benehmen beleidigt fühlte, provozierte mich eines Tages, als wir uns in L… begegneten, sodass es zwischen uns zum Duell kam.

Am nächsten Tag schossen wir auf uns mit Pistolen auf zwanzig Schritt Distanz, und die Kugel meines Gegners traf mich in die linke Schulter. Die Zeugen erklärten, dass damit der Ehre Genüge geschehen wäre – sie wussten ja nicht, dass einer der Gegner schon lange nicht mehr auf Ehre Anspruch machen konnte –, und der Kampf hatte ein relativ harmloses Ende.

Es war nicht das erste Duell, das ich zu bestehen hatte, denn während der zwanzig Jahre meines Abenteurerlebens habe ich so manche Lanze brechen müssen; namentlich hat ein Zweikampf, den ich im Jahre 1895 in Barcelona mit dem in Spanien wohlbekannten Grafen d'E... hatte, viel von sich reden gemacht. Die gewählte Waffe war die Pistole, und mein Gegner wurde durch meine Kugel am rechten Ohr verwundet. Die Zeitungen brachten damals lange Berichte über dieses Duell.

Nach dem Duell in L... lag ich natürlich krank darnieder; allein nach Entfernung der Kugel genas ich, da die Knochen nicht verletzt waren, in kurzer Zeit. Meine Frau ließ auf die Nachricht, dass ich verwundet wäre, alles in M... stehen und liegen und eilte zu mir. Sie hatte eine unaussprechliche Freude, als sie mich gesund und munter antraf, und verzieh mir großmütig die Ursache des Zweikampfs.

Wir verbrachten gemeinschaftlich die Osterfeiertage in N... bei unseren Verwandten, wo wir uns wiederum prachtvoll unterhielten. Wir versteckten zum Beispiel Ostereier im Garten und im Gras oder befestigten sie an Ästen, während die junge Welt in dem weiten Park herumlief und die Eier suchte, in der Meinung, dass die Hasen sie gelegt hätten, wie es in Deutschland den Kindern erzählt wird.

Nach den Feiertagen verließen wir N... und begaben uns nach M..., wo wir unsere Villa am Bodensee bezogen.

XIX

DAS PARADIES AUF ERDEN

Es war eine reizende Villa, nicht weit von M... Das Haus lag in dichtem Grün und zwischen schattigen Bäumen verloren, von einem hohen Eisengitter umgeben. Die zu der Villa gehörigen Wiesen zogen sich bis zum Bodensee hinab, und die am Ufer stehenden Trauerweiden badeten ihre Blätter melancholisch im Wasser. Die Villa bestand aus einem Erdgeschoss und einem Oberstock und hatte elf Zimmer, also mehr als genügend Raum für uns beide. Alles in allem war es ein prächtiges Heim, das wir dort besaßen.

Vor uns lag, überwölbt vom blauen heiteren Himmel, der klare See und in der Ferne die hohen Berge, deren Gipfel mit ewigem, glitzerndem Schnee bedeckt waren.

Welch ein schönes Bild der Natur! Oft saßen wir am Fenster und blickten auf diesen weiten See, dessen Fläche bald ruhig, bald durch leichte Wellen bewegt war. Das Spielen der Wogen, das Rauschen des Windes und die verschiedenen Segelboote, Kähne, Handels- und Vergnügungsschiffe, die den See nach allen Richtungen hin durchkreuzten, gaben dem Ganzen ein Gepräge, als wären wir an der Küste eines Weltmeeres. Und in der Tat ist ja auch der Bodensee einer der größten Seen Europas.

Diese majestätische Ruhe des Sees währt aber nicht immer, und oft wird dieselbe durch atmosphärische Einwirkungen in stürmische Bewegung gesetzt.

Der kleinste Wind genügt schon, um diesen ruhigen, spiegelglatten See in Aufregung zu bringen. Dann braust es und pfeift es, die Wogen erheben sich zu erstaunlicher Höhe und schlagen dröhnend an das Ufer. Der Himmel bedeckt sich mit dunklen Wolken, die durcheinanderjagen, der Regen verfinstert die Luft, Blitze leuchten hell auf und stürzen sich lechzend in die Wellen, der Donner dröhnt und hallt in tausend Echos wider. Wehe dem Schiffer, der sich zu solcher Zeit auf dem See befindet! Denn nur zu leicht wird dann sein Schiff an den Felsen des Ufers zerschellt, und er findet in den dunklen Fluten sein Grab.

Während meines sechsmonatigen Aufenthalts am Bodensee erlebte ich häufig derartige Stürme, und nicht selten erblickten wir zerschmetterte Boote und treibende Leichen.

Ich habe doch oft und längere Zeit an dem Strand von Weltmeeren geweilt, aber nirgends sah ich Unfälle in dieser Menge sich ereignen als auf dem Bodensee.

Trotzdem übt der Segelsport auch hier seine Anziehungskraft aus; ringsum an den Gestaden existieren viele Segelklubs, und auch ich trat einem solchen in M… als Mitglied bei.

Am 15. August 1899 ereignete sich ein Unfall, dessen ich hier gedenken muss. Ein Ingenieur F… machte mit seinem fünfzehnjährigen Töchterchen in einem Segelboot eine Fahrt auf dem See. Sie waren bereits siebenhundert Meter vom Ufer entfernt, als sich plötzlich ein Sturm erhob und den Kahn kentern ließ.

Glücklicherweise war ich nicht allzu weit von der Unfallstelle gerade damit beschäftigt, meinen Benzinmotor mit Unterstützung meines Chauffeurs sorgfältig zu reinigen. Als ich aber die Gefahr sah, in der F… sich befand, gab ich sofort meinem Motorboot Volldampf, um den Verunglückten zu Hilfe zu eilen.

Mein Chauffeur, ein phlegmatischer Württemberger, wollte mich zurückhalten, da er die Gefahr fürchtete, und zögerte, dem Motor die höchste Pression zu geben[86]. Ich stieß ihn deshalb zur Seite und manövrierte mich selbst mit meiner Maschine durch die erregten Wogen. Glücklicherweise erreichte ich die Verunglückten noch zur rechten Zeit. Ich ergriff das Kind in dem Moment, wo es von den Wellen verschlungen zu werden drohte, und zog es in mein Schiff. Allein dem Ingenieur konnte ich infolge des hohen Wellengangs nicht nahe kommen. Ich brachte mein Motorboot mit aller Vorsicht, um ihn nicht durch Anfahren zu verletzen, in seine Nähe, und als ich jede Mühe vergebens sah, warf ich ihm ein Seil zu, dessen anderes Ende am Boot befestigt war.

Während ich nun mit der einen Hand den Regulator bediente, hielt ich in der anderen das ohnmächtige Kind. Plötzlich aber kam wieder eine gewaltige Welle, ich verlor das Gleichgewicht und stürzte mit dem Kind über Bord in das Wasser.

Zum Glück hielt das Motorboot Kurs auf das Ufer. Ich hatte die Geistesgegenwart, das Seil zu ergreifen; wiewohl ich in den Kleidern war, schwamm ich aus Kräften hinter dem Boot her und zog den Ingenieur und das halbohnmächtige Mädchen hinter mir her. Etwa einen Kilometer seitwärts von meiner Villa lief mein Motorboot auf den Strand, ich fühlte wieder Boden unter mir und schleppte nun Vater und Tochter auf das Trockene, wo ich sie in das Gras legte. Dann lief ich eiligst zu meiner Villa, um das Weitere für die Verunglückten zu veranlassen. Ich kam ganz atemlos dort an und wurde von meiner tief bewegten Frau, die vom Balkon aus meinen verzweifelten Kampf mit den Wellen gesehen hatte, mit offenen Armen empfangen. Während sie hilfsbereit trockene Kleidungsstücke vorbereitete und mein Diener das Automobil instand setzte, kleidete ich mich eilig um, raste mit meiner Frau im Automobil durch die Straßen und dann quer durch die Felder bis an die Stelle, wo ich die halb Ertrunkenen zurückgelassen hatte. Zum Glück war in dem Zustand der Geretteten keine Komplikation eingetreten. Wir rieben sie mit kölnischem Wasser und warmen Tüchern und halfen ihnen dann in die mitgebrachten trockenen Kleider. Hierauf fuhren wir mit ihnen im Automobil nach U…, dem Aufenthaltsort des Ingenieurs. Dort wurden wir von den Angehörigen der Familie, die durch das lange Ausbleiben der Ihrigen bereits sehr beunruhigt waren, mit herzlicher Freude und tausend Dankesbezeugungen empfangen.

Am nächsten Morgen fuhr ich mit meinem Rad nach U…, um mich nach dem Zustand des Ingenieurs und seines Kindes zu erkundigen, und war sehr erfreut, sie munter und wohlauf zu finden. Nach etwa fünf Wochen – ich dachte schon längst nicht mehr an dieses Ereignis – sahen meine Frau und ich eines Tages vom Balkon aus auf dem Bodensee ein herrliches Motorboot Kurs auf unsere Villa nehmen. Es legte an unserer Terrasse an, und aus dem Boot stieg der Privatsekretär des Ingenieurs, der sich mir vorstellte und mir einen Brief folgenden Inhalts übergab:

Mein Herr!

Ich erfülle nur eine Pflicht Ihnen gegenüber, wenn ich Sie bitte, ein kleines Zeichen meines Dankes von mir anzunehmen. Moralisch werde ich Ihnen ewig verpflichtet sein. Wollen Sie, sehr geehrter Herr, freundlichst dieses Motorboot als Ersatz für Ihr Boot akzeptieren, das Havarie erlitt, als Sie mich und meine Tochter aus dem Wasser retteten?

Ich danke Ihnen nochmals in meinem Namen wie in dem meiner Tochter und grüße Sie usw.

Ich teilte unverzüglich meiner Frau den Inhalt des Briefes mit, über den sie sehr erfreut war, und schrieb sofort einige Worte aufrichtigen Dankes an den Ingenieur. Ich freute mich nicht weniger als Gerda über dieses fürstliche Geschenk; denn während mein Motorboot nur 6000 Mark gekostet hatte, hatte dieses – von Daimler in Cannstatt[87] – einen Wert von 22 000 Mark.

Inzwischen wurden von meiner Frau die Vorkehrungen für den Empfang des neuen Weltbürgers getroffen, den wir Ende August erwarteten. Da ich bei diesen Vorbereitungen ziemlich überflüssig war, so unternahm ich, um mir die Zeit zu vertreiben, jedweden Sport: Ich ritt, fuhr Rad und Automobil und durchquerte namentlich mit meinem Motorboot den Bodensee. Meine Frau durfte sich natürlich zu dieser Zeit an all diesen Partien, die für sie gefährlich gewesen wären, nicht beteiligen. Nur wenn es ausnahmsweise sehr schönes und ruhiges Wetter war, nahm ich sie auf dem Motorboot mit, und wir blieben in der Nähe des Ufers, um sie keinen Erschütterungen und Gefahren auszusetzen. Oft unternahmen wir auch an warmen Sommerabenden kleine Ruderpartien. Während ich kräftig ruderte, führte sie das Steuer, und so glitten wir auf der glänzenden Oberfläche des ruhigen Sees dahin. Am meisten aber liebte meine Frau die Spaziergänge, die wir abends nach Sonnenuntergang unternahmen.

So führten wir beide denn ein glückliches, idyllisches Leben! Was für köstlich-schmerzliche Erinnerungen sind heute für mich die damals verlebten schönen Sommertage!

Wie ich schon erwähnt habe, war ich mit meiner Frau nur kirchlich getraut worden. Jetzt, nach fast acht Monaten und in dem streng gesetzlichen Deutschland lebend, mussten wir um unseres Kindes willen daran denken, die zur Ehegültigkeit vorgeschriebene standesamtliche Trauung nachzuholen, obgleich meine Frau in ihrer Religiosität die kirchliche Trauung als allein bindend hielt. Wir hätten vielleicht schon früher die standesamtliche Trauung vorgenommen, wenn nicht unsere Reisen uns daran gehindert hätten und es nicht erforderlich gewesen wäre, dass meine Papiere auf der rumänischen Gesandtschaft in Wien ins Deutsche übersetzt wurden, was viel Zeit in Anspruch nahm. Endlich, Ende Juli 1899, war alles in Ordnung, und wir konnten unsere Papiere bei der Bürgermeisterei der Stadt M… einreichen, um daselbst unsere standesamtliche Trauung zu veranlassen. Sie fand am 27. Juli 1899 in aller Stille statt.

Wir hatten übrigens recht komische Trauzeugen, denn während wir seinerzeit in Genua bei unserer erzbischöflichen Trauung als Trauzeugen den rumänischen Vizekonsul und den Herzog von B… hatten, mussten wir diesmal mit fremden Leuten vorliebnehmen, die wir für diese Liebenswürdigkeit mit Geld bezahlten; denn wir hatten in M… wenig Bekannte und gar keine Verwandten.

Kurze Zeit darauf kam meine Schwiegermutter zu uns, um meiner Frau in ihrer schweren Stunde beizustehen.

Ich werde im Leben nie vergessen, welch ein Wirrwarr ohnegleichen die Tage vor der Entbindung im ganzen Haus herrschte. Außer der Dienerschaft, die wir zurzeit schon hatten, wurden noch eine Krankenwärterin und zwei Mädchen angenommen. Die Kosten hierfür trug, wie ich nicht umhin kann, anerkennend hervorzuheben, trotz ihrer bescheidenen Verhältnisse meine Schwiegermutter; ja noch mehr, sie kaufte sogar die Wiege für das Kind und sämtliche Kleinigkeiten und Möbel, womit das Kinderzimmer ausgestattet werden musste.

Endlich kam der gefürchtete Tag, und meine arme kleine

Frau musste furchtbar leiden. Wir hatten eine Hebamme aus München kommen lassen und als ärztlichen Beistand den Hofrat Dr. ..., der sich damals mit seiner Familie in M... aufhielt. Es war dies ein ausgezeichneter Mann, der als Mensch und Arzt seine Pflicht gegenüber meiner Frau sehr gewissenhaft tat.

Wie es meine Gerda ausdrücklich verlangt hatte, war ich ebenfalls an ihrer Seite, als das kleine Dingchen auf die Welt kam. Welch eine Freude für mich und meine Frau! Nur meine Schwiegermutter schien etwas enttäuscht, denn nach der Anschauung der deutschen Aristokratie muss das Erstgeborene ein Junge sein, «ein Soldat und Erbe seines Namens». Mir und meiner Frau war es jedoch ganz gleich, ob Junge oder Mädel, denn in beiden Fällen war es unser Fleisch und Blut.

Unser Neugeborenes blickte mich und meine Frau verständnislos an, als wollte es uns fragen, was es denn auf der Welt zu suchen hätte. Überhaupt war es ein sehr artiges Kind, das nur äußerst selten weinte.

Anfangs hatten wir Unannehmlichkeiten mit der Kinderwärterin, denn sie war ganz unerfahren in der Pflege eines Neugeborenen. Wir päppelten nämlich unsere Kleine mithilfe des Soxhletapparats[88]. Die Wärterin aber gab dem Kind, damit es besser schlafe und sie nicht störe, heimlich Kamillentee zu trinken. Als ich eines Abends spät nach Hause kam, überraschte ich sie, wie sie dem Kind gewaltsam Kamillentee eintrichterte.

Am anderen Tag wurde sie entlassen, und meine Schwiegermutter bestellte eine andere Wärterin von auswärts, die schon nach drei Tagen ankam. Es war eine brave, umsichtige und kundige Frau; sie pflegte unser Kind so treu, dass es sich bald wieder erholte und zusehends zunahm.

Während dieser Zeit ging mein Geld zur Neige, und ich musste nach und nach meine Sportwagen verkaufen, was stets nur unter großen Verlusten geschah. Aber auch die hierdurch erzielten Einnahmen gingen bald wieder zu Ende, und ich sah mit Schrecken den Tag voraus, an dem ich dem Nichts gegenüberstehen würde.

Meiner Frau, der es nicht verborgen bleiben konnte, dass meine Geldmittel erschöpft waren, machte ich weis, dass durch eine große Missernte – die damals tatsächlich Rumänien heimsuchte – meine Güter entwertet worden wären und außerdem mein Verwalter mich so furchtbar betrogen habe, dass ich um all mein Hab und Gut gekommen sei.

Da es nun unmöglich war, mit der Rente von 6000 Mark, die meine Frau besaß, den Haushalt so, wie wir ihn uns eingerichtet hatten, weiterzuführen, so machten wir gemeinschaftlich Pläne, in welcher Weise ich Geld verdienen könnte. Ich machte ihr hierbei einen Vorschlag, dem sie schließlich, wenn auch nur zögernd und mit schwerem Herzen, zustimmte: Ich wollte, während sie in der Villa bliebe, nach Kairo gehen, um dort den Posten eines Hoteldirektors zu übernehmen, den ich aufgrund persönlicher Beziehungen sicher zu erhalten hoffte.

Es vergingen noch sechs Wochen nach der Geburt meines Töchterchens, bis ich mich zu diesem Schritt entschloss. Endlich kam der bange Tag des Abschieds und der Trennung, der 27. September 1899. Um zwei Uhr nachmittags war die festgesetzte Stunde der Abreise. Das war ein schrecklicher Augenblick für mich und meine Frau. Wir waren vor Jammer wie gelähmt. Wehmütig betrachteten wir unser Kindchen in der Wiege, und ich dachte mit Trauer daran, dass ich nun alles, woran mein Herz hing, verlassen musste, um mich in ein fernes Land zu begeben und mir dort den Lebensunterhalt zu erringen. Mit unschuldigen, fragenden Augen blickte mich mein Kind an, als ob es wissen wollte, warum ich fortginge und wann ich für immer zurückkehren würde!

Wann? – Nie! Nie mehr sollte ich das kleine, süße Geschöpf wieder an mein Herz drücken, niemals mehr mein friedliches Heim betreten!

Meine Frau begleitete mich bis zum Tor unserer Villa und weinte so herzzerbrechend bei unserem Abschied, als ahnte sie, dass es eine Trennung für ewig gälte. Auch mir blutete das Herz, und eine innere Stimme sagte mir, dass ich die beiden mir so teuren Wesen, mein Weib und mein Kind, nicht wieder erblicken würde. Wohl sah ich beide später wieder, aber unter welch fürchterlichen Umständen!

Endlich riss ich mich aus ihren Umarmungen los und bestieg den Wagen, der mich zum Hafen führen sollte. Ich wollte über den Bodensee nach Romanshorn und von dort quer durch die Schweiz und Italien bis nach Brindisi reisen, wo ich mich nach Ägypten einzuschiffen gedachte. Über Alexandria in Kairo angekommen, hoffte ich, bald dort die gewünschte Stellung zu finden, und hätte gewiss eine solche auch erhalten, wenn ich nur bis zum Bestimmungsort gekommen wäre.

XX

ZUSAMMENBRUCH MEINES EHEGLÜCKS. EIN JUWELENDIEBSTAHL IN LUZERN. VERHAFTUNG IN FRANKFURT AM MAIN. EIN TODESSPRUNG. RÜCKTRANSPORT NACH LUZERN. SIMULATION VON WAHNSINN. SECHS MONATE ZUCHTHAUS.

In Romanshorn gab ich meine zahlreichen Koffer als Gepäck auf und bestieg in Begleitung meines Hundes, eines selten schönen Tieres, den Zug. Er war zwar kein bequemer Reisebegleiter, allein ich hoffte, ihn unterwegs verkaufen und mit dem Erlös meine sehr schwache Reisekasse verstärken zu können. Zu diesem Zweck stieg ich in Luzern, wo die reichsten Reisenden aus der ganzen Welt sich zusammenfinden, aus dem Zug. Ich kam dort am 27. September 1899 abends an, nahm mir im «Hotel Viktoria» ein Zimmer und trug mich unter meinem richtigen Namen Georges Manolescu ins Fremdenbuch ein. Am anderen Morgen schickte ich einen Kommissionär[89] mit meinem Hund an der Leine in die Stadt, damit er an den belebtesten Straßenecken und besonders vor dem prächtigen «Hotel Schweizerhof» den Hund spazieren führe und etwaige Kaufliebhaber anlocke. Mein Hund trug an der Stirn einen Zettel mit der Aufschrift «Zu verkaufen», und es fanden sich in der Tat unter den Spaziergängern auch Kenner und Liebhaber, die stehen blieben und den Hund bewunderten. Als sie aber von dem Kommissionär den Preis, den ich forderte, hörten, gingen sie kopfschüttelnd weiter. Ich verlangte nämlich 400 Mark, da ich den Hund tatsächlich für diese Summe vor etwa fünf Monaten einem bayerischen Leutnant abgekauft hatte.

Am Nachmittag unternahm ich einen kleinen Spaziergang. Meine Gedanken waren ganz bei meinen Lieben in M…, und wenn ich an die Gegenwart dachte, so wollte ich vor Wehmut und Traurigkeit fast vergehen. Getrennt von den mir teuren Menschen, auf dem Weg zu einem unsicheren Ziel, und dabei kaum 200 Franc in der Tasche! So in Gedanken vertieft, kam ich beim «Schweizerhof» an, und ohne an irgendetwas Besonderes zu denken, betrat ich das Hotel. Fast automatisch begann ich die erste Etage zu erklimmen und öffnete die nächste Tür, die mir in den Weg kam. War es nicht ein merkwürdiger Zufall, dass ich gerade in diesen Räumen einen unerwarteten Schatz in Schmuck und sonstigen Wertsachen vorfand? Auf dem Vorflur klopfte ich zweimal an, und als mir nicht geantwortet wurde, öffnete ich einfach die Zimmertür und trat in den ersten Raum ein, dann in den zweiten, und machte so die Runde durch das ganze Appartement, um zunächst festzustellen, ob ich auch allein war.

Eine erwünschte Stille herrschte überall, es war also niemand, absolut niemand in der Wohnung. Nachdem ich mich hiervon genau überzeugt hatte, verschloss ich die Entreetür zweimal, befestigte ein Taschentuch vor dem Schlüsselloch, damit keine ungebetene Person von draußen hereinschauen könnte, und machte mich gewissenhaft an die Arbeit – das heißt, ich begann zunächst sämtliche Schubladen zu durchstöbern. Hierbei fand ich in der Schublade des am Bett stehenden Nachttischs ein Bund Schlüssel, das vorsichtig in einem Handschuh versteckt war, das ich aber doch entdeckte, da mir beim Aufnehmen des Handschuhs seine Schwere auffiel.

Mit diesen Schlüsseln wandte ich mich nun den verschiedenen Koffern und Handtaschen zu, die in dem Appartement – das, wie ich später erfuhr, von dem Hauptkassierer der Brüsseler Sparkasse D...t und Frau bewohnt wurde – umherstanden. Hierbei versuchte ich mich zuerst an einem Koffer, der anscheinend einer Dame gehörte, woraus ich schloss, dass sich in demselben Schmuck und andere Wertsachen befinden müssten.

Ich öffnete also frisch den Deckel und fand gleich obenan einen Mahagonikasten; er war mit Schmucksachen vollgepfropft. Von diesen Schmuckgegenständen steckte ich folgende zu mir: ein Paar Ohrgehänge, bestehend aus je einer Perle, umgeben von Brillanten, eine Brillantbrosche in Form eines Halbmonds, eine andere mit zwei grauen Perlen und einem Brillanten, und endlich einen Platinring, in den drei große Brillanten eingefasst waren. Das Ganze hatte, wie es nachher abgeschätzt wurde, einen Wert von 20 000 Franc.

Es waren noch andere Schmucksachen, die ich hätte nehmen können, allein ich tat dies aus zwei Gründen nicht. Erstens glaubte ich, wenn ich nicht den ganzen Schmuck fortnähme, würde man nicht so schnell den Diebstahl bemerken, vielleicht aber auch im Entdeckungsfalle, weil eben nicht alles gestohlen war, gar keine Anzeige erstatten. Dieser Fall hat sich schon oft in Europa und Amerika zugetragen. Der zweite Grund war, dass der Rest nicht mehr so wertvoll und überdies zu umfangreich war, als dass ich diese Gegenstände in die Tasche hätte stecken können, ohne damit aufzufallen. Denn die Armbänder, Ketten usw., die noch vorhanden waren, waren wohl aus Gold oder Silber, allein da sie nicht mit Steinen besetzt waren, so lohnten sie nicht die Mühe.

Ich wühlte weiter im Koffer herum und erblickte unter prachtvoller Damenwäsche ein Paar seidene Strümpfe, die mit irgendetwas ausgestopft waren. Sofort begann ich sie zu untersuchen und fand nicht weniger als 10 000 Franc in belgischen Banknoten darin. Ich befreite selbstverständlich die Strümpfe von dieser Last und steckte die Scheine in meine Westentasche. Weiter fand ich in diesem Koffer, den ich bis auf den Boden durchsuchte, nichts, was ich des Mitnehmens für würdig hielt. Nun kam die Reihe an den zweiten Koffer, dem ich es ansah, dass er dem Mann gehörte. Unter den Schlüsseln, die ich bei mir hatte, fand ich zu meiner Freude einen, der zum Koffer passte, und öffnete diesen voll Zuversicht. Allein eine rasche Untersuchung ergab nichts Wertvolles. In der Tat werden auch selten in Herrenkoffern Schmucksachen aufbewahrt. Schon wollte ich den Koffer wieder zuklappen, als ich noch ein Kuvert bemerkte, in dem Obligationen der Stadt Paris im Nominalwert von 8000 Franc sich befanden. So war meine Bemühung auch um diesen Koffer nicht ganz umsonst, und ich steckte die Wertpapiere in die Brusttasche meines Überziehers. Um die vorgefundenen Kleidungsstücke durfte ich mich nicht lange kümmern; Zeit ist Geld, wie der Engländer sagt, und bei unserem Metier ist jeder Augenblick teuer, denn binnen einer Sekunde kann man überrascht und gefasst werden. Man muss also die Zeit ordentlich auszunützen verstehen; ferner muss man nicht allzu viel mitnehmen wollen, eine Schwäche, die schon vielen in unserer Karriere geschadet hat.

Ich schaute mich noch rasch nach rechts und links um, sah aber nichts Mitnehmenswertes mehr. Da ich überdies mit meiner Beute recht zufrieden war, schloss ich sorgfältig sämtliche Koffer ab, legte die Schlüssel wieder in den Handschuh und diesen in die Schublade des Nachttischchens, wo ich ihn gefunden hatte. Ich öffnete hierauf vorsichtig und langsam die Tür und glitt mit einer selbstbewussten, sicheren Miene hinaus, als käme ich aus meinem eigenen Zimmer.

Kaum hatte ich die Tür geschlossen, als mir die Frau des Hoteldirektors entgegenkam, die den Herrn D...t wohl kannte und von dem sie wusste, dass er sich zu dieser Tageszeit mit seiner Frau entweder auf dem Pilatus oder sonst wo auf den Bergen befand. Sie blickte mich von oben bis unten, an, wagte aber, als sie meine Gleichgültigkeit bemerkte, nicht, mich zur Rede zu stellen; denn ich musterte sie ebenfalls kühl von oben bis unten und setzte ruhig und sicheren Schrittes meinen Weg fort. Ich verließ das Hotel, ohne mich auch nur umzusehen, denn in solchen kritischen Lagen ist es die Hauptsache, sich nicht in verdächtiger Weise umzuschauen; ist erst einmal der Verdacht erregt, dann ist es schwer, glücklich davonzukommen.

Alles ging gut vonstatten, und nachdem ich fünfhundert Schritte gemächlich zurückgelegt hatte, wandte ich mich auf Umwegen meinem Hotel zu. Dort traf ich den Dienstmann, der mit dem Hund zurückgekommen war, da es ihm nicht möglich gewesen war, ihn zu verkaufen. Es fügte sich gut, dass ich ihn schon vorfand, denn es war bereits viertel nach vier, um sechs Uhr und fünf Minuten ging der Express nach Romanshorn, und ich wollte direkt zu den Meinigen zurück. Ich packte deshalb meine Koffer, nahm den Hund und ging auf den Bahnhof, wo ich mein Gepäck aufgab und den Hund in ein hierfür bestimmtes Abteil brachte.

Der Zug, der um sechs Uhr und fünf Minuten abends von Luzern abfuhr, hatte auf der Station Zug eine Verspätung von zwanzig Minuten und kam auch mit dieser Verspätung in Zürich an, von wo die Bahn nach Romanshorn abzweigt. Wir trafen in Zürich wohl den Zug, der nach Romanshorn abfahren sollte, denn er hatte gewartet, bis unser Zug ankam; allein er hielt nur noch so lange, bis die Reisenden mit Handgepäck eingestiegen waren, während ich, der ich außer dem vielen großen Gepäck auch noch den Hund hatte, nicht mehr mitkommen konnte. Ich blieb also mit den Gepäckscheinen in der Hand und mit dem Hund auf dem Bahnhof zurück, und da bis zum nächsten Tag kein Zug mehr nach Romanshorn abging, hätte ich in Zürich übernachten müssen. Dies war mir aber umso unangenehmer, als ich soeben in Luzern den Diebstahl begangen hatte und wusste, dass Zürich eine ausgezeichnete Fremdenpolizei und sehr tüchtige Detektive besaß, denen ich unbedingt aus dem Weg gehen musste. Mit Rücksicht auf die in der Schweiz und besonders in Zürich und Genf sich aufhaltenden zahlreichen politischen Verbrecher[90] werden nämlich von den verschiedenen Regierungen an den bezeichneten Plätzen Detektive ersten Ranges unterhalten, damit diese ihre verdächtigen Landsleute beobachten.

Ich fuhr deshalb mit dem Zug um neun Uhr abends nach Konstanz, um von dort aus mich nach M… zu begeben; denn ich hatte mir von vornherein bei meiner Abreise vorgenommen, sobald es mir meine Mittel erlaubten, zu den Meinigen zurückzukehren. Allein jetzt begann mein Pech. Auf dem Weg nach Konstanz brach eine Achse, und der Zug blieb in Schaffhausen liegen. Ich musste also deshalb dort übernachten und kam erst am nächsten Vormittag um elf Uhr in Konstanz an; als ich hier das Schiff nach M… besteigen wollte, erfuhr ich, dass es schon abgegangen war.

Diese Verspätung in Zürich und das Verpassen des Bootes in Konstanz wurde mein Unglück. Ich musste in Konstanz fast den ganzen Tag verbringen, was ich unter allen Umständen zu vermeiden hatte, wenn ich nicht von der Polizei erwischt werden wollte. Denn die Frau des Hoteldirektors in Luzern hatte bestimmt der Polizei meine Signalement geben können, sodass ich jeden Augenblick darauf gefasst sein musste, arretiert zu werden. Um nun nicht zu warten, bis auch sämtliche Juweliere der europäischen Hauptplätze durch die Luzerner Polizei von dem Juwelendiebstahl verständigt waren, suchte ich ohne viel Überlegung einen Juwelier in Konstanz auf und verkaufte ihm die Ringe für 6300 Mark bar. Dieser ahnte natürlich nicht, dass ich ein Dieb war, sondern glaubte es mit einem ehrlichen Menschen zu tun zu haben.

Als ich das Geld in meiner Tasche fühlte, entschloss ich mich, zunächst, bis der erste Sturm vorüber war, gen Norden zu fahren. So dampfte ich denn nach Baden-Baden ab.

Gegen Mitternacht kam ich dort an und stieg in einem der ersten Hotels, «Hotel Stephanie», ab. Der Bann, den der gute Einfluss meiner Frau auf mich ausgeübt hatte, war nun einmal gebrochen, der Reiz des Verbrechens von Neuem in mir erwacht. So machte ich mich denn auch hier schon am nächsten Morgen in dem Zimmer eines Amerikaners, eines gewissen Mr. Thomson aus Baltimore, an die «Arbeit». In einer Ledertasche fand ich einen ganzen Schatz, und zwar 6000 Dollar in amerikanischen Banknoten, 300 Mark und 40 000 Franc in französischen Papieren, zusammen also etwa 70 300 Franc.

Das war ein prachtvoller Coup, denn Bargeld ist weit sicherer als Schmuckgegenstände, bei deren Verkauf man leicht erwischt werden kann. Auf alle Fälle aber, um nicht noch weiter die Schmucksachen mit mir herumzutragen, ging ich zu einem Juwelier und verkaufte ihm ein Paar Ohrgehänge für 1800 Mark. Bezüglich der restlichen Gegenstände konnte ich nicht mit ihm einig werden, da er nur einen Spottpreis dafür geben wollte; ich musste sie also behalten.

In Baden-Baden sind die öffentlichen Spielsäle bereits seit längerer Zeit verboten, doch gibt es dort noch mehrere heimliche Spielhöllen, die ich natürlich ohne große Schwierigkeiten fand und wo ich in kurzer Zeit 50000 Mark verlor. Ich beschloss daher, angesichts dieses Pechs abzureisen. Bevor ich jedoch Baden-Baden verließ, ging ich noch einmal in das Zimmer des Amerikaners, stopfte zerschnittene Zeitungen an Stelle der entwendeten Wertpapiere in die Ledertasche und versiegelte alle Pakete, wie sie es gewesen waren, mit dem Siegellack, den ich in der Tasche gefunden hatte, sodass der Amerikaner den Diebstahl nicht gleich merken konnte; dies war auch deswegen fürs Erste nicht zu erwarten, weil augenscheinlich das Geld in der Ledertasche sein Reservekapital war, das er mit sich führte.

Am anderen Tag verschwand ich aus Baden-Baden; während ich angab, dass ich nach Biarritz in Frankreich reise, fuhr ich entgegengesetzter Richtung nach Frankfurt am Main.

Ich kam des Abends in Frankfurt am Main an und stieg im Hotel «Frankfurter Hof» ab, wo ich mich als Graf Festetisch[91] aus Budapest in das Fremdenbuch eintrug. Ich nahm ein Appartement, bestehend aus zwei eleganten Zimmern; nachdem ich Toilette gemacht hatte, betrat ich den großen Speisesaal, wo ich ein lukullisches Nachtmahl einnahm. Nach dem Nachtessen ging ich in das «Orpheum»[92], ein herrliches Varietétheater in der Zeilstraße. Daselbst wohnte ich der Vorstellung bis zum Schluss bei und ging dann zum Souper[93] in das weltbekannte Restaurant «Zum alten Fuchs». Da ich hierbei auch Champagner trank, kostete mich das Souper um die 150 Mark.

Am nächsten Morgen ging ich in die Stadt, um bei einem Abnehmer ein Paar Ohrgehänge, die aus dem Luzerner Diebstahl herrührten, zu verkaufen und Einkäufe zu machen. Speziell kaufte ich mir neue Garderobe, denn schon seit einem Jahr hatte ich mir keine neuen Anzüge machen lassen.

Das Leben in Frankfurt kostet ungeheuer viel, ja ich kann sagen, dass es eine der teuersten Städte Europas ist, wo alles übertrieben hoch zu bezahlen ist. Ich habe während der zwei Tage, die ich in Frankfurt zubrachte, 14 000 Mark ausgegeben, darunter figurieren[94] allerdings 5200 Mark, für die ich meiner Frau eine Pelzpelerine kaufte, die ich sofort an ihre Adresse nach M... abschickte, da ich jeden Augenblick festgenommen zu werden fürchtete.

Am anderen Tag rief ich meine Frau auch an das Telefon und teilte ihr mit, dass ich auf dem Weg nach Brindisi meinem Onkel begegnet wäre; dieser hätte mir verboten, nach Kairo zu fahren und eine Stelle als Hoteldirektor anzunehmen, und mir 30 000 Franc auf die Erbschaft, die ich von meiner jüngst verstorbenen Schwester bekommen hätte, vorgestreckt. Natürlich waren dieser Onkel, diese Schwester und die Erbschaft pure Fantasiegebilde, allein ich konnte doch nicht meiner Frau erzählen, dass ich das Geld in Luzern und Baden-Baden gestohlen hätte! Ich teilte ihr auch mit, dass ich an sie soeben eine Pelzpelerine mit Zobelbesatz abgeschickt hätte, einen Gegenstand, den sie sich schon seit langer Zeit gewünscht hatte. Sie antwortete mir, dass es sie unsäglich freue, dass ich nicht mehr nach Ägypten zu fahren brauchte, und dass ich sobald als möglich zu ihr und zum Kind zurückkehren möchte. Sie dankte mir herzlich, mehr dafür, dass ich an sie gedacht hatte, als für das kostbare Geschenk!

Das arme Weib! Sie erhielt tatsächlich die von mir abgesandte Pelerine – aber sie erfreute sich ihrer nicht lange; denn als sie später meine Verhaftung erfuhr und ihr mitgeteilt wurde, dass ich die Pelerine mit gestohlenem Geld gekauft hatte, trug sie dieselbe sofort zur Polizei in M…, damit sie nach Frankfurt zurückgeschickt würde.

Am nächsten Morgen um neun Uhr, während ich gerade bei der Toilette war, klopfte es an die Tür, und vier Detektive in Begleitung des Hoteldirektors betraten einer nach dem anderen mein Zimmer. Ich begriff sofort die Situation.

Der erste, ein dicker, wie ein Herkules gebauter Deutscher, trat auf mich zu, zog aus der Tasche eine Medaille hervor, die wie ein Monokel an einer Schnur um seinen Hals hing, und gab sich mir gegenüber als Detektiv zu erkennen; er teilte mir mit, dass sie gekommen wären, um mich zu verhaften. Ich hatte diese Erklärung nicht nötig, da ich zu sehr die Detektivgesichter kenne und sehr wohl wusste, dass sie nicht gekommen waren, um sich nach meinem Befinden zu erkundigen. Er fragte mich nach meinem Namen und Beruf, worauf ich ihm antwortete, dass ich mich doch in das Fremdenbuch eingetragen hätte und dass er meinen Namen dort nachlesen könnte. Er wollte mir nicht glauben, dass ich den richtigen eingetragen hatte, und er tat wirklich nicht unrecht daran.

Allein um dieser Fragerei ein Ende zu machen, begann ich mich so zu benehmen wie sonst, wenn ich verhaftet wurde – und das war schon mehr als einmal der Fall, wie man weiß –, ich hörte nämlich auf, den Leuten Antwort zu geben. Wozu auch sich in unnütze Gespräche mit solchen Burschen einlassen! Ich beschränkte mich also darauf, ihrer Aufforderung zu folgen und mich möglichst rasch anzukleiden.

Auf ihre weiteren Fragen antwortete ich ihnen, dass ich ihnen nichts zu sagen hätte, da sie doch lediglich hergekommen wären, um mich festzunehmen, nicht aber, um mit mir zu plaudern. Einer versuchte zwar, mich durch Drohungen einzuschüchtern, aber sie gaben auch das bald auf, als sie sahen, dass ich ihnen vollauf gewachsen war.

Unterdessen versuchte ich das Paket Banknoten, das ich in Baden-Baden im «Hotel Stephanie» dem Amerikaner entwendet hatte, in die Tasche zu stecken, um nachher aus dem Fenster der zweiten Etage zu springen; allein vier Paar Augen, die fest auf mich gerichtet waren, verloren keine meiner Bewegungen, und als hätten sie meine Gedanken erraten, stellten sich je zwei Detektive rechts und links von mir auf.

Da ich nun einsah, dass die Leute meine Absicht erkannt hatten und ich somit anders vorgehen müsste, entschloss ich mich, den Folgsamen zu spielen. Ich stellte mich also ganz unterwürfig, um den Leuten mehr Vertrauen einzuflößen, damit ich dann umso sicherer eine bessere Gelegenheit ausnützen könnte.

Es wurden mir alle Wertsachen abgenommen, so zum Beispiel der Rest der Schmucksachen, die ich in Luzern gestohlen hatte, das Paket Banknoten, mit dem ich aus dem Fenster springen wollte, ferner meine eigenen Schmuckgegenstände, meine goldene Uhr mit Kette, meine Krawattennadel, die aus einem großen Brillanten bestand, endlich mein Portemonnaie, in dem ich mein eigenes Geld hatte. Alles dies wurde mir abgenommen und versiegelt; dann führte man mich über die Diensttreppe in den Hotelhof, wo uns ein Wagen erwartete. Wir stiegen ein, und im Galopp ging es zum Polizeipräsidium.

Hier wurde ich in das dritte Stockwerk vor den Polizeikommissar F… geführt, der mich ohne Weiteres in das Polizeigefängnis einsperren ließ; und zwar übergab er mich dem Inspektor des Gefängnisses mit der besonderen Empfehlung, dass ich ein gefährlicher Mensch wäre. Dieser wollte mich sogleich seine ganze Macht fühlen lassen und befahl mir in brutalem Ton, mich auf dem kalten Korridor, wo es fürchterlich durch die offenen Fenster zog und der Boden mit Steinen gepflastert war, vollständig zu entkleiden. Ich tat es, weil ich wusste, dass diese Maßnahme in fast allen Gefängnissen streng durchgeführt wird. Aber nirgendwo anders wird das in einem Korridor vorgenommen, wo man der Kälte und dem Zug ausgesetzt ist, sondern in Zimmern, die speziell zu diesem Zweck eingerichtet sind; ferner versteht man in den anderen Gefängnissen unter vollständigem Entkleiden nur die Entkleidung bis auf das Hemd, Unterwäsche und Schuhe. Hier aber musste ich alles, was nur den Körper bedeckte, ablegen. Bloß die Schuhe durfte ich, nachdem ich die Strümpfe abgelegt hatte, wieder anziehen. Ob ich es nun wollte oder nicht, ich musste mich fügen; denn ich war mir dessen bewusst, dass man mir, wenn ich mich sträubte, die Kleider mit Gewalt vom Leib reißen würde.

Während ich nun vor Kälte am ganzen Körper zitterte – man schrieb den 3. Oktober 1899, und draußen herrschte ein schreckliches Herbstwetter –, wurden meine Kleidungsstücke einer sehr genauen Prüfung unterzogen.

Inzwischen stand der Inspektor, beide Hände in die Hüften gestützt, vor mir und wiegte sich mit einem bösen Lächeln auf den Lippen wohlgefällig nach links und rechts. Ich bat ihn höflich, mir doch zu gestatten, das Hemd anzulegen, worauf er mir erwiderte, dass ich mit den Schuhen ausgezeichnet vor der Kälte geschützt sei.

Da ich mich vor Aufregung und Wut nun kaum mehr halten konnte, zog ich geschwind meine Schuhe aus und warf sie ihm mit Macht an den Kopf. Rasend durch den Schmerz, den ihm diese Wurfgeschosse bereiteten, stürzte er sich auf mich und versuchte mich mit dem Schlüsselbund an die

Brust zu schlagen. Doch ich war auf der Hut, erfasste seine Hand am Gelenk und drehte ihm dieselbe nach hinten, sodass er den Schlüsselbund fallen ließ. Diesen ergreifen und damit den Kopf meines Gegners bearbeiten war eins, und gewiss würde ein größeres Unglück entstanden sein, wenn nicht auf die Hilferufe des Inspektors zwei Wärter herbeigelaufen wären, die ihn aus meinen Fäusten befreiten. Darauf befahl der Inspektor, außer sich vor Zorn und mit blutender Nase, dass man mir die Kleider wiedergeben, mir aber auch sofort Eisenfesseln an Händen und Füßen anlegen solle. Als ich diesen Befehl hörte, erklärte ich sofort auf gut Deutsch, dass der Wärter, der es wagte, sich mir zu nähern, gut tun würde, zunächst sein Testament zu machen.

Sie achteten aber wenig auf meine Worte, und einer der Wärter kam auf mich zu, packte mich an der Gurgel und versuchte mich zu Boden zu werfen, um mir die Fesseln anzulegen. Es entspann sich jetzt ein Kampf zwischen mir und diesem Wärter namens W… Hierbei gelang es mir, als er gerade zufällig mit dem Rücken zu einer Treppe stand, die zum Unterstock führte, mich von ihm loszureißen und ihn die Treppe hinabzustoßen, die er wie ein Weinfass hinunterkollerte. Die anderen Wärter liefen ihm sofort zu Hilfe, um ihn aufzuheben. Er war zwar nicht tot, hatte jedoch erhebliche Verletzungen davongetragen, die seine sofortige Unterbringung in das Spital nötig machten.

Man sah jetzt aber doch von meiner Fesselung ab und führte mich in den ersten Stock in eine enge, niedrige, aber reine und luftige Zelle. Die Eisentür wurde fest hinter mir zugeschlossen, und während sich die Wärter langsam entfernten, blieb ich allein und einsam zurück. Nach etwa einer Viertelstunde kam der Oberaufseher zu mir, ein ehrwürdiger alter Mann, der sehr wohlwollend auf mich einsprach:

Ich solle mich ruhig verhalten, da er darauf achten wolle, dass ich von keiner Seite misshandelt werde. Ich antwortete ihm, dass ich der gelassenste und anständigste Mensch wäre, wenn man mich in Frieden ließe und nicht beleidigte.

Am Nachmittag führte man mich in ein Zimmer hinunter, wo mich der Kommissar F… erwartete, um die nötigen Fragen an mich zu richten. Er schrieb selbst meine Aussagen nieder, und das Bild steht noch lebhaft in meiner Erinnerung, wie der Kommissar F… über seine Schrift gebeugt saß. Sein Gesicht war ebenso wie sein Schädel, der ganz kurz geschoren war, mit Schmissen besät. Der Kommissar war im Alter von etwa dreißig Jahren; während ich ihm seine Fragen beantwortete, konnte ich mich nicht enthalten, ihn und seine Schmisse genau zu betrachten – für mich als Rumäne ein seltsamer Anblick! Ich beharrte auch hier auf meinem System, nur einsilbige und vorsichtige Antworten zu geben. Als der Kommissar sah, dass er nichts aus mir herausbekommen konnte, ließ er mich kurzerhand zurückführen. Da saß ich nun in meiner schrecklichen, engen Zelle und dachte an die Aussichten, die sich mir für die Zukunft in der Schweiz eröffneten! Denn ich wusste, dass in dem Kanton Luzern die drakonischsten Gesetze von ganz Europa eingeführt sind[95] und mich dort wenigstens vier bis fünf Jahre Zuchthaus[96] erwarteten. Ich dachte daran, dass ich kaum erst seit acht Tagen meine Frau und mein Kindchen verlassen hatte und sie nun wohl erst Gott weiß wann wiedersehen würde.

Siedend heiß stieg es in mir auf, wenn ich an die Teuren dachte – ich musste aus diesem Kerker heraus, komme, was da wolle! Ich drückte auf die elektrische Klingel, und als der Wärter erschien, erklärte ich ihm, dass ich sofort vor den Kommissar F… geführt zu werden verlangte, da ich ihm etwas sehr Wichtiges mitzuteilen hätte.

Der Wärter eilte sofort, um meinen Wunsch zu melden, und nach etwa einer halben Stunde kam er wieder, um mich in das mir nun schon bekannte Zimmer hinunterzuführen, wo mich der Kommissar F... empfing.

Ich hielt nun folgende Ansprache an ihn: «Herr Kommissar, ich weiß es sehr wohl, dass, wenn ich es Ihnen erleichtere, die gestohlenen Schmucksachen wiederzufinden, mir dies als mildernder Umstand angerechnet wird; denn dadurch verhelfe ich erstens den Bestohlenen wieder zu ihrem Eigentum, zweitens beweise ich, dass ich meine Tat bereue und mich bessern will. Ich bin also gern bereit, Ihnen anzugeben, an wen ich die Ohrgehänge verkauft habe. Leider kenne ich jedoch weder den Namen des Käufers noch den der Straße, wo derselbe wohnt, oder die Nummer des Hauses. Allein wenn Sie mich – meinetwegen unter der stärksten Bewachung – in die Stadt lassen wollen, werde ich den Weg bestimmt wiederfinden und Ihnen das Haus bezeichnen können, wo ich die Sachen verkauft habe.»

Dies alles war natürlich nur eine List, die ich mir ausgedacht hatte, um in die Straßen Frankfurts zu gelangen. Denn einmal draußen, hatte ich mir vorgenommen, koste es, was es wolle, eine Gelegenheit zu finden, um meinen Aufsehern zu entfliehen. Wenn ich auch kein Geld mehr bei mir hatte, da meine sämtlichen Wertsachen und Gelder beschlagnahmt waren, so blieb dies doch meine geringste Sorge, denn Geld lässt sich schon verschaffen. Jetzt handelte es sich vor allem um meine Freiheit. Auch wusste ich sehr wohl, dass, selbst wenn ich der Polizei anzeigte, wo sich die Schmucksachen befänden, dies auf meine Strafe nicht von wesentlichem Einfluss sein würde. Allein ich musste mich so stellen, als glaubte ich in meiner Naivität an diese Strafmilderung, die ja sowohl die Polizeikommissare als auch die

Richter stets in Aussicht zu stellen pflegen, um Geständnisse herauszulocken.

Das Angebot, das ich dem Kommissar F... machte und das ihm die Untersuchung so sehr erleichterte, verfehlte nicht, den gewünschten Eindruck auf ihn hervorzurufen. Er ging darauf ein. Man brachte auf seinen Befehl einen Plan der Stadt Frankfurt. Er breitete ihn vor mir auf dem Tisch aus und ersuchte mich, ihm ungefähr den Ort und das Haus anzudeuten, wo der Mann wohnte, dem ich die Sachen verkauft hätte. Wenn ich ihm dies auch nur ungefähr zeigen könnte, würde er selbst alles Weitere ausfindig machen, da es doch für mich zu peinlich wäre, unter Bewachung in den Straßen Frankfurts auf die Suche zu gehen. Ich stellte mich an, als ob ich tatsächlich mit aller Aufmerksamkeit die Straße auf der Karte ausfindig zu machen suchte; aber wie man es sich wohl leicht denken wird, konnte ich sie nicht entdecken, wiewohl ich ganz genau wusste, dass der Juwelier, dem ich die Sachen verkauft hatte, W... E... hieß und in der N...straße Nummer 141 wohnte. Es half ihm also nichts, er musste sich endlich doch entschließen, mich ein wenig durch Frankfurt promenieren zu lassen. So wurde ich in die Zelle zurückgeführt, während der Kommissar die Vorkehrungen für die Ausfahrt traf. Denn es war gar nicht so leicht, einen Sträfling durch die Straßen einer Großstadt zu führen, ohne von dem Publikum bemerkt zu werden, das uns dann sicher zu Hunderten nachfolgen wurde.

Nach einer halben Stunde wurde ich aus meiner Zelle geholt, und man übergab mir meinen Hut; denn in dem Gefängnis zu Frankfurt am Main muss beim Eintritt in dasselbe der Hut in das Magazin zur Aufbewahrung abgegeben werden, und erst beim Verlassen des Gefängnisses wird er zurückgegeben. Man führte mich in den Hof, wo ich den

Kommissar F… in Zivil und noch zwei Geheimpolizisten vor mir sah, die mich begleiten sollten. Wir bestiegen also den Wagen, während einer der Polizisten dem Kutscher die Richtung, die er zu nehmen hatte, angab. Wir fuhren zuerst durch die Zeil, eine der schönsten und belebtesten Straßen Frankfurts, bogen dann in der Richtung des Bockenheimer Tores ab und gelangten schließlich auf die N…straße. Ich sagte dem Kommissar, dass wir, wie mir schien, in der richtigen Straße wären, und als wir vor dem Haus Nummer 141 anlangten, ließ ich den Wagen halten; denn dort wohnte tatsächlich der betreffende Juwelier, dem ich die Perlenohrringe verkauft hatte.

Während der ganzen Fahrt vom Polizeigefängnis an bis zur N…straße hatte ich mich sehr ruhig verhalten. Ich schaute weder nach rechts noch nach links, hielt meinen Kopf gesenkt und schien tieftraurig und moralisch völlig gebrochen zu sein. Als der Kommissar dieses Benehmen sah, glaubte er wohl, dass ich tatsächlich so brav war, wie ich mir den Anschein gab, und gar nicht an ein Entlaufen dachte. In meinem Kopf aber arbeitete es gewaltig, denn ich suchte mit fieberhafter Spannung jede nur denkbare Möglichkeit, mich aus dieser schrecklichen Lage zu befreien.

Der Wagen hielt also an, und wir stiegen alle aus. Als der Kommissar dem Kutscher sagte, dass er auf uns warten sollte und dass wir höchstwahrscheinlich eine halbe Stunde oder vielleicht noch länger ausbleiben würden, antwortete der Kutscher, dass er keine Zeit mehr hätte, da er unbedingt die Pferde umspannen müsste. Der eine Polizist machte nun darauf aufmerksam, dass wir unmöglich vor einer Stunde fertig werden könnten, und so bezahlte der Kommissar den Kutscher, der auch sofort davonfuhr.

Wir begaben uns nunmehr vor das Haus und läuteten.

Als der Diener öffnete, sagte ihm der Kommissar, dass er den Herrn herbeirufen möchte, da er im Namen des Gesetzes gekommen wäre, um eine Hausdurchsuchung bei ihm vorzunehmen. Der Diener blieb vor Schreck mit offenem Mund stehen, denn er konnte es gar nicht begreifen, was die Polizei bei seinem Herrn zu suchen hätte. Mit einem Sprung war er in das Zimmer rechts gelaufen, wo er mit halb erstickter Stimme seinem Herrn mitteilte, dass die Polizei gekommen wäre, um ihn zu arretieren.

Wir standen noch immer wartend an der Türschwelle, als plötzlich etwa ein halbes Dutzend Leute mit verstörten Mienen herbeigeeilt kamen, um uns schreckerstarrt anzustieren; denn niemand von ihnen wusste, was dies alles zu bedeuten hätte.

Der Kommissar F… teilte ihnen nun mit, dass er im Namen des Gesetzes gekommen wäre, um ein Paar Perlenohrgehänge zu verlangen, die von diesem Mann – er zeigte hierbei auf mich – bei ihnen verkauft worden wären.

Herr E… erklärte hierauf mit ruhiger Stimme, dass er sich wohl erinnerte, von mir die Ohrgehänge für 2700 Mark gekauft zu haben; allein es wäre ihm beim Kauf absolut nicht in den Sinn gekommen, dass er gestohlene Sachen kaufte.

Wir betraten nunmehr den Laden. Herr E… öffnete seinen Geldschrank, holte die Ohrgehänge heraus und lieferte sie dem Kommissar aus.

Dieser verglich sie zuerst mit der Beschreibung, die ihm aus Luzern zugegangen war, und fragte mich dann, ob ich diese Ohrgehänge als die wiedererkenne, die ich in Luzern gestohlen und hier verkauft hätte. Auf meine bejahende Antwort und auf die Erklärung hin, dass der Kaufmann E… nicht gewusst hätte, dass die Wertsachen gestohlen wären, erklärte F…, dass er die Ohrgehänge konfiszieren müsste.

Es wurden darauf die in einem solchen Falle vorgeschriebenen Formalitäten vorgenommen und ein Protokoll aufgesetzt, das Herr E... unterzeichnen musste. Nach etwa einer Stunde, als alles beendigt war, verließen wir das Haus.

Da wir keinen Wagen fanden, machten wir uns zu Fuß auf den Weg, in der Absicht, in einen uns begegnenden Wagen zu steigen, der uns in das Polizeigefängnis bringen sollte. Allein in diesem Viertel, wo nur sehr wenig Verkehr herrscht und zu beiden Seiten der Straße sich meistens Privatwohnungen befinden, ist selten ein nicht besetzter Wagen zu erblicken.

So kamen wir allmählich in die Zeil, von wo aus es sich nicht mehr der Mühe lohnte, einen Wagen zu nehmen, da das Polizeipräsidium in der Nähe lag.

Wir gingen also gemächlich durch diese belebteste Straße Frankfurts, als wären wir vier brave, biedere Staatsbürger.

Als wir uns der Hauptpost näherten, die nicht mehr weit vom Polizeipräsidium und dem damit zusammenhängenden Polizeigefangenhaus entfernt ist, verließ uns der Kommissar F..., um eine Depesche nach Luzern an die dortige Polizei mit der Nachricht aufzugeben, dass die Ohrgehänge bereits gefunden wären. Ich blieb also allein mit den beiden Polizisten zurück, und wir setzten, wie vorher auf der rechten Seite der Zeil gehend, unseren Weg fort. Jetzt endlich glaubte ich die günstige Gelegenheit gekommen. Ich machte eine jähe Wendung und lief wie der Blitz davon, zuerst geradeaus, dann in eine Straße rechts und wieder in eine links. Allein zu meinem Unglück war diese eine Sackgasse, also eine solche, die keinen Ausgang besitzt. Was war zu tun? Umkehren und meinen Verfolgern direkt in die Hände laufen? Daran war nicht zu denken. Also sprang ich in das letzte Haus rechter Hand und begann mit großer Hast fünf Treppen hoch bis zur Mansarde hinaufzusteigen. Ich blieb in den ersten Stockwerken nicht stehen, weil die Türen doch verschlossen gewesen wären und ich hätte läuten müssen, um hineingelassen zu werden. Das hätte aber einen Zeitverlust herbeigeführt, und hier war jede Sekunde von unnennbarem Wert; denn die Polizisten und ein sich rasch vergrößerndes Publikum waren dicht hinter mir. Ich kam also im obersten Stock an, stürzte, ohne nachzudenken, durch eine offen stehende Tür und riegelte diese sofort hinter mir ab. In dem Zimmer, in das ich geraten war, saß ein junges Mädchen und nähte am offenen Fenster auf der Nähmaschine. Man kann sich ihr Gesicht vorstellen, als sie mich erblickte und sah, dass ich die Tür verriegelte. Ich ließ mich aber nicht in lange Erörterungen ein, sondern sprang auf die Nähmaschine und von hier aus durch das Fenster auf das Dach hinaus. Unterdessen klopften schon die Polizisten, von einem lärmenden Publikum begleitet, an der Tür und verlangten im Namen des Gesetzes, dass sofort geöffnet würde. Allein das Mädchen, das vor Schreck wie gelähmt war, rührte sich nicht von der Stelle; die Leute sprengten deshalb die Tür und stürzten in das Zimmer. Da dieses sehr klein und fast ohne Möbel war, so sahen sie sofort, dass ich nicht mehr darin war und durch das Fenster auf das Dach gesprungen sein müsste. Ich hörte, wie meine Verfolger an das Fenster kamen, und erblickte in der Tat bereits das Gesicht des Polizisten M… So nahm ich denn, an nichts anderes als an die goldene Freiheit denkend, meinen Mut zusammen und sprang von dem Dach herab in das Leere. Ich sauste in den Hof des Hauses hinab. Nur einem seltenen Zufall verdankte ich meine Rettung von diesem verwegenen Sprung. Denn ich weiß nicht, ob sich jemals noch der Fall zugetragen hat, dass ein Mensch, der vom Dach eines mehrstöckigen Hauses herabspringt, mit gesunden Knochen wieder aufsteht. Ich fiel nämlich auf eine alte, morsche Holzbaracke, die durch meinen Fall zwar zusammenstürzte, meinen Sturz aber dämpfte und mich überdies in ein großes gefülltes Zementfass bettete. Ich sprang sofort wieder auf. Zuerst wollte ich es selbst nicht glauben, dass ich noch lebte und meine Glieder noch heil waren. Allein dieses Erlebnis, so unglaublich es auch erscheint, ist authentisch. Sämtliche Zeitungen Frankfurts, Deutschlands und ganz Europas haben von dem Vorfall, der sich am 3. Oktober 1899 ereignete, berichtet. Diejenigen, die irgendwie daran zweifeln, können jederzeit bei der Frankfurter Polizei Informationen darüber einholen.

Die morsche Holzbaracke stürzte also zusammen, und ich fiel in ein Zementfass. Ich verlor auch nicht einen Augenblick das Bewusstsein, und ohne mir Zeit zur Untersuchung zu lassen, ob ich mir nicht irgendwelche ernste Verwundungen zugezogen hätte, sprang ich aus dem Fass und gelangte durch den Nebenflur auf die Straße. Als mich die Leute, die vor dem Haus versammelt waren, ohne Hut – denn diesen hatte ich während des Sprunges verloren – und ganz verstaubt und beschmutzt sahen, dachten sie gar nicht daran, dass ich der verfolgte Ausreißer sein könnte. Allein ein Mann hielt mich doch an und fragte mich, wer ich wäre und weshalb ich es so eilig hätte. Ich wollte ihm darauf gar nicht antworten und mich stillschweigend drücken, allein ein zweiter ergriff meinen Arm und hielt mich fest. Durch einen Ruck, der ihn an die Wand schleuderte, riss ich mich los und wollte entfliehen, das ganze Publikum rannte mir jedoch nach und umzingelte mich, sodass ich keinen Ausweg zum Entfliehen mehr hatte. Der Polizist S…, der meine Gefangennahme wahrscheinlich sofort erfuhr, kam nunmehr im Eilschritt auf uns zu. Als er mich erblickte, hob er in der Erregung seinen massiven Stock gegen mich. Ich ergriff jedoch seinen Arm und drehte ihn derart rückwärts, dass er einen Schmerzensschrei ausstieß und den Stock fallen ließ. Das Publikum nahm nun auch für mich Partei, und ein Fleischer rief ganz laut, dass man mich wohl verhaften, aber nicht schlagen dürfte. Endlich kam auch der Polizist M... und noch einige Schutzleute herbei, und ich wurde in das Polizeigefängnis geschleppt, das wir in drei Minuten erreichten. Dort angelangt, wollte man mich durchprügeln. Allein der Inspektor, der mein Temperament kannte – denn wie erinnerlich, hatte ich ihm vor wenigen Tagen die Schuhe an den Kopf geworfen, und er befürchtete, ich könnte irgendein Unglück anrichten –, ließ das nicht zu, sondern befahl, mich in die Zelle zurückzuführen; dort sollte ich das Weitere abwarten, da er sofort dem Polizeipräsidenten über den ganzen Vorfall Bericht erstatten wollte. Um acht Uhr abends kam der Inspektor in Begleitung einer Eskorte und eines Führers zu mir und teilte mir mit, dass der Polizeipräsident mir für diesmal keine Strafe auferlege, in der Erwartung, dass ich, solange ich noch in diesem Gefängnis bliebe, mich ruhig verhielte.

Ich antwortete in höflicher Form, dass ich mich, wenn man mich in Ruhe ließe und nicht herausforderte, bestimmt ruhig verhalten würde, wie dies überhaupt mein Naturell wäre. Der Inspektor predigte mir noch ein wenig Moral, versicherte mir aber, dass er darauf sehen würde, dass mir nichts Ungerechtes passierte, und zog sich darauf samt seiner Eskorte wieder zurück.

Da ich kein Geld bei mir hatte, um mir irgendwelche Nahrungsmittel zu kaufen, und die Kost, die im Gefängnis verabreicht wurde, völlig unzureichend war, den Hunger zu stillen, beklagte ich mich bei dem Inspektor, der darauf mit mir zum Gefängnisarzt ging. Dieser verordnete mir Krankenkost, eine Kost, die direkt von der Küche des Inspektors kommt.

Es war dies eine ganz besondere Vergünstigung; denn es ist ein himmelweiter Unterschied zwischen der Kost, die im Gefängnis, und der, die beim Inspektor gereicht wird. Die Leute meiner Umgebung gönnten mir dieses gute Leben allerdings nicht und meinten, ich bekäme diese Vorzugskost auf Verwendung meiner Frau oder des Polizeipräsidenten selbst – allein was kümmerten mich die Gründe! Ich war mit der Tatsache zufrieden, und noch heute kenne ich nicht die Ursache dieser Vergünstigung. Jedenfalls waren die zwei Monate, die ich im Polizeigefängnis in Frankfurt am Main zubrachte, die schönste Zeit, die ich je hinter schwedischen Gardinen verlebt habe.

Unterdessen zermarterte ich Tag und Nacht mein Gehirn, wie ich es anfangen könnte, mich der schrecklichen Strafe, die mich in der Schweiz erwartete, zu entziehen.

Da kam mir der Gedanke, mich wahnsinnig zu stellen. Sofort begann ich, diesen Plan auszuführen. Ich fing zunächst an, ganz leichte Anfälle zu simulieren. Dies gelang mir besser, als ich erwartete, denn die Aufmerksamkeit des ganzen Personals und besonders des Gefängnisinspektors wurde auf mein seltsames Benehmen gelenkt, und schon nach fünf Tagen entschied sich Letzterer dahin, mich vom Gefängnisarzt untersuchen zu lassen.

Obwohl ich nicht fürchtete, dass die Ärzte meinen wahren Zustand erkennen würden, passte mir dies nicht, denn bei einer Beobachtung hätte ich wenigstens sechs Monate verlieren müssen, bis die Mediziner sich über meinen Zustand im Klaren waren. Ich begann also mit den Blödsinnsanfällen aufzuhören und gab mir nur den Anschein eines Menschen, der seine fünf Sinne nicht mehr ganz beisammen hat. Ich erzielte damit einen vollen Erfolg, denn nach etwa vierzehn Tagen waren schon die Leute an meine harmlosen Dummheiten vollständig gewöhnt und behandelten mich wie ein kleines Kind. Man überhäufte mich mit Aufmerksamkeiten; ja es gab sogar Leute unter diesen guten Deutschen, die sowohl dem Inspektor als auch dem Aufseher W… Vorwürfe machten, weil diese mich bei meinem Eintritt in das Gefängnis so barsch behandelt hatten; denn ich wäre doch, meinten sie, offenbar ein armer, bedauernswerter Mensch, der für seine Taten nicht verantwortlich gemacht werden könnte.

Am 17. Oktober kam Gerda in Frankfurt an. Man hatte ihr nämlich mitgeteilt, dass ich verhaftet worden war. Als die arme Frau von meiner Verhaftung hörte, hatte sie, obgleich noch von der Entbindung geschwächt, M… sofort verlassen und war mir zu Hilfe geeilt. Sie ahnte ja noch gar nicht, dass ich ein Abenteurer war, glaubte vielmehr, dass ich nur an einer sehr verbreiteten Krankheit, der «Kleptomanie»[97], litte, die auch unter den vornehmsten und reichsten Leuten verbreitet ist. Es fiel ihr eben gar nicht ein zu vermuten, dass meine Kleptomanie eine wohlüberlegte Profession und ich lediglich durch Ausübung dieser Beschäftigung imstande war, mein behagliches und luxuriöses Leben zu führen. Sie eilte also sofort nach Frankfurt, wo sie noch allerhand Schwierigkeiten überwinden musste, bis sie zu mir gelangte; denn man wollte es zuerst überhaupt nicht glauben, dass die Frau eines solchen Verbrechers wirklich eine geborene Gräfin R… und völlig unwissend über den wahren Charakter ihres Mannes war. Schließlich musste man sich jedoch hiervon überzeugen, und meine Frau erhielt die Erlaubnis, mich während ihres Aufenthalts in Frankfurt zweimal täglich besuchen zu dürfen.

An demselben Tag noch wurde ich in das Zimmer des Inspektors gerufen, wo sie mich erwartete. Obwohl ich nicht annehmen konnte, dass meine Gerda so rasch kommen würde, hatte ich mir doch in dem Augenblick, als man mir mitteilte, dass meine Frau mich zu sprechen wünschte, einen bestimmten Plan entworfen, wie ich mich ihr gegenüber zu benehmen hätte. Um mein ganzes Verhalten und speziell den Diebstahl in Luzern zu rechtfertigen, musste ich mich ihr gegenüber wahnsinnig stellen, und zwar in stärkerem Maße als bisher. Als man mich also in das Sprechzimmer brachte, stierten meine Augen unbeweglich geradeaus in das Leere, und ich zeigte nicht die geringste Gefühlsbewegung. Ich schien mich auch nicht entsinnen zu können, wo ich diese Frau, die da weinend vor mir stand, schon einmal gesehen hätte, und am allerwenigsten, dass sie meine Gattin war.

Ich ging auf sie zu und blickte ihr mit starren, gläsernen Augen in das Gesicht. Als meine arme Frau mich in diesem beklagenswerten Zustand sah, kam sie mit ausgebreiteten Armen auf mich zu, umarmte mich, fasste mich um und setzte mich langsam auf die Bank neben sich hin, als wäre ich ein zerbrechliches Wesen. Ihr gutes, zartes Herz blutete vor Mitleid mit mir. Sie trocknete mir die Tränen, die gegen meinen Willen aus meinen Augen flossen, tröstete mich und sprach mir wie einem armen, kranken Kind zu. Sie küsste mich bald auf die Stirn, bald auf die Lippen und war wie gebrochen vor Schmerz, mich nach kaum dreiwöchentlicher Abwesenheit von M… in dieser schrecklichen Verfassung wiederzusehen. Sie überhäufte mich schluchzend mit Trostworten, sagte mir, dass ich für sie trotz allem ewig ihr Georges bleiben würde, und fügte noch hinzu: «Mag eintreten, was auch immer will, dein Weib und dein

Kind werden stets bei dir bleiben.» Ich antwortete auf alle diese Liebeszeichen nur einsilbig, ergriff aber jedes Mal ihren herrlichen Kopf mit beiden Händen und küsste sie bald auf die Augen, bald auf die Lippen, als wollte ich die ganze Süßigkeit einsaugen, die von ihr ausging und die mir bald vielleicht nicht mehr zuteilwerden würde. Im Übrigen hielt ich an mich und wagte weder von unserem Unglück zu sprechen noch nach meinem Kind zu fragen; denn ich musste mich so stellen, als ob ich eine Fremde vor mir hätte.

Was für eine traurige Szene! Sowohl der Polizeipräsident als auch ein Polizeirat, die unserer Begegnung beiwohnten, waren tief gerührt. Am meisten aber war es meine einzige Frau; sie glaubte mich krank und liebte mich deshalb umso mehr. Wenn sie von keiner Seite beeinflusst worden wäre, so hätte mich diese ausgezeichnete Frau auch niemals, niemals verlassen. Denn für sie blieb ich der Mann, dem sie ihr ganzes Herz geschenkt hatte und der der Vater ihres Kindes war. Aber die Einflüsse, die später auf sie ausgeübt wurden, und die Furcht, dass ihre Tante, die Gräfin V…, ihr die Rente von 6000 Mark entziehen könnte, sodass sie mit ihrem Kind dem Elend preisgegeben wäre, zwangen sie nach zehn Monaten, die ich im Gefängnis zugebracht hatte, unsere Scheidung zu beantragen. Doch an all das dachte sie jetzt noch nicht. Nachdem ich mit meiner Frau eine halbe Stunde zusammen gewesen war, ermahnte sie der Polizeirat, unser Gespräch zu beenden, und machte den vier Wärtern ein Zeichen, mich in meine Zelle zurückzuführen. Ich verließ meine Frau, ohne ihr auch nur ein Wort von all dem gesagt zu haben, was mir das Herz bewegte. Ja, nicht einmal Abschied habe ich von ihr genommen.

Eine Stunde darauf kam der Inspektor in meine Zelle, um zu sehen, in welchem Gemütszustand ich mich befände.

Da ich aber wusste, man würde, wenn man mir irgendwelche Aufgeregtheit ansähe, mir nicht mehr gestatten, so oft mit meiner Frau zusammenzukommen, nahm ich eine sehr ruhige und gelassene Miene an. Der Inspektor sagte daher auch, dass ich, wenn ich mich auch weiterhin ruhig verhielte, nachmittags um drei Uhr wieder in das Bureau hinuntergeführt werden würde, um meine Frau sprechen zu können. Obwohl ich über diese Nachricht sehr erfreut war, antwortete ich doch nicht, um den Eindruck hervorzurufen, dass mir das alles ganz gleichgültig war.

Am Nachmittag um drei Uhr wurde ich, wie man mir versprochen hatte, wiederum in das Sprechzimmer geführt, wo mich meine Frau, ganz in Tränen aufgelöst, erwartete. Als ich eintrat, erhob sie sich, kam mir entgegen und führte mich wieder sorgsam zu einer Bank. Um diesmal mit meiner Frau besser sprechen zu können, stellte ich mich, als ob ich einen lichten Moment in meinem getrübten Hirn hätte. Ich gab mir noch immer Mühe, einen wilden Blick und ein gestörtes Benehmen zu zeigen, aber ich war zusammenhängender und klarer in meinen Worten. Diesen Moment benutzte meine Frau, um mir Vorwürfe über meine Tat in Luzern zu machen. Ich antwortete ihr, dass ich mich fast nicht mehr an den Diebstahl erinnerte und jedenfalls alles nur in einem Anfall von Geistesstörung und ohne jede Überlegung getan hätte. Als meine Frau dies hörte, wandte sie sich an den Polizeiinspektor und den Polizeirat, die auch jetzt unserem Gespräch beiwohnten, und bemerkte zu ihnen: «Sagte ich Ihnen nicht, meine Herren, dass mein Mann das alles nur in einem Moment geistiger Umnachtung begangen haben kann? Wie Sie sehen, weiß er nicht einmal mehr, wie und wo sich das zugetragen hat.»

Die Herren antworteten ihr darauf, dass sie als deutsche

Beamte nichts zu entscheiden hätten, da ich im Namen der Schweizer Regierung verhaftet wäre, und dass ich in dem Frankfurter Gefängnis nur so lange bliebe, bis ich nach Luzern, wo ich das Verbrechen begangen hätte, ausgeliefert würde.

Wir blieben dann noch einige Augenblicke zusammen, sprachen über Verschiedenes und weinten dabei aufrichtige und heiße Tränen, bis meine Frau mich wieder verlassen musste. Sie wollte noch an demselben Abend von Frankfurt abreisen und sich nach Luzern begeben, wo sie die Behörden aufzusuchen beabsichtigte, um ihren Einfluss zu meinen Gunsten geltend zu machen.

Bevor meine Frau mich verließ, übergab sie für mich der Gefängniskasse 100 Mark, damit es mir wenigstens ermöglicht wäre, mich selbst zu beköstigen. Diese Vergünstigung wurde mir denn auch während der zwei Monate, die ich noch im Frankfurter Gefängnis zubrachte, zuteil. Ich war schon mehrmals auf Tage, Monate, ja auf Jahre in ein Gefängnis eingesperrt; allein so gut habe ich es, wie bereits erwähnt, dank dieser Vergünstigung noch nirgends gehabt.

Sowohl der Inspektor als auch der Gefangenenaufseher W… kamen oft zu mir und benahmen sich jetzt liebenswürdiger als zu Anfang. Sie hatten mir offenbar verziehen, was geschehen war, und ich tat dasselbe, denn ich war niemals rachsüchtig. Endlich waren die Verhandlungen zwischen Deutschland und der Schweiz beendet, und der Polizeipräsident gab Auftrag, mich an die Grenze nach Basel zu schaffen und den Schweizer Behörden auszuliefern. Ich sollte also per Schub expediert[98] werden. Als man mir dies in meiner Zelle mitteilte, antwortete ich, dass ich mich niemals so transportieren ließe, es müsste denn sein, dass ich in einem Sarg befördert würde. Sie versuchten mich zwar einzuschüchtern, allein es war völlig vergebens. So schrieb denn der Polizeipräsident meiner Frau, dass ich mir in den Kopf gesetzt hätte, in einem Extracoupé zweiter Klasse die Reise von Frankfurt nach Basel zu machen, dass er seinerseits aber diese Spesen nicht machen dürfte und dass sie ihm, wenn sie meinen Wunsch erfüllen wollte, 180 Mark schicken sollte. Dies ist nämlich der Preis für ein ganzes Abteil zweiter Klasse von Frankfurt nach Basel. 180 Mark waren eine große Summe für Gerda, allein die brave Frau achtete nicht darauf und wies auf der Stelle das Geld für mich an, damit ich nicht die Reise unter so erniedrigenden Verhältnissen zurückzulegen brauchte.

Am nächsten Morgen nach Eintreffen des Geldes kamen auch schon ein Kommissar und zwei Polizisten in das Polizeigefängnis, um mich zu holen und mit mir in die Schweiz zu fahren.

Allein die Sendung des Geldes genügte noch nicht, um alle Schwierigkeiten zu beheben; es musste erst noch eine ernste Auseinandersetzung stattfinden. Die Herren verlangten nämlich, dass ich in Ketten geschlossen fahren sollte.

Wie man sich wohl denken kann, ließ ich mir diese Barbarei nicht gefallen und remonstrierte[99] dagegen so lange, schüttelte auch die Wärter, welche mir Handfesseln anlegen wollten, derart ab, dass der Inspektor zum Polizeipräsidenten lief, um von ihm Verhaltungsmaßregeln einzuholen. Dieser entschied hierauf, dass ich ohne Fesseln transportiert werden sollte. Der Inspektor hielt mir noch eine letzte Predigt und sagte mir, dass ich mich während der Reise ruhig verhalten müsste, denn jeder der drei Wärter würde mit geladenem Revolver bei mir sitzen, mit dem Befehl, mich bei der geringsten Insubordination[100] oder beim geringsten Versuch zur Flucht sofort niederzuschießen.

Dicht von den drei Polizisten umringt, wurde ich hierauf in einem Einspänner zum Zentralbahnhof gebracht.

Dort war unsere Ankunft schon telefonisch gemeldet worden; ein Kommissar mit einigen Detektiven erwartete uns deshalb dort, überwachte unsere Ankunft und geleitete uns in den für uns bestimmten Wagen zweiter Klasse. Etwa hundert Gaffer fanden sich natürlich, wie immer bei solchen Gelegenheiten, ein und blickten neugierig auf unsere Gruppe. Um neun Uhr vierzig setzte sich der Zug in Bewegung. Es fuhr sich in dem Abteil zweiter Klasse ganz bequem, obwohl die drei Detektive bei mir waren. Für Proviant war reichlich gesorgt, ja sogar ein echter Marsala und Zeitungen waren vorhanden. Diese nützlichen Dinge hatte der Kommissar für mich von dem Rest des Geldes, das meine Frau geschickt, gekauft. Die Reise ging also ganz glatt und ohne irgendeinen besonderen Zwischenfall vonstatten; die Detektive bewachten mich streng und hielten die Augen wie die Karpfen offen.

Um neun Uhr abends kamen wir auf dem Bahnhof von Basel an. Hier erwarteten uns zwei Detektive, die aus Luzern geschickt waren, um mich aus den Händen ihrer deutschen Kameraden in Empfang zu nehmen und nach Luzern, das drei Eisenbahnstunden von Basel entfernt ist, zu führen. Als ich die zwei Leutchen sah, die mich in ihrer einfachen Weise erwarteten, und sie mit meinen drei Kolossen verglich, musste ich wirklich lachen. Die drei Deutschen schienen sich auch darüber zu wundern, dass man zwei so unscheinbare Leute zum Transport eines derartig verschlagenen Burschen, wie ich es ihrer Meinung nach war, gesandt hatte. Als wir ausgestiegen waren und uns im Bahnhofskommissariat präsentierten, erzählten daher meine guten Deutschen dem Kommissar, was für ein Monstrum ich wäre. Sie erklärten es für eine Unmöglichkeit, mich mit diesen zwei Detektiven allein nach Luzern zu schicken, da ich imstande wäre, einen nach dem anderen aus dem Fenster des Wagens zu werfen, um dann zu entfliehen.

Der Kommissar war derselben Meinung, und auch die beiden Luzerner Detektive, die offenbar nicht recht den Mut hatten, sich mit mir allein in das Coupé zu setzen, teilten durchaus die Ansicht ihres Vorgesetzten. So wurden denn weitere zwei Baseler Detektive mitgegeben.

Nachdem alle Formalitäten erledigt und den deutschen Detektiven der richtige Empfang meiner Person bestätigt war, bestieg ich mit meinen neuen Begleitern ein Abteil zweiter Klasse der Gotthardbahn. Da saß ich von vier Detektiven anstatt wie in Deutschland von dreien bewacht; nur waren die Leute – wie es sich für ein zivilisiertes Land gehört – nicht mit Schusswaffen versehen. Fünfzehn Minuten nach Mitternacht kamen wir in Luzern an und wurden am Bahnhof von einer ganzen Kompanie von Detektiven empfangen. Diese eskortierten mich direkt in das Luzerner Untersuchungsgefängnis, das etwa drei Stunden von Luzern entfernt liegt.

Meine Frau, die von meiner Ankunft vorher verständigt worden war, hatte bei den Behörden des Kantons Luzern bereits interveniert, man möchte auf meinen Zustand Rücksicht nehmen, da ich geistig nicht ganz normal zu sein schiene; sie hatte dadurch bewirkt, dass man mich nicht zu streng behandelte.

Als ich daher im Untersuchungsgefängnis ankam und dem Wärter namens Bucher[101] – ich erinnere mich seiner noch ganz genau – übergeben wurde, führte er mich in eine für Frauen bestimmte, selbstverständlich unbelegte Zelle. Es war ein großer, geräumiger und heller Raum, dessen vergitterte Fenster auf den Hof hinausgingen. Die Mauern waren von einer Dicke von zweieinhalb Metern – eine wahre Festung. Aber – ein merkwürdiger Gegensatz! – die einzelnen Zellen waren dafür nur durch leichte Bretterwände voneinander geschieden. Rechts und links in den benachbarten Zellen waren junge Mädchen eingesperrt, mit denen ich durch die Löcher und Spalten der Bretterwand bald Bekanntschaft machte. Die ziemlich lockeren Gespräche, die ich infolgedessen von meinen Nachbarinnen den ganzen Tag anhören musste, irritierten mich aber dermaßen, dass ich bald um Versetzung in eine andere Zelle bat. Diese Bitte wurde mir auch sogleich erfüllt und ich in eine der reinsten und geräumigsten Zellen der Männerabteilung geführt.

Am nächsten Tag ließ mich der Richter zu sich kommen und empfing mich ziemlich barsch, vermutlich um mich nach altem Rezept einzuschüchtern oder um sich mehr Ansehen und Respekt bei mir zu verschaffen. Wie gewöhnlich die Richter, bemühte auch dieser Herr sich, ziemlich laut zu schreien und mit der Faust auf den Tisch zu schlagen, und dies alles nur, damit ich ihm Dinge erzählte, die ich nicht erzählen wollte oder konnte. Auf diese erregten Ausfälle fragte ich ihn – ich saß ihm nämlich gegenüber und sah ihn möglichst durchbohrend an –, ob ihn etwa solche Anfälle öfters heimsuchten. Diese Frage wirkte nach Wunsch, und er beruhigte sich sofort. Er ersah wohl aus ihr, dass ich mich weder erregen noch einschüchtern ließ, und dass er deshalb sein System mir gegenüber ändern müsste.

Er begann also nun das bewährte System Nummer zwei, indem er in freundlich zutraulichen Worten zu mir redete und mir die größten Versprechungen für den Fall eines umfassenden Geständnisses machte. Aber auch diese Sanftmut meines alten Brummbären machte auf mich keinen besseren

Eindruck; ich antwortete ihm ironisch – um den Glauben an meine geistige Minderwertigkeit in ihm zu festigen –, dass selbst wenn er mir gestattete, in Begleitung seiner jungen Tochter eine Reise zum Mond zu machen, ich ihm doch nicht mehr zu erzählen hätte, als was ihm schon bekannt wäre.

Darauf wurde er natürlich wieder böse und schrie, er würde schon Mittel finden, um meine Zunge zu lösen und alles Nötige aus mir herauszuholen, und müsste ich auch fünf Jahre in Untersuchung bleiben. Ich antwortete wieder auf meine Weise, er solle sich doch um Gottes willen ein niederschlagendes Pulver verschreiben lassen und täglich frühmorgens und abends kalte Duschen nehmen, um seine Nerven zu beruhigen.

Er gab mir hierauf keine Antwort mehr, drückte vielmehr auf den Knopf der elektrischen Klingel und befahl dem eintretenden Gendarmen, mich in das Gefängnis zurückzubringen. Um vom Untersuchungsrichter dorthin zu kommen, musste ich eine Brücke, die über eine Straße führte, passieren, und ich hatte schon den Gedanken, mich von dieser Brücke plötzlich auf die Straße hinunterzuwerfen und wenn möglich zu entfliehen. Allein ich tat es nicht, weil ich noch zu lebhaft an meinen fruchtlosen Sprung in Frankfurt zurückdachte. Ich behielt mir jedoch vor, dies bei der nächsten sich darbietenden Gelegenheit zu versuchen. In meine Zelle zurückgebracht, wurde ich vierzehn Tage daselbst gelassen, ohne wieder vor den Untersuchungsrichter gerufen zu werden. Dies brachte mich aber keineswegs aus meiner Fassung, auch ärgerte ich mich darüber sehr wenig, denn ich kannte seit langer Zeit diese Manöver der Richter genügend.

Da ich mir inzwischen die verabreichte gewöhnliche Gefängniskost übergegessen hatte und kein Geld besaß, um mir aus einem Restaurant Speisen holen zu lassen, veranlasste ich den Gefängnisarzt, zu mir zu kommen, und bat ihn äußerst höflich, er möchte mir doch Krankenkost verordnen, da ich mir den Magen verdorben hätte. Er hörte mich zwar aufmerksam an, antwortete mir aber, dass er beim besten Willen nichts für mich tun könnte, da er nichts an der vorgeschriebenen Nahrung zu ändern befugt wäre. Ich hielt mich aber noch nicht für geschlagen, sondern ließ sofort an meinen Rechtsanwalt Dr. Oswald telefonieren, der von meiner Frau gewonnen war, und bat ihn, bald zu mir zu kommen.

Er kam auch am Nachmittag, und ich erklärte ihm, dass ich – wie es tatsächlich der Fall war – leberkrank wäre. Ich ersuchte ihn, sofort alles Nötige zu veranlassen und zu erwirken, dass man mir eine Kost verabreichte, wie sie meinem Gesundheitszustand entspräche.

Mein Rechtsanwalt, ein junger, energischer Mann, ging gleich zu dem Arzt in dessen Privatwohnung und erwirkte nach kurzer Auseinandersetzung von ihm die Zusicherung, dass er mir eine gute und gesunde Nahrung vorschreiben wolle.

Am nächsten Tag erhielt ich denn auch bereits wieder den Besuch dieses alten Herrn. Er war jetzt ganz anders gegen mich, höflich und liebenswürdig, und ohne mich auch nur im Geringsten zu untersuchen, fragte er mich, was ich eigentlich für eine Kost wünschte. Ich antwortete darauf, dass er dies doch besser wissen müsste als ich. Darauf zog er ein Blatt Papier hervor und entwarf ein wohlschmeckendes Menü, bestehend aus Milch, Kakao, Makkaroni, Kalbsbraten usw. Auf seine Frage, ob mir dies recht wäre, unterzeichnete er auf meine bejahende Antwort den Zettel und sandte ihn an den Untersuchungsrichter, damit der Zettel von ihm genehmigt würde.

Diese gute Kost hatte ich zwei Monate hindurch, bis zum 9. Februar 1900 – aber sie hielt doch keinen Vergleich mit der aus, die ich in Frankfurt am Main bekommen hatte.

Nach vierzehn Tagen ließ mich der Untersuchungsrichter wieder zu sich bringen und begann mich von Neuem in seiner Weise anzuschreien. Ich antwortete in dem gleichen Ton, sodass wir uns beide nichts in unserer Ausdrucksweise vergaben. Der Ärmste wusste nun gar nicht mehr, wie er es anzufangen hätte, um mich dazu zu bringen, dass ich genauere Aussagen machte und er die Voruntersuchung zu Ende führen könnte.

Er hätte gewiss vieles darum gegeben, wenn er mich einem anderen Richter hätte übergeben können, aber in ganz Luzern existiert nur ein einziger Untersuchungsrichter, sodass er nolens volens sich mit mir herumplagen musste.

Ich tat endlich alles, was sich mit meinen Interessen vertrug, um seine Fragen zu beantworten, aber manchmal machte er mir dies gerade unmöglich; denn er fragte mich nach Namen von Personen, die ich nicht kompromittieren und in diesen Prozess hineinziehen wollte, weil sie mich nicht als einen Abenteurer kannten und ich mir ihre gute Meinung bewahren wollte. Ich sagte daher aus, dass ich und nur ich allein den Diebstahl im «Hotel Schweizerhof» begangen, dass ich keine Komplizen hätte und dass ich die ganze Verantwortung für meine Tat auf mich nähme.

Während ich diese ganz wahrheitsgemäßen Antworten gab, unterließ ich es jedoch nicht, jedes Mal Zwischenfragen an ihn zu richten, um mich als geistig anormal hinzustellen. So fragte ich ihn eines schönen Tages während des Verhörs, ob seine Frau auch so hübsch, so fesch und schneidig wäre wie er selbst, ob er sie oft genug küsste, ob sie auch nicht etwa eine Liebelei mit seinem Bruder hätte, und anderen Unsinn. Anfangs war er – man kann sich dies wohl denken – über diese Fragen außer sich vor Zorn, allein bald sah er ein, dass er es mit einem Menschen zu tun hatte, der nicht alle seine Sinne beisammen habe, und gewöhnte sich an meine Fragen. Solche Fragen stellte ich ihm, so oft ich bei ihm war. Immer war es seine Frau, um die sich mein Interesse drehte – offenbar eine fixe Idee von mir!

Eines Tages kamen der Staatsanwalt sowie der Polizei- und Landrat zu mir in das Zimmer des Untersuchungsrichters. Als sie meine Antworten und verworrenen, halb verrückten Fragen hörten, sahen sie sich verdutzt an und fragten mit Blicken den Richter, was dies zu bedeuten hätte. Dieser zuckte mit den Achseln und bemerkte, dass ich ein verrückter Kerl wäre und dass es unmöglich schiene, sich mit mir zu verständigen.

Hierauf unterbrachen mich die Herren, hielten selbst ein Verhör ab und richteten verschiedene Fragen an mich. So oft dies geschah, sah ich sie bald starr, bald wie ein Kind sanft lächelnd an und warf ihnen derartig unmögliche Gegenfragen an den Kopf, dass sie nicht wussten, was sie von mir denken sollten. Auch späterhin wurden meine Verhöre häufig von verschiedenen Personen besucht, die Fragen an mich richteten. Selbst der Polizeihauptmann erschien eines Tages bei dem Verhör, und ich stellte an ihn die Frage, ob er nicht ein französischer Steinklopfer wäre, den ich einst in Paris gesehen hätte. Diese Leute blieben bei solchen Fragen ganz verblüfft und fanden keine Antwort darauf.

An diesen Sitzungen nahmen schließlich stets mehrere dieser Kapazitäten teil, und sie tauschten nach Beendigung des Verhörs ihre Meinungen über meinen Geisteszustand aus. Man war sich darin einig, dass, wenn ich auch früher noch nicht völlig geisteskrank und für meine damaligen

Taten vielleicht verantwortlich gewesen sei, ich doch jetzt zweifellos verrückt wäre. Jedes Mal am Schluss der Sitzung, sobald das Zeichen gegeben wurde, mich zurückzuführen, ging ich zuerst an das Fenster, blickte in einen Ochsenstall hinunter, der sich in dem angrenzenden Hof befand, und bekreuzigte mich inbrünstig etwa fünfzigmal. Dies verstanden die Leute nun schon gar nicht und waren daher der Ansicht, dass ich in meinem Wahn die Ochsen anbetete oder an wer weiß was sonst für einen Blödsinn dachte.

Nachdem ich nun zwei Monate lang von diesen Herren und mehreren Ärzten beobachtet worden war, wurde ich von allen einstimmig für «geistig nicht normal» erklärt. Aus Rücksicht auf meine Familie wurde ich nicht für vollständig wahnsinnig befunden, denn es wäre doch für die Verwandten meiner Frau peinlich gewesen, ihr einen Wahnsinnigen als Gatten gegeben zu haben. Aber «geistig nicht ganz normal», das klang gut und verpflichtete zu nichts.

Am 9. Februar 1900 erschien ich vor dem Schwurgericht in Luzern, vor das ich gewiesen worden war. Der Saal, in dem die Verhandlung stattfand, war vollgestopft von Journalisten, die von überall hergekommen waren, um diesem sensationellen Prozess beizuwohnen.

Auf die erste Frage des Richters erhob ich mich plötzlich und bekreuzigte mich andächtig etwa fünfzigmal, genau wie ich es vor den Ochsen zu tun pflegte, die ich vor dem Fenster des Richters erblickte. Der ganze Gerichtshof war natürlich erstaunt über dieses sonderbare Benehmen, bis sich der Staatsanwalt erhob und die kategorische Erklärung abgab, dass dies eine Spezialität und wahrscheinlich eine fixe Idee von mir wäre.

Auf diese Erklärung hin erhob ich mich meinerseits und wollte mich auf ihn stürzen, indem ich laut rief, dass er die

Sache nicht verstände, dass ich dadurch der Venus Vulgivaga[102], der schönsten und mächtigsten Gottheit opferte; denn sie wäre es, der alle Ehre gebührte, da ihre Priesterinnen heutzutage die Welt regierten.

Auf diese feierliche Erklärung hielt der hohe Gerichtshof kaum an sich, um nicht laut herauszulachen.

Alle Herren waren jetzt bereits von meinem anormalen Geisteszustand überzeugt, und nur noch der Form wegen richtete der Vorsitzende an mich die bei Beginn eines Prozesses üblichen Fragen.

Auf die Frage, wie ich hieße, antwortete ich, dass ich erstaunt wäre, eine solche Frage zu hören, da die Herren, wenn sie sich als Richter aufspielen wollten, doch mindestens meinen Namen kennen müssten. Weshalb sollte ich also meine kostbare Zeit verlieren? Als er mich befragte, was meine Beschäftigung sei, antwortete ich, dass ich mich nach dem Vorbild der Epikureer[103] mit dem Genuss der irdischen Güter beschäftigte. Auf die weitere Frage, wie alt ich wäre, gab ich die Antwort, dass ihm dies völlig egal sein könnte, ebenso wie ich mich weder um sein ehrwürdiges Alter noch um das seiner liebreizenden Frau oder seiner holden Tochter bekümmerte. Als man mir dann die Frage vorlegte, ob ich schon vorbestraft sei, erwiderte ich, dass ich keine Veranlassung hätte, es zu leugnen oder mich dessen zu schämen. Gewiss sei ich in Paris im Jahre 1890 mit vier Jahren schweren Kerkers gekränkt worden; dies wäre aber nur von ebensolchen Ignoranten, wie ich sie jetzt wieder vor mir sähe, möglich gewesen, denn es hätte sich nur um die lächerliche Bagatelle von 540 000 Franc in Schmucksachen gehandelt.

Der Präsident bemerkte darauf, dass es doch wohl nicht gestattet sei, Diebstähle zu begehen; ich entgegnete, dass dies im Gegenteil eine geradezu ideale Beschäftigung wäre und dass ich ihm gern die nötigen Kenntnisse für diesen Sport beibringen wollte. Er sollte nur schleunigst seine Toga und seine Gesetzbücher zu allen Teufeln werfen und unter meiner Ägide nach Amerika gehen, wo wir glänzende Geschäfte machen würden.

Er beeilte sich, dieses Angebot abzulehnen, und machte mich darauf aufmerksam, dass ich mich anständig benehmen sollte, da er mich sonst aus dem Sitzungssaal schaffen lassen und ohne meine Anwesenheit den Prozess zu Ende führen würde. Ich replizierte[104] sofort in demselben Ton, dass gerade er sich mir gegenüber mehr gentlemanlike benehmen müsste, da ich der legitime Gemahl einer deutschen Gräfin sei, und dass er nicht schlecht daran tun würde, seinerseits den Saal zu verlassen, da er völlig entbehrlich wäre und ich auch ohne ihn mit den anderen Festgenossen weiterschwatzen könnte.

Er wurde hierauf erzürnt, klopfte mit der Hand und gab den Befehl, mich abzuführen. Die Gendarmen kamen, mich zu holen, und wollten mich an den Armen packen, um mich zu entfernen; allein sie hatten die Rechnung ohne den Wirt gemacht; denn als sie mir zu nahe kamen, nahm ich eine Boxerstellung an und schrie laut, dass der, der es wagen würde, sich mir zu nähern, Gefahr liefe, mit meiner Faust engere Bekanntschaft zu machen. Einer der Gendarmen ließ sich durch meine Rede nicht einschüchtern, schritt fest auf mich zu und war schon im Begriff, mich anzupacken, als ich ihm einen fürchterlichen Faustschlag zwischen beide Augen versetzte, sodass er zwei Meter weit hinrollte, während das Blut ihm in Strömen aus Nase und Mund floss. Der andere Gendarm stürzte sich nun mit gesenktem Haupt auf mich, und es begann zwischen uns ein regelrechter Faustkampf.

Da trat der Nervenarzt Professor Delorme dazwischen und erklärte dem hohen Gerichtshof, dass es fehlerhaft wäre, gegen mich in dem geistigen Zustand, in dem ich mich befände, auf diese gewaltsame Weise vorzugehen, da man mich dadurch nur immer mehr erregte. Darauf erhob sich der Präsident und befahl dem Gendarm, mich freizugeben. Ich wurde also losgelassen. Aber in was für einem jämmerlichen Zustand befand sich meine Kleidung, und mein Gesicht war ganz mit Blut bedeckt! Dennoch empfand ich eine vollständige Genugtuung, als ich die beiden Helden sah, die zerschlagen, blutig und mit zerrissenen Kleidern noch jämmerlicher als ich aussahen.

Das Verhör begann von Neuem, und trotz des Vorgefallenen gab ich dieselben kecken Antworten wie vorher. Allein diesmal regte der Vorsitzende sich nicht mehr auf, sondern hörte fast ohne Aufmerksamkeit meine verschiedenen Antworten an und begnügte sich mit einem Kopfschütteln und Achselzucken, wenn meine Worte besonders unangenehm in seinen Ohren klangen.

Nach diesem Verhör hielt mein Anwalt Dr. Oswald seine Verteidigungsrede. Er sprach so überzeugend und schlagend, dass er nach meiner Ansicht imstande gewesen wäre, sämtliche Gesetze der Welt aufzuheben und jedem Verhafteten die Freiheit wiederzugeben.

Hierauf begann der Staatsanwalt sein Plädoyer, wobei er zu dem Schluss kam, dass, wenn ich auch geistig nicht völlig normal wäre, ich doch ganz gut einige Jahre Zurückgezogenheit gebrauchen könnte, um mein Temperament abzukühlen. Er beantragte zweieinhalb Jahre Zuchthaus.

Während der Staatsanwalt seine Rede hielt, unterbrach ich ihn häufig durch die verschiedensten Zwischenrufe. So fragte ich ihn zum Beispiel, in welcher Eselsbrücke er dieses wundervolle Plädoyer aufgestöbert habe, und empfahl ihm, sich als Pastor auf dem Land zu vergraben, um von der Kanzel herab dem Bauernvolk seine Moral zu predigen. Ich behauptete dann mit lauter Stimme, dass der Staatsanwalt entschieden ein noch größerer Gauner wäre als ich, denn er stehle sogar dem Staat das Geld, da er den ganzen Tag nichts tue. Ich machte ihm den Vorschlag, ihn, falls er meine Freisprechung beantragte und erzielte, als meinen Sekretär zu engagieren, da er doch als Hochstapler mein Kollege wäre, und dass wir in Nordamerika Arm in Arm unser Jahrhundert in die Schranken fordern[105] wollten.

Auf diesen Vorschlag ging der Staatsanwalt natürlich nicht ein und begnügte sich, nur ironisch zu lächeln; mir selbst antwortete er keine Silbe.

Endlich wurde die Sitzung geschlossen; da man meine Anwesenheit im Saal für überflüssig hielt, während man über das Urteil beriet, befahl der Vorsitzende, mich abzuführen. Als ich dies hörte, erhob ich mich und machte einige Schritte zum Tisch des Vorsitzenden. Den Kopf hoch und mit einer möglichst aristokratischen Haltung reichte ich ihm die Hand, als wollte ich von ihm nach diesem gemütlichen Beisammensein Abschied nehmen. Selbstverständlich war der Vorsitzende von dieser freundschaftlichen Demonstration nicht ganz so erfreut, wie ich es schien, besonders da ich ihn vorher ziemlich ungehörig angeschrien hatte. Um mich aber loszuwerden, reichte er mir endlich für eine Sekunde die Hand. Daraufhin winkte ich den anderen Beamten herablassend zu, als wären wir alte, liebe Bekannte. Die Leutchen sahen mich alle verdutzt an und konnten sich des Lachens nicht enthalten. Nach diesen Scherzen wandte ich mich mit Grazie um und näherte mich dem Tisch des Staatsanwalts. Ich streckte ihm ebenfalls die Rechte herzlich entgegen und sagte ihm ungefähr Folgendes: «Mein hochgeschätzter Freund und Gönner, wie ich Ihnen schon einmal gesagt habe, stelle ich Ihnen folgende Wahl: Entweder Sie beantragen für mich Straflosigkeit, in welchem Falle Ihre Zukunft für immer gesichert ist – denn ich ernenne Sie dann zu meinem Sekretär, und als solcher werden Sie ein herrliches und unabhängiges Leben führen –, oder Sie lassen mich verurteilen und dann, mein Schatz, tun Sie gut, beizeiten Ihr Testament zu machen, denn ich beabsichtige Sie in diesem Falle derart durchzukarbatschen[106], dass Sie Ihre sämtlichen Knochen und Fleischteile im Taschentuch nach Hause tragen können.»

Er antwortete mir nichts, sondern begnügte sich damit, mich schleunigst hinausbringen zu lassen.

Ich ließ mich ohne Widerstand entfernen und wurde unter Bewachung in das Gefängnis abgeführt. Da dasselbe etwa eine Viertelstunde vom Schwurgericht entfernt war, mussten wir verschiedene Straßen zu Fuß passieren. Vom Gerichtssaal aus folgten uns eine Menge Journalisten, Reporter, Detektive und andere Leute, die sonst nichts zu tun hatten, im Ganzen etwa hundertfünfzig Mann – unter anderen Umständen eine ehrenvolle Leibgarde! Allein ich kümmerte mich wenig um all die Leute, denn ich dachte nur daran, wie ich mich losmachen könnte, um endlich wieder die Freiheit zu erlangen. Angesichts dieser lebenden Mauer, die mich in Gestalt von Gendarmen eng umschloss, war dies jedoch unmöglich. Ich musste also diese Pläne aufgeben.

Im Gefängnis wurde ich wieder in meine Zelle gesperrt und dankte Gott, endlich allein zu sein, fern vom Schwurgericht, wo ich eine schwierige Komödie zum Besten geben musste, fern vom Staatsanwalt, der gewiss nicht daran dachte, das ihm von mir angebotene Engagement anzunehmen, fern von all den Richtern, die vielleicht jetzt gerade beschäftigt waren, mich für fünf Jahre in das Zuchthaus zu bringen. Nun hatte ich genügend Zeit, über meine Lage nachzudenken und Pläne für alle Eventualitäten zu schmieden. Ich ging in meiner Zelle auf und ab und zermarterte mein Gehirn, was wohl jetzt im Schwurgericht vorgehen mochte. Würde man mich verurteilen? Das war selbstverständlich. Aber für wie lange? Diese Frage machte mich fast toll. Endlich um sechs Uhr abends trat mein Anwalt Dr. Oswald mit strahlender Miene in meine Zelle. Ich las schon aus seinen Augen eine frohe Nachricht. Allein statt mir direkt das Resultat mitzuteilen, fragte er mich, was wohl nach meiner Meinung im Gericht vorgegangen wäre. Ich zuckte stumm die Achseln, denn wie konnte ich dies wissen?

Er erzählte mir nun Folgendes: «Als man Sie abgeführt hatte, gab der Präsident selbst – das wird Sie wohl überraschen – nach kurzer Beratung mit seinen Kollegen die Erklärung ab, dass man Sie armen Jungen nicht nach den strengen Kantonsgesetzen verurteilen dürfte, da Sie doch in Ihrem geistigen Zustand für Ihre Tat nicht voll verantwortlich gemacht werden könnten. Sie müssen nämlich wissen, dass ausländische Verbrecher im Kanton Luzern strenger bestraft werden als einheimische. Als dann der Vorsitzende den Staatsanwalt fragte, ob er ebenfalls seiner Meinung wäre, antwortete dieser, dass Sie in der Tat verrückt seien, aber dass man Sie dennoch nicht freisprechen dürfte. Man müsste Ihnen eine Zuchthausstrafe auferlegen, und zwar, wenn auch nicht die gewöhnliche, so doch immerhin eine exemplarische. Daraufhin zog sich der Gerichtshof wieder zur Beratung zurück und verkündete dann das Urteil. Es lautet – Sie sind gespannt, mein Junge! –, nun: sechs Monate Zuchthaus und zehn Jahre Landesverweisung.»

Eine unaussprechliche Freude bemächtigte sich meiner, als ich dieses milde Urteil vernahm, und diese Freude steigerte sich noch, als mir Dr. Oswald erklärte, wie froh ich sein müsste, angesichts der drakonischen Gesetze Luzerns so billig davongekommen zu sein. Denn der Staatsanwalt hatte ja zweieinhalb Jahre beantragt, und der Gerichtshof hätte ganz gut – wie es oft vorkommt – noch einige dazugeben können.

Ich war also, wie gesagt, außer mir vor Freude über dieses geringe Strafmaß und dankte Dr. Oswald aus vollem Herzen für seine glänzende Verteidigung.

XXI

WIEDER IN AMERIKA. EIN SCHMUCKDIEBSTAHL VON 800 000 FRANC

Im September 1900 kam ich aus Europa nach Philadelphia, um einen Plan auszuführen, den ich mir schon seit langer Zeit ausgedacht hatte.

In der Great-Coram-Street daselbst wohnte ein jüdischer Juwelenhändler, dem ich meine gestohlenen Schmucksachen zu verkaufen pflegte und mit dem ich schon seit elf Jahren in geschäftlicher Verbindung stand.

Oft waren die Früchte meiner Diebstähle, die ich auf meinen Reisen durch die Welt begangen hatte, zu ihm gewandert, und er kaufte sie mir stets zu Preisen ab, die ihm sehr wohl bekamen. Er genoss mein vollständiges Vertrauen, denn ich sandte ihm oft Sachen im Wert von 18 000 bis 20 000 Dollar, und er schickte mir stets pünktlich das Geld dafür ein. Gewöhnlich telegrafierte er mir in verabredeten Zeichen, wie viel er mir für die Ware bieten könnte, und wenn ich damit einverstanden war, zeigte ich ihm dies ebenfalls per Draht an, worauf er mir sofort das Geld auf irgendeine Bank anwies.

Alles ging ganz gut – bis zum Jahre 1897. Als ich nämlich im Januar dieses Jahres in Nizza den Diebstahl von Schmucksachen im Wert von 25 000 Franc im «Hotel d'Angleterre» begangen hatte und dafür – wie erinnerlich – achtzehn Monate Gefängnis bekam, hatte ich für etwa 10 000 Franc Schmucksachen an den genannten Juden nach Philadelphia geschickt. Allein es verging schließlich ein Monat, ohne dass ich von ihm irgendeine Antwort bekam. Das war mir unverständlich; denn er hatte mein Paket unbedingt schon lange erhalten, und gewöhnlich erhielt ich auch schon nach vierzehn Tagen die schriftliche Bestätigung des Empfangs von ihm.

Als ich dann eingesperrt war, schrieb ich ihm vom Gefängnis aus einen ausführlichen Brief, für dessen Beförderung ich dem Wärter 20 Franc gab, und ersuchte ihn, mir ebenfalls durch Vermittlung des Wärters sofort zu antworten. Die Antwort, die diesmal nicht allzu lange auf sich warten ließ, lautete: Ich sollte ihn in Ruhe lassen und ihn mit keinen Briefen mehr belästigen, da er nichts von meinem Schmuck wüsste. Der Jude dachte wohl, dass ich für ihn unschädlich gemacht wäre, da ich im Gefängnis saß, und nach meiner Freilassung vermutlich keine Mittel besitzen würde, um nach Philadelphia zu reisen. Er kannte mich schon, wie gesagt, seit elf Jahren, aber er kannte mich trotzdem schlecht. Denn bin ich auch gutmütig, so lasse ich mich doch nicht gern ungestraft übers Ohr hauen.

Ich schiffte mich also im September 1900 nach Baltimore und von dort nach Philadelphia ein, um mich mit meinem Hebräer auseinanderzusetzen.

Eines schönen Morgens trat ich mit freundlichem, strahlendem Gesicht in seinen Laden, als hätte ich die Bagatelle von damals schon längst vergessen, und bot ihm ein Perlenhalsband im Wert von 35 000 Dollar an. Der Jude betrachtete und prüfte jede Perle aufs Genaueste; indem er hundert Verbeugungen vor mir machte und mir tausend Schmeicheleien sagte, bot er mir schließlich 17 000 Dollar, und zwar 10 000 in bar und 7000 Dollar in Wagen, Pferden, Pelzwaren usw.

Ich sagte ihm, dass er den Wagen samt Pferden für sich behalten möchte, dafür mir aber sofort 20 000 Dollar in bar auszahlen sollte. Er wollte das nicht, und da er mich als großen Frauenliebhaber kannte, rief er seine Tochter, unter dem Vorwand, ihr das Perlencollier zu zeigen, in Wirklichkeit aber in der Hoffnung, mich in Gegenwart dieses schönen Mädchens leichter zum Nachgeben zu bewegen. Sie kam mit einem graziösen Lächeln auf den roten, sinnlichen Lippen auf mich zu und reichte mir die Hand, die ich auch mit Vergnügen ergriff; denn ich glaube nicht, dass so leicht irgendeine orientalische Schönheit ihr an Liebreiz gleichkam. Sie war schlank wie eine Tanne, hatte kohlschwarzes Haar und brennend schwarze Augen, und ihre Bewegungen waren harmonisch und voll Grazie.

Wäre ich unter anderen Verhältnissen zu ihrem Vater gekommen, so hätte ich keinen Moment gezögert, mit diesem herrlichen Wesen in nähere Beziehungen zu treten, allein ich war hier, um eine alte Rechnung mit ihrem Gauner von Vater zu begleichen, und darin durfte ich mich auch von dieser berückenden Schönheit nicht irremachen lassen.

Ich erwiderte deshalb ihren Gruß höflich, aber kühl, und gab ihr zu verstehen, dass sie besser daran täte, uns allein zu lassen. Nach einigen koketten Worten zog sie sich denn auch zurück, und ich blieb mit dem Alten allein, um mit ihm weiter zu unterhandeln. Er bot mir jetzt 2000 Dollar bar und für 8000 Dollar Herrenschmucksachen an, deren Preis ich in der betreffenden Faktura[107] nachsehen könnte, da er doch ein «ehrlicher Kaufmann» wäre. Mein Plan war aber überhaupt nicht der, mit diesem Lump einen Handel abzuschließen. Da im Zimmer noch ein kleines Mädchen anwesend war, das mich an der Ausführung meiner Absicht hinderte, sagte ich, dass ich am nächsten Tag wiederkommen würde, um den mir angebotenen Schmuck in Ruhe zu betrachten, da ich heute keine Zeit mehr hierfür hätte.

Durch Erkundigungen, die ich einholte, erfuhr ich, dass die Frau des Juweliers mit ihrer Tochter regelmäßig bei schönem Wetter ausfuhr und erst gegen halb zwölf mittags wieder zurückkehrte. Hierauf baute ich meine Maßregeln.

Am nächsten Tag gegen zehn Uhr vormittags stellte ich mich wieder bei meinem Freund ein. Der Diener öffnete und führte mich in das erste Stockwerk, während die Familie im zweiten Stockwerk wohnte. Ich wurde sofort in das Bureau des Kaufmanns geführt und von diesem wie am Tag vorher mit großer Liebenswürdigkeit empfangen. Er bot mir einen Platz an und begann mir die verschiedensten Schmucksachen, Krawattennadeln, Ringe, Rubine usw. vorzuzeigen. Ich bemerkte sofort, dass unter allen diesen kostbaren Steinen kein einziger Smaragd war. Ich machte ihn daher darauf aufmerksam, dass ich besonders gern Smaragde trüge und von ihm deshalb mehrere Ringe mit Smaragden haben möchte; doch müsste auch einer von diesen Ringen aus Platin sein. Ich verlangte dies, weil ich wusste, dass der Jude alles anwenden würde, um mir diese Ringe zu verschaffen; und in der Tat rief er auch sogleich den Diener und sandte ihn mit einigen Zeilen zu einem befreundeten Juwelier.

Nunmehr allein mit meinem «Geschäftsfreund», begann ich ein gleichgültiges Gespräch mit ihm; zugleich zog ich aus der Brusttasche mein Zigarrenetui, in dem sich auf jeder Seite sechs Zigarren befanden, wovon ich die auf der einen Seite befindlichen am Tag vorher mit Opium präpariert hatte, sodass man schon nach einigen Zügen davon betäubt werden musste.

Mit der ruhigsten und natürlichsten Miene von der Welt nahm ich eine der nicht präparierten Trabuccos[108], schnitt die Spitze ab und brannte sie an. Darauf steckte ich das Etui wieder in die Tasche, machte dann aber eine Bewegung, als erinnerte ich mich, dass ich auch dem Kaufmann eine Zigarre anbieten müsse, und zog mit höflicher Entschuldigung das Etui wieder hervor, um es meinem Gegenüber zu offerieren. Dabei hielt ich die geöffnete Tasche derart, dass es ganz ausgeschlossen war, dass er eine von den Zigarren nahm, die ich rauchte. Er griff auch wirklich nach einer der Opiumzigarren, steckte sie mit Behagen an und blies herrliche Wolken gegen die Zimmerdecke. Er sog mit sichtbarer Genugtuung den feinen aromatischen Rauch durch die Nase ein, und aus seinen Blicken leuchtete die Freude, ein so treffliches Kraut zu rauchen.

Obwohl ich bald sah, dass eine gewisse Schwere und Müdigkeit sich in seinen Bewegungen geltend zu machen begann, schien er selbst doch die Wirkung der Zigarre nicht zu bemerken, weil wohl das Opium bereits auf ihn eingewirkt hatte. So tat er denn einen Zug nach dem andern, bis er die halbe Zigarre ausgeraucht hatte.

Unterdes lag ich in einem behaglichen Fauteuil ausgestreckt, blies schöne Ringe in die Luft und stellte mich, als gäbe ich mich ebenfalls ganz dem Genuss der Zigarre hin. Durch die Rauchwolken hindurch beobachtete ich aber unausgesetzt meinen Mann, der schließlich das Haupt auf die Brust sinken ließ und selig einschlummerte. Die Augen schlossen sich fest, die Arme hingen schlaff herab, und das Feuer der Zigarre, die ihm aus der Hand glitt, erlosch. Um mich zu überzeugen, dass der Mann tatsächlich fest eingeschlafen sei, begann ich ziemlich laut eine Frage an ihn zu richten. Obgleich ich sie jedoch mehrmals und immer schärfer wiederholte, antwortete er doch keinen Ton. Da erhob ich mich rasch, ging auf ihn zu und begann ihn derb zu schütteln, als wollte ich ihn wecken. Meine Zigarre hatte aber ihre volle Pflicht getan, und der brave Mann schlief einen bleiernen Schlaf.

Nachdem ich mich von seiner Unschädlichkeit überzeugt hatte, ging ich an den Geldschrank, in dem der Schlüssel steckte. Allein alle meine Mühe war vergebens, denn wie sehr ich auch auf- und zuschloss, die Tür ging nicht auf.

Offenbar besaß das Schloss ein Geheimnis, welches ich nicht ergründen konnte. Um nicht umsonst Zeit zu verlieren, ließ ich davon ab und ging an den Tisch zurück, auf dem noch die Tasche mit den kostbaren Steinen und Schmucksachen lag, die er mir verkaufen wollte. Es waren siebenundzwanzig Pakete mit Steinen darin, die – wie ich nachher erfuhr – einen Wert von 800 000 Franc repräsentierten. Ich steckte sie ein, nahm ferner die Ringe, Krawattennadeln und Steine, die der Jude mir für 8000 Dollar hatte geben wollen, und durchsuchte auch die Taschen des fest Schlafenden, in denen ich 400 Dollar in amerikanischem und 2000 Franc in französischem Geld fand. Mit dieser Beute verließ ich das Haus des Mannes, der es versucht hatte, mich zu betrügen. Ich durfte keine Zeit verlieren, um nicht etwa von dem zurückkehrenden Diener oder von der Frau und Tochter überrascht zu werden, und eilte in mein Hotel, das ich auch wohlbehalten erreichte. Indessen verließ ich Philadelphia nicht sogleich, obwohl ich annehmen musste, dass der Jude beim Erwachen genau gewusst hatte, wer der Urheber des Diebstahls war. Aber ich war ebenso fest überzeugt, dass er es unterlassen würde, irgendeine Klage zu erheben. Denn da er sich seiner Schuld mir gegenüber bewusst war, da ich ferner nachweisen konnte, dass er gewerbsmäßig gestohlene Waren kaufte, und überhaupt sein ganzes geschäftlich und persönlich durchaus nicht harmloses Leben nur allzu gut kannte, so musste er es unbedingt für besser halten, die bittere Pille zu schlucken und zu schweigen. Erst nach fünf Tagen verließ ich also Philadelphia und begab mich über New York, wo ich das in Europa gestohlene Perlenhalsband für 18 000 Dollar verkaufte, nach Bremen. Bei einem mir von früher her bekannten Juwelenhändler dieser deutschen Hafenstadt bot ich meine Beute aus Philadelphia zum Kauf an. Nach längeren Unterhandlungen wurden wir um den Preis von 350 000 Mark handelseinig, und ich erhielt die Summe durch eine dortige Bank bar ausbezahlt.

Den Herrenschmuck, den mir der Jude aus Philadelphia für 8000 Dollar anrechnen wollte, behielt ich für meinen eigenen Gebrauch.

XXII

MIT 350 000 M. IN DER TASCHE WERDE ICH EIN FÜRST

Von Bremen begab ich mich nach Paris, um mir die Weltausstellung – 1900 – anzusehen, und stieg daselbst im «Palace-Hotel» ab, einem der vornehmsten in den Champs-Élysées gelegenen Hotels. Am Tag nach meiner Ankunft engagierte ich einen Sekretär namens Jules Verlain, einen gebürtigen Belgier, und einen Diener Augusto Pellicia, einen Italiener aus der Provinz Brescia und ehemaligen Leibdiener des Fürsten Colonna[109], Bürgermeisters von Rom.

Ich mietete einen prachtvollen offenen Wagen und ein geschlossenes Coupé, ferner zwei herrliche Pferde und einen tadellosen Kutscher. In einem Weißwarengeschäft[110] der Rue de la Paix besorgte ich mir eine elegante Wäscheaussteuer für 3000 Franc und fuhr eigens nach London, um mir daselbst bei dem berühmten Schneider Paul zwanzig Anzüge und einen Pelz zu bestellen. Da ich an ihn noch eine kleine Schuld aus dem Jahre 1898 abzutragen hatte, so machte meine Rechnung dort insgesamt etwa 750 Pfund Sterling aus.

Aus Cannstadt verschrieb ich mir ein raffiniert ausgestattetes Automobil von 30 HP[111], das 40 000 Mark kostete, und engagierte einen amerikanischen Chauffeur.

Derart equipiert[112], hielt ich wieder meinen Einzug in die Salons der vornehmen Gesellschaft und traf dort von Neuem meine alten Bekannten, unter anderen die Herzogin d'U…, die mir besonders wohl wollte. In der langen Zeit, die ich von Paris abwesend gewesen war, hatte niemand daran gedacht, nach meinem Verbleib zu forschen; man war der Meinung, dass Familienangelegenheiten mich von Paris ferngehalten hatten, und gab sich damit zufrieden.

In das Fremdenbuch des Hotels schrieb ich mich einfach als «Georges Lahovary»[113] ein; dies sollte den Eindruck distinguierter Bescheidenheit erwecken, denn auf allen meinen englischen Koffern und Hutschachteln war über den Initialen G. L. eine Fürstenkrone eingraviert.

Auf meine Visitenkarten ließ ich ebenfalls

GEORGES LAHOVARY

und darüber eine kleine Fürstenkrone drucken.

Für alle Fälle hatte ich für Dokumente, welche meine Titel und Würden verbrieften, gesorgt, indem ich mir entsprechende Atteste und Aktenstücke von einem in der Nähe von Konstanz wohnhaften italienischen Lithografen, der Spezialist in diesem Fach war, hatte anfertigen lassen. Natürlich hätte ein Sachverständiger bei genauerer Betrachtung dieser Papiere ihre Unechtheit sehr schnell herausgefunden, und ich war deshalb vorsichtig genug, sie selten und nur für sehr kurze Zeit vorzuzeigen. Wenn ich in Gesellschaft von Kavalieren[114] war, tat ich zuweilen so, als ob ich etwas in meinen Papieren suchen müsste, und sobald die Leute aus der Ferne gesehen hatten, was dies für Dokumente waren, steckte ich sie wieder in die Brieftasche zurück. Übrigens fiel es niemand, der meine korrekte Haltung und mein sicheres Auftreten sah, auch nur im Geringsten ein, an der Echtheit meines Adels zu zweifeln. Kein Mensch würde es geglaubt haben, dass ich der berüchtigte Georges Manolescu aus Rumänien war.

Um meine Existenz für alle Zeit sicherzustellen, kam ich jetzt wieder auf meinen alten Plan zurück, ein reiches Mädchen zu heiraten, das mir eine Rente von wenigstens einer halben Million einbrächte. Fände ich einen solchen Goldfisch, so wollte ich von vollkommener Schönheit und hervorragender Bildung absehen. Nur reich, ungeheuer reich musste das Mädchen sein! Ich schlug deshalb eine mir angetragene Partie von 30 000 Franc Rente aus, denn ich wollte mich mit derartigen Bagatellen nicht abgeben. Mein Herz gehörte ja doch einer anderen!

Solche Millionenheiraten sind im Ausland keine so seltene Sache, und ein junger Mann mit echtem Titel kann mit Leichtigkeit einen solchen Goldfisch finden. Bei mir aber war das eine ziemlich schwierige Sache; denn während andere ihre Abstammung zu jeder Zeit urkundlich nachzuweisen vermögen, konnte ich an so etwas gar nicht denken, da meine Dokumente doch nur Fälschungen waren und ich jedes Mal Gefahr lief, verhaftet zu werden, wenn ich sie einem Notar vorzulegen wagte. Der Schluss wäre also in jedem Falle der gewesen, dass ich von meinem Piédestal[115] des Glücks wieder die Treppen zu den Gefängniszellen hätte hinuntersteigen müssen.

Trotzdem suchte ich eine reiche Heirat – allerdings ganz anderen Charakters. Es gibt nämlich Parvenüs[116], die selbst auf anrüchige Weise zu ihrem Vermögen gelangt und daher zufrieden sind, einen in der Gesellschaft anerkannten Fürsten mit Titeln und Orden zu erwischen, selbst wenn dieser die Adelsprobe nicht völlig bestehen könnte. Ferner gibt es reiche Mädchen, die wegen eines physischen oder moralischen Defekts gezwungen sind, jede sich ihnen darbietende Partie anzunehmen. Wollte ich jedoch solche Partien ausfindig machen, so musste ich längere Zeit auf demselben Platz bleiben; um suchen und gefunden werden zu können. Aber vor allem muss man Glück haben! Und dieses so lange auf dem ganzen Erdball von mir gesuchte Glück hat sich fast stets in scheuer Entfernung von mir gehalten. Niemals war mir Göttin Fortuna[117] dauernd hold. Und wenn es mir auch hier und da gelang, ihr ein Lächeln zu entlocken – ganz ergeben hat sie sich mir nie; kaum weckte sie Hoffnungen in mir, so stieß sie mich treulos in das tiefste Elend zurück.

Ich versuchte es also von Neuem, ihre Gunst zu erproben. Ich bot hierbei meine volle Energie, meine ganze Geistesschärfe auf. Aber wieder einmal, als ich schon nahe daran war, die Göttin mein zu nennen, als ich bereits ihren Kuss zu fühlen glaubte, riss sie sich los und entschwand – für ewig!

Um neue Beziehungen anzuknüpfen, ging ich nach Boulogne-sur-Mer; dort machte ich die Bekanntschaft einer reichen amerikanischen Familie, die aus dem Vater, einem zwanzigjährigen Sohn und einer zweiundzwanzigjährigen Tochter, einer jungen Witwe, bestand. Die Familie stammte aus Philadelphia, wo der Alte eine große Konservenfabrik besaß. Seine Tochter verheiratete er, als sie achtzehn Jahre alt war, an einen englischen Edelmann, indem er ihr eine Rente von 12 000 Dollar aussetzte. Nach zwei Jahren verunglückte der Gatte während einer Jagd in Schottland, und die junge Frau wurde zur Witwe.

Ich lernte zuerst den Vater und dann den Sohn kennen. Beide waren bald von mir derart eingenommen, dass sie sich ganz an mich anschlossen. Wir wohnten in demselben Hotel – «de la Marine» –, und so verkehrten wir nach kürzester Zeit ganz familiär miteinander.

Obwohl ich sah, dass sich die junge Dame mir gegenüber zurückhielt und, wie ich wohl merkte, einen jungen Hauptmann bevorzugte, begann ich ihr doch lebhaft die Cour[118] zu machen. Vater und Sohn bemerkten natürlich meine Absichten, und da sie mit ihnen einverstanden waren, so unterstützten sie dieselben bei der jungen Frau.

Wir machten zusammen Ausflüge im Automobil; zuweilen fuhren wir auch zur englischen Küste nach Folkestone hinüber, ja wir gingen sogar bis nach Brighton, dem größten Sammelplatz der englischen aristokratischen Welt. Kurz, wir versagten uns kein Vergnügen, wiewohl dies alles mit ungewöhnlichen Unkosten verbunden war. Oft bezahlten die Amerikaner, sehr oft aber anstandshalber auch ich. Denn ich hatte mich dieser Familie als Fürst Lahovary vorgestellt, der einem alten Bologneser Adel entstammte. Da ich sowohl physisch als meinem Temperament nach einen unleugbar südländischen Eindruck machte und auch perfekt italienisch sprach, zweifelten die guten Leute durchaus nicht an meinen Angaben. Wahrscheinlich war vielmehr gerade der Titel «Fürst» der Magnet, der den Vater und Sohn so sehr zu mir hinzog, und gewiss war es ebenso der Wunsch, einst Fürstin Lahovary zu heißen, der schließlich die junge Witwe veranlasste, sich nach und nach von dem Hauptmann zurückzuziehen und sich meiner Werbung immer geneigter zu zeigen.

Nachdem wir drei Wochen zusammen in Boulogne-sur-Mer zugebracht hatten, begab sich die Familie nach München, um diese schöne und weltberühmte Kunststadt kennenzulernen, während ich nach Paris zurückfuhr, um daselbst noch einige Tage zuzubringen. Wir hatten jedoch verabredet, uns Mitte November in Berlin wieder zu treffen.

In Paris entfaltete ich einen übertriebenen Luxus und gab mich allen denkbaren Vergnügungen hin, sodass ich in weniger als drei Wochen 30 000 Franc verausgabte. Doch brachte ich diese Ausgabe auf meine Art wieder ein. Mein Sekretär, der ebenfalls keine Ahnung davon hatte, dass ich ein Hochstapler war, hatte mich einem Bruder seines früheren Chefs, einem Chilenen, vorgestellt, der sich glücklich schätzte, mit Herren von Adel verkehren zu dürfen. Einige Tage, nachdem wir uns kennengelernt hatten, fanden wir uns abends im «Café de Paris»[119] ein und begannen in Gesellschaft eines Dritten, eines österreichischen Barons – sein Titel war genauso authentisch wie der meinige –, Poker zu spielen. Nach anderthalb Stunden hatte der edle Chilene nicht weniger als 42 000 Franc verloren, die er auch sofort bezahlte, und zwar 7000 Franc in bar und 35 000 Franc in einem Scheck auf den Crédit Lyonnais[120], den wir am anderen Tag auch pünktlich einkassierten. Der Baron und ich teilten die Beute wie zwei Kompagnons. Diese Summe von 21 000 Franc war mir angesichts der gehabten hohen Ausgaben hochwillkommen. Ich besuchte nun endlich auch die Ausstellung, die am 11. November geschlossen werden sollte, und die genauer zu besichtigen ich bisher keine Zeit gefunden hatte. Den Rest der freien Zeit verbrachte ich in Spielsälen, da das Spiel stets meine schwache Seite gewesen ist. Natürlich betrieb ich es auch hier mit der mir angeborenen Leidenschaft, der ich eigentlich mein ganzes Missgeschick zu verdanken habe. *Denn wenn ich genau nachrechne, hat mich der Spielteufel mindestens 1 800 000 Franc gekostet.*

Ich hielt in den verschiedenen Cercles[121] – «Club Molière», «Cercle des Arts», «Club Rue Vivienne» und anderen – oft die Bank mit 20 000 bis 30 000 Franc. Ja manches Mal, wenn diese versteigert wurde – das heißt, der, der das meiste gab, durfte die Bank halten –, erkaufte ich mir dieses Recht mit 50 000 Franc. Nichtsdestoweniger verlor ich nicht, gewann aber auch nicht besonders viel, und entschloss mich deshalb, Paris zu verlassen, um mich nach Berlin zu begeben. Allein zunächst wollte ich noch in Belgien ein wenig mein Glück versuchen, und so begab ich mich von Paris nach Spa, das einst wegen seiner Spielsäle berühmt war.[122]

Ich stieg im «Hotel d'Orange», einem der aristokratischsten Hotels von Belgien, ab.

Zu jener Zeit spielte man noch in Spa, während heute das Spiel in ganz Belgien verboten ist. Namentlich wurde in den Kasinos Trente-et-quarante oder Roulette gespielt.

Obwohl die Saison schon ziemlich vorgerückt war, herrschte doch noch ein reges Leben in Spa; denn die meisten der internationalen Besucher dieses Bades hielten sich mehr des Spieles als der Kur wegen dort auf.

Ich erhielt mit großer Leichtigkeit eine Eintrittskarte in das Kasino; denn ich war auch dort eine bekannte Persönlichkeit, trotzdem ich vorher unter anderem Namen aufgetreten war. Die Herren der Direktion erinnerten sich wohl, mich schon gesehen zu haben, allein meinen Namen hatten sie ganz vergessen. Wie hätten sie ihn auch behalten können, da sie doch jeden Tag tausend verschiedene neue Namen hören und seit meinem letzten Dortsein schon einige Jahre vergangen waren?

Als ich mich dem Spielkommissar vorstellte und ihm mit Würde und Haltung meine kleine Visitenkarte «Fürst Lahovary» überreichte, machte er eine tiefe Verbeugung und stellte mir sofort eine Eintrittskarte für einen Monat aus.

Im Besitz derselben, begab ich mich sogleich in den ersten Stock, legte meinen Pelz in der Garderobe ab und betrat um halb zehn Uhr abends den Saal, zu einer Zeit also, in der das Spiel im vollen Gange ist. Im Saal herrschte tiefe Stille, man hörte nur den eigentümlichen Klang der Goldstücke und das Knittern der Banknoten. Mein Eintritt wurde bemerkt, und die meisten Gesichter wandten sich mir zu. Fast alle kannten mich, meist jedoch nur vom Sehen, und man wusste, dass ich sehr hoch und gewagt spielte.

Ich näherte mich gelassen dem Spieltisch und sah eine Zeit lang ruhig zu. Dann zog ich mit der gleichgültigsten Miene von der Welt mein Portefeuille[123] aus der Tasche, entnahm ihm eine Tausend-Franc-Note und setzte sie auf Rot. Rot gewann! Der Croupier legte 1000 Franc zu den meinigen. Ich ließ das Geld auf Rot stehen und gewann wieder. Nun ließ ich die 4000 Franc wieder auf der gewinnenden Farbe stehen und – Schwarz gewann. Meine 4000 Franc verschwanden spurlos. Ich verzog aber keine Miene, sondern nahm mit der größten Kaltblütigkeit drei Banknoten zu je 1000 Franc und setzte sie auf Schwarz. Schwarz gewann! Ich steckte 3000 Franc in die Tasche und ließ die anderen 3000 wieder auf demselben Platz. Ich hatte Glück und gewann wieder. Zusammen hatte ich also 5000 Franc gewonnen.

Als hätte ich nichts verloren oder gewonnen, verließ ich mit unbefangenem Lächeln meinen Platz und promenierte in den Sälen und an den verschiedenen Tischen herum. Endlich machte ich vor einem Tisch, an dem Roulette gespielt wurde, Halt und setzte auf die Nummer 27 einen Louisdor. Nummer 27 kam heraus, und ich erhielt das Fünfunddreißigfache, also 700 Franc. Ich ließ nun die 20 Franc auf demselben Platz und gewann wieder, also aufs Neue 700 Franc. Ich hatte große Lust, zum dritten Mal die ganze Summe liegen zu lassen; allein ich wusste, dass ich dann kein Glück mehr haben würde, und obwohl ich schon in Monte Carlo gesehen hatte, dass dieselbe Nummer sechs- bis achtmal hintereinander herauskam, ließ ich doch nur 40 Franc stehen und – gewann 1400 Franc! Jetzt hörte ich auf, steckte das Geld ein und verließ das Kasino. Ich begab mich in das Theater, wo ich den letzten Akt von «Carmen»[124] hörte, und ging dann in das «Hotel d'Orange», um das Souper einzunehmen. Als ich das Restaurant des Hotels betrat, sah ich meinen Sekretär an einem Tisch in Gesellschaft einer Schwester der Cléo de Mérode[125]; sie speisten und begossen ihre fröhliche Laune mit Pommery[126]. Ich war zu stolz, um bei ihnen stehen zu bleiben, ging also, das Paar herablassend grüßend, vorbei, um an einem entfernten Tisch zu essen. Während ich ruhig soupierte, trat eine Schönheit aus dem Pariser «Palais de Glace»[127], eine Dame, die ich zwar seit Langem kannte, mit der ich aber noch nie verkehrt hatte, ein. Als sie an meinem Tisch vorüberkam, lud ich sie ein, an meinem Mahl teilzunehmen, und sie nahm diese Aufforderung ohne Zögern an.

Bei einem vortrefflichen Menü und echtem schäumendem Champagner schlossen wir bald gute Freundschaft. Während meine Tischgenossin immer lustiger wurde, begann auch ich redselig zu werden und knüpfte ein Gespräch mit einem an einem benachbarten Tisch sitzenden Herrn, einem «echten» russischen Grafen an, der ebenfalls im «Hotel d'Orange» wohnte. Dieser Russe war mir eigentlich nicht ganz fremd, denn ich begegnete ihm oft an Orten, wo gespielt wurde, wie in Ostende und Monte Carlo. Auch in Paris habe ich ihn in irgendeiner Gesellschaft gesehen. Er war ein ganz netter Mensch, nur hatte er einen bei Russen häufig vorkommenden Fehler, er betrank sich nämlich oft und gern.

In einem derartigen Zustand befand er sich in dem Moment, in dem ich jetzt das Wort an ihn richtete. Um uns bequemer unterhalten zu können, und da er ebenfalls in Gesellschaft einer recht netten Dame war, rückten wir die Tische aneinander, worauf wir unsere neue Bekanntschaft nicht übel mit Champagner begossen. Nachdem wir dem Sekt genügend Ehre angetan hatten, kamen wir überein, uns in Begleitung der beiden Damen in mein Zimmer zu begeben und dort einen kleinen Poker zu zweien zu machen. Wir bezahlten die Rechnung und verließen das Restaurant, wo mein Sekretär und seine Dulcinea[128] noch immer zechten.

In meinem Zimmer angelangt, setzten wir uns gleich zum Spiel, während unsere beiden Damen sich die Zeit mit Domino vertrieben.

Im ersten Gang hatte mein Partner vier Asse, ich steigerte auf drei Könige – und verlor in zwei Minuten 10 000 Franc. Im zweiten Gang hatte er «Foule»[129], und zwar drei Buben und zwei Könige, während ich nur «Flèches»[130] hatte; ich verlor also wiederum 15 000 Franc.

Das Pech blieb mir auch weiter treu, denn in drei viertel Stunden verlor ich die hübsche Summe von 97 000 Franc in bar.

Hätte ich weitergespielt, so wäre wahrscheinlich mein ganzes Geld bis auf den letzten Centime verloren gegangen; aber unsere Damen legten sich jetzt ins Zeug. Erst baten sie, mit dem Spiel aufzuhören, und als sie sahen, dass ihre Bitten nichts fruchteten, ergriffen sie sämtliche Kartenspiele und schleuderten sie in den Kamin, wo sie verbrannten.

Ich war darüber sehr erzürnt und brauste im ersten Moment auf, allein ich besänftigte mich bald, da ich einsah, dass sie nur mir zuliebe so gehandelt hatten, damit ich nicht mein ganzes Geld verlöre.

Der Graf sagte in seiner Höflichkeit und Wohlerzogenheit trotz seiner animierten Stimmung kein Wort, sondern lächelte nur freundlich und meinte, dass ich den Ladys nicht zürnen dürfte, denn es wäre schon drei Uhr morgens.

Da wir nun keine anderen Karten hatten, waren wir gezwungen, das Spiel abzubrechen. Nach einer Viertelstunde verabschiedete sich der russische Graf, nachdem er mir für elf Uhr vormittags Revanche versprochen hatte, und zog sich zugleich mit den Damen zurück.

Ich fand diese Nacht keine Ruhe, denn das Geld, das ich verloren, hatte meine Nerven allzu sehr aufgeregt, und ich dachte fortwährend daran, wie ich es wiedergewinnen könnte. Hätte ich Roulette oder Rouge et noir[131] so hoch gespielt, wer weiß, wie viel ich gewonnen haben würde, da mir dort heute das Glück gelächelt hatte; aber was half das – fast 100 000 Franc waren nun einmal zum Teufel gegangen.

Ich war froh, als endlich die elfte Vormittagsstunde herankam, zu welcher Zeit der russische Graf mir Revanche geben wollte. Ich ging in das Restaurant hinunter und ließ mir ein Frühstück servieren; auch schickte ich meinen Sekretär zur Bank, um 50 000 Franc für mich abzuheben. Ich wartete auf meinen Russen vergeblich bis halb eins. Endlich erschien er. Nachdem auch er gefrühstückt hatte, begaben wir uns wieder auf mein Zimmer, setzten uns an ein Tischchen beim Fenster, ließen uns durch meinen Diener eine Flasche Likör und eine gute Havanna bringen und begannen das Spiel aufs Neue. Diesmal aber wandte das Glück dem Grafen den Rücken. Ich gewann fast unaufhörlich, und nach kaum zwei Stunden hatte ich dem Grafen 135 000 Franc abgenommen. Wenn ich also die 97 000 Franc, die ich verspielt hatte, abrechne, so blieb mir noch ein Gewinn von 38 000 Franc.

Als der Russe an diesem Punkt angelangt war, erhob er sich und lehnte es ab weiterzuspielen, aus dem einfachen Grund, weil er kein Geld mehr bei sich hatte und auf der Bank kein offenes Konto besaß. Als ich das hörte, machte ich ihm den üblichen Vorschlag, ihm hinreichend Geld zur

Verfügung zu stellen, um die nötigen Schulden im Hotel zu bezahlen und in seine Heimat Kasan[132] fahren zu können. Dies ist allgemein in solchen Fällen Sitte. Der Graf nahm mein Anerbieten auch ohne Weiteres an und gab mir sein Ehrenwort, mir das Geld nach seiner Heimkehr zurückzusenden. Ich überließ ihm auf seinen Wunsch 2000 Franc, und um acht Uhr abends verließ er Spa, um zur fernen Wolga zurückzukehren.

Am Abend suchte ich wieder die Spielsäle auf und verlor in Trente-et-quarante im Verlauf einer einzigen Stunde 10 000 Franc. Da ich das gestrige Pech im Hotel noch nicht vergessen hatte und befürchtete, es möchte von Neuem beginnen, erhob ich mich jäh vom Spieltisch und verließ den Saal mit dem festen Vorsatz, nicht mehr in Spa zu spielen.

Ich habe diesen Entschluss auch durchgeführt, ja, noch mehr – am nächsten Morgen schon verließ ich diesen Ort und begab mich mit meinem Sekretär und Kammerdiener über Herbesthal und Köln nach Berlin. Ich kam am Bahnhof Friedrichstraße an, um von dort aus meinen Einzug in die adelsstolze deutsche Hauptstadt als «Fürst Lahovary» zu halten, von dem bald ganz Europa sprechen sollte.

XXIII

ALS FÜRST LAHOVARY IM VERKEHR MIT DER ELITE BERLINS

Vom Bahnhof Friedrichstraße ließ ich mich mit meinen Begleitern und meinem umfangreichen Gepäck in drei Landauern in den «Kaiserhof» bringen, eines der schönsten und größten Hotels Berlins.

Ich bezog ein Appartement im ersten Stockwerk, bestehend aus drei Räumen: einem Empfangs-, einem Schlaf- und einem Toilettenzimmer. Außerdem nahm ich für meinen Sekretär ein Zimmer in demselben Stockwerk und eines für meinen Kammerdiener in der dritten Etage. Einschließlich Pension bezahlte ich hierfür die Summe von 160 Mark pro Tag. Meinen Kammerdiener ließ ich wie in Paris eine prachtvolle Livree anlegen: roten Frack mit goldenen Knöpfen, schwarze Seidenkniehose und ebensolche Strümpfe sowie Lackschuhe. Er saß auf einem Stuhl vor dem Eingang zu meinem Appartement, um Gäste oder Lieferanten, die mich besuchen wollten, anzumelden.

Mein Sekretär trug strenge Salontoilette: schwarzen Gehrock mit seidener Weste und dunkler Hose, Lackstiefel und schwarze Krawatte. Er saß an einem Tischchen im Salon. So oft der Kammerdiener jemand anmeldete, empfing der Sekretär den Besucher und bot ihm einen Platz an, während er zu mir in das Schlaf- oder Toilettenzimmer kam und den Ankömmling meldete. Wollte ich den Betreffenden sprechen, so ließ ich ihm durch den Sekretär sagen, dass ich gleich erscheinen würde; wollte ich ihn nicht annehmen, dann meldete der Sekretär, dass ich jetzt aus diesem oder jenem Grund nicht empfangen könnte oder dass ich abwesend wäre und er nicht wüsste, wann ich zurückkäme. Es ging also alles sehr aristokratisch zu, und niemand zweifelte daran, dass ich ein echter Fürst war.

Am Morgen nach meiner Ankunft begab ich mich in das «Hotel Bristol», um der amerikanischen Familie, die ich in Boulogne-sur-Mer kennengelernt hatte, einen Besuch abzustatten. Sie hatte mir ihre Ankunft in Berlin telegrafisch nach Köln angezeigt und gleichzeitig mitgeteilt, dass sie im «Hotel Bristol» abgestiegen wäre. Als ich den Empfangssaal betrat, wurde ich von Vater und Sohn mit offenen Armen empfangen. Die junge Witwe ließ sich entschuldigen, sie wäre mit der Toilette noch nicht fertig, würde aber sobald als möglich erscheinen und freue sich sehr, mich begrüßen zu dürfen.

Unterdessen servierte man uns Malagawein und Havannas, und die Konversation war die denkbar herzlichste und freundschaftlichste.

Nach etwa drei viertel Stunden trat die junge Witwe ein. Sie trug ein entzückendes auf rosa Seite gearbeitetes Teagown[133] von echten Spitzen. Bei ihrem Erscheinen erhob ich mich wie durch eine Feder emporgeschnellt, um dadurch die Wirkung, die das Wiedersehen auf mich ausübte, entsprechend zu markieren, und küsste ihr ehrerbietig die Hand. Der Vater ersuchte mich, das Essen bei ihnen einzunehmen, und befahl, dass im separaten Salon gedeckt werde. Binnen Kurzem war alles bereit, und man servierte uns ein ausgezeichnetes Dejeuner. Zwei Kellner und ein vortrefflicher Maître d'hôtel[134] bedienten uns wirklich tadellos. Wir aßen und tranken vorzüglich und rauchten darauf unsere Importen[135]. Nach Tisch blieben wir noch zusammen, und die Unterhaltung war nach wie vor eine äußerst lebhafte. Allmählich wurde auch von beiden Seiten verstohlen auf unsere Verlobung angespielt, und ich nahm mit Vergnügen wahr, dass die junge Frau jetzt sehr für mich eingenommen schien. Sie konnte nicht genug ihre Freude zum Ausdruck bringen, dass ich Wort gehalten und auf das Telegramm, das man mir nach Köln geschickt hatte, sofort nach Berlin geeilt wäre, um sie zu besuchen. Der Vater plauderte unterdessen mit seinem Sohn und blinzelte diesem häufig vergnügt zu, wenn er zu uns hinübersah. Man merkte es ihm deutlich an, wie sehr er sich über unser gutes Einvernehmen freute.

Um drei Uhr nachmittags verabschiedete ich mich, nachdem sie mich vorher eingeladen hatten, mit ihnen am Abend in das Königliche Opernhaus zu kommen.

Als ich in meinem Hotel anlangte, meldete mir mein Sekretär, dass er mir eine schöne Equipage mit zwei prächtigen Pferden gemietet hätte. Der Kutscher trüge eine elegante Livree und mache einen völlig herrschaftlichen Eindruck. Das Ganze kostete 1200 Mark pro Monat.

Nachdem ich mich umgezogen hatte, begab ich mich auf die Straße hinunter, wo mein Wagen bereits vorgefahren war. Er fand meinen Beifall, ich stieg ein und unternahm eine Fahrt in den berühmten Tiergarten. Als ich in das Hotel zurückgekehrt war, dinierte ich in Gesellschaft meines Sekretärs im Restaurant des «Kaiserhofs» und kleidete mich dann um, um in das Opernhaus zu fahren. Dort angelangt, trat ich in die Loge der Amerikaner ein.

Sie begrüßten mich sehr zuvorkommend, auch wurde ich mehreren hervorragenden Angehörigen der amerikanischen Kolonie als Fürst Lahovary vorgestellt. Die Oper begann, doch hörte ich ihr nicht aufmerksam zu, da ich mit meiner Amerikanerin leise plauderte und ihr energisch den Hof machte, damit ihre Bekannten es merkten, dass ich mich um die Hand der jungen Witwe bewürbe.

An den folgenden Tagen war das Programm fast ausnahmslos dasselbe. Wir speisten zusammen im «Hotel Bristol», fuhren dann im Tiergarten spazieren und besuchten abends die verschiedenen Theater. Zuweilen brachten wir auch die Abende bei Familien zu, in die wir eingeführt waren. So fand ich in manchen hocharistokratischen Familien Berlins Zutritt, die sonst sehr exklusiv sind und nicht leicht einem Fremden ihre Salons öffnen. Alles ging ganz nach Wunsch, bis ich eines Tages fast entlarvt worden wäre.

Es war zu Anfang des Monats Dezember, als wir einen Besuch bei einer Frau von M… in der Tiergartenstraße machten, bei der wir eingeladen waren. Dort lernten wir einen Graf S… kennen, der ein intimer Freund der Familie meiner Frau war und wusste, dass Gerda einen gewissen Georges Manolescu geheiratet hatte. Da auch er einst von der Familie R… meine Fotografie bekommen hatte, bemerkte er sofort die frappante Ähnlichkeit zwischen dem «Fürsten Lahovary» und Georges Manolescu. Er sprach darüber mit der Frau von M…, und diese fragte mich in Gegenwart des Grafen und des Vaters meiner Amerikanerin, ob ich wüsste, dass ich einem gewissen Georges Manolescu auf ein Haar ähnlich sähe. Da ich auf eine solche Frage ständig gefasst sein musste, antwortete ich mit der ruhigsten und höflichsten Miene, dass dies wohl leicht möglich wäre, da sich oft einander vollkommen fremde Menschen auffallend ähnlich sähen, ich jedoch nicht die Ehre hätte, diesen Herrn Manolescu zu kennen. Mein sicheres Auftreten beruhigte sie vollkommen, und man verließ rasch dieses Thema und sprach von etwas anderem. Als wir in das «Hotel Bristol» zurückgekehrt waren, machte ich absolut keine Anspielung auf diesen heiklen Zwischenfall, um nicht den Anschein zu erwecken, als ob ich ihm irgendwelche Bedeutung beilegte. Ich dachte aber mit Schaudern daran, was alles hätte passieren können, wenn man mich entlarvt hätte. Nicht nur, dass ich als Schwindler erkannt und die Partie mit der Amerikanerin auseinandergegangen wäre, ich hätte auch gerichtlich verfolgt werden können, weil ich es versucht hatte, unter falschem Namen zu segeln. Aber in diesem Fall war meine Furcht unbegründet, und die Sache verlief ganz harmlos.

Auch in der Folge führte ich meinen kostspieligen Haushalt weiter, um mich auf der Höhe meiner gesellschaftlichen

Stellung zu halten. Ich hatte dem Amerikaner gesagt, dass ich eine jährliche Rente von 120 000 Franc hätte, und musste nun auch dieser Rente entsprechend auftreten, damit man keinen Augenblick an mir und meiner Fürstenwürde zweifelte. Da die täglichen Ausgaben aber enorme waren und ich außerdem in verschiedenen Kreisen, wo ich spielte, manche ansehnliche Summe verlor, stand ich eines Tages mit nur noch einigen 100-Mark-Scheinen in der Tasche da. Um also dieses Leben weiter fortsetzen zu können, um mit den Amerikanern weiter verkehren und meine Pläne verfolgen zu können, blieb mir nichts übrig, als meine Finanzen wieder zu rangieren, also irgendwelchen Diebstahl zu begehen.

XXIV

DIE JUWELENDIEBSTÄHLE IM «HOTEL BRISTOL» UND «KAISERHOF» ZU BERLIN. VERHAFTUNG IN GENUA UND AUSLIEFERUNG AN PREUSSEN

Ich führte folgendes Manöver aus. Ich trat am 24. Dezember 1900 um halb zwölf Uhr in das «Hotel Bristol», Unter den Linden 5, und klopfte an verschiedene Zimmer an. Antwortete man «Herein!», so öffnete ich die Tür, stellte mich überrascht, als ob ich das Zimmer verfehlt hätte, lächelte höflich, entschuldigte mich und verschwand. Antwortete man aber nicht, so wusste ich, dass augenblicklich niemand im Zimmer war; ich ging dann ruhig hinein und eignete mir alles an, was ich an Gold und Schmucksachen, an Ringen, Broschen und Diademen vorfand. Auf diese Weise plünderte ich fünf Zimmer aus und annektierte[136] für etwa 60000 Mark Schmucksachen.

Nach Vollbringung dieser Tat klopfte ich an der Tür meines Amerikaners an und trat mit der freundlichsten Miene der Welt ein, als wäre nichts geschehen und ich nur gekommen, um meinem Schwiegervater in spe meine schuldige Aufwartung zu machen.

Im Laufe des Gesprächs entschuldigte ich mich, heute nicht mit ihm dinieren zu können, da ich einige Freunde in meinem Hotel zu Tisch eingeladen hätte. In Wirklichkeit hatte ich Eile, sobald als möglich in mein Hotelzimmer zu gelangen, um den Wert der gestohlenen Schmucksachen festzustellen und sie dann ohne jeden Zeitverlust an einen Geschäftsfreund in Edinburgh zu schicken, da ich äußerst dringend Geld brauchte.

Ich zog mich also baldmöglichst zurück. Zu Hause angelangt, untersuchte ich die Schmucksachen genau, packte sie sorgfältig ein und schickte sie denselben Abend noch nach Edinburgh ab. Vier Tage darauf bekam ich eine telegrafische Bankanweisung auf 27000 Mark, eine Summe, die ich natürlich sofort einkassierte. Das war ja immerhin etwas; aber im Vergleich zu dem, was ich ausgab und in den Klubs verspielte, waren diese 27000 Mark nur ein Tropfen auf einen heißen Stein.

Inzwischen hatten wir das Weihnachtsfest zusammen gefeiert, was auch viel Geld für Geschenke verschlang, sodass ich mich bereits wenige Tage nach dem Empfang des Edinburgher Geldes, am 29. Dezember 1900, wieder genötigt sah, in irgendeinem Hotel Berlins einen Beutezug zu unternehmen. Diesmal sollte dieser Diebstahl im «Hotel Kaiserhof» selbst stattfinden. Ich ging auf dieselbe Weise wie im «Hotel Bristol» vor und betrat schließlich ein Appartement, das, wie ich nachher erfuhr, von einem Rittergutsbesitzer namens S… und seiner Gattin bewohnt war. Als ich in das erste Zimmer trat, fand ich eine Unmenge von Schmucksachen auf allen Tischen und in allen Winkeln vor. Darunter befand sich auf dem Schreibtisch die Fotografie der Frau S… in einem Platinrahmen, der mit fünfunddreißig wertvollen Brillanten besetzt war. Dieser Rahmen allein hatte einen ungewöhnlichen Wert. Noch nie während meiner langjährigen Praxis ist es mir vorgekommen, in einem einzigen Zimmer, das von nur einem Ehepaar bewohnt war, so viel Schmuck offen liegen zu sehen wie hier. Ich steckte also alles in meine Taschen und konnte ungestört und von niemand gesehen mein Zimmer wieder aufsuchen.

Am Nachmittag gegen vier Uhr setzte ich mich an einen Tisch in der Nähe des Fensters, um die Schmucksachen näher zu untersuchen, als plötzlich an die Tür geklopft wurde. Ich hatte kaum noch Zeit, die Gegenstände in die Schublade zu werfen, als auf mein «Herein» die Tür geöffnet wurde und ein intimer Freund von mir, ein gewisser Ignatz Skamperl[137] eintrat. Es war dies ein gebürtiger Österreicher, der als Künstler im Wintergarten für ein monatliches Gehalt von 2000 Mark auftrat. Seine Kunst bestand darin, in zehn Minuten dem Publikum hundert Zigaretten vorzurauchen. Er wurde deshalb auch «Prinz Nikotin» oder «König der Raucher» genannt. Mein Freund, der etwa vierzig Jahre alt war, kam zu mir, um mit mir eine Zigarre zu rauchen. Ich habe noch heute ein blindes Vertrauen zu dem Mann und dies mit vollem Recht. Wiewohl er viele meiner Geheimnisse wusste, hat er mich doch niemals verraten, und wenn er auch indirekt die Ursache davon war, dass ich bald in das Berliner Gefängnis kam, so hat er mich doch nicht mit Willen ins Unglück gebracht.

Als ich nämlich sah, dass der Besucher Skamperl war, vor dem ich mich nicht zu genieren brauchte, wollte ich keine Zeit verlieren; denn es war schon vier Uhr, und bei Lampenlicht kann man Brillanten nicht untersuchen. Auch wollte ich die Sachen noch am selben Tag nach Edinburgh abgehen lassen. Ich zog sie also wieder aus der Schublade und begann die Untersuchung fortzusetzen.

Als Skamperl die Wertsachen sah, bat er mich, ihm für etwa 3000 Mark einiges zu überlassen, damit er einige 100 Mark daran verdienen könnte.

Anfangs mochte ich ihm nichts verkaufen; denn wenn er auch ein Rauchkünstler war, so verstand er sich doch herzlich wenig auf Schmucksachen. Allein er bat mich so dringend, dass ich schließlich nicht widerstehen konnte, und so verkaufte ich ihm für 2800 Mark verschiedene Gegenstände, die er, wie ich nachher bei der gerichtlichen Untersuchung erfuhr, für 5000 Mark an Freunde und Bekannte abgesetzt hat. Ich bat ihn zugleich, vorsichtig zu sein und ja nicht den Schmuck in Berlin zu verkaufen, da sie im «Hotel Kaiserhof» selbst gestohlen worden wären. Er versprach mir auch feierlich, die Wertsachen bei sich zu behalten, bis sich der Sturm, der sich bei der Entdeckung des Diebstahls erheben würde, gelegt hätte; allein er hat nicht Wort gehalten. Das war sowohl mein als auch sein Unglück.

Nachdem Skamperl mich verlassen hatte, begab er sich in ein Lokal und begann daselbst Pharo[138] zu spielen. Er verlor hierbei 240 Mark, und da er nicht mehr Geld bei sich hatte und auch das Spiel nicht aufgeben mochte, so verkaufte er den Mitspielern für billiges Geld einige Stücke der von mir erhaltenen Schmucksachen. Wenn er auch nachher den Verlust zurückgewann, so war das doch mein Verderben! Denn am nächsten Morgen enthielten schon alle Zeitungen die Nachricht, dass im «Kaiserhof» ein großer Schmuckdiebstahl verübt worden wäre. Auch hatte die Polizei bereits sämtliche Juweliere angewiesen, jeden verhaften zu lassen, der irgendetwas von den gestohlenen Sachen zu verkaufen suchte. Als die Leute, die mit Skamperl gespielt hatten, dies in den Zeitungen lasen, beeilten sie sich, der Polizei anzuzeigen, dass Skamperl ihnen Schmuckgegenstände verkauft hätte, die aus dem Diebstahl herzurühren schienen. Noch im Laufe des Tages wurde der arme Skamperl in seiner Wohnung in der Jägerstraße verhaftet.

Ich hatte noch am Abend des Diebstahls Berlin verlassen und mich nach Dresden begeben, wo ich am nächsten Morgen mehrere Schmucksachen an einen Hofjuwelier für 12 000 Mark verkaufte, da die Nachricht von dem Diebstahl noch nicht nach Dresden gelangt war. Von dort kehrte ich nach Berlin zurück, wo ich von meinen Amerikanern für einige Zeit Abschied nahm. Ich erklärte ihnen, dass mich wichtige Geschäfte nach Genua riefen und dass ich deshalb sofort dorthin abreisen müsste. Der Vater erwiderte, dass dies ihm sehr erwünscht käme, da auch sie in einigen Tagen nach Genua abreisen wollten, um sich von dort nach Amerika wieder einzuschiffen. Wir gaben uns also für den 10. Januar 1901 ein Rendezvous in Genua.

Am 1. Januar 1901 abends verließ ich Berlin und begab mich nach T…, wo meine Frau mit ihrem Kind wohnte, ich wollte sie beide noch einmal sehen, bevor ich mich nach Genua und von dort in die Neue Welt begab. Denn wenn ich auch meine einstige Frau noch immer liebte und nicht vergessen konnte und mich nach meinem Kind sehnte, so war ich doch andererseits entschlossen, die Hand, die mir das Glück mit dieser Heirat bot, nicht auszuschlagen und nach langen Irrfahrten und Wechselfällen, ständig im Kampf mit

Aber auch dies verweigerte Gerda zu tun. Da wurde ich allerdings wütend und schrie zornig, dass ich mit dem Gerichtsvollzieher zurückkommen würde, um meine Rechte als Vater geltend zu machen. Um keinen Skandal zu provozieren – denn meine Frau wusste nur zu gut, dass ich das, was ich mir vorgenommen hatte, auch ausführte –, antwortete sie, dass sie mir das Kind vom Fenster aus zeigen würde; aber eintreten lassen könnte sie mich unter keinen Umständen. Offenbar fürchtete sie, ich würde das Kind ergreifen und damit flüchten. Endlich fügte ich mich, und sie kehrte in das Haus zurück, um bald darauf an das Fenster zu treten. In ihren Armen hielt sie mein Kind, die kleine Julia, die mit großen, aber verständnislosen Augen auf ihren Vater blickte ... Etwa fünf Minuten stierte ich lautlos auf mein Töchterchen. Dann wandte ich mich zum Gehen, unfähig, auch nur ein einziges Abschiedswort zu sagen. Ich habe mein Weib und mein Kind bis heute nicht wiedergesehen!

Ich verließ T... mit wehem Herzen und reiste ohne weiteren Aufenthalt dem Süden zu. Am nächsten Morgen durchquerte ich Norditalien, langte am Abend in Genua an und stieg im «Hotel Isotta», wo ich die Amerikaner erwarten sollte, ab.

Während ich aber nach Dresden und von da über T... nach Genua fuhr, wurde, wie bereits erzählt, mein Freund Skamperl in seiner Wohnung in Berlin festgenommen. Man fand Schmucksachen in seinem Besitz, die aus den gestohlenen Wertsachen im «Kaiserhof» stammten. Dass er selbst mich nicht als den Urheber dieses Diebstahls nannte, davon bin ich mehr als überzeugt. Aber man forschte nach, mit wem er verkehrte, und erfuhr, dass er den Fürsten Lahovary im «Kaiserhof» öfters besucht hätte. Dieser Fürst aber war seltsamerweise genau seit dem Tag, an dem der Diebstahl entdeckt wurde, aus Berlin verschwunden. Man fragte nun Skamperl, was für ein Mann ich wäre, worauf er antwortete, ich sei ein vollkommener Aristokrat, und er finde es unbegreiflich, dass man von ihm noch Auskunft über eine derartige Standesperson verlange. Die Berliner Polizei war aber merkwürdig skeptisch und interessierte sich ungeheuer dafür, wo sich eigentlich jetzt Seine Durchlaucht Fürst Lahovary aufzuhalten geruhte.

Dies wurde nur zu bald in Erfahrung gebracht. Eine Büfettdame aus dem «Metropol»-Theater, mit der ich bekannt geworden war, wurde zur Verräterin. Sie war nämlich auf mich böse, weil ich zu gleicher Zeit der berühmten belgischen Tänzerin Christine K..., die im November und Dezember 1900 im «Wintergarten»[139] auftrat, den Hof gemacht hatte. Sie erfuhr dies durch einen rumänischen Studenten, mit dem wir bisweilen im «Café Westminster»[140] zusammengetroffen waren. Sie dachte vermutlich anfangs, dass ich der K... nach Paris nachgereist wäre, erfuhr jedoch durch diesen Studenten, dass ich mich in Genua aufhielte. In ihrer Eifersucht eilte sie sogleich zum Polizeibureau und meldete, dass sich der Fürst Lahovary zurzeit in Genua befände. Die Polizei telegrafierte infolgedessen umgehend an den dortigen deutschen Generalkonsul mit dem Ersuchen, den «Fürsten Lahovary» sofort verhaften zu lassen, und sandte auch meine Fotografie nach, die von meiner Frau in T... eingefordert worden war. So ereilte mich denn mein Schicksal am 14. Januar 1901. Um halb zwölf Uhr mittags wurde ich im Hotel verhaftet.

Fünf Polizeibeamte waren gekommen, um mich festzunehmen. Während drei an meine Tür klopften, standen die anderen zwei auf der Straße Posten und bewachten, da mein Zimmer im Parterre gelegen war, das Fenster, damit ich nicht etwa durch dieses entfliehe. Als man an meine Tür klopfte und im Namen des Gesetzes Öffnung verlangte, erwachte ich aus tiefem Schlaf, da ich sehr spät zu Bett gegangen war. Ich begriff natürlich sofort die Situation, verlor aber nicht den Kopf, sondern sprang aus dem Bett, zog mich im Handumdrehen an, steckte Geld und Schmucksachen zu mir und wollte durch das Fenster auf die Straße entspringen. Allein als die Beamten das Geräusch, das durch das Aufreißen des Fensters entstand, hörten, traten sie kurz entschlossen die Tür ein und gelangten in dem Moment in das Zimmer, als ich schon einen Fuß auf das Fensterbrett gesetzt hatte. So erwischten sie mich noch rechtzeitig am Knie und zogen mich in das Zimmer zurück.

Ich wurde für verhaftet erklärt. Meine sechs Koffer wurden durchsucht, meine ganze Garderobe durcheinandergeworfen, dann wieder eingepackt und die Koffer verschlossen und versiegelt. Mein Bargeld, bestehend aus 15 000 Mark in deutschen Banknoten und 1600 Lire in italienischem Geld, wurde nebst den Schmucksachen konfisziert. Hierauf wurde ich mit dem Gepäck auf die Polizeipräfektur geführt und daselbst provisorisch untergebracht. Man meldete meine Verhaftung telegrafisch nach Berlin, auch wurden Drahtanfragen an die verschiedensten Hauptstädte Europas gerichtet, ob nicht noch andere Haftbefehle gegen mich vorlägen.

Am selben Abend um neun Uhr wurde ich in das Untersuchungsgefängnis gebracht und in eine enge, schmale Einzelzelle gesperrt. An ihrer Decke befand sich eine kleine Öffnung, durch die ein Stück des lachenden blauen Himmels schadenfroh hineinlugte. In diesem Loch saß ich bis zum 24. Mai 1901, also vier und einen halben Monat, bis ich an die Berliner Polizei ausgeliefert wurde.

Zum Zwecke meiner Auslieferung langten aus Berlin ein Kriminalkommissar und ein Schutzmann an, und mit ihnen sowie in Begleitung von zwei Carabinieri[141] fuhr ich bis an die Schweizer Grenze. Daselbst erhielten wir statt der zwei Carabinieri zwei Schweizer Gendarmen, die uns bis Basel eskortierten. An der Grenze erwarteten uns deutsche Gendarmen, die uns bis nach Berlin schafften.

Am 1. Juni 1901 vormittags halb zwölf Uhr langte ich am Anhalter Bahnhof in Berlin an.

XXV

GEISTIGER KAMPF MIT DEN PREUSSISCHEN ÄRZTEN. UM DER STRAFE ZU ENTGEHEN, SIMULIERE ICH SIEBZEHN MONATE WAHNSINN

Vom Anhalter Bahnhof wurde ich in das bekannte Moabiter Untersuchungsgefängnis[142] gebracht, wohin wir in zwei Wagen fuhren. In dem einen war ich mit dem Kommissar und einem Schutzmann, in dem anderen meine sechs Koffer untergebracht. Meinen Sekretär hatte ich schon vor meiner Verhaftung in Genua entlassen, während ich meinem Kammerdiener zufällig einen Urlaub von einigen Tagen gewährt hatte, damit er nach Paris fahren und Frau und Kind besuchen könnte. Er sollte dann nach Genua zurückkehren, um mit mir und meinen Freunden nach Amerika zu gehen. Nach meiner Verhaftung in Genua wurde mein Kammerdiener in Paris sistiert[143], da man annahm, dass er mein Komplize wäre. Von Paris wurde er Ende März 1901 nach Berlin überführt und ebenfalls im Moabiter Gefängnis interniert.

Als ich am 1. Juni in Berlin ankam, saß mithin mein Kammerdiener schon längst in Moabit.

Nach den Aufnahmeformalitäten wurde ich in eine Einzelzelle eingeschlossen, die zwar nicht größer, aber reiner und anständiger möbliert war, als die im Genueser Gefängnis. In dieser Zelle, Nummer 351 des Flügels C, blieb ich fast ein Jahr, bis zum 30. Mai 1902.

Am Nachmittag meiner Ankunft wurde ich dem Untersuchungsrichter, Dr. von Ingersleben[144], vorgeführt, der ein hervorragender Beamter und der unparteiischste Mann von der Welt war. Er führte die Untersuchung gegen mich bis zu seiner Versetzung, die am 31. Dezember 1901 erfolgte. An seine Stelle trat Dr. Maßmann[145], ebenfalls ein ausgezeichneter Jurist, der die denkbar beste Erinnerung in mir zurückgelassen hat. Denn obwohl er streng und gewissenhaft seines Amtes waltete, war er doch dabei ein humaner, gerechter und unparteiischer Richter.

Ich sagte schon, dass ich am Tag meiner Ankunft im Moabiter Gefängnis vor den Untersuchungsrichter geführt wurde. Nach einem ausführlichen Verhör wurde ich in meine Zelle zurückgeschickt und am nächsten Tag mit meinem Kammerdiener konfrontiert. Ich versicherte dem Untersuchungsrichter auf das Nachdrücklichste, dass jener tatsächlich nur mein Diener und absolut nicht mein Komplize gewesen, dass er völlig unschuldig und in Unkenntnis über die von mir vollbrachten Diebstähle geblieben wäre und dass es also ungerecht sein würde, ihn noch länger im Gefängnis zu behalten. Nach großer Mühe gelang es mir schließlich, die Wahrheit meiner Aussage glaubhaft zu machen, und nach acht Tagen wurde mein Diener entlassen, sodass nur noch Skamperl und ich im Gefängnis blieben.

Zu meinem großen Glück gelang es mir, den berühmten

Berliner Rechtsanwalt Dr. Schwindt[146] als Verteidiger zu gewinnen. Durch seine Vermittlung erhielt Augusto Pellicia[147] eine Entschädigung von 800 Mark und ein Freibillett zweiter Klasse bis nach Paris.

In einem späteren Verhör fragte mich der Untersuchungsrichter, welche Rolle Skamperl in dieser Angelegenheit gespielt habe. Ich antwortete ihm, ich hätte die zwei Diebstähle, deren ich angeklagt wäre, ganz allein begangen; es sei wohl wahr, dass Skamperl bei mir Schmucksachen gekauft habe, aber er hätte nicht gewusst, dass dies gestohlenes Gut war. Ohne jeden Zweifel hätte er mich für den Fürsten Lahovary gehalten – wie konnte es ihm da einfallen, dass die Sachen gestohlen wären! Ihn aufzuklären, hätte ich aber keine Veranlassung gehabt.

Mein Untersuchungsrichter ließ mich alles ruhig erzählen, obwohl er meinen Worten offenbar keinen großen Glauben schenkte. Allein auch Skamperl, den ich seit unserem Beisammensein im «Kaiserhof» nicht gesehen hatte, sagte genauso aus wie ich.

Außer den zwei Diebstählen in Berlin, deren man mich anklagte, wurden mir noch eine Menge anderer zur Last gelegt, von denen ich nicht einmal eine Ahnung hatte. So beschuldigte man mich zum Beispiel, am 20. November 1900 im «Hotel Continental» in Berlin einen Schmuck im Wert von 40 000 Mark, der einem russischen Hauptmann gehörte, gestohlen zu haben. Ich protestierte dagegen, da ich ja in der Tat an diesem Diebstahl vollkommen unschuldig war. Allein man wollte nun einmal alle möglichen Diebstähle, deren Urheber man noch nicht kannte, auf meine Rechnung setzen. Im Dezember 1903 las ich dann in der *Berliner Morgenpost*, dass der Dieb, der im November 1900 im «Hotel Continental» ein Collier im Wert von 40 000 Mark gestohlen habe, in der Person eines Polen, der auch geständig wäre, ermittelt und mit fünf Jahren Zuchthaus bestraft worden sei.

Meine eigenen Verbrechen gestand ich dagegen ohne Weiteres ein. Die Voruntersuchung hätte deshalb in verhältnismäßig kurzer Zeit beendigt werden und die Schlussverhandlung stattfinden können. Allein es blieb noch festzustellen, in welchem Zustand sich mein Geist befand; denn auf dem Tisch vor dem Untersuchungsrichter lagen die Akten aus der Schweiz, in denen ausdrücklich geschrieben stand, dass ich «geistig nicht normal» wäre. Es war also die Pflicht des Untersuchungsrichters, meinen Geisteszustand durch einen Irrenarzt oder ähnliche Spezialisten untersuchen zu lassen.

Am 3. Juni 1901 besuchte mich der Gerichtsarzt Medizinalrat Dr. Mittenzweig[148] im Moabiter Gefängnis, um mich einer sorgfältigen Untersuchung zu unterziehen.

Wiewohl er mir nichts davon sagte, dass er Arzt war, merkte ich doch gleich an seinen Fragen, was er mit seinem Besuch bezweckte. Natürlich begann ich sofort meine Reden der Situation anzupassen und nicht nur die verrücktesten Antworten zu geben, sondern auch selbst allerlei unsinnige Fragen zu stellen. Unter anderem erkundigte ich mich, ob er zurzeit verliebt wäre. Da er dies verneinte, fragte ich mit der ernstesten Miene von der Welt weiter, warum er nichts gegen diese Schwäche täte. Ich hätte schon seit sechs Monaten kein Weib mehr geküsst; er möchte mir deshalb doch seine Tochter oder eine seiner Nichten vorstellen. Ich verspräche ihm hoch und heilig, sie schleunigst mit meiner fürstlichen Zuneigung zu beglücken.

Auf diese wirren Reden hin sah er mich durchdringend an und neigte offenbar zu der Auffassung, dass es mit mir nicht besonders klar aussähe. Er stellte deshalb zunächst ein Zeugnis aus, dass ich für sechs Wochen zum Zwecke genauer Beobachtung meines Geisteszustands in die Charité[149] gebracht werden sollte. Am 1. Oktober 1901 siedelte ich also von Moabit in die Charité über, wo ich der Abteilung für Geisteskranke überwiesen wurde. In dieser Anstalt musste ich die Zivilkleidung gänzlich ablegen, um mich in die für Geisteskranke bestimmte Tracht zu werfen; Jacke und Hose dieser Kleidung waren aus unzerreißbar starker Leinwand. Hierauf wurde ich in einem Saal untergebracht, wo noch andere achtundsiebzig Personen, ebenfalls Verhaftete aus dem Moabiter Gefängnis, zur Beobachtung ihres Geisteszustands interniert waren.

Von Anfang an war ich ernst und zurückgezogen und sprach mit keinem meiner Zimmerkollegen; nur mit dem Assistenzarzt Dr. Skoczynski[150] sprach ich gern, das heißt, ich erteilte ihm auf seine an mich gerichteten Fragen die unmöglichsten Antworten und Gegenfragen, die ihn stets von Neuem stutzig machten. Aus meinem Kauderwelsch zog auch er den Schluss, dass ich unzweifelhaft verrückt war. Eines Tages fragte er mich, was denn mein Stand wäre, worauf ich ihm energisch den Rat erteilte, zu schweigen oder noch besser mit einem hübschen Backfisch weiter zu diskutieren. Auf diese unsinnigen Reden zuckte Dr. Skoczynski mit den Schultern und entfernte sich, ohne auch nur ein Wort weiter zu sagen.

Am nächsten Tag wurde ich von dem bekannten Nervenarzt Prof. Dr. Köppen untersucht. Er setzte sich mir gegenüber an das Fenster und sah mir fest in die Augen, als wollte er in das Innere meiner Seele schauen. Auf seine Frage, wie ich hieße, antwortete ich: «Georges Manolescu, Fürst Lahovary, von Profession Millionär.» Er fragte mich darauf, ob ich die nötigen Papiere besäße, um diesen Titel nachzuweisen. Da erhob ich mich rasch, wie von einer Feder emporgeschnellt, nahm eine hochfahrende, möglichst elegante Haltung an, setzte meinen Schnurrbart à la Haby[151] auf und fragte ihn, ob solch ein schöner Mann, wie ich es wäre, noch den geringsten Zweifel aufkommen lassen könnte, dass er ein echter hochgeborener Fürst sei. Wozu also noch Papiere, da doch meine erlauchte Person selbst die Authentizität meines Titels geradezu überwältigend bewiese!

Er begnügte sich natürlich nicht mit dieser Antwort, sondern drang in mich, ihm doch zu sagen, worauf ich, abgesehen von meiner Erscheinung, die Überzeugung stützte, ein Fürst zu sein, da doch mein Vater schlichtweg Manolescu hieße. Ich gab darauf zur Antwort, dass dieser aus reiner Bescheidenheit seinen Titel nicht trüge; er zöge es vor, statt Fürst Lahovary, sich schlechthin Hauptmann der Kavallerie a. D. zu nennen. Ich setzte noch hinzu, es wäre geschichtlich bekannt, dass eine Lahovary einen Neffen Michaels des Tapferen[152] geheiratet hätte. Michael der Tapfere hätte im Jahre 1600 – ein Datum, das mir zufällig einfiel – in Rumänien regiert, und da eine meiner Urahnen seinen Neffen heiratete, so stammte ich direkt von einem regierenden Hause ab, als ein echter, blaublütiger Fürst vom ältesten rumänischen Adel.[153]

Der Arzt erwiderte hierauf ganz kühl, dass ich da entweder einen großen Unsinn zusammenredete oder dass dies eine meiner fixen Ideen wäre.

Ich antwortete, dass es mir völlig gleichgültig wäre, ob er meinen Worten Glauben schenkte oder nicht. Anstatt aber hier seine Zeit zu vergeuden, möchte er mir lieber eines jener Mädchen, die im Hof herumspazierten – es waren geisteskranke Mädchen, die vom Fenster aus zu sehen waren – heraufbringen. Der Arzt entgegnete, dies wäre schon deshalb nicht möglich, weil es geisteskranke Mädchen seien. Gerade deswegen, entgegnete ich gereizt, möchte ich ein solches Mädchen herzen, denn sie wären alle gewiss nur krank, weil niemand ihnen Liebe erweise. Der Arzt suchte mich nun zu besänftigen, indem er mir versicherte, dass ich etwas Unmögliches verlangte, allein ich brauste erzürnt auf und beharrte auf meinem Verlangen; wenigstens solle er mich in die Nähe irgendeiner holden Frau bringen. Kurz, ich simulierte auch weiter solche Verrücktheiten und benahm mich derart frivol, dass mich der Arzt schließlich aus dem Ordinationszimmer jagte.

Nach einigen Tagen wurde ich wieder zu ihm geführt, und er begann mit der Frage, ob ich noch immer glaubte, ein Fürst zu sein. Ich antwortete ihm entsetzt, er sollte mich doch genauer ansehen, ich hätte doch noch immer dieselbe Haltung, dieselben Manieren, dasselbe stolze Aussehen wie früher. Folglich wäre ich auch noch immer ein Fürst von edelster Rasse.

Daraufhin fragte er mich, ob es denn üblich wäre, dass Fürsten in Hotels die Gäste ihrer Schmucksachen beraubten. Ich antwortete ihm, dass ich darin nichts Sonderbares finden könnte. Wenn sich ein Fürst in Geldverlegenheit befände, dann dürfte er auch zu jeder Zeit Schmucksachen und dergleichen stehlen, natürlich nur bei Leuten, die sich den Luxus leisten könnten, seiner würdige Schmuckgegenstände zu besitzen. Denn bei diesen Erzmillionären, mit denen ich gewöhnlich arbeitete, spielten 10 000 bis 15 000 Dollar mehr oder weniger absolut keine Rolle.

Als mein Arzt einwendete, dass es doch, wenn es auch vielleicht den Leuten nicht empfindlich schadete, immerhin gesetzlich streng verboten wäre, sich fremdes Eigentum anzueignen, bat ich ihn geneigtest, nach Hause zu gehen und seine philanthropischen Ergüsse seiner geschätzten Frau aufzutischen, mich aber gefälligst mit dieser unglaublich engherzigen Moral zu verschonen. Darauf begann ich wieder mit allerlei Frivolitäten, aber diesmal erwiderte er nichts, sondern machte nur einige Bleistiftnotizen in seinem Krankenjournal und ließ mich wieder in meine Zelle abführen. Er schien sich jetzt über meinen Geisteszustand ziemlich im Klaren zu sein, denn er ließ mich vierzehn Tage lang nicht mehr in das Ordinationszimmer bringen.

Eines Tages vollzog der Geheimrat Jolly[154], der Chef der Abteilung für Geisteskranke, seine wöchentliche Inspektion; er kam auch in den Saal, in dem ich mich befand, und unterhielt sich hier mit verschiedenen unter Beobachtung stehenden Personen. Als er mich sah, sprach er mich an: «Wie heißen Sie, junger Mann?»

«Fürst Georges Lahovary!»

«Hm … Was ist Ihre Beschäftigung?»

Ich runzelte die Brauen, drehte an meinem Schnurrbart und antwortete fragend: «Habe ich Ihnen denn nicht eben mitgeteilt, dass ich ein Fürst bin?»

«Dann haben Sie freilich einen schönen Beruf, meinen Glückwunsch!»

Ich streckte ihm huldvoll die Hand entgegen, die er flüchtig berührte, um mich loszuwerden; hierauf sagte ich ihm, dass er mir außerordentlich gefiele und dass ich beabsichtigte, ihn zum Vorstand des Spitals, das ich auf meinen Ländereien in Rumänien errichten würde, zu ernennen. Sollte ich mit ihm besonders zufrieden sein, so würde ich ihm einen hohen Orden verleihen. Er dankte mir für mein freundliches Anerbieten und fragte mich, ob ich denn so reich wäre. Ich richtete mich nun in meiner ganzen Größe auf, als wunderte ich mich über eine derartige Frage, und antwortete, dass ich Güter und Ländereien in Rumänien besäße, die einen Wert von nicht weniger als 50 Millionen Mark repräsentierten.

Um meine geistige Kraft zu prüfen, fragte er mich nun, ob ich denn ausgerechnet hätte, wie viel mir diese 50 Millionen eintrügen. Ich entgegnete fröhlich, ich hätte ein Einkommen von jährlich 200 Millionen.

«Sie täuschen sich, mein Freund, das ist wohl unmöglich», fiel der Geheimrat ein.

«Absolut nicht», erwiderte ich, «übrigens ersuche ich Sie, meine Mitteilungen nicht zu bezweifeln, denn alles, was ich Ihnen gesagt habe, beruht auf strengster Wahrheit. Meine 50 Millionen bringen mir tatsächlich eine Rente von 200 Millionen, und zwar verdanke ich dies der Intelligenz meines talentvollen Intendanten, der meine Güter einfach großartig verwaltet.»

Er schüttelte stumm den Kopf und verließ den Saal. Nach drei Wochen wurde ich in den Hörsaal des Professors Dr. Köppen[155] geführt, wo mich dieser etwa fünfzig anwesenden jungen und alten Nervenärzten als ein lebendes Beispiel eines speziellen Wahnsinns vorführte. Ich musste auf einem Stuhl neben Professor Köppen Platz nehmen, sodass die Anwesenden uns gegenübersaßen.

Während nun der Professor, um mich zum Sprechen zu ermutigen, seinen Arm auf meine Schulter legte, langte ich mit der Hand in die Tasche seines Gehrocks und nahm seine Brieftasche heraus. Auf seine Frage, was ich denn da täte, antwortete ich, dass ich Freundschaft mit Freundschaft vergälte und neugierig wäre, ob er nicht pikante Bilder in seiner Brieftasche hätte. Er ergriff sanft meine Hand und nahm mir die Brieftasche wieder ab; dann öffnete er sie vor meinen Augen und zeigte mir, dass er darin nur einige Visitenkarten und Banknoten hätte. Als ich das Geld sah, äußerte ich, dass er doch am besten tun würde, mir die Hälfte desselben zu geben. Auf seine Frage, weshalb er das tun sollte, antwortete ich ihm, es wäre eine Ungerechtigkeit, dass er einige 100 Mark hätte, während ich nichts besäße. Schon aus sozialen Gründen müsste solchen ungerechten Besitzverteilungen vorgebeugt werden. Ich hätte vollständig recht, erwiderte mir der Professor, aber vorläufig lebten wir noch nicht unter sozialistischem Regime, sodass ich bis dahin noch warten müsste.[156]

Darauf wurde ich erzürnt und sagte ihm, dass er ein Geizhals wäre und jedes menschliche Gefühl in mir verletzte. Nachdem ich dies gesagt hatte, zog ich aus meiner Tasche ein Päckchen Zigaretten und bot sie den anwesenden Ärzten mit der Bemerkung an, dass dies meine Art wäre, mit meiner Umgebung mein Besitztum zu teilen. Natürlich nahm keiner auch nur eine einzige Zigarette von mir an, worauf ich mich empörte und ihnen das Päckchen samt den Zigaretten an die Köpfe warf, indem ich ihnen zurief, dass sie mich in meiner Fürstenwürde beleidigt hätten und dass ich bereit wäre, mich mit jedem Einzelnen zu schlagen.

Diese Herren fassten aber die Sache durchaus nicht so tragisch auf, wie ich mir den Anschein gab, es zu tun, sondern hielten sich vielmehr die Seiten vor Lachen. Man brachte mich schließlich in den Beobachtungssaal zurück.

Am 11. Dezember 1901 wurde ich endlich wieder nach Moabit überführt, mit dem ärztlichen Attest, dass ich vollständig verrückt wäre. Die Sache wurde bis zum 23. Januar 1902 in die Länge gezogen, zu welcher Zeit mein Rechtsbeistand Dr. Schwindt sich an die Königliche Staatsanwaltschaft mit der Anfrage wandte, was sie mit mir zu tun gedächte, da mich doch die Ärzte für wahnsinnig erklärt hätten. Der Staatsanwalt gab ihm folgende Erklärung ab: «Mein lieber Herr Doktor, meine Überzeugung ist die: Wenn der Manolescu wahnsinnig ist, so bin ich und Sie es ebenfalls.[157] Ich kann mich mit diesem ärztlichen Zeugnis nicht zufriedengeben, sondern werde ein Obergutachten verlangen. Ich bin für meine Person eben überzeugt, dass Manolescu den Wahnsinn nur simuliert.»

Ich wurde deshalb am 15. März im Gefängnis von dem Medizinalrat und Kgl. Kreisarzt Dr. Leppmann[158] nochmals untersucht. Dieser fragte mich, ob ich noch immer Fürst wäre. Statt zu antworten, zog ich meine goldene Uhr aus der Tasche und hielt sie ihm vor das Gesicht, sodass er deutlich mein Monogramm G. L. und darüber eine Fürstenkrone eingraviert sehen konnte.

«Wozu zeigen Sie mir das?», fragte darauf der Nervenarzt. «Dieses Monogramm beweist doch gar nichts, da sich jeder Beliebige eine Fürsten- oder Prinzenkrone auf seinen Uhrdeckel eingravieren lassen kann.»

Jetzt stellte ich mich sehr erzürnt, sprang von meinem Sitz auf und schrie ihn an: «Herr, wenn Sie für Ihre Person es wagen wollten, zu einem Graveur zu gehen und ihm den Auftrag zu erteilen, Ihnen eine Fürstenkrone auf Ihren Uhrdeckel einzugravieren, dann würde der allerdings sofort merken, dass Sie kein Aristokrat sind, und Sie zur Tür hinausjagen, während man mir», dabei drehte ich selbstbewusst meinen Schnurrbart – «auf hundert Kilometer weit den Fürsten ansieht.»

Der Medizinalrat stellte hierauf noch einige verschiedene Fragen an mich, die ich auf eine möglichst verrückte Weise beantwortete, und zog sich dann zurück, um der Staatsanwaltschaft nach vierzehn Tagen ein Zeugnis einzureichen, dass ich vollständig geisteskrank wäre. Er bestätigte also damit das Zeugnis, das mir die Charité-Kommission ausgestellt hatte.

Noch immer war der Staatsanwalt nicht von meinem Wahnsinn überzeugt und stellte mich noch weiteren Kommissionen vor. Allein alle Ärzte ohne Ausnahme erklärten Georges Manolescu für «vollständig geisteskrank».

XXVI

MEINE INTERNIERUNG IN DER IRRENANSTALT. MEINE FLUCHT. VERHAFTUNG IN ÖSTERREICH. RÜCKKEHR NACH RUMÄNIEN. EIN NEUES LEBEN.

Endlich wurde ich am 28. Mai 1902 vor die Strafkammer gestellt. Die meisten Ärzte, die mich während dieser Zeit untersucht hatten, erschienen zur Verhandlung, gaben dieselben Erklärungen ab, die sie schon schriftlich ausgestellt hatten, und beantragten «Freisprechung wegen Geistesstörung». An diesem Tag musste ich all meine Energie zusammennehmen, um auch vor den Richtern als Geisteskranker zu gelten. Von neun Uhr morgens bis vier Uhr nachmittags suchte ich unaufhörlich den Verrückten zu spielen, und dies gelang mir vollständig, denn die ersten Kapazitäten Berlins, wie Medizinalrat Dr. Mittenzweig, Prof. Dr. Köppen und Geh.-Rat Prof. Dr. Jolly, erklärten mich einstimmig für geisteskrank.

Um halb vier Uhr nachmittags begann der Staatsanwalt seine Rede, in der er zu beweisen suchte, dass ich mich nur verstellte und ein gemeingefährlicher Verbrecher wäre, und beantragte für mich eine zehnjährige Gefängnisstrafe. Er stellte ferner für den Fall, dass ich freigesprochen würde, den Antrag, mich in einer Irrenanstalt zu internieren.

Nach der Verteidigungsrede meines Anwalts Dr. Schwindt zog sich der hohe Gerichtshof zur Beratung zurück; als er nach einer halben Stunde wieder erschien, sprach er mich «wegen Geistesstörung» frei; ebenso meinen Freund Skamperl, weil er es mit einem Verrückten zu tun gehabt hätte. Skamperl wurde sofort entlassen, während ich in die Irrenanstalt Herzberge bei Berlin gebracht wurde.

Während der ersten Tage meines Aufenthalts in der Irrenanstalt musste ich noch den Wahnsinnigen spielen, da nach den deutschen Gesetzen der Staatsanwalt sieben Tage nach dem Urteil noch das Recht hat, Berufung einzulegen.

In der Irrenanstalt wurde ich im Pavillon Nummer 8, dem sogenannten «Festen Haus», in dem nur die gefährlichen Verrückten gehalten werden, untergebracht.

Nachdem ich vierzehn Monate lang in meiner Zelle verbracht und eingesehen hatte, dass ich keine Hoffnung und Aussichten hatte, wieder freizukommen, entschloss ich mich, auf irgendeine Weise zu entfliehen. Als in der Nacht vom 9. auf den 10. Juni 1903 der diensttuende Wärter in meine Zelle eintrat, packte ich ihn an der Gurgel, knebelte ihn und band ihn fest. Hierauf riss ich ihm sein Bund Schlüssel aus den Händen, schloss ihn selbst in die Zelle ein, öffnete mit dem zu der Ausgangstür passenden Schlüssel das Tor und verließ ruhig die Anstalt. Ich durchquerte den Park, kletterte auf die vier Meter hohe Mauer hinauf und sprang von ihr hinunter – hinaus in die freie Welt! Im Laufschritt erreichte ich quer durch die Felder um fünf Uhr morgens Berlin, und um sechs Uhr klopfte ich an die Tür einer lieben Freundin – einer Berliner Aristokratin –, die mich sehr liebenswürdig empfing. Sie kaufte mir im Laufe des Vormittags neue Kleider, da ich noch die Anstaltstracht trug, und brachte mich in einer Droschke an den Bahnhof.

Um die Mittagszeit desselben Tages verließ ich, von meiner Freundin mit einigen Geldmitteln versehen, Berlin und passierte in der Nacht in Bodenbach die Grenze nach Österreich. Von dort begab ich mich nach Teplitz[159], wohin mir die Berliner Dame 500 Mark anwies, die es mir ermöglichten, zuerst nach Karlsbad, dann nach Marienbad und später nach Innsbruck zu reisen. Da die Zeitungen voll von meiner Flucht waren und auch meine genaue Personalbeschreibung brachten, wurde ich in Innsbruck unerwartet verhaftet und nach Wien transportiert, wo ich mich wegen eines früheren Delikts – Nichtbezahlung eines Pelzes im Wert von 2000 Kronen – zu verantworten hatte. In Wien wurde ich von den renommiertesten Irren- und Nervenärzten untersucht, und wiewohl ich nicht mehr Wahnsinn simulierte, wollten die Herren doch zu keinem anderen Resultat als ihre Berliner Kollegen kommen. Ich wurde also wieder für vollständig geistesgestört erklärt, und der Staatsanwalt des Wiener Landgerichts beantragte selbst meine Freisprechung.

Da das Gesetz meine Auslieferung nach Herzberge nicht erforderte, Deutschland sie auch nicht verlangte, wurde ich nur aus Österreich ausgewiesen und bis zur Grenze in der Richtung nach Rumänien geschafft. In Preßburg[160] wurde ich freigelassen.

Von Preßburg fuhr ich weiter nach Budapest und von dort nach Rumänien. Ich ließ mich in Bukarest mit dem festen Vorsatz nieder, mich dauernd in meiner Heimat aufzuhalten und mir von nun an auf ehrliche Weise mein Brot zu verdienen.

Allein vergebens! Nachdem ich fruchtlos fünf Monate lang eine bescheidene Anstellung gesucht habe, muss ich mich, das Herz voll Bitterkeit, entschließen, mein Vaterland wieder zu verlassen, um eine neue, gastlichere Heimat aufzusuchen! Ich will nach Nordamerika, wo ein fleißiger, arbeitsamer Mensch stets Beschäftigung findet, was immer er auch vorher gewesen sein mag.

Ich zürne weder meinem Vaterland noch meinen Landsleuten! Ich wünsche nur, dass die traurigen Vorurteile der egoistischen rumänischen Kultur, die jedermann abhielten, einem reuigen Sünder helfend die Hand zu reichen, sich bald zum Besseren ändern mögen.

MEMOIREN
Zweiter Band

GESCHEITERT

Aus dem Seelenleben
eines Verbrechers

I

JUGENDILLUSIONEN

Ich langte im Monat Juni 1888, siebzehn Jahre alt, in Paris an, mehr um überhaupt in dieser fröhlichen Stadt zu leben, nach der sich jeder Rumäne von Kindheit an sehnt, als mit der ernstlichen Absicht, dort Jura zu studieren. Um jedoch in Paris zu «leben», dazu gehört genau das, was mir am meisten fehlte, das flimmernde, lockende Gold ... Drei Viertel meiner Zeit blickte ich einsam und allein vom Fenster meines bescheidenen Zimmers in der Rue des Carmes auf dieses Paris hinaus, von dem ich seit meiner zartesten Kindheit so viele Zaubermärchen hatte erzählen hören; oder ich saß auf der Terrasse des «Café Soufflet»[1] und der «Écoles Réunies»[2] und sah vor meinen neidischen Augen jene reichen, lebenslustigen Kommilitonen vorbeischlendern, die sich ebenso viel um die Universität wie um den heiligen Antonius kümmerten und, die Brieftasche mit den Scheinen ihrer wackeren Väter vollgestopft, geringschätzig uns arme Teufel von Studenten mit den Augen maßen. Ich hatte zu jener Zeit einen vornehmen französischen Grafen kennengelernt, dem wir vom ersten Augenblick seines Auftauchens unter uns einstimmig den Ehrenpreis der Stupidität zuerkannt hatten; er war einundzwanzig Jahre alt und nannte sich Fernand de B... Nachdem er kurze Zeit wie ein Komet in den vornehmen Cliquen des Quartier Latin geglänzt hatte und gerade schmerzerfüllt die letzten Pfennige betrachtete, die ihm seine nachsichtige Mutter hatte schicken können, gelang es ihm in zwölfter Stunde noch, die älteste Tochter des Marquis de R… zu kapern. Sie war eine prachtvolle achtzehnjährige Blondine mit einer Mitgift von 240 000 Franc jährlicher Rente und Aussicht auf weitere zehn Millionen bar, sobald ihr liederlicher Vater, ein berüchtigter Viveur[3], sich zu Tode amüsiert hatte. Dieses eklatante Beispiel dafür, wie willkürlich das Schicksal seine Gaben unter die Menschen austeilt, erschütterte mich geradezu und pflanzte den ersten Keim der Auflehnung gegen die Ungerechtigkeiten dieser Welt in mein Herz.

Von dem Tag an, wo ich den Grafen Fernand de B…, diese patente Null, vor dem Altar der Kirche Saint-Germain-des-Prés der entzückenden kleinen Emma de R… und zugleich ihren noch entzückenderen Millionen den Schwur ewiger Hingebung und Treue leisten sah, folterte mich der Stachel des Ehrgeizes und noch mehr die unreifen Wünsche und unsäglichen Illusionen, die immer mehr Gewalt über mich bekamen.

Tag und Nacht flüsterten sie mir zu: «Warum soll ich, jung, intelligent, aus gutem Hause und von sympathischem Äußeren, jetzt und für alle Zukunft mich mit den elenden Brocken des Lebens begnügen, während ein so vollendeter Hanswurst wie dieser de B…, nur weil er als Graf herumläuft, im Handumdrehen mit keckem Griff das Glück einjagt, mit dem rieselnden Gold seines blonden Liebchens sich alle irdischen Freuden erkauft und die Menschen sich ehrerbietig vor ihm neigen sieht?»

«Mein armer Georges», sagte ich dann wieder zu mir selbst, «vergiss nicht, dass du eben nicht adlig bist. Und da du auch nicht reich bist, musst du dich einfach mit dem begnügen, was dein ist, und geduldig auf die Freuden dieser

Erde verzichten, bis du dir selbst eine soziale Stellung und Reichtum errungen hast.»

Alle diese Vernunftgründe, die ich wie eine kalte Dusche gegen meinen glühenden Ehrgeiz anwandte, beruhigten mich leider nur allzu kurze Zeit. Der tägliche Anblick des Luxus, der Feste und Ausschweifungen, denen viele meiner reichen Kommilitonen sich vor meinen Augen hingaben, peitschte immer von Neuem meine Sehnsucht nach ähnlichen Genüssen in mir auf.

Ich wollte also um jeden Preis reich sein, und zwar so rasch wie irgend möglich. Um dieses Ziel in kürzester Frist zu erreichen, sah ich keinen anderen Weg vor mir als eine ebenso glänzende Heirat, wie sie diesem banausischen Grafen de B… gelungen war.

Tag für Tag entwarf ich rastlos in meinem Geist Pläne, wie ich dieses Ziel am sichersten erreichen könnte; ja, ich baute schon tausend Luftschlösser und verfügte mit freigebiger Hand über das Vermögen meiner künftigen steinreichen Gattin und ihre kolossalen Revenuen[4], die noch im Schoße der Götter lagen. Abgesehen von dem Nötigsten, was der Mensch braucht, wie Pferde, Wagen, Güter, Villen und Landsitze, die ich mir mit meinem oder vielmehr ihrem unerschöpflichen Geld natürlich leisten würde, plante ich auch in meinem Ehrgeiz, mir unvergänglichen Ruhm in meinem Vaterland zu erwerben. Ich sah mich bereits philanthropische Schöpfungen aller Art aus dem Boden stampfen; ich wollte Volksküchen, Asyle für darbende Witwen und Waisen der Arbeiter einrichten und viele andere ähnliche Stiftungen begründen, die Rumänien damals und auch heute noch nicht kennt, obwohl es dort unten Nabobs[5] mit ungezählten Millionen gibt. Die sitzen aber behaglich auf ihren Geldsäcken und scheren sich den Teufel um die Kanaillen, die am Wege verhungern. So sah ich mich in meinen Träumen bereits als Grandseigneur an der Seite eines berückend schönen Weibes, und im Hintergrund eine schimmernde Statue: «Seinem Georges Manolescu das dankbare Vaterland».

II

ZWISCHEN GUT UND BÖSE

In diesem Zustand des Hoffens, Grübelns und Verzweifelns, in dem ich mich schon seit Monaten befand, legte ich mir immer wieder besonders die eine Frage vor, wie ich zu dieser Welt des Reichtums Zutritt erlangen könnte, in der ich die reiche Frau zu suchen hatte. Ich sagte mir: Wer einen solchen Zweck verfolgt, muss natürlich in diesen Kreisen zu Hause sein und demgemäß entsprechende Einkünfte haben. Wenn man aber nun einmal diese Mittel nicht besitzt – was in aller Welt muss man dann tun?

Ich dachte mit Rücksicht auf die bescheidenen Verhältnisse meiner Familie nicht einen einzigen Augenblick daran, Schulden zu machen; ich wusste, dass sich nicht einmal ein biederer Schuster finden würde, der mir ein Paar Stiefel kreditierte[6], wie viel weniger ein gewitzter Geldmann, der mir das nötige Bargeld vorschoss.

Einen Augenblick ging mir der Gedanke durch den Kopf, dass ich vielleicht doch einen solchen Geldmann quasi als Kommanditär[7] finden könnte, wenn ich ihm meinen Plan, durch eine reiche Heirat mein Glück zu machen, geschickt auseinandersetzte. Ich wollte ihm eine Beteiligung an diesem Geschäft vorschlagen, derart, dass ich alle meine inneren und äußeren Vorzüge, er das Kapital für die nötigen Unkosten in die Sozietät einbrachte, das ich ihm am Tag meiner Hochzeit doppelt und dreifach zurückzahlen würde. Ich nahm jedoch ebenso rasch davon Abstand, einen solchen Schritt zu versuchen; denn selbst wenn es mir gelungen wäre, von allen Kapitalisten der Welt das größte Kamel zu erwischen, so würde er mir bei einem solchen Vorschlag doch sicher ins Gesicht gelacht haben.

Aber was dann tun? Was tun? Das fragte ich mich verzweifelt zu jeder Stunde des Tages und selbst des Nachts in meinen Träumen, ohne eine Lösung zu finden. Was beginnen? Die unmöglichsten Pläne kreuzten sich in meinem Hirn, aber regelmäßig verwarf ich sie wieder, weil hinter ihnen Ehrlosigkeit und Verbrechen standen.

Während der drei Jahre, die ich mich in Griechenland und in der Türkei herumtrieb, hatte ich wohl einige Schülerstreiche begangen, wie sie auch andere sich zuschulden kommen lassen, ohne darum gleich unterzugehen. Jetzt aber lag ich manche Nacht schlaflos, halb entkleidet auf meinem Lager, den Kopf auf die Hand gestützt, und sah, in finsteres Sinnen verloren, der dunklen Zukunft ins Auge; denn ich wusste nur zu gut, dass nunmehr die Würfel meines ganzen Lebens fallen mussten.

Blicke ich heute auf diese Zeit zurück, so weiß ich, dass mein Streben nichtig und mein Handeln falsch war; aber ich kann mir doch zu meinen Gunsten nicht verhehlen, dass ich zugleich das Opfer einer Strömung geworden bin, die in den letzten Jahrzehnten immer mehr die Herzen der Jugend vergiftet – der Hoffnung, durch eine reiche Heirat dem unerbittlichen Kampf mit dem Leben auszuweichen und mühelos die Früchte zu pflücken, die nur der ehrlichen Arbeit gebühren.

Mit solchen und anderen weniger stichhaltigen Gründen und Erwägungen begann ich auch damals, mich vor mir selbst zu entschuldigen und mir vorweg alle die Unredlichkeiten zu verzeihen, die ich noch nicht begangen hatte, aber die ich in Zukunft möglicherweise begehen würde. Ich sagte mir, dass ich im schlimmsten Falle, wenn ich erst einmal durch eine Millionenheirat reich geworden wäre, ja die entschädigen könnte, über deren Schultern – oder vielmehr Börsen – hinweg ich zu meinem Ziel emporgestiegen war.

Im tiefsten Herzen war ich mir jedoch völlig darüber klar, dass ich im Begriff stand, mich der Ehrlosigkeit und dem Verbrechen in die Arme zu werfen; aber von Tag zu Tag wurde mein Gewissen elastischer und nachgiebiger und das Gewicht in der Waage meines Lebens, das die künftigen Freuden und Vergnügungen in sich schloss, schwerer als das der Unbescholtenheit und des reinen Gewissens.

Bevor ich mich endgültig entschloss, meine Schiffe hinter mir zu verbrennen, schnürte sich mir das Herz zusammen, so oft ich an den fleckenlosen Namen Manolescu dachte, den meine Familie durch Generationen in Armut, aber in Ehren getragen hatte.

Wie seltsam! Ich, der ich schon zu jener Zeit eine rücksichtslose Willenskraft besaß und mich nicht besinnen konnte, jemals in meinem Leben geweint zu haben, der ich damals, im September 1887 zu Athen, als ich mir eine Revolverkugel in die Brust jagte und lange zwischen Tod und Leben schwebte, nicht eine Träne vergossen hatte – ich weinte jetzt bittere, heiße Zähren bei dem Gedanken, dass meine künftigen Verfehlungen den Namen meiner Familie entehren und beschmutzen und Schande auf meine ehrenhaften Verwandten bringen würden. Dagegen dachte ich keinen Augenblick oder wenigstens so gut wie gar nicht an die moralischen und physischen Qualen, die meiner auf der Laufbahn harrten, zu der ich mich schon halb entschlossen hatte. So stand ich dicht davor, Leib und Seele meinem unerschütterlichen Streben nach einer reichen Heirat zu opfern; und als gegen Ende des Jahres 1888 im Studentenviertel zwei ähnliche Heiraten wie die des Grafen Fernand de B… in meiner Gegenwart geschlossen wurden, erstickte der letzte Rest von Gewissen in mir, der noch in meiner Brust lebte …

III

DER ERSTE SCHRITT

Die Würfel waren gefallen. Ich hatte mich ganz allein verurteilt, längst ehe mich das Gesetz verurteilen sollte. Es stand bei mir fest: Ich wollte zum Dieb werden, um mir das Geld zu verschaffen, das mir für meine Zwecke fehlte. Es blieb mir nur noch übrig, die Art des Diebstahls zu wählen. Ich suchte nach der, die am wenigsten verächtlich war und gleichzeitig doch etwas einbrachte. Ich hatte bemerkt, dass viele Leute, die irgendeinen Gegenstand in den großen Pariser Warenhäusern wie dem Louvre, Bon Marché und Printemps gekauft hatten und ihn am nächsten Tag nicht passend fanden, diesen Artikel einfach zum Warenhaus zurückbrachten. War er noch tadellos erhalten und besonders das Etikett mit dem Preis noch an ihm befestigt, so hatte der Käufer das Recht, den Betrag für seinen Kaufgegenstand bei dem betreffenden Rayonchef zurückzufordern.

«Heureka!»,[8] rief ich sofort aus. «Das ist der Weg, um meinen bescheidenen Wechsel von monatlich 300 Franc ganz erheblich aufzubessern!» Anstatt irgendeinen Gegenstand, wie etwa einen silbernen Serviettenring zum Preis von 12,50 Franc, ein Messer für 9,75 Franc oder eine goldene Kette für 45 Franc umständlich zu kaufen, wollte ich mir ganz einfach den Gang zur Kasse sparen und mir meinen Bedarf ohne Hilfe des betreffenden Verkäufers «selbst verkaufen». Dann wollte ich von dem Recht Gebrauch machen, das die großen Pariser Warenhäuser dem Publikum einräumen, am nächsten Tag frisch und fröhlich – oder vielmehr frech und fröhlich – mit dem Artikel zum Rayonchef gehen und mir den auf dem Gegenstand verzeichneten Preis bar zurückzahlen lassen.

War das nicht klar wie der helle Tag? Gedacht, getan! Es war am 4. November 1888, als ich meine Streifzüge durch die Warenhäuser in den Grands Magasins du Louvre begann und damit zugleich meine gefährliche, wenn auch ertragreiche Laufbahn betrat, auf der ich innerhalb fünfzehn Jahren – 1888 bis 1903[9] – mehr als zweihundert Diebstähle zu verzeichnen hatte, deren Gesamtwert sich auf mehr als sieben Millionen Franc belief, und die mir selbst in bar rund zwei und eine halbe Million Franc einbrachten.

Dieser 4. November 1888 steht mir für immer unauslöschlich vor Augen. Es war ein regnerischer Nachmittag; eine Unmenge Damen aus dem Mittelstand, denen man auf tausend Schritt die Provinz ansah, füllten den Louvre, um ihre Einkäufe für daheim zu besorgen. Während sie umständlich allerhand schöne Dinge nach ihrem Geschmack aussuchten, wählte ich ebenfalls ganz nach meinem Geschmack. Ich war hierbei hinsichtlich der künstlerischen Arbeit nicht allzu anspruchsvoll, sondern sah mehr auf Gewicht und Metallwert des Gegenstands sowie auf eine Auszeichnung, die so hoch wie möglich sein musste.

Jung und schlank, wie ich war, blieb ich unter dem Hin- und Hergewoge von gebauschten Röcken und Umhängen der ebenso holden als gewichtigen Frauen so unsichtbar wie ein zierliches Häschen im üppigen Kohlfeld. Es war gerade Ausverkaufstag im Louvre. Ich näherte mich allmählich einem der Glaskästen mit Silberzeug, an dem ein Verkäufer zwei Riesendamen bediente. Um zu sehen, ob der Verkäufer auf mich achtete, nahm ich zunächst einen großen silbernen Suppenlöffel in die Hand. Da der Kommis[10] mich beschäftigt sah, einen so umfangreichen Gegenstand zwecks Ankaufs zu betrachten, kam er wohl überhaupt nicht auf den Gedanken, dass ich ein angehender Langfinger sein könnte, und kümmerte sich infolgedessen nicht allzu sehr um mich. Das war es, was ich gewollt hatte. Während nun der Verkäufer den beiden Frauen mit ungeheurem Eifer den künstlerischen Wert gewisser Gravierungen auf einer Salatschüssel auseinandersetzte, erhaschte ich den günstigen Moment, bemächtigte mich eines silbernen Serviettenrings, dessen Preis mit 12,50 Franc ausgezeichnet war, und ließ ihn geschickt in die Hintertasche meines Rocks gleiten.

Endlich! Der erste Schritt war getan. Und immer ist es nur der erste Schritt, der Mühe macht … Ich verließ nunmehr sehr rasch die Silberwaren-Rayon[11] und das Warenhaus, im tiefsten Herzen selbst darüber betroffen, wie schnell und mit wie geringen Schwierigkeiten ich in wenigen Minuten aus einem ehrenhaften Menschen zum Dieb geworden war.

Ich hatte innerlich aber doch unsägliche Angst gehabt, verhaftet zu werden oder sonst wie durch den Diebstahl in des Teufels Küche zu geraten; die Willenskraft und natürliche Sicherheit, die ich besaß, hätten bei meinem neuen schimpflichen Beruf fast versagt.

Ich begab mich sofort nach Hause. Kaum zwischen den vier Wänden meines Zimmers in Sicherheit, zog ich den Serviettenring aus der Tasche und betrachtete ernst die Beute meines ersten Vergehens. Lange saß ich wie hypnotisiert vor dem Ring, und immer wieder fragte ich mich: Soll ich diesen Beweis meiner Ehrlosigkeit und Schande zerbrechen – den kleinen zierlichen Ring, der mich zum Verbrecher gemacht hat, mit Ekel in die Gosse schleudern? Oder soll ich ihn behalten und am nächsten Tag zum Magasin du Louvre gehen, um mit eiserner Stirn den ausgezeichneten Preis von 12,50 Franc als angeblich bezahlt zurückfordern? Aber die Zeit des Schwankens musste vorbei sein. Ich hatte die Suppe eingebrockt, ich musste sie auslöffeln – musste vorwärtsgehen, ohne nach rechts und links zu sehen, um den Millionenschatz zu finden, den wahren, einzigen Zauberstab zu erringen, der mir alle Genüsse dieser Erde erschließen konnte. So schlief ich denn am Abend dieses 4. Novembers 1888, wenn auch nicht den Schlaf der Gerechten, so doch immerhin ruhig, in der Überzeugung, dass diese wenigen Francs den steinreichen Besitzern des Louvre wenig ausmachen würden. Aber wenn ich auch tief und fest schlief, so schlug mir doch am nächsten Morgen umso mehr das Gewissen, und ich war nicht weit davon entfernt, meine Pläne wieder aufzugeben. Doch mein Entschluss und mein Wille behielten die Oberhand. Als ich um neun Uhr morgens angekleidet in der Tür stand, im Begriff, den Lohn meines Diebstahls zu holen, sagte ich mir: «Vorwärts!», und noch bevor ich mein Frühstück genossen oder irgendetwas anderes unternommen hatte, ging ich direkt zum Louvre, begab mich keck und ohne sichtbare Verwirrung zu dem Chef des Silberrayons und berichtete ihm, ich hätte am vorigen Tag diesen Serviettenring für meine gelähmte Tante gekauft; aber obwohl sie mir den Auftrag gegeben hätte, gerade einen solchen Ring zu kaufen, gefiele ihr dieser doch durchaus nicht; sie schicke mich daher mit der Bitte um Rückgabe der 12,50 Franc, die ich den Tag vorher gezahlt hätte.

Während ich dem Rayonchef diese Rede hielt, blickte ich ihm fest und treuherzig ins Gesicht, und meine Augen spiegelten die Ehrenhaftigkeit des Jünglings wider, der ich damals dem Alter nach auch noch war. Wenn ich wirklich eine kleine Erregung bei diesem ersten Schritt auf dem Weg des Verbrechens gezeigt habe, so wurde diese sicher auf Rechnung der Befangenheit des harmlosen jungen Mannes gesetzt, der von seiner Tante gescholten worden war und nun, um nicht noch mehr Ärger zu haben, betteln musste, dass man ihm das Geld wiedergab.

Endlich – uff! – stellte mir der wackere Chef, offenbar durch den kindlichen Ausdruck meines unschuldigen Gesichts bewogen, den Bon aus, der mich zur Abhebung des Geldes berechtigte. Ich begab mich in Begleitung eines vom Empfangschef herbeigerufenen Kommis zu der Kasse, die ich noch nie in meinem Leben gesehen hatte, und erhielt prompt die 12,50 Franc zurück.

Ich entsinne mich noch lebhaft dieses ersten Geldes, das ich als Handgeld in meinem neuen Beruf empfing, und des seltsamen Gefühls, als mir die Summe von dem Opfer selbst, das ich bestohlen hatte, ausgezahlt wurde.

Ich nahm dieses Geld an der Kasse mit einer gut gespielten Nervosität entgegen. Sie schien mir notwendig und leicht begreiflich bei einem armen jungen Mann, der sich von den Vorwürfen seiner cholerischen Tante befreit sieht und das ersehnte Geld wieder in Händen hält.

Merkwürdig! Anstatt mir nun mit diesem Geld sofort einen vergnügten Tag zu machen, legte ich es still und ernsthaft beiseite. Wohl war es keine große Summe, aber immerhin doch ein Anfang, und brachte mich meinem Ziel der stolzen, rauschenden Welt dort draußen wenigstens um ein Haarbreit näher.

Aber ich sah es nur zu rasch ein – ich hätte alt wie Methusalem werden müssen,[12] um die beträchtlichen Summen zusammenzustehlen, die ich für mein Debüt in der Welt brauchte, wenn ich immer nur Beträge von 12,50 Franc aufeinanderhäufte. Allerdings war ich in dem von mir gewählten Beruf wirklich fleißig. An demselben 5. November 1888, an dem ich mir das Geld für den Serviettenring, den ich im Louvre «gekauft» hatte, wiedergeben ließ, ging ich in meinem eigenen Stadtviertel in das große Warenhaus des Bon Marché, um dort meinen Antrittsbesuch zu machen. Wie im Louvre suchte ich eine der Abteilungen auf, wo sich wenig umfangreiche Gegenstände von größerem Wert befanden, und als ich eine reich ausgestatteten Rayon mit in Elfenbein geschnitztem chinesischem und japanischem Nippes erblickte, entschloss ich mich für diesen. Während der Verkäufer vollauf durch die Kunden in Anspruch genommen war, ließ ich zwei kleine japanische sich fächelnde Püppchen in meine Tasche gleiten.

Ich verließ das Warenhaus, ohne mich allzu sehr zu beeilen, und begab mich in ein benachbartes Café, um meine Püppchen genauer zu betrachten. Es war wundervoller Elfenbeinnippes zum Preis von 48 und 65 Franc.

Ohne mich weiter aufzuhalten, rufe ich den Kellner, zahle meine Zeche, verlasse das Café und kehre zum Bon Marché zurück, um mir das Geld geben zu lassen, auf das ich «Anspruch hatte».

Wieder wandte ich mich an den betreffenden Rayonchef[13], erzählte ihm, dass ich den Nippes gekauft hätte, um ihn einer jungen Dame zu schenken, bei näherem Nachdenken ihn jedoch nicht für zweckentsprechend hielte.

Der Rayonchef, der gerade nicht die Zeit hatte, um die Sache genügend aufzuklären, rief ohne Weiteres einen Gehilfen und beauftragte ihn, mir den Rückzahlungsbon auszustellen. Das Geld wurde von mir einkassiert, und ich verließ mit den so leicht verdienten schönen 20-Franc-Stücken ruhig und gesittet das Haus.

Ich eilte in meine Wohnung und legte dort die 113 Franc zu den 12,50 Franc, die man mir am selben Tag im Louvre «zurückerstattet» hatte. 125,50 Franc in weniger als vierundzwanzig Stunden! Das Debüt war nicht schlecht …

Nachdem ich drei- bis viermal in die verschiedenen Rayons des Louvre zurückgekehrt war, und ebenso oft des Bon Marché, beehrte ich in gleicher Weise das Magasin du Printemps und andere mit meinen «Einkäufen».

Aber nach fünf bis sechs Wochen gab ich diese erste Spezialität meines Spitzbubenberufs auf, um mich einer weniger umständlichen und einträglicheren Branche zuzuwenden. Ehe ich von dieser berichte, möchte ich erst beschreiben, wie es während dieser Zeit in meinem Geiste aussah.

IV

DIE LEHRZEIT

Lange Stunden saß ich in meiner Stube in einem Sessel, träumte, grübelte und entwarf meine Pläne für den künftigen Feldzug, den ich der Gesellschaft liefern wollte. Mein Verstand sagte mir, dass in der heutigen Welt, wo in Politik, Handel, Industrie und Wissenschaften Intelligenz, Mut und Entschlossenheit so oft zum Ziel führten, diese Eigenschaften ebenso sehr auf dem Gebiet des Verbrechens von Wert sein und zum Erfolg verhelfen müssten. Ich sagte mir ferner, dass in dieser Welt Mann gegen Mann steht – dass ebenso, wie der Politiker durch einen anderen intelligenten, verschlagenen, skrupellosen Politiker gestürzt wird – wie der Kaufmann durch einen anderen überholt wird, der auch nur Kaufmann ist, aber unternehmender und schneidiger – dass ebenso der gerissene, entschlossene und helle Spitzbube, dem nichts mehr heilig ist, noch viel leichter und sicherer auf seinem Gebiet sie alle, den Kaufmann, Politiker oder sonst wen, übers Ohr hauen könnte. Ich sagte mir endlich, dass es für einen solchen Schelm völlig überflüssig und erzdumm wäre, wollte er sich falscher Schlüssel, des Messers, Hammers oder Revolvers bedienen; denn in der Verbrecherlaufbahn, wie überall, müssten die geistigen Fähigkeiten es weiterbringen als die rohe Gewalt. Und wenn ich mich in der Welt umsah, musste ich ebenfalls erkennen, wie sehr die Schicksale anderer Verbrecher mir recht gaben; ich fand keinen einzigen, der durch Gewalt oder Mord zu seinem Ziel gelangt wäre, während es diesseits und jenseits des Ozeans eine recht ansehnliche Zahl von Leuten gab, die durch Schwindeleien und Betrügereien aller Art mithilfe ihres elastischen Gewissens und ihrer geschickt angewendeten Begabung sich ein hübsches Sümmchen beiseitegelegt und vortrefflich für ihr ehrwürdiges Alter gesorgt hatten.

Von vornherein war mir klar, dass, wenn man etwas unternimmt, man sich entweder die denkbar größte Geschicklichkeit für seine Aufgabe aneignen oder besser gar nicht anfangen müsse. Ich sagte mir weiter, dass ich in meinem gefährlichen Beruf vor allem höchste Schlauheit, Selbstbeherrschung und unbeugsame Willenskraft, eine völlige Unbeweglichkeit und eiserne Ruhe des Gesichts, dieses Spiegels der menschlichen Seele und der Gefühle, besitzen musste, wollte ich auf Erfolg rechnen. Ein Verbrecher muss ständig eine Rolle spielen, eine Maske tragen, die sich absolut von seiner Person unterscheidet; er muss Eigenschaften heucheln und Eindrücke erwecken, die ganz im Gegensatz zu seinem wahren Wesen stehen. Ehe ich also den Kampf mit der Gesellschaft aufnahm, musste ich diese Kunst bis zur Vollendung beherrschen, und die Lehrzeit, die ich mir zu diesem Zweck bei Beginn meiner Hochstaplerkarriere selbst auferlegte, hat mir im weiteren Verlauf meines Lebens in zahlreichen verzweifelten Abenteuern unglaublich genutzt und mich oft vor Verhaftung und schwerer gerichtlicher Strafe gerettet. Wie häufig hat nur die Sicherheit meines Auftretens und die völlige Unbeweglichkeit meines Antlitzes die Polizei von meiner Spur abgelenkt, während jede Verwirrung, jeder Fluchtversuch mich meinem Schicksal überliefert hätte. Aber niemals hat mir diese Beherrschung meines Gesichtsausdrucks und meiner inneren Empfindungen mehr genutzt als vierzehn Jahre später – 1901 bis 1902 –, als ich mich in der schwierigsten Lage in Berlin befand, wo mich eine Strafe von sieben bis zehn Jahren Gefängnis erwartete, und ich den festen Entschluss fasste, durch lange Monate in jeder Bewegung, jedem Zucken meines Gesichts die Maske des Irrsinns festzuhalten – als ich dann 1903 im täglichen Verkehr mit den Ärzten und dem Personal des Festen Hauses zu Herzberge die Rolle des ruhigen, resignierten Mannes durchführte, bis ich endlich im richtigen Moment mir selbst die Freiheit wiedergeben konnte, die mir für den ganzen Rest meines Lebens abgesprochen war.

Ich werde noch oft in diesem Buch Gelegenheit haben, von dieser nötigen Ruhe und Selbstbeherrschung zu sprechen. Zunächst möchte ich beschreiben, wie ich diese Lehrzeit durchmachte, die mich zum internationalen Hochstapler ausbilden sollte. Ich wohnte in der Rue des Carmes in einem bescheidenen, aber geräumigen Zimmer, das unter anderem zwei Sessel und einen großen, günstig platzierten Spiegelschrank besaß. Dieser Spiegelschrank war es, dem ich ganz wesentlich den Erfolg meiner späteren Unternehmungen verdanke. Ehe ich mich entschloss, zum Dieb und Abenteurer zu werden, hatte ich mich um diesen Spiegel nur gerade so weit gekümmert, als er mir für meine Toilette nötig war; aber seitdem ich mich für mein neues Leben entschieden hatte, schloss ich ihn leidenschaftlich in mein Herz. Sollte er mir doch zu der Erkenntnis verhelfen, welchen natürlichen Ausdruck mein Gesicht in dieser und jener Lage trug und wie ich ihn im gegebenen Augenblick entsprechend zu ändern und einen anderen an seine Stelle zu setzen hatte! Zu diesem Zweck rückte ich, bevor ich zum Louvre, Bon Marché oder Printemps ging, einen Sessel vor den Spiegelschrank und stellte mir mithilfe meiner Fantasie vor, wie beispielsweise der Ausdruck meines Gesichts sein müsste, wenn ich ein Warenhaus betrat, um irgendeinen Gegenstand zu entwenden. Ich gab meinen Zügen nun den geeigneten Ausdruck, verbesserte ihn ständig nach bestem Ermessen, gab ihn wieder auf und wiederholte den gedachten Diebstahl hundertmal, bis jeder Zug der Maske, die ich für diesen bestimmten Zweck brauchte, sich untrüglich in mein Gehirn eingeprägt hatte. Ich werde freilich nicht sagen, wie der Ausdruck des Gesichts in solcher Lage sein muss, denn ich will nicht in den Verdacht kommen, Dieben und Hochstaplern hier Unterricht zu geben.

Nachdem ich mir für einen bestimmten Zweck eine Maske genau eingeprägt hatte, ging ich sofort zu einer anderen über; zum Beispiel wie ich aussehen müsste, wenn ich mir vom Rayonchef das Geld für den Gegenstand zurückgeben ließ, den ich ihm tags zuvor oder am selben Tag gestohlen hatte, wie ich mich möglichst natürlich und unauffällig entfernen müsste, nachdem ich das Geld erhoben hätte – und so unzähligen Rollen, Bestellungen und charakteristischen Gesichtszügen in den verschiedensten Lagen. Ich verbrachte mit diesen «Studien» lange Nachmittage und ging nur sehr selten aus, und während meine Kommilitonen glaubten, dass ich strebsam, fleißig und sparsam geworden war, wandte ich alle meine Zeit daran, zum Dieb zu werden.

V

EXPERIMENTE

Aber vom Lehrling zum Gesellen und Meister ist es ein weiter Weg, und von den Versuchsstudien vor dem Spiegel meiner Stube bis zur vollendeten Darstellung meiner Rolle in der Öffentlichkeit galt es, noch manche harte Nuss zu knacken. Obwohl ein unerschütterlicher Wille mich vorwärtstrieb, wurde es mir doch nicht leicht, bei meinem Alter, in dem man an und für sich wenig Sicherheit und Selbstbeherrschung besitzt, und bei meinem lebhaften Temperament das Aussehen größter Ruhe und Harmlosigkeit festzuhalten.

Unglücklicherweise gab es für mich noch eine besondere Schwierigkeit, mein Gesicht in die verschiedenen Masken zu verändern; es war dies der natürliche Ausdruck meines Antlitzes und meiner – wie ich ohne Eitelkeit in diesem Zusammenhang wohl erwähnen darf – sprechenden Augen, die für jedermann, mit dem ich redete, ein treuer Spiegel meines Inneren waren und alle meine Gedanken verrieten. Diesen natürlichen, offenen, lebhaften Ausdruck meines Gesichts musste ich von vornherein erst verschwinden lassen, ihn gewissermaßen in der Garderobe ablegen, um ihn durch die steinerne, undurchdringliche Maske zu ersetzen, die es unmöglich machte, in meinen allzu verräterischen Augen zu lesen.

Außer meinen regelmäßigen Lehrstunden ging ich jedes Mal kurz vorher, ehe ich mich aufmachte, um im Warenhaus zu stehlen, meine Rolle erst noch einmal gründlich durch und prägte mir zum tausendsten Mal alle Verhaltungsmaßregeln ein, die ich mir für mein neues Handwerk aufgestellt hatte.

Es handelte sich vor allem darum, selbst die Blutwelle, die mir ins Gesicht stieg, zurückzudrängen und immer, immer mehr Herr meines Ausdrucks zu sein, durchaus und allen Zwischenfällen gegenüber unbefangen und ruhig zu erscheinen, und, während ich die Rolle eines Käufers spielte, mir vollständig selbst zu suggerieren, dass ich wirklich als harmloser, ehrenhafter Kunde das Geschäft betreten hatte. Es galt endlich, wenn ich später beanspruchte, dass man mir das Geld für meinen «heimlich gekauften» Gegenstand zurückerstatte, tatsächlich von der Überzeugung durchdrungen zu sein, dass ich diesen Gegenstand nicht gestohlen, sondern gekauft und voll bezahlt hatte. Mit einem Wort, ich musste mich gänzlich mit meiner Rolle identifizieren und völlig vergessen, dass ich nur eine Rolle spielte. Denn nur so durfte ich hoffen, auch andere zu überzeugen.

Um die Probe zu machen, wie weit ich in meiner Kunst gelangt war, stellte ich zunächst einen «experimentellen» Versuch an. Im selben Haus, einen Stock unter mir, lebte einer meiner Landsleute namens R…, der heute einer der größten Ingenieure Rumäniens ist, ein famoser Bursche, den ich hin und wieder besuchte.

Eines Morgens gegen neun Uhr ging ich zu ihm. Er war im Begriff, sich anzuziehen, nachdem er eine fröhliche Nacht mit seinem Schatz verlebt hatte. Das junge Mädchen verabschiedete sich gerade von ihm, und wir blieben allein in der Stube zurück. Ich war ausdrücklich zu dem Zweck gekommen, mich Auge in Auge mit ihm zu prüfen, ohne ihm wirklich etwas zu entwenden. Der Zufall kam mir zu Hilfe. Auf dem Kamin lagen zwei Herrenringe im Wert von etwa 500 Franc. Sofort war mein Plan gefasst. Während er sich noch ankleidete, ließ ich im günstigen Moment die beiden Ringe in meine Tasche gleiten. Dann unterhielt ich mich weiter möglichst lebhaft mit ihm; dabei richtete ich meine Augen durchdringend auf die seinigen, zwang ihn, an meinen Lippen zu hängen und seine ganze Aufmerksamkeit auf mich zu konzentrieren. So hielt ich ihn möglichst von seiner Toilette ab, damit er sich verspäte und die beiden Ringe anzustecken vergesse, die er übrigens, wie ich wusste, als Sportsmann nicht immer trug. Ich beabsichtigte natürlich damit, dass er das Verschwinden der Ringe nicht sofort bemerkte. Als er endlich den Rock angezogen hatte, forderte ich ihn sofort auf, seine Mütze zu nehmen und mit mir in die Pförtnerloge hinab zu kommen, um mir seine neue Erfindung eines «motor tricycle»[14] auseinanderzusetzen, deren Modell er im Erdgeschoss unter Aufsicht des Pförtners stehen hatte. Es war dies eine Konstruktion, die er stets mit großem Stolz seinen Freunden und besonders seinen Landsleuten zeigte. Denn dieser spätere Ingenieur R... hatte tatsächlich den Gedanken zuerst praktisch ausgeführt, Motoren mit Fahrzeugen zu verbinden, und zwar bereits im Jahre 1888. Nachdem ich mich von der «Erhabenheit» seiner Idee eine gute Stunde lang hatte überzeugen lassen, nahm ich Abschied von ihm, um in der Kneipe zu frühstücken, während er mit seinem Motordreirad längs der Seine-Quais fortfuhr. An diesem Tag sah ich R… nicht wieder. Aber am nächsten Morgen hörte ich bereits um sieben Uhr heftig an meine Tür klopfen. Als ich die Stimme R…s erkannt und ihm geöffnet hatte, stürmte er in mein Zimmer und erzählte mir, dass man ihm tags zuvor zwei Ringe gestohlen habe. Statt auch nur die geringste Verwirrung zu zeigen – denn tatsächlich galt es ja nur als ein Experiment, eine Schulung, die ich auf seine Kosten, aber ohne die Absicht, ihn zu schädigen, anstellte –, antwortete ich ihm, dass er sie sich wahrscheinlich in irgendeiner Nachtkneipe mit Damenbedienung habe abschmeicheln lassen, aber dass sicher niemand ihm seine plundrigen Ringe stehlen würde. Mein Phlegma brachte R… ein wenig aus der Fassung, aber dennoch blieb er bei seiner Ansicht und erklärte mir schließlich, dass niemand anders ihm die Ringe gestern Morgen gestohlen haben könne als ich.

Obgleich ich zu so früher Stunde noch im Nachthemd war, hielt ich doch den Moment für gekommen, die Probe aufs Exempel zu machen und die absolute Ruhe zu zeigen, die ich erwerben und mir für meine ganze zukünftige Hochstaplerkarriere bewahren wollte. Bei dieser Beschuldigung stemmte ich also beide Hände in die Hüften, bohrte meine Augen in die seinigen und fragte ihn, ob er betrunken oder verrückt sei. Er antwortete, er sei weder das eine noch das andere und verlange einfach seine Ringe zurück. Ich zog hierauf meine Pantoffeln an, setzte mich in einen Sessel und forderte ihn auf, ebenfalls Platz zu nehmen, und zwar hatte ich mich so platziert, dass ich von Zeit zu Zeit einen Blick in meinen Spiegelschrank werfen konnte, ohne dass er diese rasche, aber sorgfältige Prüfung zu bemerken vermochte. Ich blickte ziemlich häufig hin, um mich über jedes Zucken meines Gesichts, jedes Blinzeln meiner Augen während dieser Szene zu informieren, die sich leider so unendlich oft in bitterem Ernst vor unzählig vielen Kommissaren, Klägern, Untersuchungsrichtern und Ärzten in meinem späteren Leben wiederholen sollte.

Der arme R... war außer sich, schimpfte und drohte mir sogar, den Verlust bei der Polizei anzuzeigen. Ich ließ ihn ruhig toben und fluchen. Auf seine Drohung erwiderte ich stolz, dass ich mit Rücksicht auf meine «fleckenlose Vergangenheit» über jeden Verdacht erhaben sei. Ich konnte mich ja auf diese sogenannte ehrenhafte, wenn auch noch so kurze Vergangenheit ganz gut berufen, denn er kannte weder meine Jugendstreiche noch die Besuche, die ich den Warenhäusern bereits abgestattet hatte. Ich legte es sogar R... nahe, ob es nicht sein Herzensschatz gewesen sei, der ihm den kleinen Dienst erwiesen hätte. Kavalier vom Scheitel bis zur Sohle, geriet er über eine solche Beschuldigung meinerseits noch mehr in Entrüstung: Seine kleine Freundin sei das schönste, klügste und tugendhafteste aller Mädchen, die je einen Studenten mit ihrer Liebe beglückt hätten – ein altes Lied, das alle verliebten Narren von zwanzig Jahren singen. Immer wieder fand ich neue Einwände, gab ihm schlagende Antworten auf seine Vorwürfe und Klagen und hielt ihn ständig kaltblütig in Schach. Die Szene verlief genau so, wie ich es gewünscht hatte – als eine Schulung für den künftigen Kampf, den ich derselben Gesellschaft liefern wollte, der dieser junge Mann vor mir angehörte.

Als der arme Bursche schließlich sah, dass er mir niemals ein Geständnis entreißen oder mich bei einem Widerspruch ertappen würde, erklärte er mir zum Schluss, indem er sich zum Gehen wandte, dass er in Zukunft mich weder bei sich zu sehen noch zu kennen wünsche. Ich fasste ihn jedoch trotz seines Widerstrebens am Arm und forderte ihn auf, vernünftig zu sein und nicht ohne Grund und Beweis mit mir zu schmollen.

Er war ein guter Junge und von vorzüglichem Charakter. Er drehte sich plötzlich zu mir herum und blickte lange, sorgfältig, tiefernst in meine Augen. Ich erwiderte seinen Blick. Kein Muskel zuckte in meinem Gesicht, obwohl mir das Herz schlug. Mit einem Mal nahm er mich in die Arme, küsste mich und bat mich, ihm zu verzeihen, dass er mich beleidigt habe. Ich selbst war aufrichtig bewegt, obwohl ich es nicht zeigte. Die traurige Rolle, die ich mir auferlegt hatte zu spielen, verbot es mir, ein Herz zu haben.

Wir schieden als die denkbar besten Freunde. Aber immerhin fand ich, dass dieser Scherz – oder richtiger, dieses Experiment – lange genug gedauert hatte. Ich ging daher in den Jardin de Cluny, wo ich für alle Fälle die Ringe versteckt hatte, nahm sie aus ihrem Versteck und begab mich den Tag nach meiner Aussöhnung mit R… von Neuem zu ihm. Der gute Kerl empfing mich mit offenen Armen und offenem Herzen. Wir tranken ein Gläschen Kognak zusammen. Dann zeigte er mir seine neuen Entwürfe für einen künftigen «verbesserten» Dampfmotor. Während er sich über den kleinen Tisch lehnte, um mir alle Details seiner Zeichnung auseinanderzusetzen, ergriff ich den günstigen Moment und warf die beiden – damit sie nicht klirrten, in Zigarettenpapier gewickelten – Ringe hinter den Waschtisch.

Ich schlug ihm nun vor, auf der «anderen Seite des Wassers» – wie man im Quartier Latin das Paris jenseits der Seine nennt – einen Spaziergang zu machen. Er war einverstanden. Während er im Begriff stand, die Kleider zu wechseln, tat ich, als ob mir plötzlich der Gedanke kam, alle Möbel abzurücken und nochmals die Ringe zu suchen. Er bemerkte, dass er schon alles auf den Kopf gestellt habe, aber trotzdem gern bereit sei, mir beim Suchen zu helfen. Wir machten uns ans Werk, und es wird nicht überraschen, dass ich das Glück hatte, nach kurzem Suchen die Ringe unter dem Waschtisch zu finden.

Er war wie versteinert und konnte sich diese unerwartete Auffindung seiner verlorenen Schätze nicht erklären. Ich wies ihm mathematisch nach, dass diese kleinen Objekte zweifellos von dem Kamin herab dorthin gefallen sein müssten und dass er sie bei seinen ersten Recherchen nicht entdeckt hätte, weil die Wand dort gerade eine dunkle Ecke bildete.

Ich brauche wohl nicht zu bemerken, dass ich das Zigarettenpapier, in das die Ringe gewickelt waren, geschickt und unbemerkt von R… entfernt hatte.

Alles war also wieder auf das Beste in dieser denkbar besten aller Welten bestellt. R… hatte seine Ringe, und mir war das Experiment, ob ich wirklich meine Augen und den Ausdruck meines Gesichts zu beherrschen wusste, auf das Schönste gelungen.

Jetzt hielt ich diesen Teil meiner Lehre für beendet, und nach den Resultaten zu urteilen, habe ich meine Zeit nicht allzu schlecht angewandt. Aber mein Gott! Mit welch unsäglicher innerer Unruhe und Befangenheit, wenn auch ohne sichtbare Verwirrung, führte ich meine Aufgabe dann praktisch durch. Ich verdankte es besonders das erste Mal nur der Kürze der Szene, dass ich mich nicht verriet; hätte ich an jenem 4. November 1888 nur noch eine Sekunde länger vor der Entscheidung gestanden, ehe ich den zum Diebstahl günstigen Augenblick erwischte, hätte sich am nächsten Tag die Komödie der Rückgabe des Serviettenrings nur um ein wenig mehr hingezogen – ich glaube bestimmt, dass ich mich an beiden Tagen schließlich doch verraten hätte, und zwar durch die immer wachsende Röte, die mir auf Stirn und Wangen brannte; denn damals konnte ich noch erröten. Aber trotz dieser herzbeklemmenden Minuten schwankte ich nicht einen Augenblick, den Weg fortzusetzen, an dessen Ende das ersehnte Ziel mir winkte.

Bald jedoch handelte es sich für mich um andere, nicht weniger wichtige Studien, wollte ich meine Laufbahn als ein «Fürst der Diebe» zurücklegen.

Wie ich bereits erzählte, erkannte ich nach einigen Besuchen in den großen Warenhäusern von Paris, dass die von mir hier erzielten Gewinne mir keine Millionen abwarfen und in keiner Weise meinen Idealen entsprachen. Ich sagte mir, dass ich lediglich meine kostbare Zeit verlor und überdies meine Freiheit wagte, nur um allerhand Nippes zu entwenden und mit ihm relativ dürftige und schwankende Einnahmen zu erzielen. Ich sagte mir endlich, dass ich auf diesem Wege vermutlich einige Hundert Jahre brauchen würde, um mit den erforderlichen Mitteln in die Kreise zu gelangen, wo die Goldfischchen herumplätschern, und dass ich dementsprechend, wenn auch nicht ganz die patriarchalische Würde, so doch das respektable Alter des braven Methusalem erreichen würde, bevor ich viere langfahren[15] könnte. Ich sah also ein, dass ich meine Verhältnisse durch größere Umsätze und entsprechend höheren Reingewinn sanieren musste. Wie in allen Lagen meines Lebens zögerte ich nicht lange. Ich beschloss demnach, den schäbigen Warenhäusern meine schätzbare Kundschaft zu entziehen und meine ganze Sympathie den Pariser Goldwarengeschäften zuzuwenden. Zu diesem Zweck siedelte ich einige Tage vor Weihnachten 1888 in das gelobte Land des Faubourg Saint-Antoine[16] über, wo die großen Engros[17]-Goldwarenhäuser ihre Bureaus haben, und mietete mir eine zweispännige Viktoria. Die notwendigen Adressen der Goldschmiede lieferten mir diese freundlichen Kaufleute selbst, die große Sorgfalt darauf legen, möglichst auffällig im Pariser Adressbuch zu prangen. Ich fing mit einem von ihnen an, der Antoine Bouchon – deutsch: «Pfropfen» – hieß, und den ein gütiges Schicksal offenbar bestimmt hatte, mir das erste «Pfropfengeld»[18] zu liefern. Um Goldketten zu annektieren, die an Umfang meine bisherigen Passionen, die Serviettenringe, japanischen Nippes und anderes nicht übertrafen, hatte ich keineswegs nötig, einen besonderen «Lehrkursus» durchzumachen, sondern brauchte nur die Geschicklichkeit und Geistesgegenwart, über die ich bereits verfügte, anzuwenden, um mich als Gauner mit diesen biederen Mitbürgern zu messen.

Ich stieg also mit der nonchalanten Blasiertheit eines Jünglings aus vornehmer Familie, der sich schon als angehender Grandseigneur fühlt, aus meiner Equipage. Ich lehnte es verächtlich ab, mich mit einem ganz gewöhnlichen Handlungsgehilfen abzugeben, und verlangte den Chef, Monsieur Bouchon, selbst; denn so jung ich war, wusste ich doch längst, dass wer dem anderen imponiert, schon gewonnenes Spiel hat – besonders bei den braven Parisern, die trotz ihrer äußeren republikanischen Tünche eine ausgesprochene Idiosynkrasie[19] für alles, was «von» ist, besitzen.

Mein Wunsch wurde sofort dem Chef mitgeteilt, und innerhalb einer Minute erschien er Hals über Kopf.

Ich nahm den Stuhl, den er mir anbot, und informierte ihn, dass ich verschiedene Schmuckgegenstände – Manschettenknöpfe, goldene Ketten und Börsen – zu kaufen wünschte und mich an ihn wendete, da ich viel von seinem Geschmack in Goldschmiedearbeiten gehört hätte und vor allem wüsste, dass ich bei ihm die Sachen preiswerter bekäme als in den Ladengeschäften. Der edle Spießbürger war ganz entzückt von der Ehre, die ich ihm erwies, und vor allen Dingen tief gerührt über den vortrefflichen Ruf, den er nach meinen Angaben offenbar in weitesten Kreisen genoss.

Man möge es mir nicht allzu sehr verargen, wenn ich hier und an anderen Stellen mit einer Art Verachtung von manchen Geschäftsleuten spreche. Aber nichts ist mir aus meinen vielen Erlebnissen und Beobachtungen im Verkehr mit den Menschen so oft und widerlich aufgefallen und so fest in meiner Erinnerung haften geblieben als die geradezu menschenunwürdige, hündische Art, in der anerkannt wohlhabende, ja steinreiche Geschäftsleute speziell vor solchen Kunden kriechen und speichellecken, die sie durch solch ein «in Demut Ersterben» zu größeren Ankäufen zu bestimmen hoffen. Wer derart handelt, verkauft meines Erachtens genauso seine Ehre für Geld wie wir Spitzbuben, und mit solchen Leuten habe ich ebenso wenig Mitleid gehabt, wie ich für mich selbst Mitleid beanspruche.

Der gute Bouchon legte mir sofort eine reiche Auswahl der verschiedenen Gegenstände vor, die ich verlangt hatte. So weit ging also alles nach Wunsch. Nur war noch ein verteufelter Kommis zugegen, der absolut mit seinem Chef die Ehre teilen wollte, mich zu bedienen; dies war mir begreiflicherweise wenig angenehm, denn da jetzt vier Augen anstelle von zweien meine Hände überwachten, wuchsen die Schwierigkeiten ins Quadrat, mich in den Besitz der niedlichen blitzblanken Gegenstände zu setzen. Ich beeilte mich deshalb, mich zunächst von diesem allzu eifrigen Jüngling zu befreien. Um dies zu erreichen, ersuchte ich Monsieur Bouchon, mich einige neuere Entwürfe von Damenketten sehen zu lassen, da ich die Absicht hätte, eine solche nach Zeichnung für meine kleine Freundin arbeiten und reich mit Perlen besetzen zu lassen. Ich hatte richtig kalkuliert, dass sich diese verschiedenen Zeichnungen nicht im gleichen Kasten mit den anderen Schmucksachen befänden, sondern im Kontor des Chefs oder in der Werkstatt aufbewahrt würden. Monsieur Bouchon ließ sofort den jungen Mann die Entwürfe der Damenketten aus dem Zeichensaal holen und beauftragte ihn, die schicksten und modernsten Sujets auszuwählen.

Ich blieb also mit meinem Hauptgegner allein. Jetzt, wo es mir geglückt war, den Gehilfen für Minuten zu entfernen, war der günstige Augenblick gekommen. Denn schon hatte sich auf dem Ladentisch ein unentwirrbares Durcheinander von verschiedenen Schmuckgegenständen aufgehäuft. Ich übergab dem Chef mit der rechten Hand einige Ketten, damit er sie prüfe und mir seine Meinung über sie sage. Zugleich heftete ich meine Augen in die seinigen, als ob ich seinem Urteil mit Spannung entgegensähe, und fesselte durch meinen Blick und mein lebhaftes Sprechen seine ganze Aufmerksamkeit; zur selben Zeit lehnte ich mich mit dem Oberkörper über den Ladentisch, deckte so meine linke Hand, die langsam, gleichmäßig, unmerklich zwei andere Ketten an sich zog, und schon waren die beiden Ketten aus der linken Hand in die linke Tasche meines Überziehers gewandert.

Mein Zweck war erreicht. Nun galt es den Rückzug, und zwar einen Rückzug mit allen Ehren. Ich gab daher Bouchon einige verschmitzte Aufträge und bat ihn, mir die gewünschten Sachen an einem bestimmten Tag zu senden, indem ich ihm eine falsche Adresse angab. Ich zahlte ihm auch nichts an, um bei der relativen Geringfügigkeit meiner Aufträge nicht dadurch selbst ein Misstrauen gegen meine Bonität zu erwecken, und entschwand seinen verzückten Blicken.

Aber nun galt es, diese goldenen Ketten in gemünztes Gold zu verwandeln. Und das war etwas schwieriger.

Natürlicherweise konnte ich nicht dasselbe System gebrauchen, das ich im Louvre, Printemps und anderwärts angewandt hatte. Es hätte doch geheißen, die Unverschämtheit auf die Spitze treiben, wenn ich von Bouchon das Geld für die gemausten Ketten zurückverlangt hätte.

Erst einen Monat später gelang es mir, die Ketten für 120 Franc an einen Hehler abzusetzen, dessen Bekanntschaft ich im türkischen Bad gemacht hatte. Ich log ihm vor, dass ich ein Verhältnis mit der Tochter eines Juweliers hätte, die mir die Ketten zugesteckt hätte, um unser Liebesleben etwas sonniger zu gestalten. Dieser Hehler namens Charles B… wurde späterhin der, mit dem ich die meisten Umsätze machte und der mir im Verlauf meines Hochstaplerlebens für mehr als 1 200 000 Mark Schmucksachen abnahm. Er ist heute mehrfacher Millionär, ich dagegen weit ärmer als zu der Zeit, wo ich mein gefährliches Handwerk begann. Er hat niemals auch nur eine Stunde im Gefängnis gesessen, da er immer mit «Ehrenmännern» zu tun hatte, ich habe mehr als acht entsetzliche Jahre hinter Schloss und Riegel verbracht. Was mir recht war, ist ihm billig gewesen …

Mehr als ein Jahr lang hörte ich nichts mehr von meinem Freund Bouchon; erst in jenem Monat April 1890 nach meiner Verhaftung tauchte er vor Gericht wieder auf und trübte unsere bisher so angenehmen Beziehungen, indem er gleich der frommen Witwe in Konstanz, die mühsam ihr Scheit Holz zu Hus' Scheiterhaufen[20] heranschleppte, sein Scherflein dazu beitrug, mein Sündenregister zu vervollständigen.

Nachdem ich mich nunmehr für dieses Genre der Goldwarendiebstähle entschieden hatte, eröffnete sich mir ein weit ausgedehnteres und fruchtbareres Arbeitsfeld, als es die Warenhäuser gebildet hatten. Ungefähr vier Monate hindurch besuchte ich der Reihe nach fast alle renommierten Fabrikanten von Goldketten in Paris und ließ sie sämtlich, je nach den Umständen, mehr oder minder bluten. Immerhin aber beobachtete ich ein gewisses Maß – in der Beschränkung zeigt sich erst der Meister! – und erleichterte sie nicht mit einem Schlag um allzu viel; so kam es, dass viele von ihnen nach meinem Weggang das Verschwinden ihrer gestohlenen Schmucksachen gar nicht bemerkten und nicht ein einziger während der zwei Jahre 1888 bis 1890 eine Anzeige «gegen unbekannt» erstattete. Insgesamt brachten mir die vier Monate, während derer ich mit den Fabrikanten von Goldketten in Geschäftsbeziehungen stand, ungefähr 5000 Franc Reingewinn; das war schon mitzunehmen, aber ich sagte mir, dass es noch besser sein müsse.

Ich überlegte nun folgendermaßen: Ebenso gut, wie ich diese vier Monate spielend und ohne ertappt zu werden, die Fabrikanten mit einem Gewinn von 5000 Franc ausbeutete, konnte ich mir weit reichere Einnahmequellen erschließen, indem ich die Engros-Edelsteinhändler in ihren Bureaus aufsuchte und sie den anständigen Zuschuss zahlen ließ, den ich für meine neue Lebensführung benötigte.

Wie gewöhnlich entschloss ich mich rasch und verlor keinen Augenblick, mich in meinen neuen, noch aristokratischeren Beruf einzuarbeiten.

Ich habe schon erwähnt, dass ich zu jener Zeit – Anfang 1889 – bereits seit zwei Monaten das allzu bescheidene Quartier Latin und seine recht primitiven Cafés und Kneipen verlassen hatte und über die Seine gegangen war; jetzt wechselte ich nochmals mein Quartier und ließ mich in der Nähe der großen Oper, Rue de Magador, nieder.

Ich nahm dort eine geräumige, distinguiert möblierte Garçonwohnung[21], ließ mir eine ganze Equipierung[22] bei Blanc, einem der größten Pariser Schneider jener Zeit, anfertigen und mietete eine zweispännige Equipage zu meinem ausschließlichen Gebrauch bei Brion. Ich war ständiger Gast auf der Terrasse des «Café de la Paix», fehlte bei keiner einzigen Premiere der Boulevard-Theater und begann so Schritt vor Schritt in der großen Pariser Welt festen Fuß zu fassen. Was die Universität und mein Rechtsstudium betrifft, so war hiervon natürlich überhaupt keine Rede mehr, und selbst die Erinnerung an alle jene guten Vorsätze, mit denen auch bei mir der Weg zur Hölle gepflastert worden,[23] waren längst und ohne Gewissensbisse meinem Privatmuseum für Altertümer überwiesen.

Ich hatte das Quartier Latin ganz unauffällig verlassen, aber im innersten Herzen trug ich noch immer einen unsäglichen Hass gegen die anderen Studenten und vor allem gegen meine Landsleute. Ich empfand unser Verhältnis wie ein Duell – auf der einen Seite ich ganz allein, auf der anderen die ganze Bande dort drüben – unser Kampfpreis alle die Freuden dieser Erde, Luxus und unbegrenzter Reichtum – meine Waffe Ehrlosigkeit und Gerissenheit, ihre die stumpfsinnige Arbeit des Studiums, das Schnüffeln in alten Schmökern, der Wettbewerb um die Staatsanstellung, in der sie ihr blutleeres Wissen auszuschlachten hofften.

Es galt nunmehr, meine neueste Profession zur höchsten Vollendung zu bringen, bevor ich künftig bei den bedeutenden Engros-Edelsteinhändlern die kostbaren Steine fortzuzaubern versuchte.

Und wenn auch Wollen und Können zwei sehr verschiedene Dinge sind – wo wirklich das Wollen zum eisernen Willen wird, kann man alles erreichen! Das Wort «unmöglich» ist eins, das ich seit meiner zartesten Jugend aus meinem Wörterbuch gestrichen habe und das überhaupt für keinen Menschen, am wenigsten für einen Mann, existieren sollte.

Um also das zu können, was ich wollte, brauchte ich nur meinen Willen fest beim Genick zu packen und ihn während der neuen Phase meiner Lehrzeit bis zur erlangten Meisterschaft nicht eine Sekunde loszulassen.

Ich hatte durch Nachfrage bei meinem Hehler mich darüber informiert, dass die kostbaren Steine bei den Engros-Diamantenhändlern in Hüllen aufbewahrt werden, die sich wie Kästchen öffnen. In diesen Papierhüllen liegen die Steine bald auf Watte, bald direkt auf dem Pergamentpapier. Die Diamantenhändler vereinigen eine Anzahl dieser Hüllen in Portefeuilles, und zwar besitzen sie von Letzteren eins für Diamanten, das andere für Rubine, ein drittes für Saphire usw. Wenn nun einer dieser Händler etwas verkaufen will, öffnet er je nach der Art des Verlangten das betreffende Portefeuille und breitet die gewünschten Steine in ihren Hüllen auf dem Tisch vor seinem Kunden aus.

Ich machte mich also zunächst daran, ganz kleine Brotkügelchen, etwa in der Größe mittlerer Steine, zu formen. Ich schob fünfzehn bis sechszehn solcher Kügelchen in ein genau so zusammengefaltetes Papier, wie es die Edelsteinhändler benutzen, und legte mir dann selbst diese Auswahl vor. In meiner Person mussten sich mithin zwei Seelen vereinigen, Steinhändler und Dieb, und ich hatte beide Rollen zugleich zu spielen.

Ich begann mir zunächst den Kopf zu zerbrechen, wie ich es anstellen müsste, damit diese Steine da vor mir aus dem Besitz des Händlers in meinen übergingen. Es war mir selbstverständlich, dass der Händler seine Ware sorgfältig im Auge behalten würde; also – folgerte ich – musste ich den Händler noch sorgfältiger im Auge behalten und beschäftigen. Es handelte sich vor allem, wie bisher bereits, darum, den Gegner an Verschlagenheit zu übertreffen, ihn mit tausenderlei Fragen nervös zu machen, ihn den einen Stein bald abwiegen, bald mit einem Pendant zusammenstellen zu lassen, jetzt einen weißen, dann einen bunten Stein zu fordern und unzählige ähnliche Scherze zu treiben, bis er nicht mehr imstande war, Schwarz und Weiß zu unterscheiden; dann galt es im gegebenen Moment, den einen Stein aus dieser, den anderen aus jener Hülle verschwinden zu lassen, um endlich mit dem freudigen Bewusstsein redlich erfüllter Pflicht bescheiden und dankbar nach Hause zu wandern.

Damit aber meine Rechnung stimmte, war es vor allem nötig, dass in dem psychologischen Moment, in dem ich mich der geeigneten Steine bemächtigte, er, der Händler, trotz aller Aufmerksamkeit und allen Misstrauens – mit dem ich bei allen diesen Herren, die ich zu meinen künftigen Lieferanten ernannt hatte, von vornherein rechnete – absolut auch nicht das Geringste bemerken konnte. Nach vielen, tausendmal begonnenen und immer von Neuem aufgenommenen Versuchen war ich schließlich innerhalb vierzehn Tagen so weit, dass ich mich endgültig für ein bestimmtes System entschloss.

In dem Moment, in dem mir mein Vis-à-vis hinreichend erschöpft schien, wollte ich ihm mit dem Finger einen Diamanten von ungefähr vier Karat bezeichnen und ihn bitten, mir den Stein da abzuwiegen und ein Pendant zu ihm auszusuchen, da ich meiner Schwester ein Paar Solitäre von ganz genau übereinstimmenden Steinen zu ihrer Hochzeit zu schenken wünschte.

War der Händler von diesem Auftrag voll in Anspruch genommen, so wollte ich mich für einen Augenblick mit gelangweilter Miene in meinen Sessel zurücklegen. Wenn dann seine Beschäftigung naturgemäß noch immer andauerte, beabsichtigte ich, gewissermaßen mechanisch, nur um die Zeit totzuschlagen, mit Daumen und Zeigefinger einen Stein zu fassen und ihn zu prüfen. Indem ich aber anscheinend nur einen Stein mit zwei Fingern fasste, wollte ich in Wirklichkeit zwei Steine nehmen. Der eine würde sich sichtbar zwischen den Spitzen des Daumens und Zeigefingers befinden, der andere zu gleicher Zeit heimlich zwischen dem tiefer liegenden äußeren Rand des Daumens und dem dritten Finger, der sich quer unter den Daumen gelegt hatte. Indem so Daumen, Zeige- und dritter Finger sich scheinbar zu einem ganz natürlichen Trio zusammenschlossen, verschwand der zweite Stein vollständig für die Augen jedes Vis-à-vis, da er von dem Rand des dritten Fingers in das Fleisch des äußeren Daumens gepresst wurde. Der Händler würde also nur sehen, dass ich den einen Stein nahm, während ich in Wirklichkeit zwei zugleich ergriff; er würde mich demnach diesen einen Stein – den ich ja, um zu stehlen, in zwei Teile hätte schneiden müssen – nach Belieben betrachten lassen, umso mehr, da mein Gesicht und meine Haltung in ihrer völligen Ruhe nicht den geringsten Verdacht aufkommen lassen würden.

Um einen Edelstein, besonders einen Diamanten, zu prüfen und seine verschiedenen Fehler zu erkennen, muss man ihn mit dem Hauch seines Atems trüben; denn im andern Falle verhindert das Feuer des Steins die Feststellung etwaiger Mängel. Ich konnte also, während der Händler noch immer die Augen gesenkt hatte, um zwei gleiche Steine zusammenzustellen, den Stein ohne Bedenken meinem Mund nähern und während des Anhauchens den zweiten, den ich zwischen Daumen und drittem Finger verborgen hielt, in den Mund gleiten lassen und ihn einige Minuten zwischen Zähnen und Unterlippe behalten. Durch andauernde Übung mit meinen Brotkügelchen war ich schließlich so weit gelangt, nicht nur einen solchen gedachten Stein zwischen Zähnen und Unterlippe zu verstecken, sondern dabei auch zu plaudern, zu streiten und selbst zu lachen, ohne den Brotkügelchen-Stein dem supponierten[24] Händler an die Nase zu spucken; selbst eine zweite und dritte Kugel vermochte ich ebenso beiseitezuschaffen, ohne mich auch nur im Geringsten vor meinem Spiegel zu verraten. Später, in meiner Praxis, behielt ich jedoch nie mehr als einen Stein zu gleicher Zeit im Mund und gab den zweiten ostentativ dem Händler zurück, damit er das Gewicht und den Preis feststelle.

Was nun das Brotkügelchen betrifft, das ich soeben «gestohlen» hatte, so handelte ich folgendermaßen.

Ich gab mir vor dem Spiegel den Anschein, als ob ich einen Hustenanfall bekäme und ausspucken wollte; und da ich annahm, dass kein Spucknapf in der Nähe sei, und ich nicht auf die Erde speien wollte, zog ich ein Taschentuch aus meiner Tasche, um in dieses zu speien, und ließ gleichzeitig das entwendete Kügelchen in das Tuch gleiten.

Wenn ich später im Ernstfalle sah, dass der Händler nichts bemerkte und nicht den geringsten Verdacht hatte, wiederholte ich die Manipulation ein zweites und selbst ein drittes Mal genau ebenso und trug nur Sorgfalt, die Steine aus verschiedenen Hüllen zu nehmen, damit der Händler die Lücken nicht sofort bemerken konnte. Da solche Steine von drei bis vier Karat für gewöhnlich in der Zahl von zehn bis vierzig in derselben Hülle lagen, war es für den Händler schwierig, das Verschwinden eines einzigen Steins zu bemerken, besonders wenn er, wie erwähnt, durch meine Fragen, Wünsche und Ansprüche völlig in Atem gehalten wurde und auf mein ehrliches Gesicht vertraute.

Ich dachte bei meinen Experimenten auch an den Fall, dass der Händler in dem Augenblick, wo ich den Stein in den Mund gleiten ließ, den Diebstahl bemerkte, und übte mich an den Brotkügelchen, in diesem Falle einfach den Stein zu verschlucken und die anderen bereits gestohlenen Steine aus den verschiedenen Tüchern, die ich in allen meinen Taschen trug, zu den Füßen des Händlers unter den Tisch zu werfen, während ich ihn mit den Augen möglichst festhielt.

Da in den Geschäftsräumen dieser Händler meist Teppiche gelegt sind, würde dieser Stein beim Fallen kein Geräusch hervorgerufen haben. Wenn ich so von den Steinen befreit war und der Händler mich arretieren und durchsuchen ließ, konnte er nichts bei mir finden; er musste mich also wieder freilassen und im günstigsten Falle mir durch ein Schweigegeld Genugtuung geben. Dies ist auch wirklich einmal geschehen, wie weiter unten erzählt wird.

Es muss ein seltsamer Anblick gewesen sein, wie ich vierzehn Tage hindurch von morgens bis abends an meinem Tisch vor dem Spiegelschrank hantierte, die Brotkügelchen ein- und auspackte, bald redete, gestikulierte und scherzte, bald blasiert in meinem Sessel ruhte und unermüdlich die Brotkügelchen aus dem Seidenpapier in den Mund und von dort in mein seidenes Taschentuch spazieren ließ.

Wie sagt der alte Hesiod? «Vor die Tugend setzten die Götter den Schweiß ...»[25]

Nachdem ich es endlich zur Meisterschaft gebracht hatte, entschloss ich mich, den Diamantenhändlern meine freundschaftliche Zuneigung praktisch zu betätigen.

VI

DER MEISTERDIEB

Ein französisches Sprichwort behauptet: «Jede Arbeit verdient ihren Lohn.»

Ich beeilte mich daher, nachdem mir das Studium der sachgemäßen Behandlung von Edelsteinen so viel Mühe gemacht hatte, die Konsequenzen dieses Weisheitsspruchs zu ziehen.

Am 5. Mai 1889 – ich entsinne mich noch genau des Datums –, als eben die Weltausstellung eröffnet war und aus allen vier Enden der Welt die Fremden nach Paris strömten, hielt ich den Moment für günstig, um in der Edelsteinbranche meine ersten «Abschlüsse» zu machen. An diesem Tag gegen vier Uhr nachmittags holte mich meine Viktoria vom «Café Anglais»[26] auf dem Boulevard des Italiens ab, nachdem ich mit dem Marquis O…, dem Präsidenten der «Compagnie des Ballons Captifs»[27], auf der Weltausstellung gefrühstückt und vor dem Café bei einem Likör gesessen hatte. Jetzt, wo die Stunde der Entscheidung geschlagen hatte, verließ ich meinen Freund und stach auf große Fahrt in See. Ich hatte vorher das Pariser Adressbuch zurate gezogen und eine Liste der braven Bürger aufgestellt, mit denen ich in Geschäftsverbindung treten wollte.

Ich wählte vor allem die, vor deren Namen ein Kreuz stand, ein Zeichen, dass sie Ritter der Ehrenlegion waren; denn ich sagte mir, dass man diese Auszeichnung nur nach langem, ernstem Leben und bei ausgezeichneten Geschäftsverbindungen im höheren Alter erreichen könnte, dass solche Leute mithin ein umfangreiches und kostbares Lager an Steinen haben müssten, sodass es bei ihnen leichter sein würde, aus der großen Zahl ihrer Steine diesen oder jenen verschwinden zu lassen. Auch war das höhere Alter dieser dekorierten[28] Geschäftsleute insofern ein Vorteil für mich, als bei Greisen das Auge weniger scharf und rasch ist, die Gefahr, ertappt zu werden, sich hier also für mich verringerte. So war denn alles berücksichtigt und erwogen; ich fühlte mich «*archiprêt*»[29].

Ich hatte mir als Ersten einen gewissen Fontana ausgesucht, der zu jener Zeit im «Palais Royal» wohnte.

Ich gab meinem Kutscher die Adresse meines neuen Hoflieferanten und hielt nach wenigen Minuten vor seiner Tür.

Auf jeden großen Juwelier oder Edelsteinhändler macht es zweifellos einen vorteilhaften Eindruck, wenn der Kunde, der ihn aufsucht, aus einer tadellosen Equipage steigt. Das ist der Speck, auf den diese Leute blindlings anbeißen, und meine junge Erfahrung, die schon merkwürdig zu wachsen und an Schärfe der Beobachtung zu gewinnen begann, hatte mir darüber auch keinen Zweifel gelassen. Und tatsächlich hat meine famose Viktoria mit ihren Renommiertrabern und dem majestätischen, tipptopp gekleideten Kutscher auf dem Bock ihren beabsichtigten Eindruck nie verfehlt.

Dieser Fontana hatte ein Juwelier-Detailgeschäft[30] und handelte gleichzeitig en gros mit Edelsteinen. Der Prokurist empfing mich. Mein unschuldiges Aussehen eines blutjungen, lebenslustigen Mannes und die kühle Ruhe des Grandseigneurs, die ich zeigte, ließen ihn, noch ehe ich ein Wort sprach, klar erkennen, dass er einen prima Kunden vor sich hatte – einen Grünspecht, den nach allen Regeln der Kunst hochzunehmen, Pflicht und Vergnügen jedes gewiegten Geschäftsmannes ist.

Ich sah den Angestellten herablassend über die Schulter an und erklärte ihm mit ruhiger Stimme, langsam und blasiert, dass einige meiner intimen Freunde aus der brasilianischen Kolonie mir die Adresse des Monsieur Fontana als beste Bezugsquelle für Steine angegeben hätten und dass ich daher zu ihm käme, um für meine Schwester, die sich gegen Ende des Monats verheiraten wollte, ein Hochzeitsgeschenk auszuwählen.

Wie ich es erhofft hatte, wirkten meine Worte geradezu magisch auf diese Krämerseele. Denn wenn ein solcher Kunde, wie ich ihn markierte, ein Hochzeitsgeschenk aussucht, so handelt es sich durchschnittlich um 50000 bis 60000 Franc, wobei der gute Mann fünfunddreißig bis fünfundvierzig Prozent verdient.

Wie man sieht, lohnt es sich schon, bei der Ankunft eines Ausländers mit solchen Wünschen den Liebenswürdigen zu spielen. So beeilte sich denn der Prokurist, tausend Knickse vor mir zu machen, mir einen Sessel heranzurollen und Hals über Kopf die Treppe in den Oberstock hinaufzustürmen, um Fontana die Ankunft eines brasilianischen Hühnchens zu melden, das würdig war, von der Meisterhand des Chefs gerupft zu werden. Wenn meine Rolle es mir nicht verboten hätte, würde ich angesichts dieser jämmerlichen Unterwürfigkeit laut herausgelacht haben. Ich brauchte nicht lange zu warten; schon nach wenigen Sekunden sah ich den Chef Fontana in eigener Person zu mir herabsteigen.

Ich schickte mich eben an, mich zu erheben, um ihm die verschiedenen Gegenstände näher zu bezeichnen, die ich als Hochzeitsgeschenk zu kaufen beabsichtigte, als er mir auch schon mit weit ausgestreckter Hand und strahlendem Gesicht, das Urbild eines «ehrbaren Kaufmanns», entgegeneilte. Er nötigte mich in sein Bureau und bot mir dort einen Platz an; ich setzte mich nonchalant, schlug die Beine übereinander und sagte ihm, dass ich im Auftrag meiner Mutter ein Hochzeitsgeschenk zu kaufen wünschte, das aus einem Paar Solitäre als Ohrringen, einer Diamantenbrosche, zwei Ringen mit Diamanten und Perlen und einem Diadem bestehen sollte. Man hätte nur die Augen Fontanas glitzern sehen müssen, während er meinen pompösen Speech[31] anhörte. Ich sagte mir mit innerlicher Befriedigung, dass seine Steine erstklassig sein würden, wenn sie auch nur einigermaßen den funkelnden Augen ihres Besitzers entsprachen.

Er ging zu seinem Geldschrank und nahm verschiedene Portefeuilles mit geeigneten Diamanten und Perlen heraus.

Ah! Endlich lagen die so heiß ersehnten Schätze vor meinen gierigen Blicken, endlich sah ich mich dem Talisman gegenüber, der eines Tages meine Sehnsucht nach Reichtum erfüllen sollte!

Und konnte ich auch nicht mit einem Griff mich aller dieser Schätze bemächtigen – was etwas zu viel verlangt gewesen wäre –, so war ich doch entschlossen, nach jeder Richtung hin gewissenhaft meine «Pflicht» zu erfüllen und mit möglichst wenig Geräusch möglichst viel von diesen Steinen zu «erwerben». Ich begann zunächst damit, mir verschiedene Diamanten von ungefähr vier Karat für die Ohrringe zeigen zu lassen. Es handelt sich bei diesen Steinen um zwei durchaus verschiedene Qualitäten, die blauweißen – sogenannten Kapdiamanten[32] – und die gelblich und farbig schimmernden, die man als brasilianische bezeichnet. Ich entschied mich für die blauweißen, da mein Geschäftsfreund und Hehler Charles B... mir solche «in Auftrag gegeben» hatte. Von diesen Kapdiamanten wurden mir also zwei Päckchen vorgelegt, jedes mit etwa fünfzehn bis sechzehn Steinen.

Ich saß, wie erwähnt, in Fontanas Bureau vor seinem Schreibtisch; draußen im Laden empfing inzwischen der

Prokurist die Kunden und – zu dieser Zeit der Saison und der Weltausstellung – besonders die Kundinnen, die unaufhörlich den Laden betraten und verließen.

Der günstige Augenblick für meine «Arbeit» war gekommen. Während Fontana damit beschäftigt war, zwei übereinstimmende Kapdiamanten von ungefähr vier Karat für die Ohrringe zusammenzustellen, nahm ich mit dem Daumen und Zeigefinger einen Stein aus der Hülle und verbarg gleichzeitig genau nach Programm einen zweiten dicht hinter dem ersten liegenden zwischen Daumen und drittem Finger.

Der Händler sah wohl den vorderen Stein, den ich nahm, aber nicht den anderen, der sich weiter unten zwischen meinen Fingern befand. Er ließ nicht das geringste Zeichen von Misstrauen erkennen, sondern fuhr fort, die verschiedenen Steine, die er für geeignet hielt, zu vergleichen und abzuwiegen.

Obgleich man für gewöhnlich die Edelsteine nicht wie die Champignons mit den Fingern, sondern mit federnden Pinzetten aufnimmt, schob der Händler mein Verhalten doch lediglich auf meine Unerfahrenheit, mit Steinen umzugehen. Vielleicht freute er sich sogar im tiefsten Innern über diese Unkenntnis, die ihm bewies, dass er es mit einem Neuling zu tun hatte, den er nach Herzenslust einseifen konnte.

Ich näherte nunmehr die Steine meinem Mund und reichte hierauf den oberen, sichtbaren Stein Fontana hinüber, damit er Gewicht und Preis feststelle. Dann kam der plötzliche Hustenanfall, ich zog mein Taschentuch, und – der kostbare Stein war mein.

Fontana hatte von nichts die geringste Ahnung. Er war so weit von dem Glauben entfernt, dass ich ihn bestehlen könnte, wie von der Erwartung, dass die Jungfrau von Orleans aus ihrer Asche wieder auferstehen und ihn in seinem Laden besuchen würde. Im Gegenteil wurde er nur umso liebenswürdiger und eifriger, nachdem er gesehen hatte, mit welcher peinlichen Sorgfalt und Gewissenhaftigkeit ich ihm nach der Prüfung seinen Stein zurückstellte. Ich benutzte die strahlende Laune meines Lieferanten, um ihm aus dem anderen Päckchen einen zweiten Kapdiamanten zu entwenden; denn ich hatte von Charles B... den Auftrag bekommen, ihm das Material für ein Paar Solitäre zu verschaffen.

Freilich musste ich darauf verzichten, die Steine dort in Fontanas Bureau zu vergleichen und abzuwiegen; aber ich legte im Moment nicht allzu großen Wert auf völlige Übereinstimmung. Auch machte ich mir angesichts seiner unglaublichen Preise kein allzu großes Gewissen über seinen Verlust, denn ich war völlig überzeugt, dass er sich mit Begeisterung bei nächster Gelegenheit an irgendeinem «Grünen» – und zwar diesmal an einem waschechten – reichlich erholen würde.

Endlich, nachdem er ungefähr zwanzig Minuten gesucht, verglichen und gewogen hatte, fand Fontana zwei völlig gleiche Solitäre, für die er 10 000 Franc verlangte.

Dieser Spitzbube wusste wirklich gepfefferte Preise zu machen! Für die Steine, um die ich ihn soeben erleichtert hatte und die den seinen an Farbe, Qualität und Größe völlig gleich waren, erhielt ich später nur 3200 Franc, da der reguläre Händlerwert derselben nicht mehr als 5000 Franc betrug. Immerhin war mir der Gedanke ein Trost, dass es mir nichts geschadet hätte, wenn dieser gute Fontana selbst 40 000 Franc verlangt hätte. Denn bei meinen «Einkäufen» kam es wirklich nicht so genau auf den Preis an.

Obwohl ich nun in zwei meiner Taschentücher tief in den Taschen meines Rockes prachtvolle Brillanten wusste, fand ich doch, dass ich noch nicht alle meine Chancen ausgenutzt hatte. Und da ich sah, dass alles wie auf Bestellung ging, beauftragte ich Fontana, mir die von ihm ausgewählten zwei Solitäre à jour[33] fassen zu lassen und mir zunächst noch einige Perlen für die Ringe zu zeigen. Er entsprach meinem Wunsch sofort und öffnete ein Kästchen mit wirklich wundervollen Perlen. Um ihn wiederum zu beschäftigen und abzulenken, bat ich ihn, mir eine absolut runde Perle von Erbsengröße für den einen Ring und eine zweite birnenförmige von ungefähr fünf Karat für eine Schlipsnadel, die ich mir leisten wollte, auszusuchen.

Wie vorher nahm ich anscheinend eine Perle statt zwei heraus. Da es jedoch nicht nötig ist, die Perle anzuhauchen, um sie zu prüfen, erhob ich mich von meinem Stuhl und trat an das Fenster, um angeblich besser das Wasser der Perle beurteilen zu können. Wieder ließ der Juwelier mich ruhig und ohne Misstrauen gehen. Ich hob nun die Perle bis dicht vor die Augen, sodass die zweite nur bis vor die Lippen kam und dort verschwand, um sorgsam in mein Taschentuch eingehüllt in die hintere Tasche meines Rockes zu spazieren und erst bei meinem Freund Charles B… ihre komplizierte Wanderung zu beenden.

Als ich mich nun von meinem Lieferanten verabschiedete, konnte ich mit meinem neuen Debüt wohl zufrieden sein. Wir setzten noch vorher den Preis des Perlenrings auf 3000 Franc, den des Diamantrings auf 4000 und den der Ohrringe auf 10 000, alles zusammen also auf 17 000 Franc fest und verabredeten, dass ich am nächsten Tag weitere Auswahl für die Hochzeitsgeschenke treffen würde. Dann zahlte ich ihm 200 Franc an und verließ den wackeren Fontana.

Er begleitete mich in eigener Person bis an den Wagen und versicherte mir hundertmal, dass ich außerordentlich klug getan hätte, mich an ihn zu wenden, und dass er alles Menschenmögliche aufbieten würde, um mich zufriedenzustellen. Ich dankte ihm warm für seinen Eifer und versicherte ihm, dass ich schon jetzt ganz ungewöhnlich mit ihm zufrieden sei, wie ich es ja aus gutem Grund auch wirklich war. Wir nahmen also beiderseits hochbefriedigt herzlichen Abschied.

Ich hütete mich selbstverständlich wohl, am nächsten Tag wiederzukommen. Um aber nicht seinen Verdacht zu erregen, sandte ich ihm am nächsten Morgen ein Stadttelegramm[34] mit der Mitteilung, dass infolge eines Todesfalls in der engsten Familie die Hochzeit meiner Schwester verschoben sei und ich deshalb erst später auf die Ausführung der besprochenen Schmucksachen zurückkommen würde.

Alles verlief nach Wunsch, und meiner Überzeugung nach hat Fontana den Verlust der Steine und Perlen überhaupt nicht bemerkt und noch heute keine Ahnung, dass er von mir bestohlen worden ist.

Schon am nächsten Tag überließ ich Charles B... die Diamanten für 3200 Franc und die Perle für 1800 Franc. Ich hatte also an einem Tag 5000 Franc «gemacht». Wie man sieht, ließ sich das Geschäft ganz gut an; meine Brieftasche begann sich zu füllen und mir allmählich Wohlleben und Luxus zu gestatten.

Mehr und mehr glaubte ich mich meinem Ideal, der reichen Heirat, zu nähern – ein Ziel, das ich dennoch niemals erreichen sollte.

Denn es kommt im Leben nur auf eins an, «Glück zu haben». Neben diesem Talent spielen alle äußeren und inneren Vorzüge eine verschwindende Rolle.

Als Beispiel hierfür möchte ich einen Vorfall aus der letzten Vergangenheit anführen. Baron V..., einer meiner Freunde aus jener Zeit und gleichzeitig «Kollege», der bis vor drei Jahren alles, Reichtum, Gefängnis, Luxus, Hunger und Krankenhaus abwechselnd kennenlernte, hat sich erst kürzlich in London mit einer reichen Amerikanerin verheiratet und verfügt heute über ein Einkommen von jährlich 300 000 Franc. Und weit entfernt, dass dieser Baron eine hervorragende Intelligenz oder sonstige auffallende Vorzüge besessen hätte, fehlt ihm zum kompletten Esel nichts als die Ohren.

Von dem Tag meines Debüts bei Fontana ab besuchte und plünderte ich der Reihe nach so ziemlich alle großen Juweliere der Rue de la Paix und des Palais Royal und fast sämtliche Diamantenhändler von Paris. Es würde zu weit führen, alle Szenen, Ereignisse und Zwischenfälle, die ich hierbei erlebte, zu berichten; ich begnüge mich daher, einen einzelnen Vorfall anzuführen.

Im Februar 1890 besuchte ich einen jüdischen Edelsteinhändler S…, Rue de Châteaudun.

Er wohnte in der zweiten Etage seines Hauses, und zwar, wenn ich nicht irre, mit einer Familie von fünfzehn Personen, Frau, Kindern und Enkeln.

Ich behandelte ihn nach meinem erprobten Rezept, erzählte ihm, dass ich soeben meinen reichen Vater beerbt hätte, ließ mir eine Unmenge Steine, Diamanten, Rubine, Saphire vorlegen und machte ihn mit meinen Ansprüchen, Fragen und Einwendungen bald so nervös, dass er nicht mehr wusste, ob er in der Rue de Châteaudun oder in Mesopotamien war.

Im günstigen Moment entwendete ich ihm aus einem Paketchen von etwa zehn Rubinen einen prachtvollen Stein von etwa drei Karat.

Es war etwas gewagt, von nur zehn Rubinen einen zu stehlen, aber ich war durch meine Erfolge schon etwas kühn geworden. Und wirklich bemerkte mein Freund, dass nur noch neun Rubine in dem Paketchen lagen, obgleich auf der Hülle ein Bestand von zehn angegeben war. Er begann große Augen zu machen und mich misstrauisch von der Seite zu betrachten. Ich bemerkte das sofort, verlor jedoch meine Fassung nicht.

Nach einigen Minuten, die er benutzt hatte, um verstohlen auf und unter dem Tisch alles nach dem Stein abzusuchen, sagte er mir plötzlich auf den Kopf zu, dass ich ihm einen Stein gestohlen hätte.

Es entwickelte sich nun folgendes hastige Gespräch.

Ich: «Mein Herr, haben Sie öfters solche Anfälle?»

Er: «Durchaus nicht! Sie sind ganz einfach ein Bandit, und ich werde Sie in das Zuchthaus bringen!»

Ich: «Zunächst werden Sie sich einmal ganz artig benehmen und Ihr Gebrüll einstellen, oder ich werfe Sie wie einen Bund Flicken zum Fenster hinaus!»

Bei dem Lärm dieses denkbarst laut und schroff geführten Dialogs stürzten die Frau, die Söhne und Enkel von allen Seiten herbei, denen S… erregt auseinandersetzte, dass dieser Gauner da ihm soeben einen Rubin im Wert von vielen 1000 Franc gestohlen habe.

Alle stierten mich entsetzt an; aber sie sahen nichts als einen ruhigen, eleganten jungen Mann, der sie mit kühler Verachtung ironisch anlächelte. Seit meiner Lehrzeit war ich ja schon tagtäglich auf einen solchen Zwischenfall gefasst gewesen und verlor infolgedessen meine Selbstbeherrschung und die Maske völliger Sicherheit nicht. Ich war umso seelenruhiger, da ich schon längst den Rubin, während der Jude noch wie ein Verzweifelter um mich herumtanzte, in meiner Hosentasche unter den Daumennagel geklemmt und zu den Füßen des Mannes unter den Tisch geworfen hatte.

Als die dem Alten sekundierende zahlreiche Familie nun meine völlige Ruhe sah, wurde sie weniger laut, mehr und mehr unsicher, dann ganz stumm und wusste schließlich nicht, was sie tun sollte.

Eine endlose Pause trat ein, während der sie nochmals jedes Stück auf dem Tisch umwandten und endlich auch unter ihm nachsuchten.

Inzwischen saß ich mit übergeschlagenen Beinen, bequem in meinen Sessel zurückgelehnt, den einen Arm auf die Lehne gestützt, in der anderen Hand meinen Stock, als ob ich auf der Terrasse eines Cafés den sonnigen Frühling genösse und im *Dolcefarniente*[35] das Straßenleben betrachtete. Ich verlor dabei kein Wort, gleichsam als ob ich es ablehnte, mich mit den plundrigen Angelegenheiten dieses unqualifizierbaren Grobians zu beschäftigen, und es mir völlig gleichgültig wäre, ob er einen Stein oder seine Schwiegermutter verloren habe.

Schließlich fand denn auch der jüngste Sohn unter dem Ladentisch zwischen den Füßen des Vaters den vermissten Rubin. Ich habe niemals wieder fast ein Dutzend Menschen gleichzeitig so blass werden sehen, und nach einem Augenblick hilfloser Lähmung seitens der Töchter, der Söhne und endlich des Händlers selbst begann sich ein Strom von Entschuldigungen für den unangenehmen, bedauerlichen Irrtum über mich zu ergießen.

Aber jetzt war ich an der Reihe, mit Volldampf das Gefecht aufzunehmen. Ich sprang von meinem Stuhl auf, schlug klirrend mit meinem Stock auf den Tisch und erklärte, dass man mich auf das Unglaublichste und Unverzeihlichste insultiert[36] hätte und dass ich als spanischer Grande[37] mir vor ganz Paris volle Genugtuung verschaffen würde.

Drei Generationen begannen zu schreien und zu heulen, wobei vor allem der Händler den Kopf verlor. Aus dem rücksichtslosen Ankläger war im Handumdrehen ein verzweifelter armer Sünder geworden; vergebens klammerten sich die beiden Enkelinnen, prachtvolle Geschöpfe von sechzehn und siebzehn Jahren mit elfenbeinernem Teint und blauschwarzem Haar, an meine Arme und flehten mich an, ihrem armen, nervösen Großvater zu verzeihen; ich schob sie sanft, aber entschieden zurück und lehnte jede Entschuldigung so lange ab, bis endlich die Frau des Händlers auf den längst von mir erwarteten erlösenden Gedanken kam. Sie erklärte unter Tränen, dass Entschuldigungen einem Edelmann wie mir nicht genügen dürften und dass ich eine angemessene Buße verlangen könnte, deren Verwendung zu irgendeinem wohltätigen Zweck sie mir anheimstellten. Sie riet daher ihrem Gatten, den Zwist ohne Zögern beizulegen, da ein Skandal in der Öffentlichkeit ihr ganzes Geschäft ruinieren würde, und mir eine Summe von 5000 Franc zur Verfügung zu stellen. Trotz seines Geizes erkannte ihr Gatte doch ebenfalls, welche weittragende Bedeutung eine Klage meinerseits für ihn hätte, und er bot mir sofort nicht 5000, sondern 6000 Franc zu beliebiger Verwendung an.

Ich antwortete ihm verächtlich, dass 6000 Franc für einen Mann in seinen Verhältnissen eine so unglaubliche Beleidigung nicht aufwiegen könnten. Da tuschelten die Töchter und Enkelinnen mit der Frau, und alle vier sagten dem ganz gebrochenen Vater, dass eine Summe von 10 000 Franc das Richtige wäre. Mit beiden Händen griff der Alte zu und bot mir nunmehr 10 000 Franc «bar auf den Tisch».

Diese vier letzten Worte waren Musik für meine Ohren; auch sagte ich mir, dass es höchste Zeit sei, mit dieser Komödie zum Ende zu kommen. So nahm ich denn auf dringende Bitten der Frauen den Vorschlag an, nachdem ich dem Alten noch eine fulminante Standrede über den Verkehr mit Aristokraten gehalten hatte.

Das Geld wurde mir sofort ausgezahlt. Mit gleichgültiger, verdrossener Miene steckte ich die zehn 1000-Franc-Scheine wie eine Lappalie, die ich irgendeinem Straßenbettler schenken würde, in die Tasche und verließ unter nochmaligen allseitigen Entschuldigungen das Lokal.

Das war mein erstes ernstliches Rencontre[38], und von diesem Tag an durfte ich mir sagen, dass ich meine Meisterprüfung abgelegt hatte.

VII

HEHLER UND STEHLER

Auf der ersten Stufe meiner Laufbahn als Dieb brauchte ich die aus den Warenhäusern gestohlenen Sachen nur dorthin zurückzubringen, von wo ich sie «bezogen» hatte. Auf der zweiten Stufe hatte ich für die Goldwaren Charles B... gefunden, der mir auch später Edelsteine abnahm.

Jetzt auf der dritten Stufe, wo ich nur Edelsteine bei den großen Händlern stahl, handelte es sich darum, weitere Verbindungen in Hehlerkreisen zu finden, um nicht einem einzelnen Menschen auf Gnade und Ungnade überlassen zu sein, sondern meine Beute rasch, bequem und vorteilhaft an den Höchstbietenden losschlagen zu können.

Aber wo bloß suchen, wo solche Leute finden?

Ist es schon außerordentlich schwierig, einen «Kollegen», also einen anderen Dieb, dem man auf der Straße, in den Salons, auf den Rennen oder in Seebädern begegnet, zu erkennen, so ist es noch tausendmal schwerer, einen «Freund der Diebe», den Hehler, herauszufinden.

Es sind dies Leute, die ungeheure Gewinne erzielen, insbesondere wenn sie mit Gaunern meiner Art arbeiten, die ihnen Edelsteine, Schmucksachen oder Aktien und sonstige auf den Inhaber lautende Wertpapiere liefern.

Alle diese würdigen Spekulanten sind angesehene Kaufleute von tadellosem Ruf und klangvollem Namen und tragen häufig die Ehrenlegion und andere Dekorationen. Und doch haben sie fast bei allen derartigen Verbrechen die Hand im Spiel oder geben sogar die Anregung hierzu.

Gäbe es keine Hehler, so gäbe es keine Stehler. Daher schont das Gesetz – und besonders das französische – sie auch nicht, wenn einer von ihnen einmal entlarvt wird.

Man kann sich daher denken, wie sorgsam diese ehrenhaften Kaufleute und braven Bürger darauf bedacht sind, nicht nur nicht gefasst zu werden und lange Jahre in den Gefängnissen, Zuchthäusern oder selbst als Zwangsarbeiter in Neukaledonien[39] zu verbringen, sondern auch nur den geringsten Schatten auf ihren blanken Ehrenschild fallen zu lassen.

Dies erklärt die Schwierigkeit, mit diesen Hehlern – obwohl sie in den großen Städten wie Paris, London, Berlin, Wien usw. zahlreich genug sind – in Verbindung zu treten und ihr Vertrauen zu gewinnen.

Wenngleich sie bisweilen untereinander in geheimer Geschäftsverbindung stehen, beobachten sie doch über ihre Beziehungen zu den großen Dieben eine vollkommene Diskretion und sprechen niemals mit ihren Kollegen über ihre «Lieferanten». Ebenso verlangen sie – und dies wird von den großen Dieben unbedingt respektiert –, dass diese niemals im Verkehr mit anderen Hehlern ihren Namen aussprechen.

Da diese Hehler, im Gegensatz zu den Dieben, fast alle ältere Leute mit langer, gereifter Erfahrung sind, so lassen sie sich so gut wie niemals fassen, während ihre jungen Freunde aus der Zunft der Diebe wohl ohne Ausnahme eines schönen Tages sich hinter schwedischen Gardinen sehen und so die Zeche gleichzeitig für sich und ihre Hehler bezahlen.

Trotzdem musste ich unbedingt mit diesen Hehlern in Verbindung treten, um meine Steine loszuwerden und bares Geld zu bekommen.

Der Zufall war mir günstig.

Anfang Januar 1889 erhielt ich einen eingeschriebenen Brief aus Lille. Einer meiner Freunde, den ich zwei Monate vorher im Kristallpalast zu London kennengelernt hatte und den ich für den vollendetsten Gentleman Englands hielt, schrieb mir darin zu meinem größten Erstaunen: Er befinde sich in Lille im Untersuchungsgefängnis und lasse mir diesen Brief durch Vermittlung eines Wärters zugehen. Er bitte mich, zum «Château de Madrid»[40] im Bois de Boulogne zu gehen und dort im «Cabinet Pompadour»[41] ein Kästchen von Maroquinleder[42] mit Schmucksachen an mich zu nehmen, die er in Paris gestohlen habe und um derentwillen er in Lille verhaftet sei. Ich sollte dann zu einem genau bezeichneten Juwelier gehen, ihm das einliegende Schreiben übergeben, die Schmucksachen an ihn verkaufen und den Erlös an seine, des Schreibers Schwester nach Folkestone senden.

Dieses unerwartete Schreiben des Engländers namens Walter Ch... kam mir völlig überraschend, und tausend Fragen kreuzten sich in meinem Kopf. Woher wusste der Engländer, dass ich gleich ihm ein Dieb war? Woraus erklärte sich das Vertrauen, mit dem er mir nicht nur die Beute seines Diebstahls, sondern auch den Beweis seiner Schuld übergab? Wie kam er dazu, einem Juwelier von tadellosem Ruf die Schmucksachen verkaufen zu wollen, in deren Besitz er auf ungesetzlichem Wege gelangt war? Sollte ich den Wunsch des Freundes, den ich nunmehr als meinen Kollegen kannte, erfüllen, oder sollte ich den Brief in das Feuer werfen und die ganze durchaus nicht ungefährliche Geschichte vergessen?

Der Gedanke, dass hier vielleicht ein gutes Geschäft für mich herausschaute, meine Abenteuerlust, endlich mein Herz, das mir verbot, einen guten Bekannten im Unglück stecken zu lassen, ließen mich nach einer Stunde des Nachdenkens zu dem Entschluss kommen, seinen Wunsch zu erfüllen.

Ich ging zunächst in die «Brasserie Potasset»[43], um mich zu informieren, ob die Zeitungen etwas über den Diebstahl brachten. Bald fand ich auch in der Presse eine Notiz, wonach ein Einbruchsdiebstahl in einer Villa in Auteuil begangen und 42 000 Franc Pariser Stadtobligationen sowie für 6000 Franc Schmucksachen gestohlen waren. Man hatte 5000 Franc Belohnung demjenigen ausgesetzt, der die Ergreifung der Diebe ermöglichte oder die gestohlenen Werte herbeischaffte.

In einem anderen Morgenjournal las ich dann, dass man soeben in Lille einen Engländer namens Walter Ch… als mutmaßlichen Täter festgenommen habe, dass jedoch bis jetzt keine zwingenden Beweise gegen ihn vorlägen.

Ich kann ehrlich sagen, dass der immerhin naheliegende Gedanke, entweder meinen Freund zu verraten und mir die 5000 Franc zu verdienen oder aber mir einfach die Beute anzueignen, mir gar nicht in den Sinn gekommen ist. Übrigens war dies auch kein besonderes Verdienst von meiner Seite; denn abgesehen von allem «Korpsgeist» hat man auch allen

Grund, die Rache eines so Betrogenen zu fürchten. Und die Rache eines «Kollegen» pflegt furchtbar zu sein.

Nachdem ich daher im Klub gefrühstückt und mich zu Hause umgezogen hatte, holte mich mein Wagen zur gewohnten Stunde um vier Uhr für die Promenade im Bois ab. Ich verlor an diesem Tag keine Zeit, um in der Avenue des Acacias im Korso[44] zu paradieren, sondern fuhr direkt zum «Château de Madrid», wo ich häufig verkehrte.

Ich ließ mir das «Cabinet Pompadour» geben, das glücklicherweise gerade frei war. Aber da man nicht mutterseelenallein in ein solches Separee zu gehen pflegt, um über den kategorischen Imperativ[45] nachzudenken, teilte ich dem Pförtner und dem Maître d'hotel mit, dass ich eine kleine, brünette, graziöse «Lady» erwartete, und fügte noch mehrere andere Erkennungszeichen hinzu, um die Leute ganz sicher zu machen. Ich bat, mich zu benachrichtigen, sobald die Dame angelangt sei, und sie ohne Aufenthalt in mein Kabinett zu führen.

Dann forderte ich zunächst ein Glas Portwein.

Kaum hatte man mir den Wein gebracht und mich allein gelassen, als ich den Riegel vorschob, zum Sofa eilte, mich hinwarf und, auf dem Rücken liegend, in dem Federboden nach dem Maroquinkästchen suchte. Tatsächlich fand ich das zusammengeschnürte Paket noch unberührt an seinem Platz. Ich riss die Schnüre auf und fand ein Aktenkuvert, in dem sich die Obligationen und unter ihnen das Kästchen mit den Schmucksachen befand. Diese hatten anscheinend einer jung verheirateten Frau gehört, denn sie waren alle fast noch nicht getragen und nach Stil und Fassung hochmodern.

Ich verlor keine Zeit, legte alles wieder an seinen Ort, zog meinen Überzieher aus und steckte das Kästchen in die eine

Außentasche, die Papiere in die andere; dann legte ich den Paletot[46], das Futter nach außen, über eine Stuhllehne.

Der ganze Vorgang dauerte weniger Zeit, als man zum Erzählen braucht. Ich schob nun den Riegel zurück und klingelte nachdrücklich, als ob ich durch das Warten ungeduldig geworden wäre. Der Maître d'hotel und Kellner stürzten in das Zimmer, worauf ich meine Uhr zog und nervös fragte, ob die betreffende Dame denn noch nicht da sei. Auf ihre verneinende Antwort schickte ich alle Weiber zum Satan, bezahlte meine Zeche mit 75 Centime und gab jedem drei Franc Trinkgeld, als ob ich sie nicht unter dem verunglückten Diner mitleiden lassen wollte.

Dem Personal in solchen Highlife-Restaurants sind derartige Vorfälle, in denen irgendein Seladon[47], «versetzt» wird, etwas ganz Gewohntes; es wunderte sich daher niemand über meine scheinbare Enttäuschung und meinen raschen Aufbruch. Keiner von ihnen ahnte, dass ich ihnen soeben aus den Tiefen ihres Sofas einen Finderlohn von 5000 Franc wegeskamotiert[48], hatte, sondern höchst befriedigt steckten sie jeder ihre drei Franc Trinkgeld ein.

Ich stieg wieder in meinen Wagen und fuhr nach Hause.

Es war an diesem Abend zu spät geworden, um die Schmucksachen an den Juwelier loszuschlagen, denn man verkauft niemals Edelsteine bei irgendwelchem künstlichen Licht. Hierzu ist das Tageslicht unentbehrlich – so sehr auch solche Schmucksachen dieses Licht des Tages zu scheuen haben.

Ich war damals noch jung und noch nicht in Edelsteinen so versiert, wie ich es heute bin. Immerhin verstand ich den Wert solcher Steine einigermaßen abzuschätzen und hatte überdies einen Anhalt an dem in den Zeitungen angegebenen Wert von 60 000 Franc, wenn ich auch wusste, dass der vom Publikum an die Juweliere gezahlte Preis noch nichts für den faktischen Wert der Schmucksachen beweist.

Mein Freund hatte mich in seinem Brief beauftragt, von dem Hehler-Juwelier für die ganzen Schmucksachen 35 000 Franc zu verlangen und sie nicht unter 27 000 loszuschlagen.

Die Obligationen hatte er nicht erwähnt, sei es, dass er keinen Wert auf sie legte oder befürchtete, sie seien polizeilich gesperrt.

Ich verlebte den Abend in der großen Oper, soupierte bei Lucas und ging am nächsten Morgen nach dem Frühstück mit den Schmucksachen los. Ich traf den Juwelier allein, da sein Gehilfe gerade in Geschäften aus war. Ohne viel Umschweife sagte ich ihm, dass ich ein «intimer Freund» von Walter Ch… sei und ihm diesen Brief hier zu übergeben habe. Der ehrenwerte Kaufmann blickte mich misstrauisch und forschend an, als wollte er in meinen Augen und in meiner Seele lesen; aber die Mühe war vergebens – er sah nichts als ein steinernes Sphinxgesicht.

Dann las er den Brief.

Derselbe war so überzeugend und gab solch eine günstige Auskunft über mich, dass der Juwelier mir die Hand schüttelte und mir versicherte, dass ich in seinen Augen ein «vollkommener Ehrenmann» wäre, was in der Diebes- und Hehlersprache bedeutete, dass er mich für absolut verschwiegen halte – die einzige Eigenschaft, auf die bei solchen Beziehungen Wert gelegt wird. Ob man billig oder teuer verkauft, geschäftlich kulant oder schwierig ist, das sind Vorzüge oder Fehler, die nur materielle Bedeutung haben und daher erst in zweiter Linie stehen. Aber Vertrauen verdienen oder nicht heißt zwischen Hehler und Stehler Sein oder Nichtsein …

Ehe wir vom Geschäft zu sprechen begannen, mussten wir einen Augenblick warten, da das Kontor im ersten Stock lag und der Juwelier den Laden nicht allein lassen konnte.

Als der Kommis zurückgekehrt war, lud mich der Juwelier ein, ihm in sein Kontor zu folgen, wo er «mir die gewünschten Perlen vorlegen würde».

Merkwürdig! Der Gehilfe, der seit zwölf Jahren im Dienste dieses Hehlers stand, wusste nichts von diesem Nebenberuf seines Chefs, und ich, der ich ihn kaum eine halbe Stunde kannte, hielt seine Ehre und sein Schicksal in meinen Händen. Wie seltsam sind doch mitunter die Beziehungen der Menschen!

Der Gehilfe fand den Vorgang also ganz natürlich, und wir fanden ihn noch viel natürlicher. Wir traten in ein Vorzimmer, dessen Tür stark mit Eisen beschlagen war und die sorgfältig hinter uns verschlossen wurde, und begaben uns dann in ein zweites Zimmer, in dem sich das Bureau befand. Die Tür zwischen diesen beiden Räumen sowie anscheinend auch die mit Stoff bespannten Wände waren ungewöhnlich dick gepolstert.

In dieser «Matratzengruft»[49] war man vor jeder menschlichen Neugier und Indiskretion absolut sicher. Wir setzten uns an seinen Schreibtisch dem Fenster gegenüber, das, obwohl mit dichten weißen Gardinen verhängt, genügend Licht einließ, und der Juwelier prüfte die Schmuckstücke sorgfältig. Dann fragte er nach dem Preis, den Walter Ch… in seinem Brief an ihn nicht fixiert hatte.

Es war meine Aufgabe, möglichst viel, mindestens aber 27 000 Franc zu erzielen.

Obgleich ich ebenso wenig habgierig als geizig bin, haben mir doch fast alle Hehler, mit denen ich zu tun gehabt habe, mit einem heiteren, einem nassen Auge versichert, dass ich «schlimmer als zehn Juden» sei. Natürlich möchten diese Vampire die Schmucksachen, die ihnen die Diebe bringen und für die diese zehn Jahre hinter Kerkermauern riskieren, am liebsten für nichts oder für ein Butterbrot erwerben. Und dies war ja auch gerade der Grund, weshalb ich unter den Hehlern Auswahl haben wollte.

Wir begannen die Schmucksachen Stück für Stück abzuschätzen, obwohl mein Juwelier sie lieber spottbillig im Ramsch gekauft hätte.

Wir handelten verzweifelt. Denn wenn der Hehler auf der einen Seite nichts zahlen will, so sträubt er sich doch andererseits mit Händen und Füßen dagegen, die Beute einem Konkurrenten zu überlassen. Aber auch ich sagte mir, dass ich den Bogen nicht zu sehr überspannen durfte. Wir notierten daher die schließlich vereinbarten Preise Stück für Stück auf Papier und erzielten eine Endsumme von 36 200 Franc, also 1200 Franc mehr, als die höchste Erwartung meines Freundes Walter Ch… betrug, und 9200 Franc mehr als sein niedrigstes Limit.

Ich war von diesem materiellen und moralischen Erfolg hocherfreut und glaubte es verantworten zu können, wenn ich die 1200 Franc als wohlverdiente Provision in meine eigene Tasche steckte.

Der Juwelier öffnete seinen Geldschrank, legte die Schmucksachen hinein und zahlte mir 36 200 Franc aus.

Alle diese Käufe vollziehen sich per Kasse; denn wenngleich – wie erwähnt – das ganze Verhältnis zwischen Dieb und Hehler auf unbegrenztem Vertrauen beruht, so pflegt doch auch hier in Geldsachen die Gemütlichkeit aufzuhören.

Jetzt erst erklärte ich ihm, dass ich auch noch Pariser Stadtobligationen hätte.

Er antwortete mir, dass er schon längst auf diese Mitteilung gewartet habe, da das Polizeipräsidium ihm – natürlich in seiner Eigenschaft als Juwelier, nicht als Hehler – wie üblich das Verzeichnis der in Auteuil gestohlenen Wertsachen übersandt hätte. Er habe jedoch für diese Obligationen keine Verwendung, teils weil sie nicht seine Spezialität, teils weil sie bereits gesperrt wären.

Er empfahl mir, sie an Londoner Hehler loszuschlagen. Ich antwortete ihm, dass es hierfür zunächst nötig sei, solche zu kennen. Er versprach mir hierauf, mir einen Empfehlungsbrief an einen Londoner Juwelier und «Kollegen» in der Oxford Street zu geben, der genau derselbe «Ehrenmann» wäre wie wir beide und mir einen Abnehmer für die Papiere nachweisen würde.

Mit Dank verließ ich ihn, ging, ohne Zeit zu verlieren, zum Crédit Lyonnais, kaufte dort einen Scheck über 35 000 Franc und schickte ihn an Walter Ch…s Schwester nach Folkestone.

Denselben Abend traf ich meinen Juwelier in der Avenue de Friedland; er begrüßte mich herzlich und lud mich in das «Café Anglais» zum Diner ein.

Unterwegs erzählte er mir in der geschlossenen Droschke, dass er sämtliche Steine bereits aus der Fassung genommen und zum großen Teil losgeschlagen habe. Er riet mir dann, ohne Zögern nach England zu fahren und die für mich recht gefährlichen Obligationen zu versilbern.

Der Nachmittag des nächsten Tages sah mich bereits in London. Ich begab mich sofort zur Oxford Street und wurde aufgrund meines Einführungsbriefs mit offenen Armen aufgenommen.

Der Engländer bestellte mich auf den nächsten Morgen zu sich, um sich mit mir in die St. James's Street zu einem geeigneten Hehler zu begeben. Am Tag darauf trafen wir unseren «Bankier» auch in seinem Bureau an. Dieser Mann kaufte seinen «Freunden» jedes Papier ab, das sie ihm boten, und wusste es ohne Ausnahme sofort unterzubringen, ganz gleich, ob es gesperrt oder vom Papst mit dem Interdikt[50] belegt war.

Trotzdem machte der gerissene «Ehrenmann» natürlich zunächst Schwierigkeiten und bot mir schließlich für die 42 000 Franc in Papieren 7000 Franc bar.

Obwohl mir solche Geschäfte bisher fremd waren, hatte ich doch sofort die Empfindung, dass er mich ausnehmen wollte.

Ich antwortete also nicht einen Laut, sondern sah ihn nur verächtlich von oben bis unten an und steckte meine Obligationen einfach wieder ein.

Die beiden Füchse blickten sich gegenseitig völlig verdutzt an; ich aber erklärte ihnen nun mit ruhiger, doch fester Stimme, dass ich zwar jung, aber nicht blödsinnig wäre.

Beide verteidigten sich auf das Lebhafteste und schworen tausend heilige Eide, dass sie auch dem Liebsten, das sie auf Gottes Welt besäßen, nicht einen Pfennig mehr geben könnten. Der Bankier zog schließlich ein kleines Buch aus einem Geheimfach und wies mir daraus nach, dass er in den letzten Jahren immer nur durchschnittlich fünfzehn Prozent des Nominalwerts gezahlt hätte.

Tatsachen beweisen. Um mich aber nicht ganz geschlagen zu sehen, erklärte ich ihm, dass ich das Geschäft für fremde Rechnung machte und es daher nur recht und billig wäre, wenn ich 1000 Franc Provision verdiente.

Der Engländer war bei aller Gerissenheit doch ein anständiger Kerl; er zahlte mir daher ohne langes Lamento 8000 Franc aus, wir leerten eine Flasche Portwein und frühstückten dann im «Café Monico» am Piccadilly Circus wie die Lords.

An demselben Abend bereits verließ ich wieder den englischen Boden.

Nach Paris zurückgekehrt, wusste ich nicht, wie ich die 7000 Franc an ihre Adresse befördern sollte. Ich fuhr also nach Lille, um mich mit Walter Ch… direkt in Verbindung zu setzen.

Es würde zu weit führen, wollte ich erzählen, wie ich mich dort in einfachster Kleidung mit den Gefängniswärtern anfreundete und durch ihre Vermittlung Briefe und Werkzeuge an meinen Freund sandte. Es genüge, dass er nach fünf Tagen frei war, mir die von den 7000 Franc nach Bestechung der Wärter noch verbleibenden 4000 Franc großmütig schenkte und als freier Mann nach den Sandwichinseln abdampfte, während ich nach Paris zurückfuhr.

Ich kannte nun drei große Hehler, mit denen ich auch bis zum Schluss meiner Laufbahn – siebzehn Jahre hindurch – im ständigen, gegenseitig durchaus befriedigenden Verkehr geblieben bin.

Da ich mir nur Edelsteine aneignete – und ich brauche wohl kaum zu versichern, dass ich nicht gerade darauf versessen war, in falscher Bescheidenheit die kleinsten und schlechtesten zu wählen –, summte sich der Erlös dieser winzigen Objekte jedes Mal zu Tausenden auf, die meine Hehler mir bar und richtig auf den Tisch legten.

Um dem Leser ein Bild zu geben, um welche Summen es sich häufig handelte, erwähne ich Folgendes:

Einmal glückte es mir, bei einem großen Juwelier in der Rue de la Paix ein Paar Solitäre im Wert von 80 000 Franc zu entwenden, die ich für 40 000 Franc verkaufte.

Ein anderes Mal, gegen Ende Juli 1889, stahl ich ein ganzes Paketchen von Saphiren, die mir 75 000 Franc brachten.

Den größten Schlag, den ich in dieser ganzen Serie von Diebstählen – 1888 bis 1890 – erzielte, machte ich bei einem Engros-Juwelier in der Rue Etienne, bei dem ich in einem ungewöhnlich günstigen Moment sieben Krawattennadeln, alle mit großen, birnenförmigen Perlen, in meiner Tasche verschwinden ließ, als ob sie ein Bund Zahnstocher wären. Diese Nadeln verwandelten sich für mich in einen Scheck von 100 000 Franc auf die Société Générale[51]. Ich pflegte meine Beute demjenigen Hehler anzubieten, der gerade in der Nähe des Tatortes wohnte, und offerierte mir dieser einen angemessenen Preis, so schlug ich ohne Zögern ein.

Wenn ich auch erst seit kurzer Zeit in dieser «Branche» arbeitete, verstand ich doch bald, einen Stein fast auf Heller und Pfennig zu taxieren, und verlangte daher stets den angemessenen Preis, der beiden Teilen gerecht wurde.

Nach kurzer Zeit kannten mich meine Leute auch genau und verzichteten darauf, mit mir zu feilschen. Glaubten sie sich außerstande, den geforderten Preis zu zahlen, so nannten sie mir kurz die Summe, die sie anlegen konnten; und da auch ich mich rasch entschloss, pflegte sich das Geschäft in wenigen Minuten abzuwickeln.

Hierzu kommt, dass die Hehler Edelsteindiebe stets mit besonderer Freude kommen sehen. Denn solche Steine haben kein charakteristisches Erkennungszeichen, wie etwa ein Pferd, ein Kunstwerk oder ein Schmuckstück, und ein Kapdiamant von drei Karat ist tausend anderen Kapdiamanten von drei Karat vollständig gleich. Die Käufer können daher ohne Weiteres die Steine, die sie soeben als Hehler spottbillig erworben haben, als Juweliere sofort verarbeiten oder mit Vorteil an andere Diamantenhändler absetzen.

Mag man also auch über diese Diebstähle entrüstet sein – eins wird man nicht leugnen können: Sie waren das, was der Kaufmann ein «glattes Geschäft» nennt.

Ich greife, obwohl wir im Jahre 1888 stehen, den Ereignissen voraus, um hier im Zusammenhang zu erzählen, wie ich auch jenseits des Ozeans ohne Schwierigkeit einen Hehler kennenlernte.

Ende des Jahres 1894 ging ich nach Nordamerika, nachdem mir der Boden in Frankreich etwas zu heiß geworden war. Da die Archive der hohen Polizei sich wiederholt und höchst unliebsam mit meiner Wenigkeit beschäftigt und der unergründliche Schlund Monte Carlos immer wieder meine Sparpfennige verschlungen hatte, fuhr ich über Genua nach Halifax in Kanada. Während meine Reisegefährten sich in ihren Kabinen damit beschäftigten, in trüben Stunden ihr vergangenes Leben an sich vorüberziehen zu lassen, alle ihre Sünden in würgender Qual zu büßen und hilflos auf diese elendeste aller Welten zu schimpfen, suchte ich mich ihnen in ihrer wenig beneidenswerten Lage hilfreich zu erweisen, indem ich sie schmerzlos von dem irdischen Tand befreite, auf den sie augenblicklich mit unsäglicher Verachtung sahen.

Unter den verschiedenen netten kleinen Andenken an die stürmische Seefahrt befand sich auch ein Perlencollier im Wert von etwa 37 000 Dollar, und da die Passagiere nicht daran dachten, bei der schrecklichen Überfahrt ihr Gepäck zu revidieren[52], bemerkten sie nichts von den fehlenden Schmuckstücken. Ich riskierte ja freilich, auf frischer Tat ertappt, in Ketten gelegt und in die Tiefe des Schiffes versenkt zu werden; aber derartige Befürchtungen kamen mir überhaupt nicht, da ich damals noch eine beneidenswerte Seelenruhe besaß. Ich sagte mir einfach: «Du musst arbeiten» – also verlor ich keine Zeit und arbeitete. Und beschützt von meinem guten Stern oder bösen Dämon, entging ich der Gefahr, und Schiff und Passagiere, Opfer, Dieb und Beute gelangten glücklich und einträchtig in den Hafen.

Obwohl ich Passagier erster Klasse gewesen war, vollzog sich meine Landung nicht ohne Schwierigkeiten. Ich musste dem Auswanderungsinspektor eine Unmenge Fragen beantworten, darunter die, ob ich bereits eine Ehrenstrafe erlitten hätte. Selbstredend störte mich eine derartige rein formelle Frage wenig, und ich zögerte nicht mit der pomphaften Antwort, dass ich «niemals auch nur eine Sekunde in meinem Leben mit dem Gesetz zu tun gehabt habe».

Der Inspektor blieb aber trotz meines Pathos ziemlich lau und verlangte schließlich sogar den Beweis für meine Behauptung.

Ich reckte mich jetzt hoch auf, als ob ich einen Peitschenhieb erhalten hätte, und fragte ihn schroff, ob ich mich in einem freien Land oder etwa in der Türkei befände. Der Inspektor, der sich doch wohl schließlich vor einem peinlichen Missgriff fürchtete, antwortete nun plötzlich auffallend höflich, dass seine Fragen gesetzlich berechtigt seien und mir daher keinen Anlass zu irgendwelcher Erregung bieten könnten. Zum Schluss schüttelte er mir die Hand und ließ mich passieren.

Uff! Wieder einmal war ich nur um Haaresbreite dem drohenden Schicksal entgangen. Denn ohne meine altbewährte Kaltblütigkeit hätte mich der Inspektor, der durchaus keinen schüchternen Eindruck auf mich machte, vermutlich für einige Wochen in das Auswanderungsdepot eingesperrt, bis von Europa Informationen über mich eingelaufen waren. Wäre dann die Nachricht gekommen, dass ich bereits vier Jahre in Frankreich in unfreiwilliger Zurückgezogenheit verlebt hätte, so würde er mich unbarmherzig und mit unsäglicher Befriedigung in den Hafen zurückgeschickt haben, von dem aus ich die Reise angetreten. Und wenn – wie höchst wahrscheinlich – inzwischen noch die Diebstähle entdeckt worden wären, die ich während der Überfahrt verübt hatte, so kann sich jeder selbst ausmalen, wie gründlich ich die Kehrseite des freien Kontinents kennengelernt hätte.

Aber das alles war überstanden und damit auch vergessen.

Zum ersten Mal stand ich auf dem Boden Amerikas, und zwar im Gebiet von Kanada, mit elenden 3000 Franc und den schwer verwertbaren Schmucksachen in der Tasche.

Trotzdem fuhr ich stolz in das feudale «Hotel Victoria» und ließ mir ein Zimmer zum Preis von täglich acht Dollar geben.

Ich verlor keine Zeit, Nase und Mund aufzusperren und die Wolkenkratzer und andere amerikanische Verrücktheiten anzustaunen; denn ich hatte Dringendes zu erledigen, mit anderen Worten, in diesem fremden Land vor allem einen zuverlässigen Hehler ausfindig zu machen.

Wie aber sollte ich in dieser Stadt von 300 000 Einwohnern den richtigen Mann heraussuchen?

Ich sagte mir nach einigem Nachdenken, dass ich zunächst mein Glück auf den Edelsteinauktionen versuchen müsse, zu denen die Juwelenhändler und Kommissionäre zusammenströmen. Ich wollte dann mit dem geeignetsten unter diesen Leuten, die in allen fünf Weltteilen gleichmäßig auf billigen Einkauf erpicht sind, anknüpfen und ihm vertraulich mitteilen, dass er durch mich zu lächerlichen Preisen kaufen und seine ganze Konkurrenz schlagen könnte. So würde ich meinen Zweck rasch und gefahrlos erreichen.

Ich ging also am nächsten Tag auf den Broadway und wohnte einer Auktion des städtischen Leihamts bei.

Wie ich es vorausgesehen hatte, tobte dort eine ganze Bande von solchen Burschen, die sich mit ihren Spitzbubengesichtern und gierigen Augen, wie man sie kaum bei den hungrigen Raubtieren der zoologischen Gärten sieht, verzweifelt um jeden angebotenen Gegenstand balgten.

Ich fand ohne alle Schwierigkeit den unter ihnen heraus, bei dem jede Gefahr etwaiger moralischer Bedenken absolut ausgeschlossen erschien.

Ich drückte ihm zunächst kräftig die Hand, als ob ich ihn meiner unbeschränkten Bewunderung für seine ungewöhnliche Tatkraft und stupende Geschäftsbehandlung versichern wollte. Da er mich wohl für irgendeinen Greenback[53] hielt, dem die Majestät der anglosächsischen Genies es völlig angetan hätte, blähte er sich wie ein Pfau auf, schüttelte mir seinerseits die Hand, als ob er einen Pflaumenbaum abernten wollte, und versicherte mir, dass ich die Freude hätte, den Stolz und die Zierde des amerikanischen Edelsteinhandels vor mir zu sehen. Er fügte hinzu, dass, wenn ich vorzüglich und zu einfach ungeahnt niedrigen Preisen einkaufen wollte, ich mit seltenem Scharfblick den einzig möglichen Mann herausgefunden hätte und ihn am nächsten Tag in seinem Bureau aufsuchen müsste, dessen Adresse er mir zugleich mit seinem Namen nannte.

Das war alles, was ich für diesen Tag brauchte. Nachdem wir noch in einer benachbarten Bar Unmengen Whisky vertilgt hatten, schieden wir, voneinander völlig enthusiasmiert, als Freunde für das ganze Leben.

Am nächsten Tag beeilte ich mich, «den Stolz und die Zierde» aufzusuchen, und wurde sofort bei ihm vorgelassen. Er empfing mich mit offenen Armen, bot mir einen Sessel an, klopfte mir grinsend auf die Schulter und fragte diensteifrig, welche Art von Schmuck ich zu kaufen wünschte.

Ohne viele Umschweife antwortete ich ihm: Ich wäre ein Kommis eines großen Pariser Juweliers. Ich hätte die Abhängigkeit satt gehabt und mich «etabliert», indem ich mit Preziosen im Wert von 100 000 Franc das Weite suchte. Meine Beute bestände zum größten Teil aus ungefassten Steinen, die ich ihm hiermit zur Verfügung stelle.

Nicht umsonst hatte sich mein Freund als «den Stolz und die Zierde Amerikas» bezeichnet, denn er war tatsächlich ein selten heller Bursche. In demselben Augenblick, wo er erfuhr, dass er Käufer sein sollte, veränderte er sich mit einem Schlag. Statt des ewig lächelnden Verkäufers stand im Handumdrehen ein kühler, skeptischer Businessman vor mir, der, ohne mit der Wimper zu zucken, meine Vorschläge anhörte.

Er forderte mich auf, ihm meine Schätze zu zeigen. Ich redete ihm vor, dass ich dieselben in der Nähe von Halifax unter einem Baum vergraben und nur einen Smaragd und eine Perle bei mir hätte. Denn ich wollte zunächst erst eine Probe machen, wie sich der Mann in Geschäften anließ.

Er prüfte und wog die Preziosen und bot mir kurz entschlossen, ohne lange zu fragen, 1200 Dollar dafür.

Das war der Mann, den ich brauchte, und da mir der Preis angemessen erschien, nahm ich sein Gebot ohne Weiteres an.

Er erhob sich mit echt englischem Phlegma, nahm aus seinem Geldschrank ein Bündel Scheine heraus und zählte mir 1200 Dollar auf. Dann erklärte er mir ohne ein überflüssiges Wort, dass ich zu jeder Zeit zurückkommen könnte und dass er gewohnt sei und von mir erwarte, Geschäfte auf das Diskreteste zu behandeln.

Somit hatte ich binnen vierundzwanzig Stunden im wildfremden Kanada den richtigen Mann gefunden, der mir die auf hoher See und später auch die auf festem Land «akquirierten» Preziosen glatt und kulant[54] in Gold verwandelte.

Wie ich bereits an anderer Stelle erzählte,[55] hatte ich außerdem das Glück, einem reichen Amerikaner 17 000 Dollar abzunehmen, reiste dann über Chicago nach San Francisco, wobei ich auf der Fahrt Schmucksachen im Wert von 72 000 Dollar stahl, von hier nach Honolulu und Yokohama und kehrte über Amerika nach Europa zurück.

VIII

IN DER GROSSEN WELT

Ich habe den Ereignissen vorgegriffen, um meine Beziehungen zu den Hehlern im Zusammenhang zu besprechen. Ich kehre daher zum Jahre 1888 zurück, in dem ich zum Edelsteindieb geworden war.

Von dieser Zeit an ging ich mit Riesenschritten auf der Bahn des Verbrechens vorwärts, und etwa sechs Monate, nachdem ich mich meiner neuen Spezialität zugewandt hatte, sah ich mich vom vollendetsten Komfort und Luxus umgeben.

Es würde zu weit führen, auch nur annähernd alle die Diebstähle zu berichten, die mir von nun an in reichem Maße das Gold brachten.

Im November 1889 kaufte ich mir ein kleines Haus in der Rue François Ier, das ich mit 350 000 Franc in zwei Raten zu bezahlen hatte, und zwar die Hälfte bei Übernahme des Hauses, die andere ein Jahr später. Da ich dieses

Haus vollständig möbliert – genauso wie mein Vorgänger, ein dänischer Graf, es eingerichtet – erworben hatte, entstanden mir keine weiteren Einrichtungskosten. Nur die Wagen, Jucker[56], Geschirre und Livreen, die ich anschaffen musste, um anständig aufzutreten, kosteten mich noch etwa 60 000 Franc.

Da ich das Haus mit seinen zwölf Zimmern allein bewohnte, konnte ich mit weniger als acht Bediensteten nicht auskommen; denn Kutscher, Stallleute, ein Koch, ein Kammerdiener und anderes Personal sind für solchen Haushalt nicht zu entbehren. Ich nahm meine Mahlzeiten fast immer zu Hause ein, da mir die wohltuende Stille meines Heimes lieber war als das unruhige Treiben der Restaurants. Ebenso ging ich, obwohl ich ein Leben im großen Stil führte, nur selten in die Nachtcafés und andere Rendezvousplätze der Lebewelt, da ich keinen Spaß daran fand, auf diese Weise die Nacht zum Tag zu machen. Ich glaube, dass man mich damals allgemein als netten, liebenswürdigen Kavalier betrachtete; ich war mit allen diesen reichen jungen Leuten der Pariser Jeunesse dorée[57] und isidorée[58] befreundet, hielt mich aber so weit als möglich von ihren «Exbummeln»[59] fern. Da ich viele Ausgaben und die Diamantenhändler viele Steine hatten, so ging ich alle paar Tage los und überzeugte mich, dass Nachfrage und Angebot in dieser Branche in harmonischem Verhältnis zueinander standen.

Ich hatte mein Depositenkonto auf dem Crédit Lyonnais, aber sehr häufig schüttete ich das blinkende Gold, ehe ich es dort einzahlte, auf den Tisch vor mir aus. Ich wühlte lange mit beiden Händen in den klirrenden Münzen, um dann den Kopf in die Hand zu stützen und angesichts meiner Schätze wie Hamlet mit dem Totenkopf[60] und Narziss mit seinem Pagoden[61] zu philosophieren.

Ich sagte zu den Schätzen vor mir: «Da bist du nun endlich, goldene Flut, die ich so heiß begehrt, für die ich zum Verbrecher geworden, mich ständiger Gefahr ausgesetzt und hundertmal meine Freiheit gewagt habe ... Da flimmerst du nun gebändigt, hilflos wie ein Sklave vor mir – du lachendes Gold, für das ich meine Ehre und mein Gewissen mit Füßen getreten ...!»

«Du hast meine Tage und Nächte mit herzbeklemmender Sorge erfüllt, mir Minuten voll atemloser Qual bereitet – du hast mich in Glanz und Luxus gebettet und mir alles geschenkt, was nur mein törichtes Herz fiebernd ersehnte ... Aber war das eine das andere wert?»

«Ach nein! Je mehr du dem Menschen zuströmst, je höher sich die goldenen Säulen hochrecken zu gewaltigen Türmen, desto mehr hängt das Herz deines Herrn an dir, drängt es zu dir, desto mehr erstickt alles Gute, Edle in ihm unter dem einen fixen, ihn rastlos aufpeitschenden Gedanken, dich festzuhalten, zu mehren, durch deine Zauberkraft die Welt zu unterjochen ...»

«Denn wer dich beherrscht, ist Herr der Erde und braucht vor niemandem das Haupt zu beugen ...»

L'appétit vient en mangeant,[62] sagt der Franzose; er könnte ebenso gut sagen: *L'appétit vient en gagnant*.[63]

Es war mir gelungen, mich in den Salon der Herzogin von U... und andere aristokratische Zirkel einführen zu lassen, dort dank meiner Zurückhaltung und meinem bescheidenen Wesen mir viele Sympathien zu gewinnen und festen Fuß zu fassen.

Hier lernte ich eine kleine entzückende Witwe kennen, die sich mit neuen Heiratsgedanken trug und mich gewiss ebenso gern wie jeden anderen genommen hätte. Aber sie besaß nicht mehr als etwa 700 000 Franc Vermögen. Wenn dieses Kapital auch nicht zu verachten war, so verschwand es doch gegen die halbe Million Einkommen, die ich nun einmal absolut haben wollte. Ich verkniff mir also das allerliebste Geschöpfchen und setzte meine Nachforschungen unbeirrt fort. Zweifelte ich doch jetzt, wo ich täglich mehr Geld auf Geld häufte, keinen Augenblick mehr daran, dass ich mein Ziel, durch eine Millionenheirat in Gold zu schwimmen, in kürzester Frist erreichen würde.

Denn ich beherrschte bereits die höchste gesellschaftliche Kunst, die vor allen anderen Eigenschaften den Erfolg verbürgt – ich verstand zu *blenden.*

Während der letzten Jahre hatte ich begonnen, die Augen zu öffnen und die Welt um mich herum, auf den Rennbahnen, in den Theatern und Salons scharf und nüchtern zu betrachten. Immer mehr erkannte ich, dass selbst in dieser Republik, in der doch eigentlich alle sozialen Gegensätze ausgeglichen sein müssten, die Gesellschaft vor Reichtum, Rang und Titeln kriecht und blindlings das anbetet, was glänzt und besticht.

Ist man ein junger anständiger Mann und geht bescheiden zu Fuß durch die Straße, so kümmert sich keine Menschenseele um uns. Rekelt sich aber derselbe Jüngling kurz darauf als Gigerl[64] bramsig[65] in den Kissen einer pompösen Equipage mit Vollblütern davor und einem noch bramsigeren Kutscher auf dem Bock oder rast er in einem knatternden, duftenden Auto wie ein flüchtiger Kassierer durch die Straßen, so bleibt dieselbe Menge, die ihn soeben hat achtlos vorübergehen lassen, wie verhext in grenzenloser Bewunderung stehen und schluckt noch immer selig seinen Staub, wenn das Töfftöff schon längst in endloser Ferne verschwunden ist.

Erscheint ein bildhübsches junges Mädchen in dürftigem Fähnchen im Ballsaal, so werden kaum einige gutmütige Idealisten sich flüchtig mit dem Mauerblümchen beschäftigen. Kommt dasselbe junge Mädchen auf den nächsten Ball in einem Worth-Kostüm[66] und hochmoderner Frisur, lässt sie durch klug bemessenen Ausschnitt sinnverwirrende Reize ahnen und blitzt sie von Juwelen wie ein wandelnder Kronschatz, so wird man sofort dieselben Kavaliere, für die sie unlängst erst vollständig Luft gewesen ist, in Scharen um sie herumschwänzeln und sich gegenseitig auf die Lackstiefel treten sehen, um ihr zu huldigen und einen Sonnenstrahl ihrer Gunst zu erhaschen. *Mundus vult decipi*,[67] oder auf gut Deutsch: Die Dummen werden nicht alle.

Genauso lagen die Verhältnisse auch bei mir. Ganz am Anfang, als ich in meiner Verbrecherlaufbahn kaum erst flügge war und noch nicht Geld genug zusammengegaunert hatte, um die Leute zu blenden und ihnen den nötigen Sand in die Augen zu streuen, wurde mir das Stehlen unendlich schwer gemacht. Die Händler, die ich als ganz gewöhnlicher Fußgänger oder bestenfalls in simpler Droschke in meinem bescheidenen, wenn auch tadellosen Anzug aufsuchte, gaben sich selten die Mühe, mir eine größere Auswahl ihres Lagers vorzulegen, in der Meinung, dass es sich doch nicht lohnte, sich für einen so anspruchslos aussehenden Kunden die Beine auszureißen – vielleicht auch mit dem heimlichen Hintergedanken, dass dieser schlichte und höflich auftretende junge Bursche möglicherweise ein Spitzbube wäre.

Später, als mir das Geld zuströmte und ich in meiner Mietsequipage, hochmodern gekleidet, den Zylinder auf dem Kopf und das Monokel im Auge, bei meinen trefflichen Lieferanten, und zwar häufig genug bei denselben Juwelieren vorfuhr, die ich wenige Monate vorher demütig besucht und geprellt hatte und die mich natürlich nicht wiedererkannten, waren diese Idioten plötzlich wie umgewandelt und legten mir sofort in ihrer verblendeten Demut ganze Berge ihrer wertvollsten Schmuckstücke so hin, dass ich meine Beute in denkbarster Bequemlichkeit, fast vor ihren Augen einsacken konnte.

Und noch später, als ich eigene Equipage und einen Diener hatte, der feierlich meine wappengekrönte Karte den Edelsteinhändlern in ihr Bureau brachte, verloren diese Hampelmänner weit über jede Erwartung den Kopf. Sie beeilten sich, ihren gesamten Vorrat an Steinen, ihr ganzes Hab und Gut, fast die Arbeit ihres Lebens in Bergen vor mir zur Auswahl aufzuhäufen; sie ließen mich in unbedingtem Vertrauen nach Belieben in diesen Schätzen herumwühlen und aussuchen und rieben sich vor Befriedigung heimlich die Hände, während ich ihnen dicht vor der Nase Stein auf Stein, Tausende um Tausende stahl.

Man sollte doch meinen, dass solche alten, gewieften Kaufleute ihre hauptsächlichste geschäftliche Erfahrung: Je pompöser die Aufmachung, desto wertloser der Inhalt – je lärmender die Reklame, desto bedenklicher die Ware – auch auf die Menschen übertragen, denen sie ihr Vertrauen schenken. Man sollte glauben, dass sie sich bewusst sind, wie schwer, ja wie unmöglich heute die Aristokratin von der eleganten Halbweltdame, der Millionär vom Hochstapler zu unterscheiden ist. Aber ich weiß aus langer Beobachtung das Gegenteil. Vom stolzen Kaufmann bis zum biederen Droschkenkutscher, vom hochmütigen Kavalier bis zum flinken Liftboy – sie alle fliegen wie die Mücken ins Licht und lassen sich durch jeden Humbug blenden, betölpeln, bestehlen, während sie sich wunder wie lebensklug und weise vorkommen, wenn sie alle anständigen, ehrenhaften

Menschen so lange als Halunken betrachten, bis diese ihnen das Gegenteil bewiesen haben …

Ist es da übertrieben, wenn ich behaupte, dass fast überall nur der Schein gilt, nicht das Wesen, nur die blendende Hülle und nicht der Kern? Und ist das nicht ein mildernder Umstand für den, der die Welt nach allen Regeln der Kunst betrügt – die Welt, die seit Ewigkeit betrogen sein will, die förmlich vor Sehnsucht danach schreit, sich betrogen zu sehen?

IX

FRAUENLIEBE

Ich habe in den vorhergehenden Kapiteln meine Entwicklung zum Hochstapler erzählt; ich möchte nun, ehe ich zu der bewegtesten Zeit meines Lebens übergehe und schildere, was alles in frohen und trüben Tagen in mir lebte und wirkte, kurz meine Beziehungen zu mancherlei Frauen und meinen Standpunkt ihnen gegenüber streifen.

Anfang Januar 1889 – als ich also noch nicht einmal achtzehn Jahre alt war – machte ich im Bois de Boulogne die Bekanntschaft einer gefeierten Demimondaine[68] namens Andrée de V… Obwohl sie nicht gerade von blendender Schönheit war, hatte sie doch etwas ungemein Gewinnendes und besaß tadellose Formen, eine Eigenschaft, die bei derartigen Frauen immerhin nicht die Regel ist.

Obgleich sie aus bescheidenen Verhältnissen stammte – ihr Bruder war Droschkenkutscher –, hatte sie sich doch eine solche Erziehung angeeignet, dass sie sich ohne Scheu an jeder Hoftafel hätte sehen lassen können.

Allerdings muss ich bemerken, dass ein bekannter englischer Lord, der Andrée von ihrer Jugend an liebte, protegierte und in die große Welt einführte, sie mit allen Mitteln, die sein ungeheurer Reichtum ihm gestattete, von den besten Lehrern ausbilden ließ.

Nach dem Tod ihres englischen Lords führte Andrée de V…, obwohl er ihr ein großes Vermögen hinterlassen hatte, ein ziemlich bewegtes Leben, wie es so viele selbst hochstehende Pariserinnen oder in Paris lebende Damen tun, teils nur um sich zu amüsieren, teils um ihren Leidenschaften zu frönen. Dennoch war diese Andrée de V…, die zu jener Zeit, vier Jahre nach dem Tod ihres Lords, bereits siebenundzwanzig Jahre zählte, niemals zur Kokotte im eigentlichen Sinne herabgesunken und trotz mancher Liebesabenteuer nicht, wie man zu sagen pflegt, von Hand zu Hand gegangen.

Als ich sie kennenlernte, war sie eine bekannte Pariser Erscheinung, besaß ein Haus in der Nähe der Champs-Élysées, Wagen und Pferde und ein gesichertes Einkommen von 40 000 Franc jährlich. Sie hatte es also nicht nötig, auf das Wenige, was ich ihr mit meinen Mitteln bieten konnte, zu spekulieren.

Schon bald nach unserer ersten Bekanntschaft fühlte ich eine lebhafte Zuneigung zu diesem Mädchen, und zwar weniger für ihr Äußeres als für ihre Art, sich zu geben, ihr liebenswürdiges Wesen, ihre Offenheit und Güte. Ich verkehrte fast täglich mit ihr. Wir nahmen unsere Mahlzeiten zusammen ein, fuhren in meinem oder ihrem Wagen in das Bois, verlebten den Abend in irgendeinem Theater, und jeder von uns beiden wünschte, dass dieses fröhliche Leben niemals ein Ende nehmen möge.

Ich besaß zu jener Zeit noch nicht die Umgangsformen der großen Welt, die unbedingt für mich nötig waren, wenn ich meine Rolle als Lebemann im großen Maßstab mit Erfolg durchführen wollte. Andrée bemerkte daher vom ersten Tag an, dass ich, wenn auch ein guter Junge, an Bildung und Erziehung doch noch viel zu wünschen übrig ließ.

Wie eine zärtliche Schwester unternahm sie es, mir nach allen Seiten hin Lehren und Ratschläge zu geben – bald bei Tisch, wenn ich mich nachlässig hielt oder nicht korrekt aß, bald in der Loge, wenn ich mich über einen guten Witz vor Lachen schüttelte, bald, wenn ich in den Salons der Welt, wo man sich nicht langweilt, gründlich «vorbeihaute». Immer wieder verbesserte mich dieses brave Mädel mit unendlicher Geduld und zeigte mir, wie ich mich richtig zu benehmen hätte.

Innerhalb eines Jahres hatte sie mich zum Mann von Welt erzogen.

Aber trotz dieser liebevollen Hingabe ließ Andrée doch bisweilen die Tochter Evas erkennen. Von allen Frauen, die ich während meines stürmischen Lebens kennengelernt habe, hat keine jemals meine geheimnisvolle Beschäftigung gekannt; und auch Andrée wusste nichts von meinem Privatleben und hatte keine Ahnung, wovon ich lebte und was ich überhaupt in Paris trieb. Das quälte sie unbeschreiblich, und so oft sie den «psychologischen Moment» für gekommen hielt, versuchte sie unter tausend Zärtlichkeiten und Schmeicheleien mich zu überreden, meiner «kleinen Andrée», die ja wie eine Freundin und Schwester für mich empfinde, zu verraten, warum ich so häufig still, nachdenklich und melancholisch wäre, und die Last, die ich ganz zweifellos auf meinem Herzen hätte, auf ihres abzuwälzen.

In solchen Augenblicken war Andrée tatsächlich unwiderstehlich, und auch der heilige Antonius[69] würde ihr wohl gebeichtet haben. Aber da ich leider nicht Antonius und noch viel weniger ein Heiliger war, so blieb ich auf der Hut und ließ mich in meinem Misstrauen gegen alle Welt und noch tausendmal mehr gegen alle Frauen nicht beirren. Denn obwohl ich erst achtzehn Jahre alt war, hatte ich doch schon Gelegenheit genug gehabt, dieses reizende Geschlecht aus hinreichender Nähe kennenzulernen, um zu der unerschütterlichen Überzeugung zu gelangen, dass die Frauen niedliche kleine Geschöpfe seien, die man als köstlichen Nippes und Bibelots[70] lieben und verhätscheln, denen man aber ebenso wenig wie einer Grammofonplatte Geheimnisse anvertrauen darf.

Anfänglich hielt sich meine kleine Freundin noch nicht für geschlagen und kam immer wieder auf ihre Absicht zurück; aber ich war ebenso zäh wie sie, und je hartnäckiger sie wurde, desto schweigsamer und verschlossener wurde ich.

Endlich, nachdem sie mich monatelang fast täglich in gleicher Weise bestürmt hatte, sah sie ein, dass sie niemals bei mir zum Ziel kommen würde, und gab die Partie endgültig auf.

Wir lebten trotzdem auch fernerhin in den denkbar freundlichsten Beziehungen und hingen in gegenseitiger Sympathie aneinander. Aber merkwürdigerweise äußerte sie immer häufiger ihre Sorge, dass unser Glück nicht ewig währen könnte und wir uns über kurz oder lang trennen müssten. Und obgleich ich mich Zeit meines Lebens wie über so viele blödsinnige Vorurteile des menschlichen Gehirns, so auch über Aberglauben und Vorahnungen lustig gemacht habe, konnte ich selbst zu meinem Staunen denselben Gedanken nicht loswerden.

Leider bestätigte sich auch nach dreizehnmonatigem Zusammensein unsere Ahnung. Als sie Ende Februar 1890 eines Morgens im Bois spazieren ritt, glitt ihr Pferd am Arc de Triomphe aus und begrub sie unter sich, sodass sie einen komplizierten Beinbruch erlitt und monatelang an das Bett gefesselt blieb. Fast zu gleicher Zeit – im April desselben Jahres – wurde ich arretiert und in das Gefängnis gesteckt, das ich erst nach vier Jahren, am 11. Juli 1894, verließ. An diesem Tag stand dieses prächtige Weib um acht Uhr morgens vor der Tür meines Gefängnisses zu Gaillon und empfing den entlassenen Sträfling mit offenen Armen.

Wir begaben uns zusammen nach Paris. Sie führte mich in ihr Heim, pflegte und päppelte mich und erwies mir alles Gute, was nur in ihren Kräften stand. Andrée war also noch immer die Alte, noch immer die Güte selbst; nur äußerlich hatte sie sich verändert, da ihr Bein steif geblieben war. Ich aber hatte in diesen vier Jahren so unsäglich viel physische und noch mehr moralische Qualen durchlebt, dass ich in meinem ganzen Wesen ein anderer, neuer Mensch geworden war.

So standen wir uns denn trotz aller Liebe ein wenig fremd gegenüber, und nach kurzer Zeit fuhr ich nach Rumänien, um mein mütterliches Erbteil zu erheben, während sie an die See ging.

Erst nach langen Jahren sahen wir uns als alte Freunde wieder, und keinem von uns beiden kam es in den Sinn, die einstigen engen Beziehungen wieder anzuknüpfen.

Was vergangen, kehrt nicht wieder …

Dennoch aber habe ich dieser ersten Frau, die bestimmend in mein Leben trat, ein treues Andenken bewahrt und werde mich ihrer immer in Dankbarkeit und Herzlichkeit erinnern.

X

LA DONNA È MOBILE[71]

Nachdem Andrée de V... das Unglück beim Reiten zugestoßen war, wandte sich trotz meiner Anhänglichkeit an sie mein abenteuerliches, unbeständiges Herz rasch einer anderen Frau zu. Ich hatte zu dieser Zeit in dem Salon einer Herzogin, die eng mit einem regierenden Haus verwandt war, eine Baronin E ..., eine junge Witwe von zwanzig Jahren, kennengelernt, und schon nach einer Bekanntschaft von nur vierzehn Tagen waren wir ein Herz und eine Seele.

Sie war eine schlanke, hochgewachsene, bildschöne Frau von romanischem Typus, ihr Teint zart und ungewöhnlich rein. Ohne das glänzende Feuer ihrer braunen Augen, die immer weit offen gerade vor sich hinblickten, ohne die stolze Flut ihres tiefschwarzen Haares und die graziöse Biegsamkeit ihrer überschlanken Taille hätte man sie für eine jener römischen oder griechischen Statuen halten können, vor denen einstmals die Völker anbetend im Staub lagen.

Wir waren beide ziemlich gleich alt und besaßen die gleiche unvollkommene Lebenserfahrung und dasselbe zügellose Temperament; denn sie stammte aus dem südlichen Frankreich und ich aus Halb-Asien[72].

Obgleich sie bereits mit siebzehn Jahren einen Offizier der französischen Kriegsmarine geheiratet hatte, der zwei Jahre später in Indochina am gelben Fieber gestorben war, also schon seit einigen Jahren in der großen Welt verkehrte, glich sie in ihrem Äußeren und ihrem Wesen doch noch ganz einem jungen Mädchen. Als wir uns zum ersten Mal gegenübertraten und unsere Blicke ineinandertauchten, durchzuckte es uns beide wie ein Blitz.

Die Herzogin stellte mich selbst ihr vor und ließ uns – wohl nicht ganz ohne Absicht – gleich darauf in einem ihrer zahlreichen Räume allein.

Während wir Seite an Seite in dem stillen, träumerischen Salon auf einem zierlichen Sofa saßen, konnten wir ganz nach Wunsch – wenn auch mehr mit Blicken als mit Worten – uns den plötzlichen, unwiderstehlichen Eindruck, den wir gegenseitig empfunden hatten, bekennen. Und von diesem ersten Tag an liebten wir uns leidenschaftlich, besinnungslos. Sie war frei, unabhängig und reich, ich war ebenfalls «auf freiem Fuß», unabhängig und augenblicklich bei Kasse.

Wir hatten beide die Absicht, uns zu heiraten; denn obwohl sie nicht über die halbe Million Rente verfügte, auf die ich mich versteift hatte, besaß sie doch ein stattliches Vermögen in Pariser Häusern und Hypotheken in Höhe von etwa sechs Millionen Franc – ein Kapital, mit dessen Zinsen man immerhin sein Leben fristen konnte.

Aber bei dieser ersten Chance meines Lebens, mich reich zu verheiraten, ließ mich das Glück treulos im Stich. Die junge Baronin hatte noch einige Wochen Trauer; wir mussten uns infolgedessen mit der Trauung etwas gedulden, und zu der Zeit, wo endlich die Eheschließung stattfinden sollte, dreieinhalb Wochen nach unserer ersten Bekanntschaft, war ich für vier Jahre hinter Gefängnismauern verschwunden. Dennoch waren diese drei Wochen, die wir im März 1890 zusammen verlebten, für mich – und ich glaube trotz der nachfolgenden Ereignisse sagen zu dürfen, auch für sie – ein einziger Liebesrausch.

Aber die Bäume wachsen nirgends in den Himmel. Und nur zu bald musste ich erkennen, dass auch dieser entzückenden Frau das «Allzu-Menschliche» nicht fremd war.

Sie war eben im Grunde nicht besser und nicht schlechter als alle anderen ihres Geschlechts seit Evas Zeiten. «Es ist keine List über Frauenlist», sagt schon die Bibel. Obgleich sie mir Tag für Tag ihre unsinnige Liebe schwor, bemerkte ich leider doch nur zu bald, dass dieses kleine süße Geschöpf vor allem eins unsinnig liebte, und zwar die Veränderung.

Ich weiß nicht, ob es die zahlreichen in Paris lebenden und mit ihr verkehrenden Amerikanerinnen gewesen sind, die sie die Kunst des Flirtens lehrten – in jedem Falle liebte und beherrschte die kleine Baronin diesen Sport bis zur Vollendung und betrieb ihn mit unverkennbarer Leidenschaft.

Ich hatte sie längst in bestimmtem Verdacht, als ich Ende März 1890, vierzehn Tage vor meiner Verhaftung, den sicheren Beweis ihrer Schuld erhielt. An diesem Tag war ich mit einigen Freunden im Automobil nach Fontainebleau[73] gefahren, während die Baronin unter dem Vorwand, Empfangstag zu haben, in Paris zurückgeblieben war.

Es war verabredet, dass ich erst am nächsten Tag zurückkommen würde, und so wagte es meine kleine Braut nach beendetem Empfang – obwohl ich die Schlüssel zu ihrer Wohnung besaß –, einen jungen ausländischen Diplomaten zu Tisch bei sich zu behalten. Ich hatte bereits seit einigen Tagen beobachtet, dass sie mit diesem Grafen geradezu maßlos kokettierte.

Aus diesem Grunde hatte ich mir vorgenommen, mir diese nach meinem Geschmack allzu lebhafte «Freundschaft» etwas näher anzusehen.

Ohne deshalb meinen Freunden den Grund zu verraten, nahm ich in Fontainebleau sofort den Zug nach Paris und fuhr, hier angelangt, zu dem Hotel der Baronin.

Mit den örtlichen Verhältnissen vollkommen vertraut, drang ich über die Hintertreppe in die Wohnung meiner Zukünftigen und gelangte, ohne eine Menschenseele zu treffen, bis zu der Tür ihres Schlafzimmers.

Mein Argwohn fand eine für meine Eigenliebe geradezu scheußliche Bestätigung. Obgleich ich sonst nicht zu horchen pflege, machte ich doch für eine Minute vor dem Eintreten in das Zimmer Halt und hörte im selben Augenblick, wie meine zukünftige Frau einen fremden Mann keuchend mit einer Flut von Liebesschwüren überschüttete. Am niederträchtigsten war es, dass diese glühenden Schmeichelworte genau dieselben waren, die ich noch am Tag vorher zu meinem Ruhm von ihren Lippen vernommen hatte.

Ich bin ziemlich stolz auf meine Ruhe, die mich fast nie verlässt. Aber in diesem Augenblick sah ich doch rot.

Ohne zu zögern, sprengte ich mit einem Druck meiner Schulter die Tür und stand wie vom Himmel gefallen vor den beiden Turteltäubchen.

Die kleine Baronin, die mich zuerst erblickte, stieß einen gellenden Schreckensschrei aus, aber ehe sie noch Zeit hatte, eine Bewegung zu machen, starrten ihr und ihrem Adonis[74] die Mündungen zweier Revolver entgegen.

Es war eigentlich für uns alle drei ein Verlegenheitsmoment – und zwar nicht zum Wenigsten für mich; denn ich war mir nicht klar, ob ich den beiden den Kopf zerschmettern oder mich auf eine andere Art rächen sollte.

Eine Sekunde lang überlegte ich, dann hatte ich meinen Entschluss gefasst.

Der Graf war ein sehr hübscher, blonder, junger Mann mit prachtvollem Haar, stattlichem hellblondem Vollbart und wundervollem Schnurrbart, der ihm ausgezeichnet stand. Er war auch, wie ich wusste, auf seinen männlichen Schmuck so stolz wie eine Frau auf ihre Brillanten.

Er hatte meine Eitelkeit auf das Tiefste verwundet, und ich war entschlossen, ihm seine Tat in derselben Münze, und zwar so nachdrücklich und kränkend für ihn wie nur möglich, heimzuzahlen. Indem ich ihn ständig mit meinem Revolver in Schachhielt, herrschte ich meiner heulenden Ex-Braut zu, in ihr benachbartes Ankleidezimmer zu gehen und mir mein dort befindliches Toilettennecessaire zu bringen. Ich versprach ihr, dass sie, sobald sie auch nur den leisesten Laut ausstieße oder den Versuch zur Flucht wagte, ein Kind des Todes sein würde.

Sie kannte mich doch schon zu genau, um auch nur einen Augenblick auf den Gedanken zu kommen, dass sie mich täuschen könnte. Sie holte also völlig perplex das Toilettennecessaire, während der Russe in seiner ebenso peinlichen als lächerlichen Lage noch immer wie vom Schlag gerührt dastand. Er wusste zweifellos, dass ich irgendetwas Beschimpfendes gegen ihn plante, und seine Verwirrung war umso größer, als er sich absolut nicht denken konnte, was ich vorhatte.

Während ich mit der einen Hand immer noch auf ihn zielte, öffnete ich das mir gebrachte Rasierbesteck und schob es ihm mit dem Befehl zu, sich sofort seinen Vollbart und Schnurrbart abzunehmen, wenn er nicht wolle, dass ich ihn ohne Weiteres wie einen tollen Hund niederschieße.

Er blickte mich entsetzt an und beschwor mich mit kaum verständlicher, heiserer Stimme, ihm diese Tortur doch zu ersparen. Als ich mich bestimmt weigerte, stieß er einen Fluch aus und stürzte sich auf mich, um mich zu entwaffnen. Aber er hatte sich in mir geirrt; kaum sah ich seine Bewegung, so schoss ich ihm den Revolver hart vor dem Gesicht ab. Freilich trug ich dabei Sorge, ihn zunächst noch nicht zu treffen.

Jetzt mischte sich «unsere» kleine Baronin ein, warf sich zwischen uns und flehte bald mich an, ihn nicht zu töten, bald ihn, mir zu gehorchen. Sie schwor ihm, dass ich fähig sei, sie beide in meiner Wut umzubringen.

Nochmals versuchte der Graf seinem Schicksal zu entgehen. Wenn ich ein Gentleman wäre – stammelte er – und einen Funken von Kavaliersehre im Leibe hätte, so müsste ich mich mit ihm schlagen, statt eine solche Schandtat zu begehen und mit der Waffe ihn, den Wehrlosen, zur eigenen Verunstaltung zu zwingen. Ich maß ihn von Kopf bis Fuß; dann antwortete ich ihm eisig, dass meine Devise «Auge um Auge, Zahn um Zahn» sei. Er habe mir feige, hinter meinem Rücken die erste Schandtat zugefügt; sie gäbe mir das Recht, ihn als Schurken und Dieb zu behandeln. Deshalb sei es auch nicht mit dem Abnehmen des Bartes abgetan, sondern er müsse, wenn er noch länger leben wolle, sich auch den Kopf von mir scheren lassen. Ich würde hierbei den Revolver einstecken; wenn er aber auch nur eine einzige Bewegung mache, würden er, die Baronin und ich morgen auf den Marmortafeln der Morgue[75] liegen. Denn für mich habe dieses Leben keinen Wert mehr, das er mir durch den Raub meiner Braut vergiftet.

Jetzt endlich sah der Graf ein, dass er seinem Schicksal nicht entgehen konnte; ohne ein Wort noch zu verlieren, näherte er sich totenblass dem Spiegel, schnitt sich mit einer Schere den Bart ab und rasierte sich die Stoppeln weg. Dann bat er mich fast schluchzend, ihm wenigstens den Schnurrbart zu lassen; und wieder antwortete ich ihm: Auch er habe mir nichts von meinem ganzen Glück gelassen – Auge um Auge, Zahn um Zahn![76]

Jetzt schien er plötzlich mit seiner Willenskraft zusammenzubrechen. Der Schnurrbart fiel. Dann ließ ich ihn auf einem Stuhl Platz nehmen und begann mein Werk als «gerichtsvollziehender Friseur».

Mit dem Kamm und der Schere, die vor mir lagen, schnitt ich ihm seine blonden Locken ab und verwandelte seinen schönen Puppenkopf in das Haupt eines elenden Galeerensträflings.

Ich forderte den Grafen auf, sich anzuziehen, und warnte ihn, auch nur mit einer Bewegung sich zwischen mich und die Frau, der er seinen Schimpf zu verdanken habe, zu mischen.

Jetzt kannte er mich; ich hatte nichts von ihm zu befürchten.

Ich packte die Baronin bei ihrem langen Haar, das sich während dieser Szene und wahrscheinlich schon bei ihrem Kosen gelöst hatte und sie wie ein Mantel umhüllte, und schnitt es ihr, ohne einen Kamm zu nehmen, hart am Kopf ab. Kaum hatte ich den ersten Schnitt getan, als sie wie verzweifelt zu wimmern und zu schluchzen begann. Ich achtete nicht einen Moment auf ihren weniger physischen als moralischen Schmerz, sondern hörte nicht auf, bis die letzte Strähne ihres Haares am Boden lag.

Als der Russe sah, wie weit ich meine Rache trieb, blieb er unbeweglich, wie gelähmt, mit unnatürlich weit geöffneten Augen stehen, als ob er plötzlich zum Idioten geworden wäre.

Die Baronin lag ohnmächtig am Boden.

Sie sahen beide wie Totenköpfe aus.

Ich befahl jetzt dem Grafen, seinen Hut zu nehmen und mit mir das Haus zu verlassen.

Wir gingen einträchtig zusammen die Treppen hinab. Er

hatte den Kragen seines Mantels hochgeschlagen und den Hut bis auf die Ohren gedrückt, während ich, den Paletot über dem Arm und den Hut in der Hand, ihn mit ironischer Höflichkeit durch die Tür des Hauses begleitete, das er vor wenigen Stunden betreten hatte, um mit dem Weib zu kosen, das meine Verlobte war, um mich mitten in das Herz zu treffen und meinen ganzen zukünftigen Lebensweg zu ändern.

An der Haustür empfahl ich ihm mit schroffen Worten, im allseitigen Interesse nichts von dem zu verraten, was sich dort oben soeben abgespielt habe. Aber der Graf, der eben noch vor Feigheit geschlottert hatte, glaubte jetzt, auf offener Straße, in größerer Sicherheit zu sein. Er trat einen Schritt zurück und spie mir mitten in das Gesicht. Noch hatte er die Lippen nicht wieder geschlossen, als ich ihm bereits mit dem Griff meines Revolvers einen furchtbaren Schlag in den Mund gab, der ihm aus seinem wirklich schönen Gebiss zwei Zähne ausbrach; das Blut floss ihm in Strömen aus seinem Mund, der mich so tückisch beschimpft hatte. Ich dachte nichts anderes, als dass er sich jetzt wie ein Rasender auf mich stürzen würde; aber plötzlich muss ihn von Neuem die unsinnige Furcht gepackt haben, denn scheinbar ohne zu wissen, was er tat, floh er in rasender Eile die Straße hinab.

Ich habe die Baronin seit jenem Tag niemals in meinem Leben wiedergesehen, sie nie wieder kichernd, mit seltsam glimmenden Augen von dem «reizenden blonden Diplomaten» plaudern hören.

Denn als ich im Monat Juni desselben Jahres als Untersuchungsgefangener im Mazas-Gefängnis[77] in Paris saß, las ich eines Tages, dass die Baronin E…, meine einstige Braut, an der Ecke des Boulevard des Capucines und der

Rue Scribe von einem Omnibus der Linie Madeleine–Bastille totgefahren worden war.

In der Sorge um mein eigenes Schicksal war der Hass gegen sie schon längst in mir erloschen. Dieser plötzliche, frühe und elende Tod der Frau, die mir alles gewesen, ergriff mich daher auf das Tiefste; und in der dunklen Zelle von Mazas saß ein armer Gefangener und weinte um eine Tote, die ihn schmählich betrogen hatte und die doch der Sonnenschein in seinem verlorenen Leben gewesen war …

La donna è mobile – einige Jahre später sollte ich einen neuen Beweis von der Wahrheit dieses Wortes erhalten.

Während eines achtzehnmonatigen unfreiwilligen Aufenthalts in dem Zentralgefängnis zu Nîmes lernte ich im Jahre 1897 den Sohn eines Marseiller Bankiers kennen, der fünf Jahre Gefängnis abzusitzen hatte.

Da er zwei Jahre vor mir eingeliefert worden war, so kam er erst anderthalb nach mir heraus.

Obgleich ich mich im Gefängnis immer noch mehr zurückhielt als draußen in der Welt, schloss ich doch eine Art Freundschaft mit diesem jungen Mann namens Jean D…, der eine gute Erziehung besaß, durchaus nicht dumm war und mir wiederholt Beweise seines guten Herzens gab.

Er war mein Nachbar in der Werkstatt für Holzpfeifen, in der wir beide beschäftigt wurden. Für gewöhnlich arbeiteten wir angestrengt und schweigend; wenn wir jedoch einmal das Glück hatten, einen gutmütigen Wärter zu haben, plauderten wir gern über unsere Absichten, Hoffnungen und Sorgen.

In einer dieser Unterhaltungen erzählte mir Jean, dass er die Strafe von fünf Jahren wegen einer Unterschlagung bekommen habe, die er in jugendlicher Unbesonnenheit zusammen mit seiner Schwester, einer schönen Blondine von zweiundzwanzig Jahren, auf Kosten eines Bankhauses in Grenoble beging, und dass auch seine Schwester zurzeit eine Strafe von vier Jahren im Zentral-Frauengefängnis von Montpellier verbüße.

Später schlug mir mein junger Leidensgefährte Folgendes vor: Sie hätten einen Bankier aus Toulon als Komplizen gehabt, der eine ihnen aus dem Raub noch zustehende Summe von 25 000 Franc einbehalten habe und sich weigere, sie herauszugeben. Ich sollte mich daher nach meiner Entlassung mit seiner Schwester Luise in Verbindung setzen, sie bei ihrer Entlassung – sechs Monate nach der meinigen – am Tor des Gefängnisses in Empfang nehmen und diese Summe von dem Bankier mit Güte oder Gewalt zu erhalten suchen. Er versprach mir hierfür 5000 Franc und die ewige Dankbarkeit seiner selbst und seiner Schwester.

Da ich mit Recht volles Vertrauen in den fünfundzwanzigjährigen jungen Mann setzte, nahm ich seinen Vorschlag mit Freuden an. Teils reizte mich die Eigenart des Auftrags, vielleicht auch lockte mich ein wenig die Bekanntschaft mit seiner Schwester, endlich aber trieb mich der in unseren Kreisen herrschende Hass gegen jeden Halunken, der seine Mitschuldigen zu betrügen sucht, zu dem Entschluss, die Sache durchzufechten.

Einige Zeit später, am 17. Juli 1898, erhielt Jean von seiner Schwester Luise die Nachricht, dass ihr aus Anlass des Nationalfests am 14. sechs Monate ihrer Strafe erlassen worden wären und sie mithin schon am 20. August entlassen würde.

Da ich am 28. Juli meine achtzehn Monate hinter mir hatte, traf sich das ausgezeichnet.

Ich wurde an diesem Tag über Lyon an die Schweizer Grenze gebracht und dort freigelassen; sobald die französischen Gendarmen mir an der Grenzstation den Rücken gekehrt hatten und im Personenzug nach Frankreich abgedampft waren, fuhr ich im Express an ihnen vorbei nach Montpellier.

Man ersieht hieraus den unendlichen Nutzen, den die kostspielige Eskortierung landesverwiesener Sträflinge über die Grenze hat.

Ich kam am 30. Juli in Montpellier an und erholte mich dort – ich hatte es wirklich nötig! – drei Wochen lang.

Am 20. August sechs Uhr früh nahm ich Luise, die von ihrem Bruder benachrichtigt war, in Empfang.

Ich erkannte die hübsche, stattliche Blondine sofort unter den vier Frauen, die an diesem Morgen aus dem Tor des Gefängnisses schritten. Wir begrüßten uns wie alte Freunde, stiegen in meinen Wagen, den ich hatte warten lassen, frühstückten glänzend und nahmen um drei viertel eins den Zug nach Toulon.

Am nächsten Tag um drei Uhr stand ich in dem Privatkontor des besagten Bankiers und überreichte ihm einen Brief von Jean, der ihn lakonisch aufforderte, seiner Schwester die 25 000 Franc auszuliefern, falls er nicht mit Pasquale Dombrini[78] – das war ich! – nähere Bekanntschaft machen wollte.

Der Bursche antwortete mir mit eiserner Stirn, dass er nicht die Ehre habe, Herrn Jean D… zu kennen und auf die Bekanntschaft des Herrn Pasquale Dombrini mit Begeisterung verzichte.

Ich sah sofort, dass ich hier von vornherein mit großen Mitteln arbeiten müsste. Es genügte, dass ich mir den Gemütsmenschen nach allen Regeln der Kunst «kaufte»; nach zehn Minuten war er kirre und hatte eingesehen, dass das Lieblingswort Bismarcks «À *corsaire, corsaire et demi*»[79] auch unter Spitzbuben volle Geltung hat.

Am nächsten Morgen um halb zehn zählte er Luise und mir fünfzig Scheine à 500 Franc auf den Tisch. Nachdem Luise diese in die Tiefen ihrer Taille versenkt hatte, verließen wir ihn. Weder verlangte er Quittung von uns, noch wurde überhaupt ein einziges Wort zwischen uns gewechselt.

Ich erhielt laut unserer Vereinbarung von dieser Summe 5000 Franc.

Wie leicht vorauszusehen, gefielen Luise und ich uns gegenseitig, und da sie keine Lust hatte, nach Marseille zurückzukehren, und ihr Bruder Jean noch für lange Zeit eingesperrt war, fuhren wir zunächst nach Nîmes, wo wir durch die Gefälligkeit eines gut bezahlten Wärters ihrem Bruder 10 000 Franc zukommen ließen, und von dort nach Genf. Hier verlor ich mein ganzes Geld im Spiel. Die Mittel des jungen Mädchens wollte ich nicht in Anspruch nehmen und ging deshalb in ein Hotel, um dort «Furage[80] zu requirieren[81]».

Ob nun das junge Mädchen meiner schon überdrüssig geworden war oder ein anderer Mann ihr Herz entflammt hatte, ob sie sich nach finanziell besser situierten Freunden sehnte oder endlich infolge meiner Diebstähle aufs Neue verhaftet zu werden fürchtete – in jedem Falle entschloss sie sich, als sie die große Zahl von Schmucksachen in meinen Händen sah, die nur auf unehrliche Weise erworben sein konnten, von mir loszukommen. Anstatt sich offen mit mir auszusprechen oder mir einfach durchzubrennen, machte sie gründliche Arbeit und erstattete der Polizei die Anzeige, dass ein ehemaliger Sträfling der Zentralanstalt Nîmes, den sie durch Zufall kennengelernt habe, Wertsachen in Händen habe, die sicher aus einem Diebstahl herrührten.

Obwohl der Hoteldiebstahl noch nicht amtlich gemeldet war, beeilte sich der Reviervorstand, mich als vermutlichen Gauner festzunehmen und in das Gefängnis Saint-Pierre[82] schaffen zu lassen.

Als der Bestohlene, der zuerst im Hotel ein großes Geschrei erhoben hatte, am nächsten Morgen mit mir konfrontiert werden sollte, stellte es sich zur grenzenlosen Verblüffung der löblichen Genfer Polizei heraus, dass er bereits am Tag vorher nachmittags mit dem Vier-Uhr-Express Hals über Kopf Genf verlassen hatte und einfach verschwunden war – und zwar, zum tiefen Schmerz der Behörde, ohne irgendwelche Anzeige bei ihr erstattet zu haben.

Da er nach achttägigem Suchen und Telegrafieren noch nicht aufgefunden war, musste ich natürlich in Freiheit gesetzt werden. Wo kein Kläger, ist auch kein Richter!

Ich brauche wohl nicht zu erwähnen, dass gleich nach der Denunziation auch meine teure Luise mit ihrer «ewigen Dankbarkeit» den Genfer Staub von ihren Füßchen geschüttelt hatte.

Ich suchte sie einige Zeit, um noch persönlich angemessenen Abschied von ihr zu nehmen, aber sie war klug genug gewesen, über See nach Guatemala zu gehen.

Ich erfuhr dies erst, als ich bereits verheiratet war und Familie und Heim besaß.

Da ich aber niemals und keinem Menschen vergessen habe, was er mir Böses angetan hat, fuhr ich 1900 während meines Aufenthalts in Amerika auch nach Guatemala, hörte hier jedoch, dass Luise, die infolge unserer Beziehungen einen Knaben geboren hatte, sich seit fünf Monaten in Hongkong befand.

Der Mutter verzieh ich, was ich dem Weib nicht hatte vergeben können. Ich habe nie wieder etwas von ihr und ihrem Kind gehört.

Ich möchte noch kurz erzählen, wie ich selbst durch Zufall den Schlüssel zu der geheimnisvollen Flucht des Bestohlenen in Genf erhielt.

Es war im Monat Oktober 1900 in einem der vornehmsten Klubs Londons, wo nicht wenige Hochstapler meiner Art Einlass gefunden haben, als ich einer solchen Gruppe von Glücksrittern, die Maupassant so liebreich und treffend «die Aristokratie des Bagnos» nennt,[83] dieses kuriose Genfer Erlebnis auftischte.

Während ich plauderte, lächelte einer meiner Genossen, ein Russe, auf ganz eigentümliche Art, indem er gespannt meinem Bericht lauschte.

Nach kurzer Zeit fiel er mir ins Wort: «Sag doch einmal, Georges, war in diesem Koffer unter anderen Sachen nicht eine Schlipsnadel, Türkis mit Brillanten, ein Paar Ohrringe, Rubine mit Brillanten, und ein diamantenbesetzter Federhalter?»

Ich fragte, vollständig überrascht, woher er dies alles wisse. Denn seine Angaben stimmten genau mit den Tatsachen überein.

«Du infamer Gauner», erwiderte er mir vergnügt, «ich war ja der unglückliche Besitzer aller dieser Sachen, die du im Zimmer 36 gestohlen hast, und ich selbst hatte sie drei Tage vorher in Interlaken einem amerikanischen Gesandtschaftssekretär stibitzt!»

Nun war mir freilich klar, warum der Bestohlene damals Genf so eilig verließ, und man kann sich denken, wie herzlich wir über den «betrogenen Betrüger»[84] gelacht haben.

Das sind zwei Ereignisse meines Lebens, die meinen Enthusiasmus für das zarte Geschlecht wesentlich modifiziert haben.

Wenn man die großen Kriminalprozesse aller Zeiten verfolgt, wird man immer wieder auf die Indiskretion oder den Verrat eines Weibes stoßen, und mancher Unglückliche, der einer Frau vertraute, hat seinen Fehler mit lebenslänglichem Bagno oder mit seinem Kopf büßen müssen. Hätte ich diese Charakterschwäche besessen, so hätte ich dank den holden Frauen – obwohl ich nie ein *Verbrechen* begangen habe – nicht acht, sondern vielleicht dreihundertfünfzig Jahre sitzen müssen; denn die Frau, die «dichthalten» kann, die soll erst noch geboren werden!

Die furchtbarste Erfahrung meines Lebens, meine Einsperrung in das Irrenhaus[85] Herzberge, wo ich heute noch wäre, wenn ich mich nicht inkognito entfernt hätte, verdanke ich einem Büfettmädchen, das mich verriet.

Nun wohl! Dieses Weib habe ich nur kurze Zeit gekannt, ihr nie etwas Böses getan, sondern im Gegenteil sie geradezu verwöhnt und mit Gold und Geschenken überschüttet. Und doch hat sie mich aus grundloser Eifersucht gegen eine Wintergarten-Diva denunziert, obwohl sie wusste, dass ihr Verrat mir zehn Jahre Gefängnis einbringen konnte.

Ich habe die Welt nach allen Richtungen durchstreift, die Frauen in allen Ländern und Zonen des Erdballs kennengelernt – die Dirne in den Tiefen der Schmach wie die Vollblutaristokratin auf den Höhen des Lebens –, und ich schließe dieses Kapitel aus tiefster Überzeugung, wie ich es begann, mit dem berühmten Wort:

La donna è mobile ...

XI

MEINE ERSTE VERHAFTUNG

Obwohl schon eine lange Reihe von Jahren her, steht meine erste Verhaftung mir doch unheimlich klar und unauslöschlich vor Augen. Sie erfolgte am 17. April 1890, als ich noch nicht neunzehn Jahre alt war.

Innerhalb zweier Jahre etwa hatte ich bereits sechsunddreißig Juweliere im großen Stil bestohlen – und zwar eine ganze Anzahl von ihnen zwei-, drei- und selbst viermal –, als ich mich an besagtem 17. April in die Rue Montesquieu begab, um einen Juwelier namens Dumurier nach besten Kräften zu prellen.

Dieser Juwelier hatte die Gewohnheit, regelmäßig ein Café zu besuchen, in dem die Pariser Juweliere zusammenzukommen pflegten, um allgemeine Interessen ihres Standes zu besprechen, Konjunkturen zu erörtern und Absatz für größere Abschlüsse in Juwelen zu finden. Er war daher einige Tage vor meinem Besuch ebenfalls anwesend gewesen, als zufällig festgestellt wurde, dass ein junger, schlanker, brünetter Mann von anspruchsvollem Auftreten sich bei auffallend vielen Kollegen eingefunden habe.

Ein Wort gab das andere, und es stellte sich nur zu bald heraus, dass er bei ihnen allen hatte Schmucksachen kaufen wollen, aber so gut wie nie seine Absicht ausgeführt hatte. Und endlich betonten verschiedene anwesende Edelsteinhändler, dass sie nach dem Besuch dieses jungen Mannes misstrauisch geworden wären und bei Revision der vorgelegten Bestände das Verschwinden von ein, zwei und bisweilen mehr kostbaren Steinen konstatiert hätten.

Es wurden daher die Kollegen, denen dieser angenehme

Kunde noch nicht seine Aufwartung gemacht hatte – unter ihnen Dumurier –, aufgefordert, sobald dieser talentvolle Jüngling sich bei einem von ihnen einfände, ihn festzuhalten und die leidtragenden Kollegen sofort zu benachrichtigen.

Dies alles erfuhr ich natürlich erst aus der späteren Gerichtsverhandlung.

Ahnungslos und ohne das geringste Misstrauen langte ich also um halb vier Uhr nachmittags bei Dumurier an, der einen Engroshandel in Edelsteinen betrieb. Ich war nach meinem Geschäftsprinzip auf das Sorgsamste und Eleganteste gekleidet – hochmoderner Überzieher, *Chapeau claque*[86], Stock mit goldenem Griff – und an Blasiertheit und Arroganz das Musterbild eines ebenso reichen wie unreifen Aristokraten.

Ich erklärte Dumurier, dass ich für eine neue reizende Freundin, die ich lancieren[87] wollte, Schmucksachen zu kaufen wünschte und zunächst 50 000 Franc dafür anlegen wollte.

Ich sah mit Fassung dem üblichen Freudenausbruch entgegen. Aber wider alles Erwarten blieb der Glanz meines pompösen Auftretens, der Schwung meiner wohleinstudierten Rede und die lockende Aussicht auf ein Bombengeschäft ohne den geringsten Eindruck auf mein verehrtes Vis-à-vis. Anstatt mit geschäftigen Händen seine Schätze vor mir aufzutürmen, erwiderte er mir nur mit wenn auch sehr höflicher, so doch merkwürdig eisiger Stimme, dass er mich «bitte Platz nehmen zu wollen».

Noch immer ahnungslos, ließ ich mich im Hochgefühl meiner faszinierenden Eleganz wie hingegossen in einen Sessel fallen, bewunderte meine Lackstiefel und sah dem Erscheinen der niedlichen Steinchen, unter denen ich «meine Auswahl treffen» wollte, mit würdiger Ruhe entgegen.

Plötzlich – hallo! – bemerkte ich, wie der Juwelier heimlich und in sichtlicher Erregung mit einem seiner Angestellten flüsterte, und blitzschnell, ohne jede längere Erwägung, wusste ich genau, dass dieser Mann da vor mir gewarnt war und soeben seinen Kommis zu den anderen bereits von mir bestohlenen Juwelieren schickte.

Sofort war ich «klar zum Gefecht».

Die Art und Weise, wie der Juwelier nun langsam und vorsichtig mir einzelne wenige Schmuckstücke vorzulegen begann und sich jede Auskunft förmlich aus den Zähnen ziehen ließ, bestärkte meinen Verdacht bis zur Überzeugung.

Ich war mir ohne Weiteres klar, wie ich mich zu verhalten hatte. Erstens musste ich natürlich auf jeden Diebstahl bei diesem Mann verzichten, zweitens aber – das bessere Teil der Tapferkeit ist Vorsicht! – so schnell als möglich das Freie zu gewinnen suchen.

Während der wenigen Minuten, in denen ich scheinbar die vorgelegten Schmuckstücke prüfte und Dumurier auf die Kollegen wartete, die mich rekognoszieren[88] sollten, herrschte ein atemloses Schweigen und eine nervenerregende Spannung auf beiden Seiten.

Plötzlich hörte ich, wie in einem Nebenraum des Bureaus, in dem wir uns befanden, ein leichtes Geräusch entstand, und merkte an dem Rascheln hinter der Tür, dass mehrere Menschen durch das Schlüsselloch lugten. Und schon stürmten fünf Juweliere zu uns herein und riefen mir mit vorgehaltenem Revolver im Chor zu: «Ah! Da haben wir endlich den verfluchten Banditen!»

Trotz meiner prekären Lage verlor ich nicht einen Augenblick meine Ruhe. Ich entsinne mich sogar genau, dass mir die lächerliche Seite der ganzen Situation nicht entging und mich die fünf bewaffneten Helden unwillkürlich an die sieben Schwaben mit ihrem Spieß erinnerten: «Hannemann, geh du voran, du hast die größten Stiefeln an!» Ich erhob mich von meinem Stuhl, maß die fünf wandelnden Revolver von Kopf bis zu den Füßen und antwortete: «Wenn Sie Grund zu haben glauben, mir etwas vorzuwerfen, so lassen Sie mich verhaften! Aber merken Sie sich, dass ich mir von niemand eine Beleidigung gefallen lasse. Wer sich noch einmal erlaubt, mir ein Schimpfwort zuzurufen, wird es trotz seines Schießprügels bitter zu bereuen haben!»

Meine Sicherheit verfehlte ihren Eindruck nicht. Die tapferen Recken äußerten keinen Laut mehr und begnügten sich, zwei Schutzleute holen zu lassen.

Dieselben erschienen. Sie erklärten mich für verhaftet, legten mir ohne Weiteres Handfesseln an und führten mich die Treppe hinab.

Vor Dumuriers Haustür hielt noch immer mein Wagen, eine prachtvolle, nagelneue, mit dunkelblauem Tuch ausgeschlagene Viktoria. Auf dem Bock saß majestätisch mein Kutscher in seiner tadellosen Livree von gleicher Farbe, weißen Lederhosen und Lackstiefeln mit gelben Stulpen; vor dem Wagen kauten sich zwei wundervolle ungarische Harttraber ab, die mich allein die hübsche Summe von 24 000 Franc gekostet hatten.

Es muss ein seltsames Bild gewesen sein, wie ich in meiner tadellosen Equipierung, von zwei uniformierten und bewaffneten Polizisten flankiert, aus der Tür heraustrat, vor der meine Equipage auf mich wartete.

Mein Kutscher, der keine Ahnung von meinem Beruf hatte und nie in seinem Leben sich hätte träumen lassen, mich jemals in solcher Lage zu sehen, war wie vom Schlag gerührt und stierte totenblass, mit weit aufgerissenen Augen auf seinen gefesselten Herrn, den je ein Schutzmann an jedem Arm gepackt hielt.

Ich rief ihm kurz zu: «Vorwärts, François! Sie können nach Hause fahren!»

Der arme Kerl, den ich immer gut behandelt und glänzend bezahlt hatte, hatte mich ehrlich lieb und war mir wie ein Hund ergeben. Er begann zu weinen und vermochte kaum die Worte zu stammeln: «Oh, Monsieur Georges! Wie ist das nur möglich?»

Ich antwortete ihm: «Sei ruhig, mein alter Freund! Wir sehen uns bald wieder.»

François griff an den Hut und fuhr an; der Wagen entschwand meinen Augen, und mich schleppte man unter Begleitung einer hundertköpfigen Menge, die sich im Handumdrehen angesammelt hatte, über die Straße zum Polizeibureau.

Im Augenblick meiner Sistierung[89] hatte ich noch in beiden Taschen meines Beinkleides einen Rubin und zwei Brillanten, die ich zwei Stunden vorher einem Diamantenhändler auf dem Boulevard Haussmann entwendet hatte. Trotz der scharfen Überwachung der Schutzleute und obwohl die Juweliere uns hart auf den Fersen folgten, gelang es mir, unbemerkt die Steine herauszunehmen und fortzuwerfen.

Aber für Pech kann keiner! Triumphierend kam ein kleiner Junge vorgestürzt, der einen der Steine gefunden hatte, und übergab ihn mit einem Stolz, als ob er das Vaterland gerettet hätte, als *Corpus Delicti*[90] meinen Begleitern.

Am 11. Juni 1890 stand ich zum ersten Mal vor meinen Richtern.

Als ich als Sträfling die Stufen des Gerichtsgebäudes hinabstieg, fragte mich der greise Pförtner, der die Medaillen der Schlacht an der Alma[91], des mexikanischen[92], italienischen[93] und anderer Feldzüge trug, lakonisch: «Wie viel?»

Ich antwortete: «Vier ...»

Er fragte noch einmal: «Monate?»

Und ich erwiderte mit zusammengebissenen Zähnen: «Jahre ...!»

Der alte Veteran in seinem Ehrenschmuck blickte mich blutjungen Menschen einen Augenblick wortlos an. Dann wandte er sich ab und sagte leise: «Armer Junge!»

XII

GEFANGEN

Ich kam, wie erwähnt, noch fast als Kind in das Zentralgefängnis von Gaillon, mit einiger Kenntnis des Lebens in der Welt, aber ohne die geringste Ahnung vom Gefängniswesen, von der Macht, die rohe und ungebildete Menschen dort besitzen. Ich spreche hier natürlich nur von meinen Gesamteindrücken, denen zum Glück zahlreiche Einzelausnahmen gegenüberstehen – aber da ich achteinhalb Jahre in den Gefängnissen fast aller Länder Europas einschließlich der Türkei «Studien gemacht» habe, glaube ich mindestens ebenso gut wie jeder andere mein Urteil äußern zu dürfen.

Fast in allen Ländern stehen die Wärter, die die Aufgabe haben, Zucht und Ordnung in diesen Strafanstalten aufrechtzuhalten, nach jeder Richtung hin auf der denkbar niedrigsten Stufe.

Schon bei der Aufnahme behandeln sie den Sträfling nicht mehr als menschliches Geschöpf gleich ihnen, sondern überschütten ihn mit Beschimpfungen und Demütigungen, zu denen das Gesetz sie in keiner Weise berechtigt. Hat jemand ein sanguinisches Temperament[94] und wagt es, diesen Autokraten auch nur ein Wort zu erwidern, so ist er schon von vornherein «geliefert». Von diesem Augenblick an wird er «geschliffen», für geringste Übertretungen oder Versäumnisse erbarmungslos bestraft und, wenn nötig, falsche Meldungen abgestattet, um ihn zur Verzweiflung zu bringen und zum Widerstand zu reizen.

Das gilt für die französischen Gefangenenwärter wie für fast alle anderen Europas.

Hierzu kommt, dass an den meisten der Anstalten, die ich kennengelernt habe, die höheren Beamten, Inspektoren, Direktoren, Ärzte und andere, obgleich sie ihrer Bildung nach menschlicher empfinden und verständnisvoller urteilen sollten, in Wahrheit genauso roh und unmenschlich sind wie ihr Musterpersonal. Ich möchte nur ein einziges Beispiel dem Bericht in meinen Memoiren *Ein Fürst der Diebe* hinzufügen.

Als Arzt fungierte im Zentralgefängnis von Gaillon ein gewisser B…, der von normannischen Bauern stammte und ständig selbst darüber aus den Wolken zu fallen schien, sich in einem bürgerlichen Anzug statt in blauer Bluse und Holzpantinen zu sehen. Dieser Mensch war geradezu ein Paradestück menschlicher Stupidität.

Obgleich ich mich infolge meiner vorzüglichen Gesundheit nur selten unpässlich fühlte und daher nicht allzu häufig in Berührung mit ihm geraten bin, suchte ich ihn doch anfänglich einige Male auf, um bei kleinen Beschwerden seine ärztliche Hilfe zu erbitten. Denn für den Sträfling ist selbst die ärztliche Revierstunde als Abwechslung willkommen. Bei diesen Gelegenheiten empfing und behandelte mich B… so maßlos schroff, dass ich mich fest entschloss, für den Rest meiner Strafzeit auf seine Hilfe zu verzichten.

Selbst als ich nach einem Aufenthalt von vierundfünfzig Tagen in den «Oubliettes», den unterirdischen Gefängnissen von Gaillon, sechsunddreißig Meter unter der Erde in ewiger Dunkelheit und Nässe lag und von Krankheit erschöpft mit meinen Kräften gänzlich am Ende war, sah ich mich doch lieber von Stunde zu Stunde dem Tode näher kommen, als dass ich dieses Vieh von Doktor hätte rufen lassen.

Erst die militärische Nachtrunde meldete meinen Zustand, sodass ich in das Lazarett geschafft wurde. Und solche Erlebnisse wie das meine waren in diesem Gefängnis keine Ausnahme, sondern an der Tagesordnung.

Ich frage nun jeden Einsichtigen: Darf der Arzt, der «Helfer der Menschheit», sich als ausführendes und verschärfendes Organ des Strafvollzugs betrachten, oder hat er nur mit seiner Wissenschaft zu helfen, als Arzt und Mensch und Christ immer wieder zu helfen? Fragt denn der Tierarzt danach, ob dieser Hund bissig, jenes Pferd ein «Verbrecher» ist, um das Tier dann zu quälen und zu martern, statt ihm zu helfen? Und ist nicht dem häufig nur durch Not oder Leidenschaft entgleisten Menschen billig, was dem bösartigen Tier recht ist?

In den ersten Jahren, in denen ich Gelegenheit hatte, das Gefängniswesen kennenzulernen, habe ich mir unzählige Male folgende Frage vorgelegt: Was zwingt eigentlich den Staat, solch rücksichtsloses, oft rohes Personal anzustellen – vorausgesetzt, dass er wirklich mit der Strafe eine Besserung, eine Läuterung des Gefangenen anstrebt? Laufen nicht in jedem europäischen Land Tausende und wieder Tausende gebildeter Männer herum, die sehnsüchtig nach Stellung und

Brot für sich und die Ihrigen ausschauen – gibt es nicht ein fest geprägtes Wort vom «akademischen Proletariat»? Man wende mir nicht ein, dass der Beruf des Gefangenenaufsehers solcher Männer unwürdig sei. Ist der Beruf des Gefängnisdirektors, des Anstaltsgeistlichen denn mit einem Odium[95] verbunden? Sind die Offiziere und Unteroffiziere etwa zweiten Ranges, die in den Festungsgefängnissen eine eiserne Disziplin – man denke nur an die Zwangsjacke, die ohne Anwesenheit des Arztes gar nicht angelegt werden kann und darf! – aufrechterhalten? Was für das Straf-Aufsichtspersonal der Armeen gilt, wird im Zivil auch möglich sein. Hierzu kommt noch, dass jeder Stand durch die Würde seiner Vertreter gehoben wird; man denke nur an die Kunst – an Komödianten wie Molière, der noch wie ein Hund verscharrt wurde,[96] und seine Epigonen, die heute an des Fürsten Seite tafeln!

Das waren meine Gedanken in einsamen Nächten, und ich würde entzückt sein, als Reformator in dieser Richtung mir ein ganz winziges Lorbeerblättchen im Ruhmeskranz der menschlichen Humanität verdienen zu können. Aber ehrlich wie ich – wenn auch nur theoretisch – bin, gestehe ich, dass ich allmählich meine Anschauungen über meine Anschauungen gründlich revidiert habe. War der oben erwähnte Arzt B... und hundert andere gleich ihm nicht ein durchaus gebildeter Mann? Und hielt sie alle das ab, die wehrlosen Sträflinge noch schlechter zu behandeln, als es das wenig oder gar nicht gebildete Unterpersonal tat? Nein, Bildung und Herzensgüte, Wissen und Menschlichkeit gehen nicht Hand in Hand! Und da ich gerecht genug bin, vom Staat nicht zu verlangen, dass er seine Beamten vor der Anstellung mit philanthropischen Röntgenstrahlen durchleuchtet, so habe ich meinen schönen Plan still und klanglos begraben und Klügeren die Lösung dieses Problems überlassen.

Wenn ich nun einen Vergleich zwischen den verschiedenen Ländern Europas ziehen müsste, so würde ich zu dem Resultat kommen, dass das Gefängnisleben sich überall so ziemlich wie ein Ei dem anderen gleicht – allerdings wie ein faules Ei dem anderen. Denn hier wie dort ist man zwischen vier nackten Wänden hinter einer schweren, verschlossenen Tür eingesperrt, schweningert[97] man mit mehr oder weniger Appetit und sieht sich von Gewaltmenschen bewacht, die in der Auslegung und Unterlegung einer mehr oder minder despotischen Gefängnisordnung jeden Danteforscher[98] gründlich beschämen.

Was das System der Einzelhaft betrifft, so möchte ich behaupten, dass dieses nur bei schweigsamen, wenig geselligen Leuten von großer Selbstständigkeit und ausgezeichneter Gesundheit angebracht erscheint; bei solchen Leuten, die zur Einsamkeit neigen, kann es immerhin noch menschlich genannt werden. Aber für Leute von schwachem Charakter, ohne eigene moralische Kraft, die gewohnt sind, sich über alles auszusprechen, in kleinen und großen Sorgen Rat und Teilnahme zu suchen, die in der Freiheit sich mit jedermann sofort anfreunden und gesellig plaudern – für diese Leute ist die Einzelhaft eine barbarische, raffinierte Tortur. In Italien zum Beispiel, wo dieses System sehr beliebt ist, sind die Gefangenen, die eine Reihe von Jahren in der Einzelzelle verlebt haben, nicht nur physisch heruntergekommen, sondern drei Viertel von ihnen gebrochen und ein guter Teil komplett verrückt geworden.

Aber ich möchte aufgrund meiner eigenen Erfahrung und der meiner Freunde in anderen Gefängnissen doch sagen, dass das Gefängniswesen Frankreichs an sich zweifellos das beste, gerechteste und menschlichste von allen ist. Zwar ist in diesem Land das Reglement vielleicht strenger als anderwärts, doch erscheint dies mit Rücksicht auf den Volkscharakter und die leichte Erregbarkeit des Franzosen in gewissem Grad berechtigt. Dagegen kann der Gefangene durch Fleiß und Anstelligkeit[99] bei der langen Arbeitszeit von halb sechs Uhr morgens bis acht Uhr abends vier und selbst fünf Franc per Tag verdienen; von diesem Verdienst gibt er die Hälfte für seine Erhaltung dem Staat, ein Viertel wird ihm in einem Sparkassenbuch gutgeschrieben und am Tag seiner Befreiung ausgezahlt, und das letzte Viertel kann er sofort verwenden und sich Lebensmittel und in beschränktem Umfang sogar Wein dafür kaufen. So vermag er in bescheidenem Maßstab seine Gesundheit zu pflegen, sich seine physischen Kräfte zu erhalten, die ihm allein neuen Verdienst in seiner Haft ermöglichen, und am Tag seiner Befreiung als kräftiger Mann entweder sofort Arbeit zu finden oder im anderen Falle mit seinen Ersparnissen in der Tasche der nächsten Zukunft mit Ruhe entgegenzusehen.

Das englische System der Bestrafung ist dem Frankreichs beinah gleichzustellen; denn wenn auch die Gefängnishaft in England nicht gerade zu den begehrtesten Vergnügungen zählt, so steht sie doch weit mehr im richtigen Verhältnis zur Schuld wie anderwärts. Eine Strafe, die einem in Frankreich fünf Jahre einbringt, wird unter ganz gleichen Verhältnissen und bei denselben Vorstrafen in England mit fünfzehn Monaten Zwangsarbeit bestraft. Und was diese «*hard labour*» betrifft, so darf man nicht vergessen, dass die Engländer wuchtige Worte lieben und diese Zwangsarbeit schließlich nicht schlimmer ist als beispielsweise das Schweizer Zuchthaus.

In vielen anderen Ländern Europas dagegen untergräbt der Gefangene durch harte Arbeit und schlechte Kost seine Gesundheit und wird durch die langjährige unmenschliche Behandlung verbittert. Und da er beim Verlassen des Gefängnisses nur selten sofort Arbeit findet und nur wenige Pfennige in der Tasche hat, packt ihn Verzweiflung und Empörung, und er zögert keinen Augenblick, von Neuem Verbrechen zu begehen, um nur allzu bald in den Kerker zurückzukehren, den er soeben erst verlassen hat.

Die offiziellen Statistiken beweisen daher auch, dass in Österreich, Italien, England und anderwärts die Rückfälligen zahlreicher sind als in Frankreich.

Während meiner Gefängnishaft in Gaillon hatte ich Zeit genug, über meine Vergangenheit, meine Hoffnungen und Ziele nachzudenken – besonders in den unterirdischen «Oubliettes», in denen ich Disziplinarstrafen von dreißig bis neunzig Tagen verbüßen musste. Es ist eine furchtbare moralische und physische Qual, monatelang ohne Unterbrechung in der Dunkelheit mit nackten Füßen auf den eiskalten Steinen auszuhalten, bei siebenhundertfünfzig Gramm Brot und einem Krug Wasser als tägliche Nahrung, während dieser ganzen Zeit nachts auf dem Strohsack mit einer dünnen Decke ohne Kopfkissen zu liegen – als einzige geistige Nahrung nur seine eigenen Gedanken zu haben und immer nur zu denken und immer wieder zu denken und zu grübeln! Ich mache kein Hehl daraus – ich habe dort entsetzlich gelitten; aber wenn mir auch für Augenblicke der Mut schwankte, zusammengebrochen bin ich doch niemals.

Während ich dort Stunde auf Stunde, Tag um Tag auf den schlüpfrigen Steinen niedergehockt saß, sah ich trotz der tiefen Nacht um mich herum doch meine Zukunft klar vor meinen Augen stehen, und ich wäre physisch und moralisch verkommen ohne die Ermahnungen, die ich selbst an mich richtete.

Ich sagte mir: «Mut, mein armer Georges! Vergiss nur nicht, dass alles in dieser Welt ein Ende hat ... Auch auf den längsten Regen folgt endlich doch Sonnenschein, auf den grimmigsten Winter der liebliche Frühling, auf Dürre und Not die wogende Ernte. So wird auch dich nach den Tagen der Qual und Verzweiflung, die dir jetzt beschieden sind, das lachende Leben grüßen. Dort draußen ist ja doch die Welt, die leuchtende, jubelnde Welt! Aus weiter Ferne winkt dir das sonnige Paris ..., dort flammt jetzt die Große Oper, auf den Boulevards wogt und treibt das Volk, Equipagen schwirren aneinander vorbei, mit holden Frauen in knisternder Seide darin, die dich so oft geküsst haben und einst wieder küssen werden ... Horch! Musik rauscht auf ... und Gläserklingen und weiße, matt leuchtende Schultern ... trotz dieser nackten Füße, trotz der Nacht um dich, trotz schlüpfriger Steine und tropfender Kerkermauern ... Und Licht und Freude und Wein und Weib – das ganze Bacchanal[100] der Lust wird dich einst wieder umgaukeln, mit weichen Armen umschlingen ... und lachen und trinken und küssen ... Nur Mut musst du haben, Mut und immer wieder Mut, um mit gesunden Gliedern und frohen Sinnen der Freiheit, dem neuen Glück entgegenjauchzen zu können ... bald ... bald ... in wenig Jahren ...»

«Denke nur immer daran, mein armer Freund, dass du noch blutjung bist, denke, dass dir die Natur doch vieles geschenkt hat, was andere entbehren müssen – Intelligenz und

Energie, Kraft und Gesundheit ... Kein Mensch, keine Gewalt, keine Qual kann dir dies Erbteil rauben, wenn du nur selbst es dir bewahrst!»

«Also Mut, Georges, und keine Schwäche! Und vorwärts, vorwärts und immer wieder vorwärts ...!»

Das war das Zaubermittel, das mich die stürmischen und schmerzensreichen Tage meiner Hochstaplerkarriere überwinden ließ – einer Laufbahn, die fast zwanzig Jahre dauerte, während derer ich mehr als acht Jahre hinter Kerkermauern saß und mehr als fünfundzwanzig Monate schwerer disziplinarischer Strafen ertrug und auf die ich heute an Leib und – trotz aller medizinischen Kapazitäten – an Seele gesund zurückblicke.

Aber so ganz ließ der Appell an meinen Mut die innere Stimme der Reue doch nicht verstummen, und immer wieder trieb mich der Gegensatz zwischen einst und jetzt, der Gedanke an die goldene Freiheit dort draußen jenseits der festen Granitmauern, die Freuden und Leiden meiner Existenz abzuwägen.

Immer mehr begann ich in den langen Monaten meiner Haft meine «Profession» zu verabscheuen – nicht etwa weil ich moralisch mich zu meinem Vorteil veränderte, sondern weil die ständige Komödie und Lüge, in der mein Leben sich bisher bewegt hatte, mich immer stärker abstieß, die schwere Strafe, die ich für meine Taten verbüßte, immer drückender auf mir lastete.

Ich sagte mir: «Georges! Ist das nun ein Leben, das du bisher geführt hast – mit seiner Lüge, seiner Verstellung, seiner unsinnigen Verschwendung und diesem Kerker als vorläufigen Abschluss? Und kaum, dass du dieses Gefängnis verlassen hast und nach langen Jahren der Entbehrung die

Luft der Freiheit wieder atmest, wirst du von Neuem diese Freiheit, Gesundheit und Glück aufs Spiel setzen, um das verfluchte Gold zu gewinnen, das du durch ehrliche Arbeit dir nun einmal nicht erwerben kannst. Nimm wirklich an, dass dir ein Coup oder mehrere gelingen – glaubst du denn, dass du dein ganzes Leben lang vom Diebstahl existieren kannst? Du musst dir doch selbst sagen, dass das einfach nicht möglich ist und dass du immer wieder, immer länger, immer sicherer in das Gefängnis zurückwandern wirst, das dich heute umschließt ...!»

«Musst du also nicht wahnsinnig sein, um auch nur daran zu denken, deine Verbrecherlaufbahn fortzusetzen?»

Wie oft habe ich in den furchtbaren, endlosen Tagen, Wochen und Monaten, in denen ich lebendig in den «Oubliettes» begraben war, solche Erwägungen angestellt! Wie oft war ich felsenfest entschlossen, ein für alle Mal mit meiner traurigen Karriere zu brechen und ein neues Leben in Ehrlichkeit, wenn auch in Armut zu beginnen! Aber immer wieder reckte sich mein böser Geist in mir auf und raunte mir zu: «Du willst also auf halbem Wege die Flinte ins Korn werfen, auf die Braut verzichten, die dir die Schätze der Welt bieten wird ... Du Narr, warum hast du dann überhaupt angefangen?»

«Hat dich das Gefängnis denn so rasch mürbe gemacht?»

«Bist du ein Mann – oder bist du ein altes Weib, ein ... Feigling?»

«Du antwortest ‹Nein›!»

«Dann beweise auch, dass du ein ganzer Mann bist, wenn auch ein ganzer Verbrecher!»

«Und mögen auf deinem Wege auch noch so viel physische und moralische Qualen deiner harren, magst du auch noch so viele Male die gepanzerten Tore des Gefängnisses hinter dir zuschlagen hören – du hast nun einmal deinen Lebensweg gewählt, nun geh ihn vorwärts ohne Wanken, führ ihn zu gutem Ende, und wenn es sein soll, zu bösem – nur sei kein Feigling!» Und: «Kein Feigling … kein Feigling!», schien es mir von den dunklen Wänden zurückzuhallen.

Vergebens versuchte ich immer wieder mich gegen die Tyrannei einer Existenz aufzulehnen, die mich ständig in Spannung und Sorge gehalten, mir keine ruhige Nacht gegönnt, vergebens sagte ich mir, dass alle meine Hoffnungen Chimären seien und niemals eine Millionärin das Weib eines Verbrechers werden würde, dass selbst im besten Falle, wenn alle meine Wünsche nach Glanz und Reichtum in Erfüllung gingen, kein Glück der Welt die schlaflosen Nächte während meiner Freiheit, die unbeschreiblichen Qualen meiner durchlebten und noch zu durchlebenden Kerkerjahre aufwiegen würde. Ich stellte mir vor Augen, wie ich in Hunderten von Hotels schlaflos in den luxuriösen Betten meiner Prachträume gelegen habe, während herzbeklemmende Angst, ob nicht am frühen Morgen die Hüter des Gesetzes mich aus dem Bett reißen und mit sich fortschleppen würden, mir den Schlaf raubte und mich bei dem leichtesten Geräusch hochfahren ließ …

Wie die Kinder beim Spiel ihre Finger gegenseitig verschränken und den Gegner durch den Druck ihrer Hände niederzuzwingen suchen, so rang Gut und Böse in mir – und immer wieder siegte das Böse, klang es von den Wänden höhnend an mein Ohr: «Kein Feigling!», zwang mich die Furcht, mich selbst verachten zu müssen, in mein geächtetes Leben zurück …

XIII

IN MONTE CARLO

Wie alle armen Teufel, die möglichst rasch zu Geld kommen möchten, oder wie die Besitzer eines kleinen Vermögens, die sich mit einem Zauberschlag als Millionäre sehen wollen, glaubte auch ich, sobald ich einige 10 000 Franc übrig hatte, das Glück bereits im Nacken gepackt zu haben. Ich war mithin vollständig überzeugt, dass ich gar nichts Besseres mit meinen Schätzen machen könnte, als sie am Trente-et-quarante-Tisch oder am Roulette im Handumdrehen zu verhundertfachen und mit dem zweifellos meiner harrenden ungeheuren Vermögen die Welt als Nabob zu beherrschen …

Welch ein Irrtum, welche kindische Harmlosigkeit!

Mein erster Kreuzzug in das gelobte Land des Goldes fand im Dezember 1889 statt. Damals war soeben die Pariser Weltausstellung geschlossen worden, in der die ganze Industrie der Welt miteinander gerungen und manche goldene Medaille davongetragen hatte. Wenn es auch nur eine Spur von Gerechtigkeit auf dieser Erde gäbe, so hätte ich eine solche Auszeichnung in erster Linie erhalten müssen, denn meine diskrete Privatindustrie, die ich während der Zeit der Ausstellung zur höchsten Blüte gebracht, hatte mir mehr als 100 000 Franc Reinverdienst abgeworfen. Ich tröstete mich jedoch philosophisch über die Kurzsichtigkeit der Jury und beschloss, dem Bombenglück dieses Sommers so lange als möglich die Hand zu bieten, indem ich im Dezember 1889 zu der Henne mit den goldenen Eiern nach Monte Carlo fuhr. Ich nahm mir dort in dem feudalen «Hotel de Paris» ein Zimmer zur See hinaus und begab mich, ohne

Zeit zu verlieren, zum Kommissariat des «Cercle des Étrangers»[101]. Ich stellte mich den Herren dort vor und erklärte ihnen stolz, als sie mich nach meinem Beruf fragten, dass ich Rentier sei. Der Kommissar sah mich zwar etwas unangenehm von der Seite an, gab mir jedoch die gewünschte Eintrittskarte – allerdings nicht, wie ich gehofft hatte, für die ganze Saison, sondern nur für den Tag gültig.

Es war neun Uhr abends, als ich zum ersten Mal die Spielsäle betrat. Ich hatte 75 000 Franc in Bankscheinen mitgebracht, von denen ich 10 000 Franc aus meiner Brieftasche herausnahm. Ich ließ mich an einem der Trente-et-quarante-Tische nieder und setzte das Minimum von 20 Franc. Seltsam! Dieses erste Mal, wie jedes Mal, so oft ich nach Monte Carlo zurückkehrte – und dies geschah während vierzehn Jahren fast alljährlich –, lächelte mir das Glück am ersten Tag in überraschender Weise zu.

Ich bin keine Spur abergläubisch; und doch kann ich mich nur schwer der Empfindung erwehren, dass eine dämonische Macht in den Spielsälen von Monte Carlo auf jeden neu eintreffenden Spieler lauert und ihm listig einen verführerischen Gewinn in den Schoß wirft, um ihn durch trügerische Hoffnungen auf den Weg des Ruins, der Verzweiflung und des Selbstmordes zu locken.

Ich gewann zuerst ein Dutzend Louisdors, verdoppelte und verdreifachte meinen Einsatz und hatte, als nachts um zwölf Uhr die Säle geschlossen wurden, 7000 Franc gewonnen. Man kann sich meine unsinnige Freude über diesen ersten Spielerfolg kaum vorstellen; nicht so sehr der 7000 Franc wegen, sondern weil ich jetzt überzeugt war, mir eine unerschöpfliche Goldquelle erschlossen zu haben, die es mir für alle Zukunft ersparte, immer und immer wieder stehlen und nochmals stehlen zu müssen. Denn wenn ich diesen gefährlichen Beruf ergriffen hatte, so war der Grund hierfür einzig und allein der glühende Wunsch nach Luxus und Glanz, nicht etwa die Freude am Lügen und Betrügen.

Ich trank im «Café Riche»[102] – einem der vornehmsten Plätze Monte Carlos – seelenvergnügt einen Grog, kehrte in mein Hotel zurück und begann die 7000 Franc triumphierend durchzuzählen, in goldenen Säulen mit meinen Händen aufzuhäufen und mit meinen gierigen Augen zu verschlingen.

Ich sagte mir dabei: «Mein lieber Freund! Endlich hast du Glückspilz das Rezept gefunden, das du so lange suchtest, ohne Anstrengung und Zeitverlust Tausende von Franc zu gewinnen, wie man sich Pflaumen vom Baum pflückt. Also weiter auf diesem Wege, mein Söhnchen, und du wirst Millionär sein, ehe wir wieder Silvester feiern!»

Das erscheint gewiss jedermann sehr töricht, aber man vergesse nicht, dass ich erst neunzehn Jahre alt war und fast gar keine Erfahrung besaß und dass Jahr für Jahr Tausende und Abertausende im weißen Haar, mit reifer Lebenserfahrung genauso töricht handeln und denken wie damals ich.

Am nächsten Tag um zwölf Uhr mittags stand ich, kaum dass die Türen zu den Sälen geöffnet waren, wieder am Trente-et-quarante-Tisch und setzte zwei, vier, acht Louisdors. Ich verlor von Anfang bis Ende, sodass gegen halb vier die 7000 Franc, die ich am vorigen Tag gewonnen hatte, sowie weitere 23 000 Franc den Weg alles Irdischen gegangen waren.

Welch eisige Dusche auf meine glühenden Hoffnungen!

Ich nahm die Sache jedoch nicht allzu schwer, und anstatt sofort am Leben zu verzagen, erhob ich mich gefasst und rauchte im Atrium eine Zigarette, indem ich an meine entschwundenen 30 000 Franc nicht mehr dachte als an Lots

Weib, der ja seinerzeit auch ihre Vergnügen so scheußlich versalzen wurden.[103]

Ich sah mich zugleich nach irgendeiner Magdalena[104] um, die mich in meinem Pech ein wenig trösten sollte.

Eine solche war nun zwar wesentlich leichter zu finden als die Milliarden, die ich in Monte Carlo suchte. Aber kaum hatte ich das Atrium dreimal durchmessen, als ich, statt auf eine dieser geschmeidigen Elfen, auf eine voluminöse, jüdisch aussehende Dame stieß, die ich ganz in Gedanken und ohne jede Nebenabsicht anstierte. Sie hatte zweifellos bereits die Schlacht bei den Thermopylen[105] als Zeitgenossin miterlebt oder konnte zumindest meine Stammmutter sein; denn sie hatte anscheinend schon einige Hundert Jahre hinter sich und trug sicherlich genauso viel eigenes Haar auf ihrem Schädel, als man auf einer Melone findet. Als diese ehrwürdige Vertreterin des schönen Geschlechts wie eine Gans, die ihren Pfuhl verlässt, vorüberging und sich von mir angestarrt sah, schleuderte sie mir einen Blick zu, der – gleich den Armmuskeln des testamentarischen Simson – die Marmorsäulen des Atriums hätte ins Wanken bringen können, und bei jedem Begegnen steigerte sie ihr Bombardement.

Zuerst wollte ich deutlich werden; da ich mir jedoch eine Zerstreuung davon versprach, dieses wassersüchtige Monstrum näher zu studieren, erwiderte ich endlich ihren schmachtenden Blick mit sehnsüchtigem Äugeln. Die alte Reliquie aus griechischer Vorzeit glaubte wahrhaftig sofort, dass mich der Liebe schmerzlich-süßer Pfeil beim Anblick ihres schönen Ballon-Captif[106]-Körpers blitzähnlich getroffen habe.

Sie näherte sich mir sofort mit ausgestreckter Hand, rollenden Augen und einem öligen Lächeln auf ihren Klaviertasten und fragte mich mit flötendem Bass, ob ich mich ihrer noch von Wiesbaden her erinnere.

Ich hätte dem Fossil gern erwidert, dass sie wohl nicht aus Wiesbaden, sondern aus den römischen Katakomben oder ägyptischen Pyramiden käme, denn noch niemals in meinem Leben war ich bisher dieser wandelnden Wurst begegnet. Ich hielt jedoch an mich und erwiderte nur ein wenig sarkastisch, dass ich zu meinem lebhaften Bedauern weder in Wiesbaden noch am Nordpol die hohe Ehre gehabt hätte, ihrer Schönheit zu huldigen.

«Aber mein lieber kleiner Freund» – ich war etwa zwei Köpfe größer als sie –, erwiderte sie, «ich kann mich unmöglich so kolossal irren! Sie sind doch zweifellos Herr Moritz Cohn aus Frankfurt am Main?»

«Durchaus nicht, verehrte Frau – ich bin leider nur Georges Manolescu aus Bukarest.»

«Nun, das schadet ja nichts, gefallen tun Sie mir darum nicht weniger! Denn Ihre schönen Augen erinnern mich so unbeschreiblich an meinen seligen Isidor[107] …»

Um dieses alberne Gegacker nicht weiter anhören zu müssen, lud ich die wacklige Baracke ein, mit mir am Büfett eine Erfrischung zu nehmen. Sie raffte wie ein Tapir auf dem Drahtseil ihr Kleid zusammen, hängte sich ohne Umstände in meinen Arm und schleppte mich Opferlamm zum Büfett. Dort sank dieses menschliche Riesengebirge krachend auf einen Stuhl, der wimmernd und in allen seinen Fugen knackend protestierte. Sofort begann sich das Publikum in diskreter Entfernung um uns zu scharen, um dieses eigenartige Liebespaar mit Andacht zu betrachten. Ich bemerkte in der Menge einen meiner besten Freunde und gab ihm flehend Zeichen über Zeichen, sich uns anzuschließen. Da der Schlauberger aber mit Recht befürchtete, dass ich ihm dieses

Frachtkollo[108] tückischerweise andrehen würde, verhüllte er sein Haupt und floh in Windeseile von dannen.

Ich fügte mich jetzt kraftlos in mein Schicksal, denn mir kam plötzlich der Gedanke, diese Mumie mit meinen Liebenswürdigkeiten einzuwickeln und auf diese Weise vielleicht die 30 000 Franc wieder herauszuschlagen, die ich soeben für immerdar verloren hatte. Ich fragte also mit gewinnender Höflichkeit, was die Gnädige befehle; hätte mir die Wahl freigestanden, so hätte ich ihr sicherlich ein kaltes Fußbad zur «Abregung» bestellt.

Aber leider kam ich nicht so billig davon; sie ließ mich überhaupt nichts bestellen, sondern verlangte selbst vom Kellner eine Flasche Veuve Clicquot triple sec[109].

Ich machte mir den Teufel daraus, mit dieser erhitzten Dampfwalze vor aller Welt Champagner zu pokulieren[110]. Aber sie ließ mich nicht mehr los und begann mir ohne einen Funken der holden Scham, den man dem schöneren Geschlecht zuschreibt, geradezu hanebüchen ihre Liebe zu erklären, indem sie mir in plastischen Wendungen die Vorzüge des gereiften – leider ach! nur allzu gereiften – Weibes pries ... «einer Frau, wie ich, mein Schatz ... vier bis fünf Jahre älter als du ...». Die gute Seele hatte entweder in ihrem endlosen Dasein das Rechnen schon wieder verlernt oder eine Null übersehen. Zugleich ließ sie geschickt einfließen, dass sie nicht nur relativ jung und positiv schön, sondern auch unabhängig und sehr wohlhabend sei.

Diese letzte Mitteilung änderte die Situation ganz erheblich und klang wie liebliches Glockengeläut in meinen Ohren, sodass ich schleunigst meine Liebenswürdigkeiten verdoppelte. Sie nannte sich Selma Rosenberg, war eine Deutsche und besaß ein Rittergut in Baden. Auch verfügte sie über 50 000 Mark Rente, die sie nach ihrer Versicherung sich glücklich schätzen würde, mit mir in Liebe und Seligkeit zu teilen. Augenblicklich wohnte sie in Nizza, wo sie eine schöne Villa besaß.

Schließlich riss ich mich von ihren schwabbelnden Reizen unter dem Vorwand los, in das Hotel zurückkehren zu müssen, wo mich mein Vater erwarte. Die imposante Ruine versuchte mich zwar zu halten, ich war jedoch am Ende meiner Kräfte und wankte erschöpft davon.

Um in zwei Worten den Schluss dieser kleinen Episode vorweg zu erzählen, bemerke ich, dass ich die famose Rosenberg noch mehrere Male traf. Als ich das dritte Mal in jenem Winter, Ende Januar, nach Monte Carlo zurückkehrte und – was ich eigentlich gar nicht besonders zu erwähnen brauche – eines Tages völlig ausgebeutelt war, erinnerte ich mich der antiquarischen Kuriosität, besuchte sie in Nizza und erklärte ihr, dass ich mein ganzes Vermögen in Monte Carlo verloren hätte und mit wehem Herzen ihr zum letzten Male in diesem Leben die zarte Hand drücke. Die alte Karikatur mit dem jungen Herzen, die sich, ach, tatsächlich in mich vergafft hatte, begann eine große Rührszene aufzuführen und versicherte mir, wenn ich auch ruiniert sei, so habe sie doch noch immer ihr schönes Vermögen, um mir das Leben zu versüßen.

Jetzt hielt ich den günstigen Augenblick für gekommen, um endlich die Farbe ihres Geldes zu sehen. Ich gestand ihr schluchzend, dass ich nicht nur alles verloren, sondern zum Überfluss beim Poker im «Cercle Masséna»[111] zu Nizza 80 000 Franc auf Ehrenwort verloren habe und am nächsten Tag zahlen müsse, wenn ich nicht auf Zeit und Ewigkeit ehrlos sein wollte.

Sie «lieh» mir wirklich das Geld, die ganzen 80 000 Franc, und vermutlich wartet die liebliche Rosenberg noch heute in Nizza und schaut nach ihrem «kleinen» Georges und den 80 000 Franc aus.

Am nächsten Tag stand ich sofort nach Öffnung der Säle wieder am Spieltisch und begann mit Einsätzen von 100 Franc. Zuerst gewann ich 2000 Franc, dann verlor ich sie und noch 6000 Franc dazu; ich hörte daher an diesem Tag zu spielen auf. Tag für Tag setzte ich das Spiel fort, und wieder hatte mich dieser Sport nach vier Tagen um meinen letzten Pfennig gebracht. Ich ließ mir daher 500 Franc Reisegeld aus der Kasse des Kasinos zahlen und kehrte nach Paris zurück, um meine Finanzen gründlich aufzubessern und dann die Jagd nach einer reichen Erbin fortzusetzen.

Da ich es allmählich in der Aneignung von Edelsteinen bis zur Meisterschaft gebracht hatte, brauchte ich nicht länger als zehn Tage, von denen ich nur drei «arbeitete», um mir ohne jede Schwierigkeit 50 000 Franc zu verschaffen. Und da mich die 75 000 Franc, die ich soeben in Monte Carlo gelassen hatte, doch mächtig wurmten, tat ich das Dümmste, was ich tun konnte, bestieg Ende Januar den Express für die Riviera und erschien nach achtzehnstündiger Fahrt wieder in dieser Hölle, die sich «Cercle des Ètrangers de Monte Carlo» nennt. Von Neuem saß ich am Trente-et-quarante-Tisch; aber ich begann nicht mehr mit den Minimum-Einsätzen von 20 Franc, sondern gleich mit 500-Franc-Billetts. Wieder zeigte es sich, dass der erste Tag Glück bringt. Innerhalb einer Stunde setzte ich 1000, 2000, 4000 Franc und mehr auf einmal und gewann im Ganzen 91 000 Franc, die sich in herrlichen goldenen Säulen und Bündeln von Geldscheinen vor mir auftürmten. Ebenso wenig, wie mich die 30 000 Franc Verlust erregt hatten, brachten mich die gewonnenen 91 000 Franc jetzt aus der Ruhe. Obgleich am Trente-et-quarante-Tisch ein Gewinn von 91 000 Franc innerhalb einer Stunde nichts gerade Ungewöhnliches ist, traf mich doch mancher Blick des Neides aus der Corona[112]. Da die gewonnene Summe immerhin für bescheidene Ansprüche genügte, erhob ich mich möglichst phlegmatisch und packte mit größter Seelenruhe das Gold und die Scheine in meine sich bauschenden Taschen.

Ich verließ das Kasino und ging einige Minuten auf der prachtvollen Terrasse mit dem Ausblick auf das Meer spazieren. Kaum befand ich mich einige Minuten in den Seitenalleen dieser Terrasse und ging nach meiner Gewohnheit, die Hände auf dem Rücken und den Kopf etwas zur Erde geneigt, meinen Weg, als ich an einer Biegung des Weges fast mit der Nase auf einen tadellos gekleideten Gentleman stieß, der sich weder entschuldigte noch auswich. Ich fixierte den Grobian und stellte alsbald fest, dass er satisfaktionsunfähig war, da er sich fern vom Getriebe der Menschen aufgehängt hatte und bereits völlig kalt war.

Ich benachrichtigte einen der Feuerwehrposten, die dort berufsmäßig die Selbstmörder beiseiteschaffen, und begab mich heim.

Dieses Rencontre machte so wenig Eindruck auf mich, dass ich mich bereits am nächsten Tag wieder in den Spielsälen befand und dasselbe Schicksal wagte, das den Unglücklichen ereilt hatte.

An diesem Tag wandte mir das Glück energisch den Rücken. In kaum einer halben Stunde hatte ich 67 000 Franc verloren.

Ich verließ den Spieltisch, um zu Tisch zu gehen, und kehrte um zehn Uhr abends zurück. Ich spielte jetzt mit wechselndem Erfolg, verlor aber schließlich innerhalb ein und einer halben Stunde weitere 17 000 Franc, sodass ich an diesem Tag 84 000 sauer verdiente Franc zugesetzt hatte. Ich verließ nun das Kasino und soupierte mit dem italienischen Marquis Carlo de R… und zwei seiner niedlichsten kleinen Freundinnen. Der Marquis bezahlte liebenswürdigerweise das Souper, das sich nebenbei bemerkt auf einige Tausend Franc belief; übrigens konnte sich der Gute das ohne Unbequemlichkeiten leisten, da er an diesem Abend die kolossale Summe von 180 000 Franc gewonnen hatte.

Am nächsten Tag sah ich wieder meinen letzten Pfennig dahingehen.

Zum zweiten Mal war ich nach Monte Carlo zurückgekehrt, um Millionen zu verdienen, zum zweiten Mal verließ ich es mit völlig leeren Taschen.

Aber ich hielt mich nicht mit nutzlosem Grübeln auf. Schon am nächsten Tag mittags beehrte ich einen großen Juwelier unter den Galerien mit einem freundschaftlichen Besuch. Mit strahlendem Gesicht, als wüsste ich nicht, wohin mit allem Geld, stellte ich mich dem Mann namens Albert Q… vor und ersuchte ihn, mir ein Diamantendiadem aus seinem Schaufenster zu zeigen. Während der Brave eifrig damit beschäftigt war, das gewünschte Schmuckstück aus dem Fenster zu nehmen, erleichterte ich ihn um ein Paar Perlenohrringe mit Brillanten, die sich in einem kleinen Etui auf seinem Ladentisch herumtrieben. Nun prüfte ich das Diadem, richtete endlose Fragen über Größe, Qualität und Gewicht der Steine an ihn und versprach ihm schließlich, mit meiner Herzallerliebsten zurückzukommen, um ihr vor Ankauf das Diadem zu zeigen. Der Wackere erschöpfte sich in tausend Verbeugungen und Versicherungen seiner unbegrenzten Hochachtung und tanzte wie ein Indianer auf dem Kriegspfad bis zur Ladentür um mich herum, indem er mich immer wieder bat, ihn ja recht bald mit der Gnädigen aufzusuchen. Das hätte ich auch zweifellos, so oft er es wollte, mit unendlichem Vergnügen getan; aber da ich besorgte, dass er die Ohrringe vermissen und mich das nächste Mal nicht ganz so hingebend empfangen könnte, musste ich mir jeden weiteren Verkehr zu meinem lebhaften Bedauern versagen.

Ich verkaufte die Ohrringe, die einen Wert von 15 000 Franc hatten, an einen bekannten Hehler, der sich gerade in Nizza befand, für 6200 Franc und begab mich an demselben Abend nach Cannes, um auch dort einige Privatvorstellungen unter Ausschluss der Öffentlichkeit zu geben. Ich plünderte sie alle, wie sie da waren, mehr oder minder, verkaufte in Nizza die Schmucksachen, die einen Wert von 30 000 Franc hatten, für 11 000 Franc und kehrte nach achtundvierzigstündiger Abwesenheit in die Spielsäle von Monte Carlo zurück, mehr als je entschlossen, endlich die spröde Fortuna in meine Arme zu schließen. Diesmal vermied ich das Trente-et-quarante, das mich so viel gekostet hatte, und spielte Roulette. Nach einer halben Stunde hatte ich 4000 Franc verloren. Jetzt beschloss ich, das launische Glück mit einem Schlag zu zwingen, setzte auf Rot, Pair[113] den ganzen Rest meines Geldes – 13 000 Franc – und hatte alles in der nächsten Sekunde verloren.

Trotz meiner Selbstbeherrschung konnte ich doch eine Bewegung rasender Enttäuschung nicht unterdrücken und verließ ohne Weiteres den Tisch.

Ich hatte vorläufig genug von Monte Carlo.

Ich suchte mir unter den Galerien einen Juwelier aus, stahl ihm im richtigen Moment einen Ring mit einem Saphir und zwei großen Diamanten, fuhr sofort nach Nizza und schlug ihn für 900 Franc los. Das genügte gerade, um meine Hotelrechnung und meinen Fahrschein zu bezahlen. Am selben Abend verließ ich Monte Carlo und kehrte in mein geliebtes Paris zurück. Aber sobald ich in dieser Stadt der Freude angelangt war, galt es vor allem, meine Finanzen etwas freundlicher zu gestalten, und ich unterzog mich ohne Zögern der Pflicht, den Diamantenhändlern meine ergebene Aufwartung zu machen. Da ich die nötigen Umgangsformen diesen Leuten gegenüber sicher beherrschte, gelang es mir, mich bei ihnen recht vorteilhaft einzuführen, und ich verfügte innerhalb zwölf Tagen wieder über 54 000 Franc, die mir Charles B… für meine Mühe auszahlte.

Wie man sieht, ging das Geschäft in diesem Jahr, obwohl ich große Ausgaben und noch mehr Spielverluste hatte, zu meiner Zufriedenheit. Der schöne Grundsatz: «Alle für einen, und einer für alle» bewährte sich auch in den Beziehungen zwischen den Pariser Juwelieren einerseits und meiner Wenigkeit andererseits.

Nachdem ich ein drittes Mal in diesem Winter in Monte Carlo gewesen war, ebenfalls verloren und – wie schon erzählt – die antike Rosenberg um 80 000 Franc erleichtert hatte, gab ich – wenigstens für dieses Jahr – die Hoffnung auf, durch Spielgewinne die ersehnten Millionen zu erlangen, und wandte mich mit neuer Energie meinem alten Ziel zu.

Vorher büßte ich freilich noch rasch vom Januar 1897 bis zum Juli 1898 achtzehn Monate Gefängnis in Nîmes ab, da ich neben den Juwelierdiebstählen in Nizza auch solche in Hotels verübt hatte und schließlich festgenommen worden war.

Ich entsinne mich noch genau eines meiner Opfer, einer entzückenden jungvermählten Engländerin, die im «Hotel des Anglais» wohnte und mit der ich nach meiner Verhaftung konfrontiert wurde. Sie war ein so süßes, rosiges Püppchen, dass ich mich trotz meiner prekären Lage glatt in sie verliebte und sie sicherlich nicht bestohlen hätte, wenn ich die reizende kleine Frau vorher gesehen hätte.

Ich werde nie vergessen, wie sie mit dem Schmerz eines Babys, dem man sein Spielzeug weggenommen hat, im Polizeibureau vor mir stand.

Es war am 2. Januar 1897, als ich ihr auf dem Polizeikommissariat zu Nizza vorgeführt wurde und sie mit kindlichem Schluchzen aussagte, dass «ein böser Mann» ihr selbst die goldenen Kapseln der Fläschchen aus ihrem Reisenecessaire abgeschraubt habe, ganz abgesehen von dem diamantenbesetzten Halsband ihres «Bobby».

Niemand konnte mit Bestimmtheit aussagen, dass ich das Hotel betreten oder verlassen hatte, und nur das eine stand fest, dass eins der gestohlenen Schmuckstücke durch meine Hände gegangen war.

Die kleine Engländerin wurde von dem Kommissar gefragt, ob sie mich vielleicht in der Nähe ihrer Zimmer hätte herumlauern sehen, aber sie antwortete ohne Besinnen, dass die Herren sich zweifellos täuschten, da doch ein solcher Gentleman wie «dieser Herr» – sie wies mit dem Fingerchen auf mich – nicht die «shocking *person*» sein könnte, die so «schrecklich schamlos» gewesen war, ihre ganzen Koffer umzuwühlen und ihr sämtliche Ringe, Armbänder, Ohrringe und goldenen Gürtelschlösser zu stehlen.

Der Grund, weshalb sie so für mich eintrat, war zweifellos der, dass ich manches unsäglich Intimes in ihren Koffern gefunden hatte, und ich habe auch – schon aus guten Gründen –ihrem Vertrauen entsprochen und keine Indiskretion verübt.

Bis zum letzten Augenblick, selbst vor den Richtern, trat sie energisch für meine Unschuld ein.

Diese kleine Engländerin war die Veranlassung, dass ich

mehrere Jahre später, im September 1900, den jüdischen Hehler in Philadelphia, der mir den Erlös aus diesem Diebstahl verweigert hatte, um 800 000 Franc bestahl.

XIV

KALTBLÜTIG

Nachdem ich einige Jahre meinen gefährlichen Beruf ausgeübt hatte, war ich schließlich so weit gekommen, jeden Diebstahl ohne die geringste äußere und innere Erregung zu begehen.

Man sagt mit Recht, dass der Mensch sich an alles gewöhnt und dass er, wenn er immer dasselbe tut – sei es auch, was es sei –, zur reinen Maschine wird.

Ich hatte seit 1895 die Hoteldiebstähle als Spezialität gewählt, aus dem einfachen Grund, weil sie mir am ungefährlichsten und dankbarsten erschienen.

Um diese Diebstähle zu begehen, musste ich ständig auf Reisen sein; in jeder großen Stadt wählte ich mir die Hotels ersten Ranges für meine Zwecke aus, und zwar verübte ich nie einen Diebstahl in dem Hotel selbst, in dem ich abgestiegen war. Wenn ich in Berlin im «Kaiserhof» stahl, in dem ich bei meiner Ankunft eingekehrt war, so geschah dies auch erst, nachdem ich nicht mehr dort wohnte.

Bei meiner Kaltblütigkeit und sicheren Haltung, meinem hochmütigen Aussehen und der kurz angebundenen Redeweise, die ich mir durch den ständigen Aufenthalt in den vornehmsten Hotels angewöhnt hatte, betrat ich schließlich wahrhaft fürstliche Räume mit derselben Ruhe wie irgendeine Kutscherkneipe. Wie schon erwähnt, wohnte ich nie in den Hotels, die ich mir zum Diebstahl ausgesucht hatte. Trotzdem bot das Betreten solcher Hotels keine Schwierigkeiten; denn diese haben zum Vorteil der Langfinger und zum Schaden ihrer Gäste die Einrichtung, dass man ebenso wie in jedes Hotel-Café oder -Restaurant auch in das Foyer ohne jede Kontrolle eintreten und sich dort stundenlang aufhalten kann.

Sobald ich mich in diesem Foyer befand und mich mit einem Blick überzeugt hatte, dass ich nicht beobachtet oder polizeilich verfolgt war und dass niemand sich um mich kümmerte, begab ich mich in das Restaurant, den Lese- oder Billardsaal, je nachdem einer dieser jedermann zugänglichen Räume des Hotels mir für meine Vorstudien und zur Aufklärung des Geländes am geeignetsten schien. Am liebsten wählte ich das Restaurant des Hotels, um von meinem kleinen Tisch aus das Publikum zu beobachten; denn hier kann man am leichtesten die Leute herausfinden, die mit Geld um sich werfen und daher auch mit ihrem übrigen Besitz nachlässig umgehen. Solche Protzen, die gewöhnlich auch in ihrem Zimmer die Schmucksachen offen herumliegen lassen, sind nämlich die besten Freunde und Gönner der Hoteldiebe.

Wenn ich so meine Lieben beobachtete und mir besonders ihre Schmucksachen ansah, war ich bereits beim zweiten oder dritten Mal imstande, mir über eine ganze Familie, ein junges Ehepaar oder einen allein reisenden Parvenü männlichen oder weiblichen Geschlechts ein klares Bild zu machen und mithilfe von glänzenden Trinkgeldern an den Maître d'hotel, Manager oder Portier Namen, Stellung und Zimmernummer der von mir gewählten Opfer unauffällig und genau festzustellen.

Den nächsten Tag kehrte ich von Neuem in das Hotel zurück; und zwar tat ich dies stets, so oft ich «arbeiten» wollte, zwischen halb eins und zwei Uhr mittags.

Ich stieg völlig unbefangen die Treppen hinauf oder nahm den Lift, um mich dann ohne Zögern, aber auch ohne Eile zu dem Zimmer der Person oder Personen zu begeben, die ich bestehlen wollte.

Ich habe stets darauf verzichtet, Nachschlüssel zu gebrauchen oder die Tür zu sprengen; denn ich hatte keine Lust, im Falle einer Verhaftung wegen schweren Einbruchs bestraft zu werden. Ich klopfte vielmehr ganz harmlos an die betreffende Tür; rief man «Herein», so blieb ich auf dem Korridor und stieß einige ärgerliche Worte hervor, als ob ich mit mir selber schalt, dass ich die Etage oder Zimmernummer verwechselt hätte.

Wenn aber niemand mir antwortete, nahm ich ohne Weiteres an, dass die Bewohner des Zimmers sich im Speisesaal oder in der Stadt befanden, und klinkte die Tür auf, die in fünfundneunzig von hundert Fällen nicht verschlossen war.

War dies jedoch ausnahmsweise der Fall, so störte das mich auch nicht allzu sehr; ich stieg dann in das Office hinunter und verlangte mit göttlicher Frechheit den Schlüssel der gewünschten Nummer, als ob ich oder einer meiner Angehörigen dort wohnte.

Schien es mir in dem Falle, dass die Tür verschlossen war, aus irgendwelchem Grunde nicht angebracht, sofort den Schlüssel zu verlangen, so ging ich etwas anders vor. Ich gab zunächst mein Vorhaben auf und setzte mich am nächsten Tag in der Frühe – wie dies täglich in hundert Fällen in den großen Hotels vorkommt – in das Foyer, als ob ich Gast des Hotels sei und auf jemand wartete, der mich abholen sollte. Inzwischen beobachtete ich nun stundenlang die ausgehenden Gäste, bis sich mein Opfer zeigte; und da ich vorzügliche Augen habe, konnte ich leicht sehen, auf welche Nummer der Schlüssel gehängt wurde, den die betreffende Person beim Ausgehen abgab. Die Verwalter dieser Schlüssel werden alle drei bis vier Stunden abgelöst. Wenn ich also bemerkte, dass die Person, auf die ich es abgesehen hatte, das Hotel verlassen hatte und bald darauf der Schlüssel-Verwalter abgelöst wurde, so ging auch ich aus dem Hotel, kehrte jedoch nach kurzer Zeit zurück und verlangte von dem neuen Verwalter den gewünschten Schlüssel. Da der betreffende Gast eben erst weggegangen war, konnte ich mit einiger Bestimmtheit darauf rechnen, meine Geschäfte in voller Ruhe und Behaglichkeit erledigen zu können.

Nicht ein einziges Mal ist es mir begegnet, dass ich auf Misstrauen oder unbequeme Fragen gestoßen wäre; denn abgesehen davon, dass die alle paar Stunden abgelösten Angestellten unmöglich die Hunderte und Tausende von Gästen kennen können, die Tag für Tag in diesen modernen Karawansereien anlangen und abreisen, sah ich mir den betreffenden Menschen auch vorher genau an, ob er Mut genug besaß, im Falle eines Zweifels einen tadellosen Gentleman, der mit absoluter Sicherheit seinen Schlüssel verlangte, zur Rede zu stellen.

Sah ich mich erst einmal im Zimmer, so pflegte meine Umsicht auch fast ausnahmslos belohnt zu werden. Denn wer auf die Dummheit und den Leichtsinn der Menschen spekuliert, wird immer zu seinem Geld kommen.

So war ich einmal in einer großen Stadt im Süden Europas vollständig abgebrannt und sah mich genötigt, mir Mittel zum Fortkommen zu verschaffen, da mir das Feuer etwas auf den Nägeln brannte. Ich ging also in ein Hotel, stieg die Treppe hinauf und klinkte die erstbeste Tür auf. Das Zimmer war vollständig in Ordnung, nur auf dem Bett lag hingeworfen ein Hausjackett, in dem eine Brieftasche mit 1800 Franc in geschlossenem Kuvert und ein Billett erster Klasse nach Paris steckte. Ich nahm Geld und Fahrschein «in Verwahrung» und steckte die Brieftasche sorgsam wieder in das Jackett. Und da diese Summe offenbar einen Reservefonds für die Reise bildete, so bin ich überzeugt, dass der Besitzer erst nach Tagen seinen Verlust bemerkt hat.

Mögen es nun meine Vorsichtsmaßregeln, Glück oder irgendetwas anderes gewesen sein – jedenfalls bin ich auch in den Stuben mit einer einzigen Ausnahme niemals überrascht worden.

Ich hatte einmal das Zimmer des Vaters und dann das der Tochter sorgfältig «aufgeräumt» und wollte eben, schwer beladen wie Schillers Erntewagen, heimwärtsschwanken,[114] als ich mich plötzlich im ersten Zimmer dem Herrn Papa gegenübersah. Aus seinem erstaunten, fragenden Blick sprach die unverkennbare Absicht, mich ohne lange Verhandlungen am Kragen zu nehmen. Ich ließ mich jedoch nicht außer Fassung bringen. Natürlich hatte ich auch diesen Fall vorausgesehen – es wäre ja Leichtsinn in höchster Potenz gewesen, es nicht zu tun – und trug deshalb stets einen schmalen Elfenbeinzollstock bei mir. Ich zog ihn sofort aus der Tasche, brummte mürrisch «Guten Tag!» und begann mit Feuereifer, aber ohne ein weiteres Wort zu sagen, die Fläche und Stärke der Wände auszumessen.

Meine Sicherheit gab dem Papa die Überzeugung, dass ich irgendein Architekt sei, der im Auftrag der Hoteldirektion für eine bauliche Änderung oder neue Anlage Messungen vornehme, und er ließ mich ohne ein Wort des Misstrauens in aller Gemütlichkeit meine Notizen machen. Nach etwa fünf Minuten verließ ich ihn mit einem lakonischen «Pardon!» und einem so unbefangenen Gesicht, als ob ich nie etwas anderes in meinem Leben getan hätte, als Wände ausgemessen.

Ich hatte diese meine Spezialität der Hoteldiebstähle zu einer derartigen Vollendung gebracht und vollführte sie mit solchem Vertrauen auf ein gutes Gelingen, dass ich trotz der ungeheuren Geldsummen, die ich damit erwarb, doch keinen Augenblick daran gedacht habe, mir ein Kapital für alle Fälle zurückzulegen. Die ganze Welt war ja mein Feld, jeder, der Schmuck und Steine besaß, mein Debitor[115], jeder Nabob mein Bankier. Hier, dort, rechts und links, überall bauschten sich die Brieftaschen für mich, blitzten meine Diamanten – die Schätze des ganzen Erdballs lagen mir ja zu Füßen, strömten mir zu, ohne dass ich einen Tropfen Schweiß zu vergießen brauchte, um sie zu heben. Hatte ich das rieselnde Gold mit vollen Händen auf die Straße geworfen, so hatte ich ja nur am nächsten Tag irgendjemand einen flüchtigen Besuch zu machen, genau als ob ich einen Scheck bei meiner Bank einkassierte, und immer wieder rieselte mir das gelbe Metall zu, mehr, immer mehr, so viel, wie nur mein Herz begehrte … Nein, heißa, tanze, du blinkendes Gold, reiß mich heraus aus der elenden, arbeitenden, sorgenden Menge, erhelle mir mit deinem Glanz den Weg zu den Höhen des Lebens, blende die sehnenden Augen des jungen, blühenden Weibes, das freudig seine Millionen für meine Liebe tauscht, das erschauernd meiner harrt, um mich zu ihrem Herrn, zum Herrn der Erde zu machen …

Seit dem Beginn meiner abenteuerlichen Karriere im Jahre 1888, wo ich den Kampf mit der französischen Gesellschaft aufnahm, war ich jede Sekunde darauf gefasst, mit aller mir zur Verfügung stehenden Intelligenz, Schlauheit und List mit den Vertretern und Beschützern dieser Gesellschaft, der

Polizei, zusammenzustoßen. Diese Beamten sind im Allgemeinen weder schlauer noch dümmer als andere Sterbliche; aber abgesehen von Einzelfällen, wo auch hervorragende Hochstapler Malheur haben – für Pech kann eben keiner! –, sind ihnen Letztere zweifellos überlegen. Dies erklärt sich daher, dass die Gesellschaft, die einerseits ihre ganze Hoffnung auf Sicherheit auf den Schutz dieser Leute setzt, sie andererseits so jämmerlich bezahlt, dass ihr naturgemäß nur minderwertige Kräfte zur Verfügung stehen.

Wie oft ist es mir gelungen, lediglich durch Frechheit, durch degagierte[116], hochmütige oder gar verächtliche Haltung den im Grunde unendlich harmlosen und schwerfälligen Polizisten zu entgehen, die, nach ihren durchdringenden Blicken zu urteilen, jedem menschlichen Wesen bis in das innerste Herz sehen! Ich möchte aus Dutzenden nur einen Fall erzählen, der mir besonders im Gedächtnis haften geblieben ist, weil es sich hierbei für mich um die Entscheidung handelte, ob ich für die nächsten zehn Jahre in unfreiwilliger Zurückgezogenheit leben oder mich als Weltenbummler der goldenen Freiheit erfreuen sollte.

Es war im Monat September 1898, als mir in einem großen Hotel einer europäischen Weltstadt ein ungemein erfreulicher Geschäftsabschluss gelungen war. Am nächsten Nachmittag begab ich mich zu einem meiner Freunde, der ebenso groß als Juwelier wie als Hehler war, um ihm die Beute jedes vergangenen Tages anzubieten. Dieser Hehler hatte in seiner Eigenschaft als Juwelier bereits die Liste und Beschreibung der gestohlenen Schmuckstücke von der Polizei erhalten. Er redete mich daher sofort nach meinem Eintreten, noch ehe ich meine Ware vorgewiesen hatte, an: «Wie, Georges, du bist hier? Dann bist du es selbstverständlich auch, der den Diebstahl im ‹Hotel …› begangen hat.»

Ohne ihm zu antworten, lachte ich ihn vergnügt an und begann aus allen meinen Taschen Etuis hervorzuholen; und erst, als ich das größte öffnete und ihm unter die Nase hielt, antwortete ich: «Allerdings, mein Alter, hier sind die Sachen! Und wenn du deine Liste hervorholen willst, durch die die löbliche Polizei dich so freundlich informiert hat, so wirst du sehen, dass alles da ist. Wie schade, dass du der hohen Polizei nicht die Freude machen kannst, mich arretieren zu lassen, da du gewiss nicht mit mir auf einige Jährchen verschwinden möchtest. Also kurz und gut, was gibst du für den ganzen Schwamm?»

Er: «Nur Ruhe, Georges! Immer noch derselbe, als ob es sich um eine Partie Domino handelte! Weißt du denn nicht, dass sämtliche Spitzel hinter» – er nahm ein Blatt und las – «einem schlanken, jungen Mann mit gebräuntem Teint, schwarzem aufgesetztem Schnurrbart, großen schwarzen Augen und eleganter Kleidung her sind? Ein Stubenmädchen hat ihn auf dem Korridor des Hotels gesehen und sein Signalement[117] der Geheimpolizei gemeldet. An jeder Ecke der Stadt steht augenblicklich ein Geheimer, um den frechen Spitzbuben zu fassen, der kein anderer ist als du!»

Ich: «Das wundert mich gar nicht. Das Stubenmädchen habe ich ebenfalls gesehen – sie war ganz niedlich. Und den Geheimen gönne ich von Herzen, dass sie heute frische Luft schöpfen. Also was gibst du für die Sachen?»

Mein Juwelier, der mich genügend kannte, verlor weiter keine Zeit, sondern schätzte die Sachen ab und bot mir nach einer Viertelstunde 26 000 Franc. Ich verlangte 30 000, und wir einigten uns auf 28 000 Franc, die er mir bar auszahlte. Dann sagte ich: «Mein alter Freund, es tut mir scheußlich leid, nicht noch eine Flasche mit dir ausstechen[118] zu können. Aber ich gönne der Polizei nicht, dass sie sich die

5000 Franc Belohnung verdient, mich freudestrahlend am Kragen nimmt und dann ihrerseits so manche Flasche auf mein spezielles Wohl leert.»

Der Juwelier blieb in größter Unruhe und warnte mich immer wieder, da mein Gesicht nach dem Signalement leicht zu erkennen sei.

Allerdings – geschehen musste etwas, denn in meiner Sorglosigkeit steckte doch eine recht große Portion Renommage[119]. Ich zündete mir also eine Zigarre an, drehte das glühende Ende um und brannte mir wie durch Ungeschicklichkeit die rechte Seite meines schönen Schnurrbarts ab. Mein Freund, der meine Absicht erkannte, bot mir nun an, mir ein Rasiermesser aus seiner ziemlich weit entlegenen Wohnung besorgen oder eins kaufen zu lassen. Das hätte mir aber zu lange gedauert. Ich lehnte daher ab, sagte ihm Lebewohl und ging frank und frei zu einem dicht benachbarten Coiffeur. Hier verlangte ich völlig unbefangen, dass er mir den Schnurrbart, dessen eine Seite ich mir ungeschickterweise beim Scherzen mit einer kleinen Freundin verbrannt hätte, gleichmäßig schneide. Der Barbier erklärte mir – wie ich dies erwartet hätte –, dass mit dem Bart wenig mehr anzufangen sei, und empfahl mir, ihn ganz abnehmen zu lassen. Nach scheinbarem Zögern und Bedauern stimmte ich endlich bei, und er rasierte ihn ab, ohne sich auch nur im Geringsten Gedanken zu machen, obwohl sonst diese Leute sehr genau auf Kunden achten, die ihren Schnurrbart ohne besonderen Grund verschwinden lassen wollen. Dann ging ich in ein Geschäft, wo Priesterkleidung zu haben war und kaufte eine vollständige Tracht mit der Motivierung, dass mein Bruder soeben in irgendeiner Provinzstadt ordiniert worden wäre und ich ihm die Equipierung schenken wollte. Während ich die Rechnung bezahlte, verlangte ich, dass die

Firma die Sachen auf ihre Kosten per Eilpaket an meinen Bruder schicken sollte. Der Händler, dem diese nachträglichen Spesen natürlich nicht erwünscht waren, machte tausend Einwände, um mich von meiner Forderung abzubringen. Diese Weigerung, die mir hochwillkommen war, hatte ich natürlich erwartet, denn ich wäre die Sachen ja sonst los gewesen; ich gab mir aber den Anschein, als ob ich über seine Knauserigkeit aufs Äußerste empört wäre, nahm wütend das Paket und kehrte per Droschke in das Hotel zurück, in dem ich logierte.

Da es bereits halb sieben, und zwar im Monat September war, dunkelte es schon, und ich konnte unbemerkt in mein Zimmer gelangen.

Ich packte schleunigst meine Koffer, ließ mir die Hotelrechnung auf das Zimmer bringen und bezahlte sie. Dann gab ich aller Welt reichlich Trinkgelder, ließ mein Gepäck hinunterschaffen und verließ das Hotel im geschlossenen Wagen. Ich rief dem Kutscher zu: «Nordbahnhof, Abfahrtsseite!», änderte dann unterwegs unter dem Vorwand, das Hotel sei mir zu teuer gewesen, mein Ziel und fuhr in ein Hotel vierter Klasse. Bei meiner Ankunft dort konnte ich mit meinem glatten Gesicht ebenso gut als Künstler wie als Kellner, Geistlicher oder irgendetwas Ähnliches gelten.

Ich ließ mir ein Zimmer geben, ohne mich mit den Angestellten des Bureaus lange aufzuhalten, stieg hinauf und verwandelte mich schleunigst in einen ehrwürdigen katholischen Priester.

Als ich mich nach einer Viertelstunde im Spiegel betrachtete, kam ich mir wie die fleischgewordene Gottesfurcht vor.

Ich verließ nunmehr mit sittsamem Schritt, ein Taschenwörterbuch als Brevier unter dem Arm, das Hotel und kehrte bald darauf eiligst zurück. Ich erklärte dem Wirt, dass ich soeben auf der Post ein dort lagerndes Telegramm vorgefunden hätte, das mich schleunigst zu meinem Bischof berief, und dass ich daher noch heute mit dem Nachtexpress um dreiviertel elf fahren müsste.

Man ist besonders in solchen kleinen Hotels an ganz kurzen Aufenthalt und ständiges Kommen und Gehen der einfachen, sparsamen Gäste gewöhnt; man war daher nicht über meine plötzliche Abreise erstaunt, sondern bat mich nur, das Zimmer für die Nacht bezahlen zu wollen. Ich gab mit Vergnügen die geforderten zwei Franc, nahm meine Koffer und fuhr als geistlicher Herr zum Bahnhof.

Bis jetzt war alles nach Wunsch gegangen. Nun aber begann erst die eigentliche Schwierigkeit. Und wirklich, kaum hielt meine Droschke vor dem Bahnhof, als schon zwei Geheimpolizisten sich mir näherten und mir geradezu unverschämt in das Gesicht stierten – ganz als ob sie der Meinung wären, die anschauliche Signalement des Stubenmädchens passe eigentlich so ausgezeichnet auf diese zukünftige Eminenz, dass sie ganz gut der heiß Erwartete sein konnte.

Ohne mich im Geringsten durch das Interesse, das ich erregte, stören zu lassen, stieg ich mit Seelenruhe aus der Droschke, bezahlte den Kutscher und betrat den Bahnhof. Dann sah ich mich nach Art eines Provinzialen unsicher um, bis ich den gesuchten Schalter gefunden hatte, und begab mich zu ihm – immer die zwei Detektive, die mich nicht einen Schritt verließen, dicht hinter mir. Am Schalter verlangte ich schüchtern und umständlich in einem langen Satz mit vielen «Bitte» und «Entschuldigen Sie» eine einfache Fahrkarte zweiter Klasse nach Köln, gab mein Gepäck auf und ging zu dem Bahnsteig, auf dem mein Zug stand.

Die zwei verteufelten Geheimpolizisten schienen sich rein in mich verliebt zu haben; sie machten immer genau dasselbe wie ich und gaben mir unentwegt das Ehrengeleit. Ich wusste daher nur zu genau, dass wieder einmal der Augenblick gekommen war, in dem ich meine Kaltblütigkeit zu beweisen hatte.

Es fehlten noch fünfzehn Minuten bis zur Abfahrt. Ich ging also, als ob ich mir den Teufel aus ihrer Begleitung machte, in den Wartesaal zurück und ließ mir ein Glas Bier geben. Meine beiden Trabanten folgten mir selbstverständlich in rührender Treue, setzten sich breit an den Nebentisch und passten wie die Luchse auf, ob ich mich durch irgendeine unsichere Bewegung verraten würde. Aber das edle Paar hätte ebenso gut darauf hoffen können, die Kaiserin von China plötzlich erscheinen und ihnen zuliebe den Bauchtanz exekutieren[120] zu sehen.

Ich gab mir noch immer den Anschein, die beiden Dioskuren überhaupt nicht zu bemerken, verließ nach etwa zwei Minuten ruhig wieder den Wartesaal und ging von Neuem auf den Bahnsteig, wo der Express fauchte. Ich stieg in einen D-Wagen zweiter Klasse und sicherte mir einen Eckplatz. Um nicht in den Verdacht zu geraten, dass ich mich vor der Polizei versteckte, trat ich nun wieder auf den Gang des Wagens; derselbe lag zum Bahnsteig hin, auf dem die Detektive, unschlüssig, ob sie zugreifen oder noch abwarten sollten, stehen geblieben waren. Ich lehnte mich aus einem der herabgelassenen Gangfenster und betrachtete mit möglichst harmloser und neugieriger Miene das Kommen und Gehen, Drängen und Hasten auf dem Bahnsteig.

Es war ein scheußlicher Augenblick für die Geheimpolizisten, die immer weniger wussten, was sie tun sollten. Wenn sie mich kurzerhand aus dem Zug herausholten und als des Diebstahls verdächtig verhafteten, so riskierten sie, einen Missgriff zu begehen, der ihnen doch höllisch unangenehm werden konnte – umso mehr, als es sich um einen Geistlichen handelte; kam es andererseits heraus, dass sie die Dummheit begangen hatten, den frechen Hoteldieb vor ihren eigenen Augen entschlüpfen zu lassen, so taten sie am besten, sich sofort dienstlich begraben zu lassen.

Was also tun?

Ich sah förmlich auf den Gesichtern der beiden Geheimen, wie sie immer mehr und mehr sich dem Entschluss zuneigten, mich doch lieber beim Kragen zu nehmen, und ich sagte mir, dass ich meine Kaltblütigkeit bis zur Unverschämtheit steigern müsste, wenn ich noch auf Rettung hoffen wollte. In jedem Bruchteil einer Sekunde konnte einer von ihnen den Fuß auf das Trittbrett setzen, und dann war alles für mich verloren. Ich verließ also das Fenster, stieg dicht vor den Polizisten wieder aus und begann, die Hände auf dem Rücken, längs des mächtigen D-Zuges, in dem sich mein Abteil befand, hin und her zu spazieren.

Es fehlten noch sechs Minuten bis zur Abfahrtszeit.

Die Detektive näherten sich mir sofort so dicht, dass ich fast ihren aufgeregten Atem spürte und jeden Augenblick ihren Griff auf meinem Arm fühlen zu müssen glaubte.

Um sie nun möglichst zu überzeugen, dass ich nichts weiter war als ein einfacher Geistlicher aus der Provinz, ging ich bis zu der kolossalen Lokomotive von ganz neuer Konstruktion und betrachtete sie anscheinend völlig entzückt und verblüfft.

Die Geheimen wanderten wie ein Doppelschatten hinter mir her, und während ich die mächtigen Stahlarme bewunderte, die die Räder verbanden, und mich tief bückte, um alles recht genau zu besichtigen, trat einer der Detektive, in der Hoffnung, mich zu erschrecken, oder um zu sehen, wie weit er gehen könne, plötzlich hart an mich heran, sodass ich um ein Haar zu Boden gefallen wäre. Mit einem Ruck richtete ich mich hoch auf und blickte dem Mann mit wutverzerrtem Gesicht in das Weiße der Augen, als ob ich ihn im nächsten Augenblick niederschlagen würde ... und ebenso plötzlich machte dieser Held und Hüter der heiligen Ordnung kehrt und entfernte sich mit seinem Kollegen, ohne auch nur ein einziges Wort zu äußern.

Für einen Augenblick sah ich mich also von meinen lästigen Gefährten befreit. Nachdem ich noch etwa eine Minute die Maschine angestaunt hatte und die Abfahrt herangekommen war, kehrte ich mit ruhigem Schritt zu meinem Abteil zurück, während die Polizisten mich noch immer aus respektvoller Entfernung scharf beobachteten und in ratlosem Zweifel hastig miteinander flüsterten. Aber schon setzte sich der Zug unmerkbar, ganz, ganz langsam in Bewegung. Obwohl das Herz mir wie ein Hammer in der Brust schlug, lehnte ich mich doch wieder zum Fenster hinaus und sah sinnend zurück, wie jemand, der eine Stadt verlässt, die ihm eine neue Welt erschlossen hat.

Immer rascher fuhr der Zug, immer undeutlicher wurden meine Verfolger, bis sie endlich ganz verschwanden ...

Ich war gerettet.

Aber doch nicht ganz. Denn jeden Augenblick konnten die Detektive aus ihrer Verblüffung erwachen, hinter mir her telegrafieren und mich aus dem Zug heraus verhaften lassen.

Ich wusste jedoch schon längst, wie man mit den Herren von der Polizei Verstecken spielt.

Sobald der Zug auf der ersten Zweigstation hielt, ließ ich mir mithilfe von fürstlichen Trinkgeldern mein nach Köln aufgegebenes Gepäck unter dem Vorwand heraussuchen, dass ich meine Reiseroute geändert hätte, nahm ein Billett für die von der Station abzweigende Linie, fuhr im spitzen Winkel zwei Drittel meines Weges zurück und dann so lange kreuz und quer, bis ich nach zwei Tagen die Schweizer Grenze passierte und in Luzern den Express nach Italien bestieg, in dem ich meine künftige Gattin, die Gräfin R…, kennenlernte.

XV

EIN BETROGENES WEIB

Ich habe in meinen Memoiren *Ein Fürst der Diebe* ausführlich erzählt, wie ich im September 1898 ein hochgewachsenes, schlankes, schwarz gekleidetes junges Mädchen von distinguiertem Aussehen in Gesellschaft einer älteren kleinen und starken Dame mit lebhaftem Teint kennenlernte und beide bis Mailand begleitete. Ich dachte an diesem Tag ebenso wenig daran, mich zu verlieben oder gar zu verheiraten, als ich die Absicht hatte, mich aufzuhängen. Aber da mir die junge Dame gefiel, schloss ich mich ihr und ihrer Mutter gern an. Sie war gerade keine ausgesprochene Schönheit, aber sie besaß vornehme Züge und elegante Haltung und bewies im Gespräch eine hervorragende Bildung. Obwohl ich, wie erwähnt, dem schönen Geschlecht mehr und mehr skeptisch gegenüberstand, fing ich doch unwillkürlich an, für diese junge Gräfin eine lebhafte Sympathie zu empfinden. Ich machte mir allerdings weniger daraus, dass sie Komtess war, sondern ließ mich lediglich durch ihre äußeren und inneren Vorzüge beeinflussen.

Ich stellte mich mit meinem richtigen Namen Georges Manolescu vor und täuschte sie nur – die erste Lüge in einer langen Kette! – durch die Bemerkung, die ich gelegentlich einfließen ließ, dass ich Dr. jur. wäre und über eine jährliche Rente von 20 000 Franc verfügte.

Von Tag zu Tag kamen wir uns näher und lernten uns mehr lieben, und die Mama sah mit leuchtenden Augen auf das stattliche junge Paar.

Trotzdem hatte ich heftige innere Kämpfe zu bestehen, ob ich weitergehen sollte oder nicht. Die junge Komtess verfügte statt der Rente von 500 000 Franc, die ich mir unverbrüchlich als *Conditio sine qua non*[121] für meine Braut fixiert hatte, nur über 6000 Mark jährliches Einkommen und besaß keinen Heller Vermögen – ein Übelstand, der durch meinen absoluten Mangel an Kapitalien nicht ausgeglichen wurde.

Was also tun? Wie einen Haushalt führen, der der Stellung meiner gräflichen Gattin entsprach?

Ich schwankte umso mehr, als ich mir immer gesagt hatte, dass mit dem Tag meiner Heirat mein Hochstaplerleben begraben und vergessen sein musste.

Ich konnte einfach das junge Mädchen nicht heiraten. Denn um mit ihr die Ehe zu führen, musste ich unbedingt weiter stehlen, da ich mit dem besten Willen nicht imstande war, so viel zu verdienen, wie unser künftiger Haushalt erforderte.

Aber ich hatte sie lieb …

Und so siegte denn mein Gefühl über alle materiellen Bedenken.

Ich wusste ja auch, dass sie mich liebte und dass mein Zurücktreten sie unglücklich gemacht hätte, und mit dem Leichtsinn des Abenteurers, der Dutzende von Malen sein ganzes Hab und Gut auf eine Karte gesetzt hatte, vergaß ich, dass ich sie durch eine Heirat mit mir noch tausendmal unglücklicher machte, als wenn ich sie verlassen hätte.

Und trotzdem – Ihr braucht es mir nicht erst zu sagen! – war es die böseste Tat meines Lebens. Aber wenn meinem einstigen Weib diese Blätter zur Hand kommen – und ich weiß, sie wird sie lesen! –, dann möge sie sich der glücklichen Tage dort an der sonnigen Riviera, am schimmernden Bodensee erinnern, dann möge sie des gedenken, dass auch mein Leben in Trümmer ging, die Sehnsucht, sie und mein einzig geliebtes Töchterchen wiederzusehen, noch immer in meinem Herzen lebt – und dass ich heimatlos, friedlos, ein Gescheiterter mit dem Leben ringe, während meine Gedanken über Berg und Tal zu ihnen wandern.

Am 17. Oktober 1898 schlossen wir die Ehe.

Ich habe niemals meinen Entschluss bereut, denn meine Frau war mir stets eine gute, liebreiche Gattin, und die Geburt unseres Kindes ließ mich die größte Freude empfinden, die ich auf dieser Erde erlebt habe.

Und dennoch war meine Heirat nicht nur die schlechteste, sondern auch die dümmste, unsinnigste Tat meines Lebens. Denn was kommen musste, kam. Die Sorge um die Existenz meiner Familie zwang mich nach elfmonatiger Ehe, wenige Wochen nach der Geburt meines Kindes, meine noch leidende Frau und mein Töchterchen zu verlassen und in die weite Welt zu gehen …

Um zu arbeiten, wenn ich Arbeit fand …

Um zu stehlen, wenn ich keine Arbeit fand …

Welche Aussichten, welches Leben, welche Hölle!

Am 27. September 1899 riss ich mich von meiner Frau los, um sie als Untersuchungsgefangener wiederzusehen. Was soll ich erzählen, wie dieser Abschied mir das Herz zerriss – wie ich mich zur Wiege meines unschuldigen Kindes niederbeugte und es küsste, zur Tür eilte und zurückstürzte, immer und immer wieder, um es noch einmal an meine Brust zu drücken, –, wie ich mit erstarrtem Herzen und glühendem Kopf zu meiner armen Frau trat, sie wortlos umschlang und mit meinen Küssen erstickte …

Endlich musste ich mich trennen, um die weite Reise nach Ägypten anzutreten, wo ich eine Stellung als Hotelchef zu finden hoffte; und wenn ich schon in Luzern haltmachte und dort stahl, um mich mit den Meinigen wieder vereinigen zu können, so wird man mein Verhalten wenn auch nicht entschuldigen, so doch begreiflich finden.

Ich weiß ganz genau, dass es viele unter meinen Lesern gibt, die, solange ich Schlechtes von mir berichte, befriedigt sagen: «Nein, solch ein verworfener Mensch!» Aber sobald ich einmal ein wenig Gutes von mir behaupte, fahren sie entrüstet auf und rufen: «Solch ein ausgekochter Schwindler! Das kann er *mir* doch nicht erzählen!» Diese Skeptiker beweisen damit nur ihre eigene Unkenntnis des Menschenherzens. In jedem, auch dem verworfensten Verbrecher steckt ein letzter Rest von Ehre, ein verborgener Kern von Gemüt, und wer den zu wecken versteht, der kann von jenem verlangen, was er will, und er wird niemals enttäuscht sein.

Ich habe wenig wahre Liebe im Leben gefunden, und umso tiefer hat sich das glückliche Jahr meinem Herzen eingeprägt, in dem ich Liebe um Liebe gefunden …

Ich erwähnte bereits an anderer Stelle, dass ich mich wohl gehütet habe, jemals einem Weib mein Vertrauen zu schenken, sondern sie immer nur als zierliche, schmucke Püppchen betrachtete, die der Herrgott in einer fröhlichen Stunde erschuf, damit sie uns Männern mit ihrem niedlichen Getue das Leben erhellen.

Das einzige Weib, von dem ich mir überhaupt heute vorstellen kann, dass ich vielleicht in einer unbesonnenen Stunde Vertrauen zu ihm hätte fassen *können*, war meine Frau.

Und doch habe ich während der ganzen elf Monate, die ich Hand in Hand mit ihr verlebte, auch nicht einen Augenblick daran gedacht, ihr meine Vergangenheit zu enthüllen und so mein Schicksal in ihre Hand zu geben. Die Erinnerung an meine verflossene Lebenszeit war für mich selbst eine so unangenehme, dass ich niemals das Bedürfnis fühlte, mit irgendeinem Menschen davon zu sprechen. Und vielleicht war auch ein zweiter, mir selbst uneingestandener Grund der, dass ich im tiefsten Herzen mich doch vor meiner reinen, vertrauenden Frau schämte und ihre Verachtung fürchtete, die das Glück meiner Ehe zu Scherben zertrümmert hätte. So trug denn mein Gesicht auch während meiner ganzen Ehe die Maske des rumänischen Aristokraten, für den ich mich ausgegeben hatte, eines jungen, makellosen Mannes, dem das Herz lachte, so oft er seinem geliebten Weib in die seligen Augen sah.

Ich verstand jeden Zug meines Gesichts so genau zu beherrschen und wusste mich so spielend in jede Rolle hineinzuleben und mit ihr zu identifizieren, dass der Gedanke, ich könnte mich einmal verraten, überhaupt nicht in mir Platz griff.

Immerhin war ich mir darüber klar, dass an dem einen oder anderen Tag unweigerlich in meiner Frau ein leiser Zweifel an den Angaben, die ich ihr bei unserer Bekanntschaft gemacht hatte, auftauchen müsste und dass diesem ersten Zweifel an der Sicherheit meiner finanziellen Position bald der an meiner Lauterkeit und Ehrlichkeit folgen würde.

Da ich mich jedoch außerstande sah, an diesen Verhältnissen etwas zu ändern, ließ ich die Dinge ihren Lauf nehmen und vertraute darauf, dass irgendein Zufall mich aus der Klemme ziehen würde.

Andererseits verhehlte ich mir nicht, dass ich über kurz oder lang meine Diebstähle wieder aufnehmen müsste, um meine Familie zu erhalten, und war daher darauf bedacht, meine Frau nicht zur Mitschuldigen zu machen. Ich musste also vorbeugen und ihr allerhand vorlügen, um für die voraussichtlichen großen und plötzlichen Einnahmen eine plausible Erklärung bei der Hand zu haben. Zu diesem Zweck brachte ich ihr nach und nach bei, dass meine verheiratete Schwester mich 1895 nach einigen Missernten vor dem Zusammenbruch gerettet habe und ihr infolgedessen meine sämtlichen Güter verpfändet seien. Jetzt habe sie sich nun unter allerhand mir unerklärlichen Vorwänden geweigert, mir die mir zustehende vierteljährliche Rente von 5000 Franc zu senden, sodass ich mich wohl genötigt sehen würde, die Zahlung auf dem Prozesswege zu erzwingen. Selbstverständlich war das alles nur «Humbug»; aber meine Frau in ihrer Liebe und ihrem Vertrauen glaubte eben an ihren Georges wie an das Evangelium.

Immerhin, als dann Monat um Monat verging, ohne dass sich hinsichtlich der Rente etwas entschied, begann sie – vermutlich auch durch ihre Verwandtschaft beeinflusst – allmählich diskrete Anspielungen auf meine «rumänische Rente» zu machen.

Ich griff sofort nach meiner gewohnten Taktik, richtete mich beleidigt zu voller Höhe auf und ersuchte sie ebenso höflich wie energisch, sich aller weiteren Bemerkungen zu enthalten, da ich niemand Rechenschaft über meine Verhältnisse schuldig sei.

Aber wenn auch meine gute Frau sich meinen Wünschen fügte, so ließ sich meine verehrte Schwiegermutter, die uns 1899 besuchte, doch etwas weniger leicht beschwichtigen. Ich hatte schließlich Szenen mit ihr, bei denen nur der Respekt vor ihrem weißen Haar mich hinderte, sie einfach stehen zu lassen, und eines Tages äußerte sie in ihrem Zorn meiner Frau gegenüber sogar den Verdacht, dass ich ein ganz gemeiner Feld-, Wald- und Wiesenhochstapler sei. Man kann sich denken, mit welcher leidenschaftlichen Empörung meine Frau sich für mich ins Zeug legte und sich von jedermann – «auch von dir, Mama!» – eine solche unbegreifliche Beschimpfung ihres lieben Georges verbat.

So gingen die Dinge ihren Lauf, bis ich meine Frau verlassen musste. Abgesehen von meiner Schwiegermutter hegte niemand zu dieser Zeit in unserem Haus oder in der Familie meiner Frau den geringsten Verdacht, dass meine Vergangenheit nicht fleckenlos und meine Existenz auf Sand gebaut sei.

Für meine Seele von Frau war ich in dieser Stunde des Abschieds ihr geliebter, bedauernswerter Georges, für ihre hochadlige Familie der Kavalier, der aus inniger Neigung ein Mädchen ohne Vermögen geheiratet hatte, und für die braven deutschen Spießbürger von M… blieb ich vom ersten bis zum letzten Moment der «Herr Doktor».

Wäre es mir gelungen, nach dem Diebstahl in Luzern der Verhaftung zu entgehen, so hätte ich von seinem Ertrag natürlich unseren Unterhalt bezahlt; aber niemals hätte ich meiner Frau verraten, woher das Geld stammte, und ebenso lange weiter gestohlen, als mir das Glück treu blieb.

Das Glück blieb mir nur wenige Tage treu.

Eine Woche nach meinem Abschied, am 4. Oktober 1899, wurde ich in Frankfurt am Main festgenommen.

In derselben Stunde brach meine Ehe für immer zusammen.

XVI

SIMULATION

Diese Verhaftung machte auf mich einen unendlich furchtbareren Eindruck als alle vorhergehenden.

So oft ich früher meine Festnahme vor Augen sah oder bereits ergriffen war, nahm ich die Dinge philosophisch und tröstete mich mit dem Gedanken, dass ich wieder einmal Pech gehabt und – wie die Berliner sagen – jedes Ding ein Ende habe, nur die Wurst zwei.

Aber diesmal lag die Sache doch wesentlich anders.

In meiner engen Zelle im Polizei-Gefangenhaus drehte sich mir fast das Herz um, wenn ich an Weib und Kind dachte und mir sagen musste, dass mich in Luzern sieben bis zehn Jahre Zuchthaus erwarteten. Zehn Jahre – wie leicht spricht sich das aus! Aber man schließe nur einmal eine Minute lang die Augen und denke sich in die enge, trübe Zelle hinein, gefangen, verlassen, fern von ihnen, nach denen unser Herz schreit, Tage, Wochen, Monate und Jahre – über dreihundert Millionen Mal den Sekundenschlag der trägen Pendeluhr ... Und draußen dein Weib, schlimmer als eine Witwe, ergrauend in Sorge und Leid, dein Kind emporwachsend, ohne den Vater zu kennen, dessen Name der Fluch seines Lebens ist ... dreihundert Millionen Mal tick und tack ... und tick und tack ...

Mein ganzer Mut erwachte in rasender Energie; ich schüttelte die Verzweiflung, die mich zu packen drohte, ab und schrie mir gellend im herzbeklemmenden Schweigen der kalten Kerkermauern zu: «Also gut! Mag denn der Kampf beginnen! Ich einziger Mann gegen euch, ihr unbarmherzigen Richter – aber ein Mann, der mehr Willen hat, als ihr alle zusammen! Ich *will* aus dieser hoffnungslosen Lage heraus, und weil ich so will, wird es so *sein*!»

Mein Plan stand sofort fest. Bereits am 4. Oktober 1899 begann ich im Frankfurter Gefängnis leichte Verrücktheit zu simulieren, zunächst in der Hoffnung, man würde mir bei der Auslieferung eine amtliche Mitteilung an die Schweizer Behörden in Luzern mitgeben, wonach ich während meiner Haft in Frankfurt schwache Zeichen von Geistesverwirrung gezeigt hätte.

So oft ich mich durch die kleine runde Öffnung in meiner Tür beobachtet wusste oder glaubte, begann ich mit den vier Wänden meiner Zelle hitzige Debatten zu führen und mit leidenschaftlichen Bewegungen auf sie einzusprechen, als ob ich sie für blödsinnig hielte und ihnen Vernunft beibringen wollte. Von Zeit zu Zeit führte ich auch einen graziösen Indianertanz auf und schleuderte dabei abwechselnd meine Schuhe an die Decke, was natürlich einen ganz anständigen Lärm verursachte.

Am nächsten Tag wurde ich vom Inspektor zum Gefängnisarzt geführt. Ich stellte mich bei dieser Inspektion jedoch nur etwas blöde, da ich keine Lust hatte, für sechs Wochen der Irrenabteilung des Krankenhauses in Frankfurt am Main überwiesen zu werden.

Trotzdem hatte der Arzt große Lust, mich dort beobachten zu lassen, und nur auf mein ausdrückliches Versprechen, mich künftighin musterhaft zu führen, nahm er Abstand hiervon.

Somit verübte ich von nun an keinen Unfug mehr, sondern begnügte mich, eine leichte, im Vergleich mit der Durchschnittsmenschheit beinah normale Stupidität zu markieren.

Dieses gute Verhalten war auch der Grund, weshalb ich weit bessere Kost als die anderen Untersuchungsgefangenen erhielt, mir für mein Geld kaufen durfte, was mein Herz begehrte, und mit ungewöhnlicher Rücksicht nach der Schweiz transportiert wurde.

Am 6. Dezember 1899, neun Uhr abends, sah ich Luzern wieder.

Einmal dort im Gefängnis, begann ich meine Simulation zu steigern und mir besonders mit meinem dortigen, mir unvergesslichen Untersuchungsrichter die unglaublichsten Scherze zu leisten. Im Jahre 1910 darf ich die Schweiz wieder betreten, und ich freue mich schon heute auf sein Gesicht, wenn ich an seiner Klingel ziehe.

Anfänglich zweifelte ich wohl an dem Erfolg meines Versuchs; ich sagte mir jedoch immer wieder: «Warum soll es bei festem Willen nicht gehen? Dieser Homo sapiens da vor dir ist doch auch nur ein Mensch, der isst, trinkt und schläft und, wenn er sich erkältet, niest, und ich will und muss ihn zu dem Glauben zwingen, dass ich tatsächlich heillos verrückt bin. Was ist denn überhaupt Geisteskrankheit, und woran erkennt man sie? Ist sie nicht eine sichtbare Störung des geistigen Gleichgewichts, ein Versagen der Hemmungsvorstellungen einer zügellosen Fantasie gegenüber und ihre äußeren Zeichen unzusammenhängende, wirre Reden, sinnlose, unmotivierte Bewegungen und exaltierte oder alberne Blicke? Ich bin freilich kein Mediziner. Ich bitte also die Ärzte, die diese Definition für total falsch erachten, mich darum nicht für verrückt zu erklären, und die, welche sie zutreffend finden, nicht daraus zu folgern, dass ich komplett wahnsinnig sein müsse, um als Laie das Wesen der Krankheit so wundervoll schildern zu können.

Nun wohl – angenommen, dass ich recht hatte –, warum sollte ich, der ich meine Züge so lange zu beherrschen gewusst hatte, nicht auch die Maske des Wahnsinns auf mein

Gesicht drücken? Der andere Mensch dort vor mir konnte mir doch nur in das Antlitz und in die Augen blicken, aber nie und nimmer durch die Schädeldecke in mein Hirn hinein.

Wie hatte ich mich also zu verhalten?

Ich sagte mir, dass ich auch dieses Mal mein inneres Denken und äußeres Aussehen völlig identifizieren, mir jede nötige Bewegung meines Gesichts genau einprägen und endlich während der Viertelstunde unter den Augen der Richter und Irrenärzte aus tiefster Seele selbst überzeugt sein müsse, dass mein Gehirn gestört und Manolescu tatsächlich verrückt sei. Die einfache Folge würde und müsste dann sein, dass diese Richter und Ärzte auf meinen Zügen die zweifellosen Zeichen des Wahnsinns erkennen würden, der – meinem Gesicht und Wesen nach zu urteilen – wirklich dort hinter meiner Stirn tobte, und keine Menschenmacht die Wahrheit aus meinem Gehirn zu zerren imstande wäre. «Also wir beide, du Richter, du Arzt, du Gefangenen- und Krankenwärter, du Verteidiger und Zuhörer! Ich will dich zwingen, mich für verrückt zu halten, und du, der du viel weniger Energie und Ausdauer hast als ich, du musst – verstehst du wohl, du musst! – dich unbedingt überzeugen lassen, dass ich, der Mann, der hier vor dir steht, von den Furien des Wahnsinns gehetzt bin!»

Ich wusste, es war ein Duell der menschlichen Willenskraft, aus dem ich mit Aufbietung meiner ganzen Energie als Sieger hervorgehen wollte.

Eins war allerdings vor allem zum Gelingen nötig, ein ungewöhnliches Gedächtnis und eine außerordentliche Selbstbeherrschung, die auch nicht eine Sekunde versagen durften – Eigenschaften, die die Natur mir glücklicherweise verliehen hatte.

Wollen ist Können! Und ich, der ich in unzähligen Lagen Gelegenheit gehabt habe, dieses Sprichwort zu erproben, darf wohl mit vollem Recht immer wieder seine Wahrheit versichern.

So entschlossen und fest gewappnet, begann ich im Dezember 1899 meinen Kampf mit den Vertretern des Gesetzes und ging nach zwei Monaten hartnäckigen, rastlosen Ringens als Sieger hervor; statt einer Strafe von sieben bis zehn Jahren Zuchthaus erhielt ich nur sechs Monate.

Wie man sieht, vermag man selbst als Verbrecher, gefangen und hilflos, sein Schicksal zu lenken. Man muss nur die Menschen – mögen es Richter oder Ärzte oder sonst etwas sein – als Schwämme und Kautschukbälle betrachten, die man mit eiserner Hand zusammenpresst. Das war die Art, wie ich allen Schwierigkeiten entgegentrat, und mit Recht schreibt der *Corriere della Sera*[122] (Mailand) vom 12. Juli 1905: «Georges Manolescus vergangenes Leben ist ein unaufhörlicher moralischer Ringkampf zwischen ihm und der ganzen Menschheit gewesen.»

XVII

IM IRRENHAUS

Es war im Monat Oktober 1900.

Schon vor dieser Zeit hatte ich recht stattliche Beträge in Händen gehabt, aber noch niemals hatten 350 000 Mark bar in einer Summe vor mir gelegen.

Ich sagte mir, dass jetzt mehr als je der Moment gekommen war, um in der Rolle eines reichen Aristokraten zu meinem Ziel, der heiß ersehnten, reichen Heirat, zu gelangen. Denn wie ich erfahren hatte, war seitens meiner Frau, besonders auf Drängen ihrer Familie hin, die Scheidungsklage gegen mich eingereicht und das Urteil jeden Tag zu erwarten. Ich befand mich in Bremen, also in dem hochmütigen Deutschland, und nirgendwo anders konnte ich meinen Plan besser ins Werk setzen als gerade hier. Denn in diesem Land lässt man sich mehr als anderwärts durch Adelstitel, klingende Namen und ähnliche Äußerlichkeiten blenden.

Ich brauchte mich daher nur als «Fürst» in die Hauptstadt dieses gewaltigen Reiches zu begeben, um einer glänzenden Aufnahme sicher zu sein.

Am Tag, nachdem ich die 350 000 Mark erhoben hatte, fuhr ich zunächst nach Frankreich und von dort nach Berlin.

Ich hatte mir einen Kammerdiener, einen Sekretär und sogar einen Kurier engagiert.

Zwar hatte ich absolut keine Verwendung für diese überflüssigen Statisten. Aber wenn selbst ein noch so waschechter Fürst ohne diese lächerliche Umgebung reiste und lebte, so würde ihn die idiotische große Menge doch zweifellos für einen ganz faulen Theaterprinzen halten. Und da ich einerseits nur ein Selfmade-Fürst war, andererseits aber es gerade auf diese Idioten abgesehen hatte, so musste ich mit den Wölfen heulen und «fürstlich» mit allem nötigen Tamtam auftreten.

Aus dem gleichen Grunde begab ich mich bei meiner Ankunft in Berlin in den feudalen «Kaiserhof», nahm eine Flucht von Zimmern nach vorn heraus, ließ den Empfangssalon noch luxuriöser und behaglicher ausstatten und steckte meinen Herrn Kammerdiener in eine auffällige Livree – Frack, seidene Weste und rotseidene Eskarpins[123] –, alles mit blinkenden Knöpfen besetzt, die die Fürstenkrone aufwiesen.

Dieser Kammerdiener hielt an der Tür meines Empfangszimmers und der Sekretär im nächsten Raum Maulaffen feil. Der Kurier hatte die Aufgabe, unterwegs vor mir herzufahren, mein Gepäck aufzugeben und am Reiseziel im Hotel Quartier und Stimmung für mich zu machen. In Berlin hatte er natürlich nichts zu tun und half den beiden anderen Harlekins die Wände dekorieren.

Das Ganze machte auf Hotelpersonal und Publikum einen imposanten Effekt, und wenn ich nicht leider ein lebhaftes Gefühl für die lächerliche Seite solcher Maskeraden hätte, so würde ich damals vor mir selbst Respekt bekommen haben.

Die Mücken flogen in Scharen in das Licht.

Zuerst waren es einige junge Gardeoffiziere, die ich in Paris kennengelernt hatte und die mich mit «kolossalem» Vergnügen wieder aufsuchten, um sich mit dem «charmanten Fürsten» nach Kräften zu amüsieren.

Die Herren machten mir liebenswürdig die Honneurs[124] ihrer Garnison, schleppten mich, soweit es ihnen der Dienst gestattete, bei Tag und bei Nacht überall umher und führten mich schließlich auch in die beliebtesten aristokratischen Salons ein. Selbstredend war von Georges Manolescu hierbei keine Rede, sondern der FÜRST GEORGES LAHOVARY war es, der sich die Herzen Berlins, seiner Bewohner und Bewohnerinnen im Sturm gewann. Denn ob man hier die rassige Tochter eines blaublütigen Edelmanns oder die breithüftige Göre eines reich gewordenen Viehhändlers mit ihren Millionen heiraten will – in jedem Falle ist es unbedingt nötig, Graf X oder Freiherr von Y zu heißen; und was den Viehhändler betrifft, so ist manchem ein unechter

Fürst vielleicht noch lieber als ein standesamtlich beglaubigter Herr Müller. Man denke sich nur den Neid und Hass auf dem Viehhof bei solcher grandiosen Verlobung! Dieser stolze Moment wiegt ein zertrümmertes Frauenleben doch zehnmal auf ...

Es boten sich mir binnen Kurzem einige Partien aus dem preußischen Adel; da sie aber materiell nichts boten und ich genug davon hatte, eine relativ arme Aristokratin zu heiraten, auch die Scheidung von meiner Frau sich in die Länge zog und ein Ende noch nicht abzusehen war, beschränkte ich mich darauf, mich der kleinen amerikanischen Witwe zu widmen, die ich bereits in Boulogne-sur-Mer kennengelernt hatte und die die erwünschten Millionen vollauf besaß.

Ich konzentrierte also auf diese das ganze Feuer meiner Batterien[125].

Aber wenn es für einen kecken Burschen absolut leicht ist, sich als Fürsten auszugeben, so ist es andererseits verteufelt schwierig, finanziell diese Rolle mit allen Schikanen durchzuführen.

Obgleich daher bei meiner Bewerbung um die niedliche Witwe alles wie am Schnürchen ging und die Aussichten auf ein Zustandekommen der Heirat von Tag zu Tag wuchsen – sie hätte bestimmt stattgefunden, wenn ich nicht am 14. Januar 1901 in Genua verhaftet worden wäre –, so sah ich augenblicklich doch mit großer Unruhe, wie bei den vielen Unkosten und schweren Spielverlusten meine 350 000 Mark wie Schnee in der Sonne dahinschmolzen.

Also wieder einmal: Was tun?

«Arbeiten!», sagte mir mein böser Dämon; denn arbeiten hieß bei mir ja nichts anderes als stehlen. Aber sollte denn dieser Sport, der mir mit den Jahren und nach so manchen

Rückschlägen doch schon recht ungemütlich geworden war, nicht endlich einmal ein Ende nehmen?

Ich hatte jedoch einmal A gesagt und musste nun notgedrungen auch B sagen. Ich konnte doch unmöglich mit dem sicheren Erfolg vor Augen auf halbem Wege stehen bleiben und tröstete mich mit dem Gedanken, dass es sicherlich das letzte Mal sein würde, bevor ich endlich das Glück mit eiserner Faust für immer gepackt hätte.

Ich beging also die Diebstähle im «Kaiserhof» und «Hotel Bristol», die mich nach siebzehnmonatiger Haft und ärztlicher Beobachtung in das Irrenhaus brachten.

Welch furchtbarer Gegensatz zwischen der heiteren Ouvertüre meines Gastspiels in Berlin und seinem düsteren Finale!

Mit 350 000 Mark trat der Fürst Lahovary in die Berliner Welt, die den lebenslustigen, charmanten Kavalier mit offenen Armen empfing; und anderthalb Jahre später wanderte Georges Manolescu bei völlig klarem Verstand vielleicht für lebenslänglich in das Irrenhaus Berlins.

Wie wunderlich ist doch das Leben …

Wie erwähnt, wurde ich am 14. Januar 1901 auf Antrag des deutschen Konsuls in Genua verhaftet.

Der Polizei und dem Untersuchungsrichter dort gab ich überhaupt keine Antwort.

Aber umso mehr Zeit hatte ich während der viereinhalb Monate, die ich im *Carcere*[126] von Genua verlebte, gründlich über meine Lage nachzudenken.

Ich hatte bisher noch niemals mit den deutschen Gesetzen zu tun gehabt, verhehlte mir jedoch nicht, dass mir – obgleich es sich weder um schweren Einbruch noch um allzu große Summen handelte – doch einige Jahre Gefängnis sicher waren. Und in dem Schweigen und in der Enge meines Kerkers wurde von Neuem der naheliegende Gedanke in mir zum eisernen Entschluss, sofort bei meiner Ankunft in Deutschland hartnäckig und überzeugend Wahnsinn zu simulieren, wie ich es in der Schweiz bereits mit so gutem Erfolg getan hatte.

Am 1. Juni 1901 langte ich in Berlin an und wurde in das Untersuchungsgefängnis nach Moabit überführt. Man brachte mich umgehend vor den Untersuchungsrichter, und sobald dieser Beamte mir die Anklageschrift vorgelesen hatte, begriff ich, dass meine Befürchtungen im *Carcere* von Genua nicht übertrieben gewesen waren.

Aber ich hielt mit allen Kräften der Gefahr stand.

Ich begann dies moralische Duell im Juni 1901 und beendete es nach etwa zwölf Monaten am 28. Mai 1902.

Solange ich in meiner Zelle allein war, las ich ruhig meine Zeitungen und Bücher und begnügte mich, von Zeit zu Zeit, wenn ich mich durch den Schieber beobachtet wusste, irgendeine unmotivierte Geste oder sinnlose Bemerkung zu machen.

Sobald ich mich jedoch einem Irrenarzt oder Gefängnisbeamten gegenübersah, sagte ich mir unaufhörlich: «Pass auf, Georges, denke immer daran, dass du jetzt wirklich verrückt bist, dass dein Verstand in diesem Augenblick ganz ‹wunderliche Blasen treibt›.»

So begann ich meine Komödie zu spielen, die mich auf ärztliche Anordnung für sechs Wochen in die Beobachtungsstation der Charité führte.

Ich entsinne mich noch mit größter Schärfe aller Vorgänge bei meiner Ankunft dort am 1. Oktober 1901 um halb zehn Uhr morgens. Ich fuhr in dem «grünen Wagen»[127] von Moabit zu dem Krankenhaus; hier wurde ich der Direktion übergeben und in einen Wartesaal geführt, wo mich nur ein ganz junger, harmloser Krankenwärter bewachte.

Da ich meine Zivilkleider trug und im Kragen meines Paletots einen 500-Franc-Schein eingenäht hatte, war dies eine glänzende Gelegenheit zur Flucht.

Schon war ich im Begriff, meinen Gedanken zur Tat werden zu lassen, als ich im letzten Augenblick doch davon Abstand nahm. Denn im Falle des Misserfolgs wäre ich sicher nach Moabit zurückgebracht und mein Simulationsplan zugleich zu Wasser geworden.

Im nächsten Moment trat der Arzt ein, und ich ließ mich ohne Widerstand auf Station 29 des gewaltigen Krankenhauses führen. Obwohl ich mich völlig ruhig verhielt, wurde ich hier doch wie ein wirklicher Geisteskranker behandelt.

Man zog mir mein ganzes Zivil aus, steckte mich in einen geradezu unmöglichen Krankenanzug und führte mich in einen Saal im Erdgeschoss der Station 29, wo mich ein höherer Arzt sofort aufsuchte.

Ich antwortete diesem nichts auf seine Fragen und sträubte mich nur, die verschiedenen Bewegungen auszuführen, die er von mir behufs genauer körperlicher Untersuchung forderte; ich gab mir hierbei den Anschein eines überängstlichen, eingeschüchterten Menschen, der eine ärztliche Untersuchung schon für ein Todesurteil hält.

Bald darauf kehrte der leitende Arzt der 29. Station von seinem Urlaub zurück, untersuchte mich gleichfalls – ein Vorgang, der für mein künftiges Schicksal von hoher Bedeutung war – und stellte auch seinerseits fest, dass ich tatsächlich komplett verrückt sei.

Endlich erschien auch der Chef der gesamten Abteilung für nervöse Krankheiten, der vier Tage nach meiner Ankunft seine wöchentliche Inspektion machte.

In dem Saal des ersten Stocks, in dem ich interniert war und der Tag und Nacht geschlossen gehalten wurde, befand sich auch ein Postschaffner, der, soweit ich mich entsinne, Stern hieß und nach einem gemeinsamen Einbruch beim Streit um die Beute einem seiner Komplizen den Kopf abgeschnitten hatte. Er war verhaftet und, da er den wilden Mann machte, ebenfalls auf Station 29 der Charité gebracht worden.

Der Geheimrat ließ sich diesen Mörder vorführen. Ich war zugegen, als der Unglückliche, der später hingerichtet wurde, mit äußerster Plumpheit zu simulieren begann, und hörte, wie der Geheimrat ihm in aller Gemütlichkeit sagte: «Mein Lieber, geben Sie sich doch keine Mühe! So dumm, wie Sie zu glauben scheinen, sind wir Ärzte denn doch nicht.»

Diese Worte, die einen anderen vielleicht verwirrt und unsicher gemacht hätten, bestärkten nur meinen Entschluss, alles aufzubieten, um meinen Zweck zu erreichen.

Nachdem der Geheimrat fünf bis sechs andere mehr oder minder verrückte Patienten inspiziert hatte, trat er zu mir, unterhielt sich kurze Zeit mit mir, wandte mir dann den Rücken und erklärte kurz seinem Assistenten: «Geistig anormal infolge erblicher Belastung.»

Was diese «erbliche Belastung» anbetrifft, die in allen Gutachten der Ärzte eine so überwiegende Rolle spielte, so verhält es sich damit folgendermaßen:

Meine Mutter hat niemals den Fuß in ein Irrenhaus oder in irgendeine Nerven- oder Kaltwasserheilanstalt[128] gesetzt und ist in jungen Jahren an einem Geschwür gestorben. Die ganze Fabel stammt von meinem alten Vater her, bei dem polizeiliche Nachforschungen über mich gehalten wurden und der durch diese Angabe zu meiner Rettung beizutragen hoffte. Es ist dies ein ganz gewöhnlicher Vorgang; sobald ein Verbrecher abgeurteilt werden soll und sein Verteidiger auf die nicht gerade originelle, aber altbewährte Idee kommt, ihn durch Anzweiflung seiner geistigen Gesundheit vor der entehrenden Strafe zu retten, strömen von allen Seiten die Verwandten zur Unterstützung herbei. Ob sein Großvater sich Kaisers Geburtstag einmal fürchterlich die Nase begossen hat und nach Hause transportiert werden musste, ob seine Tante ein uneheliches Kind bekommen, seine Mutter sich nicht auf Goethes Geburtstag besinnen konnte, ob ihm selbst im zehnten Lebensjahr ein Stein an den Kopf geflogen ist oder er sich mit zwanzig Jahren an einer lyrischen Konkurrenz beteiligt hat – ganz gleich, es wird mit Dank zu den Akten genommen und dem Gericht aufgetischt.

So glaubte auch mein guter Vater sich reichen Lohn um mich verdient zu haben, wenn er auf Kosten meiner toten Mutter mich für erblich belastet erklärte.

Am 11. November 1901 wurde ich nach Moabit zurückgebracht.

Erst Ende Januar des nächsten Jahres statteten drei Ärzte der Charité der Königlichen Staatsanwaltschaft ihr Gutachten dahin ab, dass ich ausgesprochen geisteskrank sei. Aber diese Behörde war nicht derselben Ansicht und ernannte noch zweimal eine Kommission von Psychiatern, die mich nochmals untersuchen sollten.

Diese Kommissionen kamen zu demselben Resultat wie die Autoritäten der Charité.

Merkwürdig jedoch war es, dass der überwiegende Teil der Oberaufseher und Wärter bei Weitem skeptischer war und wiederholt unter sich und vor ihren Vorgesetzten erklärte, dass ich nichts weiter als ein gerissener Simulant sei.

Glücklicherweise schloss sich mein Untersuchungsrichter der Ansicht der Ärzte an. So wurde ich denn aufgrund dieser einstimmigen Gutachten zwar freigesprochen, auf Antrag der Staatsanwaltschaft jedoch – obwohl ich nur zwei Diebstähle in Berlin verübt, niemandem Gewalt angetan, keine Nachschlüssel gebraucht und keine Tür erbrochen hatte – als gemeingefährlich mit einunddreißig Jahren für unbestimmte Zeit in Herzberge eingeschlossen.

Als ich damit begann, den Verrückten zu spielen, hatte ich mich genau zu informieren gesucht und erfahren, dass ich im Falle des Gelingens bedingungslos freigesprochen werden würde. Wie man weiß, kam es etwas anders. Und doch war weder in mir noch in meinem Verteidiger während der langen Untersuchungshaft auch nur ein einziges Mal der Gedanke aufgetaucht, dass ich wegen zwei einfacher Diebstähle, die mir 39 000 Mark gebracht hatten, das Irrenhaus wagte. Als mir daher am 28. Mai 1902 dieser Urteilsspruch verkündet wurde, machte er absolut keinen Eindruck auf mich; ich war einfach nicht imstande, seine Tragweite zu erfassen, und erst der Sturm, der durch die Zuhörerschaft ging, klärte mich über mein Schicksal auf.

In demselben Augenblick blitzte der Gedanke durch meinen Kopf: «Das wird nie und nimmer geschehen! Ob ihr es wollt oder nicht, und wenn ihr mich mit tausend Ketten anbindet – es wird nicht lange dauern, und ich atme wieder die Freiheit!» Und zugleich sagte ich mir selbst: «Mut, Georges, Mut, mein Freund, jetzt mehr als je! Gibst du dich jetzt verloren, so bist du es für ewig! Die Ärzte hast du überwunden – nun überwinde auch das Irrenhaus!»

Am 28. Mai 1902 fünf Uhr abends schwur ich mir dies, und dreizehn Monate später, in der Nacht vom 9. zum 10. Juni 1903 um zwei Uhr nachts, löste ich mein Wort ein.

Wollen – ich sage es Euch immer wieder und will zufrieden sein, wenn Ihr nur diese eine Lehre aus diesem Buch entnehmt –, in jeder Lage des Lebens muss Wollen auch Können sein!

Am 31. Mai wurde ich in einem der Zellenwagen zum Polizeipräsidium, den Tag darauf in die Irrenanstalt Herzberge[129] geschafft.

Die mich begleitenden Wärter knüpften ein Gespräch mit mir an; sie gaben mir den guten Rat, falls ich je wieder in eine solche Lage kommen sollte, zehnmal lieber zehn Jahre Gefängnis zu riskieren, als mich nach Herzberge bringen zu lassen, wo ich so leicht nicht wieder herauskommen würde. Ich sah dem Mann, der mir das sagte, fest in die Augen und antwortete ihm mit knirschenden Zähnen: «Ich werde früher frei sein, als Sie es sich träumen lassen!»

Um vier Uhr nachmittags schloss sich das Tor von Herzberge für immer hinter mir.

Glücklicherweise war es nicht unbedingt nötig, gerade durch dieses Tor wieder hinauszukommen.

Den Tag nach meiner Ankunft wurde ich in dem stärksten Teil der Irrenanstalt, dem «Festen Haus», mit acht Verrückten zusammengesperrt, unter denen ich in Zukunft mein Leben verbringen sollte. Kaum waren wir zu neunt in unserer nicht allzu geräumigen Stube eingeschlossen, als diese unglücklichen Burschen ein Höllenkonzert begannen, das Geschirr aus *Papier maché*[130] mit Gebrüll gegen die Decke schleuderten und allerhand groteske Ring- und Boxerkämpfe unter sich begannen. Vergebens suchte ich immer wieder die Ärmsten zur Vernunft zu bringen, stets scheiterte mein Bemühen, und ich vermochte meistens den größten Teil der Nacht kein Auge zu schließen. Da ich mir immer mehr klar wurde, dass ich auf diese Art über kurz oder lang selbst verrückt werden müsste, bat ich den Oberarzt wiederholt um eine Einzelzelle. Nach sechs Monaten wurde meine Bitte gewährt.

Tag um Tag und Nacht um Nacht verging in ödem Gleichmaß, und noch immer tauchte nicht der leiseste Hoffnungsschimmer in der dunklen Nacht meiner Verlassenheit auf.

Als ich endlich erkannte, dass ich keine Hilfe von außen – durch eine neue ärztliche Untersuchung, eine Revision der Anstalt oder irgendwoher – zu erhoffen hatte, sagte ich mir eines Tages: «Ans Werk, Georges!», und von dieser Stunde an hatte ich nur noch den einen Gedanken: die Freiheit!

Ich begann unablässig über die Möglichkeit einer Flucht zu grübeln.

Es war dies keine leichte Aufgabe, denn die Anstalt hat Mauern von mehreren Metern Höhe, mächtige eisenbeschlagene Türen mit je drei Sicherheitsschlössern und starke Eisengitter vor den Fenstern, mit denen verglichen die der sonstigen Gefängnisse reine Spinngewebe sind.

Manche der übrigen Insassen des Festen Hauses, die zum Teil schon viele Jahre hier interniert waren, hatten vor mir an solche Flucht gedacht. Aber obwohl sie Verwandte und Freunde genug hatten, die sie besuchen und ihnen Sägen, Feilen oder Geld für ihre Flucht zustecken konnten, trafen sie ihre Maßnahmen doch so ungeschickt, dass alle derartigen Versuche schon in ihren ersten Anfängen scheiterten.

Ich hatte weder Eltern noch Freunde – keine Seele auf Gottes Welt, die sich um mich kümmerte oder mir auf irgendeine Art helfen konnte. Aber ich hatte etwas Besseres, das unbedingte Vertrauen zu meiner eigenen Energie.

Nicht einen einzigen Augenblick dachte ich daran, irgendeinem Menschen meinen Plan anzuvertrauen oder gar mir einen Fluchtgenossen unter meinen Gefährten zu suchen.

Ich rechnete auf mich, auf mich allein.

Da ich aber weder die Trompeten von Jericho[131] besaß, um die Mauern von Herzberge umzublasen, noch ein «Sesam, tu dich auf», um die Schlösser zu öffnen, musste ich auf ein anderes Mittel sinnen.

Allmählich, durch ständiges Nachdenken und Beobachten gewann mein Fluchtplan festere Gestalt.

Ehe ich jedoch meinen Ausbruch erzähle, möchte ich noch auf die Gedanken eingehen, die mich während meines Aufenthalts in Herzberge erfüllten.

Wenn ich hierbei – sehr gegen meine Neigung – auf alle meine sonstigen reichen Erlebnisse und Erfahrungen in dieser Irrenanstalt mit keinem Wort eingehe, so entspreche ich dadurch einem bestimmten Wunsch meines Verlegers.

Ich hatte bisher schon manches Jahr meines Lebens zwischen Kerkermauern verbracht, aber noch niemals unter Wahnsinnigen gelebt.

Während der sechs Wochen, die ich in der Charité unter Nervenkranken verbrachte, hatte ich zwar bereits ein anschauliches Bild von dem Leben zwischen Verrückten bekommen; aber da ich wusste, dass es sich hier nur um zweiundvierzig Tage handelte, litt ich nicht allzu sehr unter meiner Umgebung.

Ich schäme mich nicht zu gestehen, dass sich das Herz mir zusammenschnürte, als ich an jenem 1. Juni 1902 den Fuß in das Feste Haus setzte.

Mein Blut erstarrte beim Anblick dieser gewaltigen Mauern, die mir ein Grabgewölbe zu umschließen schienen.

Aber ehe ich noch die Treppe hinaufgestiegen war, sagte ich schon zu mir selbst: «Holla, Georges, bist du etwa ein Waschlappen geworden?»

Und vom ersten Tag an war es für mich Gesetz, dass ich, wenn ich auch nur einige Hoffnung auf Erfolg meines Fluchtversuchs haben wollte, vor allem mir Kopf und Sinne klar zu halten hatte, um nicht unter den Verrückten selbst verrückt zu werden.

Ich musste mir zunächst ein deutliches Bild von den Ortsverhältnissen und der ganzen Atmosphäre der Anstalt verschaffen, in der ich künftig zu leben hatte, und den richtigen Gesichtswinkel finden, von dem aus die Verhältnisse betrachtet werden mussten.

Die ersten Stunden vergingen. Die Sonne neigte sich allmählich zum Abend, draußen funkelte der lachende Sommer über Feld und Wiesen, grüßte hinein zu dem einsamen Mann, den die Gesellschaft und das Gesetz fremder Menschen wie ein wildes Tier von sich gestoßen hatten ... Ich saß still am Fenster, stützte den Kopf in die Arme und sann und träumte und grübelte. Und während die Kranken um mich am Boden lagen und die Dielen ableckten, die Mauern küssten und andere widerliche Dinge trieben, flogen meine Gedanken, wie einst im unterirdischen Kerker von Gaillon, nach Paris, nach der sonnigen Riviera, Bukarest und San Francisco, Honolulu und Yokohama, dann wieder zu Weib und Kind, zu allen den Aristokraten und Abenteurern, die jetzt in überschäumender Lebenslust im Tiergarten, Bois de Boulogne, Central Park und überall auf dem Erdball sich ihres Daseins freuten ...

Erschauernd fuhr ich zusammen.

Und wieder sagte ich mir mit verzweifeltem Mut: «Nicht wahnsinnig werden, Georges – nur nicht wahnsinnig!»

Ich blickte um mich. Ich sah die Wärter, stattliche kräftige Burschen, wie sie mit völlig klarem Verstand in unserem Saal und auf den Bänken der Korridore sorglos, behaglich mitten unter den ruhigeren Patienten saßen. Und ich sagte zu mir selbst: «Sieh her, mein Freund, und sei verständig! Du bist hier im Irrenhaus – gut! Aber dieser Raum hat genau wie alle anderen Wohnungen seine vier Wände, einen Fußboden und eine Decke. Du atmest hier dieselbe Luft wie in jedem anderen Haus, trinkst Wasser, um deinen Durst zu löschen, und erhältst deine Kost wie überall auf der weiten Erde.»

«Du hast also absolut keinen Grund, vor diesem Haus wie vor weiß glühendem Eisen zurückzuschrecken. Und da du hoffentlich nicht allzu lange hier bist, kann es dir doch ganz gleichgültig sein, ob es ein Irren- oder ein Schützenhaus ist …»

«Sieh dir nur einmal dort hinten die Krankenwärter an, die schon seit Jahren in völliger Gesundheit und Geistesklarheit mitten unter ihren Kranken genau in denselben Verhältnissen leben, schlafen und sich ernähren wie jene. Diese Leute, die von sieben Tagen sechs und einen halben fast ganz wie du verbringen, denken doch auch nicht im Traum daran, verrückt zu werden.»

«Warum also sollst gerade du dieses Leben nicht aushalten, der du doch sicherlich diesen Leuten an Willenskraft und Charakterstärke nicht nachstehst?»

«Kümmere dich daher so wenig als möglich um dieses Haus und seine Insassen, verschließe dich in dich selbst, unterhalte dich nur mit dir, mische dich nicht unter deine Gefährten und sprich so wenig als möglich mit ihnen! Und hast du einmal wirklich das Bedürfnis, mit anderen Menschen zu reden, so wende dich an die Wärter, an gesunde, normale Menschen!»

Auf diesem Wege ist es mir möglich geworden, vom ersten bis zum letzten Tag meiner Einsperrung in Herzberge mich aufrechtzuerhalten.

Ende Mai 1903 brach in Herzberge eine Revolte der Geisteskranken aus, von der ich mich selbstverständlich völlig fernhielt.

Während in der darauffolgenden Nacht die zum Gehorsam zurückgebrachten Kranken um mich herum schluchzten, weinten und röchelten, saß ich die ganze Nacht am Rand meines Bettes und grübelte über meine hoffnungslose, mehr und mehr unerträgliche Lage nach. Und als der Morgen fahl und gespenstisch graute, stand mein Entschluss felsenfest, innerhalb vierzehn Tagen die Flucht zu wagen. Dann legte ich mich auf mein Lager und schlief tief und traumlos mit der unerschütterlichen Überzeugung im Herzen, dass der Entschluss dieser Nacht für mich die Freiheit bedeutete.

Am nächsten Tag war ich genauso ruhig, teilnahmslos und verschlossen, wie ich es das ganze letzte Jahr gewesen war, und nicht ein Zucken meiner Wimpern verriet die Gedanken, die hinter meiner Stirn wühlten und bohrten.

Im Laufe der Monate hatte ich beobachtet, dass während der vierundzwanzig Stunden des Tages die Stunde zwischen elf und zwölf Uhr nachts die war, wo die Aufsicht am meisten nachließ und ein Fluchtversuch daher die günstigsten Chancen bot. Es war mir aufgefallen, dass die beiden Wärter, die im Erdgeschoss und ersten Stock die Wache hatten, häufig auf einer Korridorbank zwischen den allgemeinen Schlafräumen und den Einzelzellen einnickten. Da die übrigen Krankenwärter nach Beendigung ihres Dienstes um acht Uhr abends ihr eheliches Heim aufsuchten oder, soweit unverheiratet, sich auf ihr Zimmer begaben, blieb die

Aufsicht über das Feste Haus – abgesehen von Revisionen – lediglich den beiden Wärtern vom Nachtdienst überlassen. Diese Wärter waren natürlich von sehr verschiedenem Charakter und Wesen; denn wenn man erwägt, wie verhältnismäßig bescheiden solche Leute bezahlt werden, so wird man begreifen, dass unter ihnen auch manche ältere, bequeme, nicht gerade tollkühne und weniger umsichtige Leute sind.

Ich sagte mir, dass hier der archimedische Punkt[132] war, wo ich den Hebel anzusetzen hatte.

Den Hebel, der die mächtigen Eisentüren dort unten vor mir öffnen sollte …

Es handelte sich also zunächst darum, einen Tag zur Flucht zu wählen, an dem die zwei diensttuenden Wärter – der des ersten Stocks, in dem ich mich befand, und der des Erdgeschosses – körperlich keinen großen Widerstand erwarten ließen und ihrem Charakter nach wenig zum Misstrauen neigten.

Die achtundzwanzig Wärter hatten im regelmäßigen Turnus von vierzehn Tagen je einmal Nachtdienst. Ich musste also vom 28. Mai ab die Nacht abwarten, in der zwei bestimmte Wärter auf Wache zogen; diese hatte ich mir als die geeignetsten ausgesucht, da sie meiner Meinung nach am wenigsten meiner List und Kraft gewachsen waren.

Abend für Abend lauerte ich am Schieber meiner Zellentür, bereit, in wenigen Stunden *va banque*[133] zu spielen – Abend für Abend trat ich mit einem Seufzer der Enttäuschung zurück, wenn ich den falschen Wärter erblickte. Elf lange Tage harrte ich fiebernd auf die Nacht, elf Nächte legte ich mich widerwillig auf mein einsames Lager … bis zum 9. Juni 1903 …

XVIII

DIE FLUCHT

Als ich in der Nacht vom 9. zum 10. Juni nach acht Uhr abends endlich sah, dass der von mir auserkorene Wärter in meinem Korridor die Wache übernahm, zitterte mir das Herz vor Freude.

Atemlos setzte ich mich auf mein Bett und sagte zu mir selbst: «Mein alter Georges, heute hat also die Stunde der Freiheit geschlagen! Das nächste Morgengrauen sieht dich entweder zu neuem Leben erstanden oder für alle Zeit lebendig begraben. Wenn diese Nacht nach elf Uhr der Oberwärter den Pavillon verlassen hat – geh vorwärts, geh durch, ohne Furcht, ohne Zögern! Gebrauche deine Kraft, und wenn es nötig wird, gebrauche Gewalt! Aber vermeide es, einen Menschen zu töten! Und soll es nicht nun einmal anders sein, so stirb lieber im Kampf mit diesen beiden Wärtern, als dass du dich ergibst!»

Und wie eine Katze stundenlang regungslos auf die Maus lauert, so harrte ich in unsäglicher Spannung auf den günstigen Augenblick.

Durch das kleine Fenster meiner Zellentür konnte ich alle Bewegungen meines Wärters sowie das Fortgehen des Oberwärters um elf Uhr abends beobachten. Von jetzt ab wartete ich nur noch auf die Rückkehr von zwei anderen Wärtern, die in meinem Zellentrakt ihre Zimmer hatten; da sie an diesem Tag dienstfrei waren und Stadturlaub genommen hatten, kehrte der eine erst um halb eins, der andere um drei viertel zwei in der Früh zurück.

Nachdem ich ihre Heimkehr beobachtet und mich überzeugt hatte, dass völlige Ruhe in ihren Zimmern herrschte, war mit dem nächsten Vorüberkommen des Wärters vom Dienst der Moment zum Handeln gekommen. Um halb drei tauchte er auf seiner Inspektionsrunde am Ende meines Korridors auf. Ich klopfte an meine Tür und erwiderte auf seine Frage, dass ich nicht wohl wäre und sofort austreten müsste.

Der Mann, der keine Ahnung von dem Überfall hatte, der ihm bevorstand, öffnete mir ohne jedes Misstrauen die Tür und begleitete mich vorschriftsmäßig zu dem Abtritt, der ungefähr fünfzig Meter von meiner Zelle entfernt im Hauptkorridor des Pavillons lag.

Ich trug nichts als mein Nachthemd und Sandalen.

Ich begab mich in eines der drei Abteile, die an der Rückwand dieses Raumes nebeneinander gelegen waren, setzte mich auf die Vorderkante des Brettes und blieb so, zum Sprung bereit, länger als zwanzig Minuten.

Endlich wurde der Wärter ungeduldig und rief mich vom Korridor aus an.

Ich antwortete keinen Laut ...

Er trat nun – wie ich es beabsichtigt hatte – vom Korridor in den Vorraum der Abtritte und forderte mich zur Eile auf.

Wieder kein Laut als Antwort ...

Jetzt öffnete der Wärter ärgerlich die Tür meines Kabinetts und forderte mich nochmals energisch zum Verlassen desselben auf.

Ich erhob mich von meinem Sitz ...

In meiner linken Hand – denn ich bin linkshändig – hielt ich ein großes Taschentuch. Ich trat dicht an den Wärter heran und fragte halb ernst, halb scherzhaft: «Was würden Sie wohl denken, wenn ich in diesem Augenblick, wir beide mutterseelenallein, Mann gegen Mann, Sie packte und überwältigte und Ihnen die Schlüssel fortnähme, um zu flüchten?»

Der Wärter, mit dem ich stets auf gutem Fuß gestanden

hatte, glaubte nichts anderes, als dass ich spaße. Er antwortete: «Vorwärts! Manolescu! Machen Sie keine faulen Witze! Ich habe keine Zeit mehr!»

Aber kaum hatte der Mann diese Worte gesprochen, als ich wie ein Raubtier auf ihn zuschnellte, ihn mit der rechten Hand fest an der Kehle packte, gegen die Mauer drückte und mit der Linken ihm das Taschentuch in den aus Atemnot geöffneten Mund hineinstopfte. Dann sah ich ihm in das Weiße der Augen und sagte mit eisiger Ruhe: «Machen Sie keine Bewegung, Mann, oder ich erwürge Sie! Es tut mir leid, Gewalt gegen Sie zu gebrauchen. Aber ich muss Ihre Schlüssel haben!»

War es die Bestürzung, der Mangel an Luft oder etwas anderes? Jedenfalls brach der Wärter ohnmächtig zusammen. Ich will auch nicht bestreiten, dass ich in der furchtbaren Erregung des Augenblicks doch wohl schärfer zugegriffen habe, als es in meiner Absicht lag.

Ich riss ihm das Schlüsselbund fort, das er an einem Riemen um den Leib trug, schloss ihn mit seinem eigenen Schlüssel in das Kabinett ein, in dem er bewusstlos lag, und stürzte in sein Zimmer, das offen stand. Hier eignete ich mir seinen Überzieher und einen Betrag von fünf Mark, die auf dem Tisch lagen, an.

Dann jagte ich in meine Zelle zurück, die ebenfalls offen geblieben war, zog in rasender Eile mein Beinkleid von blauer Leinwand an, das zur Not als Zivilhose gelten konnte, nahm ein Paar alte zerrissene Stiefel, die mir ein Wärter einmal überlassen hatte, in die Hand und setzte einen Strohhut auf, der mir von der Anstalt als Kopfbedeckung geliefert worden war und annähernd dem eines Arbeiters glich. Ich warf einen letzten Blick auf meine Zelle zurück – weiß Gott, dass ich dabei nicht: «Auf Wiedersehen!» gesagt habe!

Es handelte sich für mich um Sekunden, denn jeden Augenblick konnte der Wärter zur Besinnung kommen und Lärm schlagen.

Ich passierte den Korridor des ersten Stocks, schloss ihn ab und stieg zum Erdgeschoss hinunter, wo ich ebenfalls die Korridortür von außen zuschloss und den Schlüssel stecken ließ, damit der Wärter dort sie nicht öffnen und mich verfolgen konnte. Dann eilte ich zur Ausgangstür, öffnete im Handumdrehen die drei verschiedenen Sicherheitsschlösser – denn ich kannte durch lange und scharfe, aber unauffällige Beobachtung schon seit Monaten jeden einzelnen Schlüssel, ohne jemals auch nur einen in der Hand gehabt zu haben – und trat aus dem Festen Haus in den frischen Morgen hinaus.

In aller Hast zog ich die Stiefel an, die ich noch in der Hand hielt, lief zur äußeren Umfassungsmauer, kletterte über eines der Türgitter und sauste auf der anderen Seite vier Meter tief hinab …

Frei!

Ohne die Umgebung Berlins zu kennen, stürmte ich in gerader Linie über Hecken, Zäune und Stacheldrähte quer durch die Felder, Gräben und Anpflanzungen auf die Stadt zu, deren Türme mich am dunklen Horizont grüßten.

Nach einem atemlosen Lauf von zwei Stunden gelangte ich an die Stadtgrenze, und zwar am Ausgang der Frankfurter Allee, die – was ich nicht wusste – auf das Polizeipräsidium zuführt. Sobald ich die Silhouette dieses Gebäudes erblickte, wandte ich mich schleunigst in Nebenstraßen, die mich schließlich in die Rosenstraße führten.

Ich hatte die Hemdsärmel hochgekrempelt und trug mein Jackett und den Mantel des Wärters über dem Arm, um meine vom Stacheldraht zerfetzte Hand zu verbergen, und den Hut keck nach hinten gesetzt, sodass ich völlig einem Arbeiter glich.

Um halb sechs Uhr morgens trat ich in eine Kneipe dicht am Neuen Markt, ließ mir eine Tasse Kaffee und einen Kognak geben und vertiefte mich in den Lokalanzeiger vom 9. Juni abends, teils um wieder Haltung zu gewinnen, teils um mein Gesicht zu verstecken, da doch meine Signalement schon längst der ganzen Polizei durch Fernsprecher mitgeteilt sein konnte.

Ich hatte das Glück, dass keine Seele auf mich achtete. Nachdem ich eine halbe Stunde in dieser Restauration verbracht hatte, begab ich mich um sechs Uhr morgens zu einem Kleiderjuden in der Rosenstraße, dem ich meine Anstaltsjacke aus Drillich als die eines württembergischen Militärmusikers zum Umtausch gegen eine Zivilleinenjacke bei Zuzahlung von drei Mark anbot.

Bargeld lacht! Der Händler verlangte keine langen Erklärungen über «württembergische Musik», sondern nahm ohne Weiteres das Geld und tauschte mir meine Drillichjacke gegen eine Bluse von blauer Leinwand um.

Hierauf verkaufte ich einem zweiten Trödler in derselben Straße den Paletot des armen Wärters, der mir sechs Mark einbrachte, und kletterte dann auf einen Omnibus, der in die Richtung fuhr, wo eine alte Freundin von mir wohnte.

Um halb acht früh klingelte ich an ihrer Tür.

Ich wusste, dass ihr Gatte beruflich meist abwesend war. Ich fragte daher das niedliche Kammerkätzchen, das mir öffnete, zuerst nach dem Hausherrn, und als ich hörte, dass dieser abwesend sei, nach der gnädigen Frau. Die Zofe musterte mich äußerst betroffen – man vergesse mein Kostüm und die frühe Stunde nicht! – und sagte dann rein mechanisch: «Die gnädige Frau ist noch nicht aufgestanden …»

«Die gnädige Frau empfängt nicht…» Ich war aber nicht aus Herzberge entflohen, um endlos mit einem kleinen, blonden Besen zu parlamentieren[134]. Ich fasste sie unter das Kinn, sagte lächelnd: «Aber mein Herzchen!», und ging an der ganz Konsternierten vorbei in das mir wohlbekannte Schlafzimmer der Gnädigen … Veilchenduft, Spitzen und schillernde Seide im Halbdunkel der zusammengezogenen schweren Vorhänge … Ich schlage sie zurück, ein schlaftrunkenes Weib fährt aus ihren Kissen hoch …

Ich habe viel in meinem Leben gesehen, hier jedoch zum ersten und einzigen Mal einen Menschen, der tatsächlich minutenlang sprachlos war. Endlich stieß sie halb entsetzt und zweifelnd, halb in jubelnder Gewissheit die Worte hervor: «Georges, bist du es?»

Seit zweieinhalb Jahren küsste der «Irre von Herzberge» zum ersten Mal wieder einen roten, blühenden Frauenmund …

Nachdem sie mir einen Zivilanzug besorgt und Bargeld – das Wenige, was sie gerade im Haus hatte – geliehen, ging ich bis halb zwölf im Tiergarten spazieren; dann begab ich mich zum Anhalter Bahnhof und stieg in den nächsten Personenzug nach Dresden, und zwar geruhte Fürst Lahovary diesmal, in der vierten Klasse Platz zu nehmen.

Bis Dresden ging alles wundervoll, nur bei der Ankunft ereignete sich ein kleiner Zwischenfall, der mich unter Umständen hätte verraten und mein bescheidenes Inkognito lüften können. Mein Fahrschein lautete bis Dresden-Neustadt, ich fuhr jedoch irrtümlich bis zur Altstadt durch. Hier hielt mich an der Kontrolle der Beamte fest und verlangte eine Nachzahlung von zehn Pfennig. Obwohl ich mich beeilte, meinen Nickel hinzulegen, sammelten sich doch in wenigen Sekunden an die hundert Menschen um uns und stierten mir mit einer Neugierde in das Gesicht, als ob ich mit der Kronprinzessin Luise[135] durchgegangen wäre. Zum Glück befand sich unter der Menge kein Geheimpolizist, der mich hätte erkennen können, und ungestört durfte ich den Weg zum Ausgang nehmen.

Den Abend desselben Tages bummelte ich gemütlich in den Dresdener Straßen und Anlagen umher, immer in der altgewohnten straffen Haltung, der leider jedoch mein Äußeres durchaus nicht entsprach.

Der Anzug, den meine Freundin in Berlin für mich besorgt hatte, war nämlich viel zu groß und daher auffälliger als das Fantasiekostüm, in dem ich mich zu ihr geflüchtet hatte.

Um diesem sehr gefährlichen Übelstand abzuhelfen, entschloss ich mich notgedrungen, nach langer Pause noch ein letztes Mal zu «requirieren»[136]. Mir fehlte ein Anzug und Geld zur völligen Rettung.

Zu diesem Zweck betrat ich am nächsten Tag das Hotel «Europäischer Hof». Ich drang in das erstbeste Zimmer im ersten Stock ein, das anscheinend ein Gentleman bewohnte, und fand dort alles, was ich mir gewünscht hatte, das heißt Kleider, Stiefel, Wäsche, Krawatten und anderes, selbst einen eleganten Spazierstock.

Nachdem ich mich vom Kopf bis zu den Füßen vollständig umgezogen hatte, verließ ich das Zimmer und wandte meine Aufmerksamkeit den benachbarten Räumen zu. In zweien von ihnen fand ich eine hübsche Auswahl an Schmuckstücken und anderen Wertsachen. Ich steckte sie in die verschiedenen Taschen meines neuen Anzugs und stieg die Treppe mit derselben Ruhe wieder hinab, mit der ich soeben heraufgekommen und schon so viele Hunderte ähnlicher Treppen auf- und abgewandert war.

Der Portier, an dem ich vorbeikam, grüßte mich tief und ehrerbietig wie einen Erbprinzen. Kleider machen Leute …

Zehn Minuten später verkaufte ich die Schmucksachen an einen Dresdener Juwelier. Um fünf Uhr abends saß ich wieder im Zug, um in Bodenbach die Grenze des deutschen Reiches zu überschreiten und meinen Fuß auf österreichischen Boden zu setzen.

Endlich ganz frei – gerettet!

Denn es gibt kein Auslieferungsgesetz in der ganzen Welt, das mich vom Ausland aus wieder in das preußische Irrenhaus zurückbringen könnte.

Aber keinem Menschen auf Gottes Erde möchte ich die Minuten wahnsinniger Angst gönnen, während der Zug bei Bodenbach, kurz vor der Grenze hielt, um teilweise nach Tetschen hin rangiert zu werden, bis er endlich, endlich, ganz langsam in die österreichische Station rollte.

Während dieser qualvollen Spanne Zeit saß mir in der dritten Klasse, in der ich vorsichtigerweise fuhr, ein sächsischer Gendarm in Helm und Bandelier[137] gegenüber und bot alles auf, mir durch einige Mikosch-Witze[138] seine Intelligenz *ad oculos*[139] zu demonstrieren.

Ich küsste nicht den teuren Boden dieses gesegneten Landes, aber ich war von so unsäglicher, überquellender Freude erfüllt, dass ich am liebsten alle die hübschen Mädchen im Teplitzer Zug, ja selbst eine alte Schwiegermutter neben mir umarmt hätte, obwohl diese einem weiblichen Orang-Utan wie aus dem Gesicht geschnitten war.

XIX

DAS ENDE VOM LIED

Ich habe bereits erzählt, wie ich vergebens versuchte, in der Heimat mein Brot in ehrlicher Arbeit zu verdienen. Die Strafe für meine Vergehen, die ich in achtjähriger Haft in Gefängnissen, Zucht- und Irrenhäusern reichlich gebüßt zu haben glaubte, hat mich in ihrer vollen Schwere erst zu der Zeit getroffen, als ich ein neues Leben begann.

Die Heimat verschloss sich mir. Ich ging nach Konstantinopel. Schon war ich dort als Empfangschef eines großen Hotels engagiert, als der Besitzer sich meines Namens «Manolescu» entsann und mich vor die Tür setzte. Mit wenigen Groschen in der Tasche fuhr ich nach Budapest. Auch hier fand sich keine Hilfe für mich. Aber der Besitzer des «Hotel Bristol», der mich in den vergangenen Tagen des Glücks gekannt hatte, besaß Herz genug, mir eine ansehnliche Summe zu leihen.

Mit diesem Geld fuhr ich über Wien nach Paris. Dort suchte ich alle die alten Hehler auf, die Hunderttausende an mir verdient hatten und jetzt als Millionäre lebten, alle die alten Freunde und Komplizen, für die ich immer eine offene Hand gehabt hatte. Mein Vertrauen hatte mich nicht getäuscht – sie brachten glücklich lumpige 900 Franc zusammen, mit denen ich über Brüssel nach Antwerpen fuhr, um nach Amerika zu gehen.

Ich kam bei tropischer Hitze am 11. Juli 1904 in New York an.

Geistige Arbeit bot sich mir dort nicht. Ich war aber bereit, die niedrigste körperliche Arbeit zu leisten.

Um nicht zu warten, bis meine letzten Pfennige verbraucht waren, und dann zu verhungern oder wieder stehlen zu müssen, nahm ich eine Stellung als Automobilputzer bei dem Archimillionär[140] Huntington[141] in der Nähe von New York für monatlich 45 Dollar an. Es war eine ungewohnte, schmutzige, mühselige Arbeit – von halb sieben morgens bis acht Uhr abends –, wie ich sie in den dreiunddreißig Jahren meines Lebens noch nicht kennengelernt hatte. Denn es waren zwölf Automobile zu reinigen und zu putzen.

Nachdem ich einen Monat hindurch diese Stellung bekleidet hatte, hörte ich, dass man für die Weltausstellung sprachkundige junge Leute suche. Ich meldete mich Mitte Juli. Bald darauf stand ich in St. Louis vor einer Indianerbude, wo ich von morgens bis abends in allen Sprachen, die ich beherrschte, mit lauter Stimme die Narren dort draußen aufforderte, gegen Zahlung von 25 Cent die Narren dort drinnen zu bewundern. Dieses Geschäft betrieb ich drei Monate.

Nach Schluss der Ausstellung ging ich nach Buffalo und machte einer Regierungszeitung das Angebot, Artikel zur Belebung der europäischen Einwanderung zu schreiben. Meine Offerte wurde angenommen.

Im Frühjahr 1905 arbeitete ich wieder an Zeitungen – unter anderen in Montreal, Ottawa, Brandon, Victoria, Vancouver –, bei denen mir die Empfehlungen meiner früheren Chefs Eingang verschafften.

Sämtliche Beweise für diese meine Tätigkeit befinden sich in den Händen meines Verlegers.

Im März 1905 ging ich nach San Francisco, wo ich redaktionell beschäftigt wurde.

Inzwischen erschienen meine Memoiren *Ein Fürst der Diebe* in Berlin, und mein Verleger setzte sich mit mir in Verbindung, um den vorliegenden Band mit mir zu besprechen.

Ich ging daher im Mai 1905 über Paris, wo ich mich nicht aufhalten durfte, da ich noch immer aus Frankreich ausgewiesen bin und sechs Monate Gefängnis riskiere, nach Mailand, wo ich jetzt dieses Buch schreibe.

Aber auch diese Arbeit wird ihr Ende finden, und ich sehe mit ernsten Augen in die Zukunft. Denn wenn ich mich auch bemüht habe, in diesem Buch den frivolen Ton meiner einstigen Anschauungen festzuhalten, der allein mein ganzes Verhalten und Empfinden in den verschiedenen Epochen meines Lebens erklärt – mit mir am Arbeitstisch sitzt finster die graue Sorge und weist mit dürrem Finger drohend in das Dunkel der Zukunft …

FINALE

BRIEF DES AUTORS AN DEN VERLEGER

Mailand, den 16. Oktober 1905

Mein lieber Doktor!
Ihr letzter Brief hatte für mich doppelten Wert, teils an und für sich wegen der Gesinnungen, die Sie darin für mich bekunden, dann aber besonders, weil er auch meiner Braut nicht geringe Freude bereitet hat. Denn ich mache Ihnen hiermit die Mitteilung, dass ich mich soeben in Pallanza[142] *mit Fräulein Pauline T…*[143] *aus Paris, der Tochter des berühmten Ingenieurs, verlobt habe; sie und ihre ganze Familie weiß, dass ich der ehemalige Abenteurer Georges Manolescu bin. Ich habe ihnen nichts, aber auch nichts verhehlt da, mein lieber Doktor, es ist wirklich und wahrhaftig so. Meine Braut ist eine reizende Blondine, 24 Jahre alt, intelligent und tadellos erzogen.*

Sie wissen, dass ich nur noch den einen Wunsch hatte, in ehrlicher Arbeit mir mein Brot zu verdienen und ein ruhiges, friedliches Heim, ein Glück im Winkel zu finden. Das hat ein gütiges Geschick mir nun geschenkt. Und da ich vor Ihnen keine Geheimnisse habe und Ihres aufrichtigen Interesses sicher bin, so füge ich hinzu, dass meine Braut ein eigenes Vermögen besitzt, das uns ein völlig sorgenloses Leben sichert, und dass sie später einmal mit ihren Geschwistern die Millionen ihres Vaters erben wird.

Ich sagte Ihnen einst, mein lieber Doktor, Sie würden es niemals bereuen, dass Sie mir, dem ehemaligen Hochstapler, dennoch wie jedem Ehrenmann vertrauten, und ich bin stolz darauf, Ihren Erwägungen stets entsprochen zu haben. In dieser Stunde aber, wo sich mein Schicksal wendet, bitte ich Ihnen in tiefer Bewegung aussprechen zu dürfen … usw. … usw.

Georges Manolescu

NACHTRAG ZUR ZWEITEN AUFLAGE

Anfang April 1907 ging die Nachricht durch die deutsche Presse, dass die Ehe Manolescus mit seiner ersten Frau durch Verhandlung vor dem Amtsgericht Kempten soeben geschieden sei. Um Manolescu vor dem Verdacht zu schützen, seine zweite Ehe überhaupt nicht oder während des Bestehens seiner ersten Ehe geschlossen zu haben, bringen wir auf Wunsch des Autors nachstehend eine Erklärung des Königlich-rumänischen Konsulats in Mailand.

Consulat Royal de Roumanie
Milan 10. Avril 1907

Je soussigné Consul Royal de Roumanie à Milan, sur demande de Monsieur Georges Manolescu, déclare avec plaisir que le susdit Monsieur sujet Roumain, qui habite cette ville depuis près de deux ans, c'est régulièrement marié selon la Loi Roumaine avec Mlle Pauline Tollet le jour 5. août 1906 dans la ville de Ploësci en Roumanie, et que sa conduite, depuis qu'il habite Milan, a toujours été irréprochable.

Egalement je puis déclarer que j'ai eu l'occasion de voir parmi les acts de Monsieur Manolescu, l'extrait du Tribunal de Bavière qui annullait sou premier mariage avec la Comtesse …

La présente déclaration est pour réfuter les calomnies que l'on peut avoir lancées sur son compte.

Le Consul
Achille Ricci[144]

Ich, unterzeichneter Königlich-rumänischer Konsul zu Mailand, erkläre mit Vergnügen auf Wunsch des Herrn Georges Manolescu, dass der genannte Herr, rumänischer Untertan, der hier seit fast zwei Jahren wohnt, sich dem rumänischen Gesetz entsprechend mit Fräulein Pauline Tollet am 5. August 1906 in der rumänischen Stadt Ploësci verheiratet hat und dass, seitdem er sich in Mailand aufhält, sein Verhalten stets ohne Fehl und Tadel gewesen ist.

In gleicher Weise erkläre ich, dass ich Gelegenheit gehabt habe, unter den Dokumenten des Herrn Manolescu das Urteil des bayerischen Gerichts einzusehen, das seine erste Heirat mit der Gräfin … trennt.

Die vorliegende Erklärung erfolgt, um den Verleumdungen zu begegnen, die etwa gegen die Person des Herrn Manolescu gerichtet sein könnten.

ANMERKUNGEN

Erster Band
EIN FÜRST DER DIEBE

1 Rumän. Ploeşti, Hauptstadt des rumän. Kreises Prahova, zwischen den Flüssen Prahova und Teleajanu gelegen, zählte um 1870 30 000 Einwohner.

2 Militärische Auseinandersetzung zwischen dem Zarenreich und dem Osmanischen Reich, in dem Bulgarien, Serbien, Montenegro und Rumänien an der Seite der panslawischen Schutzmacht Russland kämpften. In Manolescus Heimat sprach man vom Rumänischen Unabhängigkeitskrieg, weil in ihm die nationale Eigenständigkeit des Landes errungen wurde. Auch wenn Rumänien im Gegensatz zu anderen Territorien auf dem Balkan kein Teil des Osmanischen Reiches gewesen war, hatte es doch offiziell unter dessen Oberhoheit gestanden. Im Vorfrieden von San Stefano 1878 musste Sultan Abdülhamid II. die Unabhängigkeit Rumäniens, Serbiens, Montenegros und Bulgariens anerkennen.

3 Rumän. Galaţi, Hafenstadt in Rumänien, Kreis Covurlui (Moldau), um 1885 etwa 90 000 Einwohner.

4 **Anm. Paul Langenscheidt (PL):* Wir führen die im Werk erwähnten Währungen an: 1 Franc (Frankreich, Belgien etc.) = 80 Pfennig = 100 Centime; 1 Louis[dor] = 16 Mark = 20 Franc. … 1 Pfund Sterling (England) = 20,40 Mark. … 1 Pfund (Türkei) = 18 Mark = 100 Piaster à 18 Pfennig; 20 Piaster … 1 Medschidie; 1 Piaster = 40 Para. … 1 Drachme (Griechenland) = 1 Franc (80 Pf.) = 100 Lepta. … 1 Dollar (Amerika) = 4,25 Mark.

5 Der mittlere Hauptmündungsarm der Donau.

6 Türk. Istambol, Kapitale des Osmanischen Reiches (das heutige Istanbul), Ende des 19. Jahrhunderts bereits eine Millionenstadt. «Von dieser bunt gemischten internationalen Bevölkerung sind 43 Proz. Mohammedaner, meist Türken, je 17 Proz. Griechen und Armenier, 5 Proz. Juden und 16 Proz. fremde Untertanen, davon mehr als ein

Drittel Griechen aus dem Königreich.» (*Meyers Großes Konversations-Lexikon*, Bd. 11., S. 421–426).

7 100 Piaster entsprachen dem Wert einer Osmanischen Lira. Das traditionelle Zahlungsmittel im Osmanischen Reich war der an den Wert des Silbers gebundene Kuruş, der Mitte des 19. Jahrhunderts von der Osmanischen Lira als Hauptwährung abgelöst wurde.

8 Kleinmünzen: 40 Para entsprachen dem Wert eines Kuruş.

9 «Vorstadt Konstantinopels, östl. vom Goldenen Horn, 40 000 E., Hauptsitz des Handels und Geldverkehrs» (*Brockhaus' Kleines Konversations-Lexikon*, Bd. 1, S. 638).

10 Vorstadt Konstantinopels, in der viele europäische Kaufleute und Diplomaten ihren Wohnsitz hatten.

11 Frz. «*tabouret*», niedriger Sessel ohne Arm- und Rückenlehne.

12 Rollenfach der Zofe, ganz allgemein auch: des schelmischen, unbeschwerten Mädchens.

13 S. Anm. 4; «Medschidia, türkische Scheidemünze = 5 Para, ungefähr 2 ½ Pfennig» (*Pierer's Universal-Lexikon*, Bd. 11, S. 68).

14 Am europäischen Bosporusufer gelegene Siedlung.

15 Lat. «festnehmen».

16 In falschem Frz. «Zahlungsunfähigkeit», «Bankrott».

17 Frz. Nationalhymne 1795, dann wieder in der Dritten Republik ab 1871.

18 1835 gegründete, 1871 mit dieser Titulatur umbenannte frz. Großreederei.

19 Einfache Musiklokale, in denen Arbeitern, Tagelöhnern und Matrosen von Holzpodesten herab Gesangsnummern und andere Kleinkunstprogramme dargeboten wurden.

20 Obergärige Biersorte.

21 Veraltet: «befragen», «Auskunft verlangen».

22 Umgangssprachlich: «stark», «kräftig».

23 Aus Madeira, Rum, Schwarztee und Gewürznelken gebrautes und gezuckertes Heißgetränk.

24 Griech. Kleinmünze im Wert einer halben Drachme.

25 Frz. «angekündigt».

26 Königin Olga (1851–1926) aus dem Haus Romanow-Holstein-Gottorp, 1867 geehelicht von Georg I. von Griechenland, Regent von 1863 bis zu seiner Ermordung 1913, war für ihr karitatives Werk und ihre Patronagen berühmt.

27 Lat. «Schirmherrin».

28 An der Donau gelegene Kreisstadt in der Walachei.
29 Gemeint: Saria, kleine, nördlich von Karpathos im Karpatischen Meer gelegene Insel.
30 Bildungssprachlich: «abzusenden», «zu entsenden».
31 Im 12. Arrondissement an der Rue de Chalon gelegener Bahnhof für Zugverbindungen nach Süd- und Südostfrankreich. Der alte Gare de Lyon hatte unter seinen beiden Hallen lediglich drei Abfahrts- und zwei Ankunftsgleise, sein Empfangsgebäude lag längs davon. Erst durch den 1902 fertiggestellten Neubau mit reich verzierter Fassade, Uhrturm und verglasten Satteldächern wurde aus dem Gare de Lyon ein Kopfbahnhof.
32 Von engl. «*lodging-house*», preiswerte Nachtquartiere für Anspruchslose.
33 Lat. «Recht», die Rechtswissenschaft.
34 «Eine durchaus moderne Erscheinung sind die *Grands Magasins de Nouveautés*, in denen alle erdenklichen Artikel einer Hauptbranche verkauft werden. Dieselben drängen immer mehr die kleinen Läden mit ihren Eigentümlichkeiten in den Hintergrund. Die größten derartigen Etablissements, mit außerordentlicher Auswahl an Neuheiten, Wäsche, Seidenwaren, Spitzen etc., sind die *Grand Magasins du Louvre*, Rue de Rivoli, neben dem Louvre und Palais-Royale, und der *Bon Marché*; Rue du Bac 135 u. 137 und Rue de Sèvres 18–24 [...] Ähnlicher Art: der *Printemps*, Boulevard Haussmann und Rue du Havre» (*Baedeker Paris*, 1896, S. 33).
35 Lat. «passt», «gefällt».
36 Kutschentyp mit leichtem, meist abnehmbarem Kutschbock.
37 Viersitziger Luxuswagen, dessen Verdeck sich in der Mitte teilt und vorn und hinten niederschlagen lässt.
38 Engl., Rennpferde mit hohen Gewinnchancen.
39 Frz. «Café des Friedens», ältestes und renommiertestes Café von Paris, «ausländische Zeitungen» (*Baedeker Paris*, S. 18), im Grand-Hôtel de la Paix auf dem Boulevard des Capucines nahe der Oper gelegen und 1869 durch Kaiserin Eugénie mit Jacques Offenbach am Dirigentenpult eröffnet.
40 Durch die Lorgnette – d.i. eine vor die Augen gehaltene Sehhilfe – betrachten; hier: «mustern».
41 Karten-Glücksspiel, mit sechs Paketen frz. Spielkarten à 52 Blatt, also 312 Blatt, gespielt. Es gewinnt, wer mit zwei oder drei Karten neun Punkte erreicht oder näher an der Neun liegt als der bzw. die Gegner.

42 Landwirtschaftliche Erziehungsanstalt für straffällige Jugendliche, 1866 von der Colonie des Douaires im Provinzstädtchen in der Normandie gegründet.

43 Frz. wörtlich «Heugabel». / **Anm. PL:* Zu Zwangsarbeit Verurteilte.

44 **Anm. PL:* Etwa dem «strengen Arrest» gleich.

45 **Anm. PL:* Unterirdischer Kerker.

46 Frz. «Dreißig und vierzig»: Glücksspiel mit sechs Paketen frz. Spielkarten, Hauptattraktion in den Casinos Frankreichs und in Monte Carlo.

47 Frz. Goldmünze aus der Epoche des Ancien Régime; die letzten Prägungen der Münze stammen aus den Revolutionsjahren 1792 und 1793.

48 Adelstitel des im Jahre 1808 durch Napoleon I. per Gesetz geschaffenen Neuadels. Unter dem frz. Namen «Otrante» – benannt nach der ital. Hafenstadt am südlichen Ende der Halbinsel Salento – wurde das erbliche Herzogtum Otranto im Satelliten-Königreich Neapel begründet (bis 1808 von Napoleons Bruder Joseph Bonaparte und bis 1815 von seinem Schwager Joachim Murat regiert). Zum ersten Duc d'Otrante geadelt wurde der jakobinische Revolutionär Joseph Fouché (1759–1820). Ab 1875 war das Geschlecht der Fouché d'Otrante in Schweden ansässig. Der «wirkliche» Titelinhaber war zu Manolescus Zeit Charles Louis Fouché d'Otranto, 6. Herzog von Otranto (1877–1950).

49 Lat. «vorzuschlagen».

50 Hier gemeint: im November 1879 gegründetes Pariser Periodikum, benannt nach der *Histoire de Gil Blas de Santillane*, einem 1715 erschienenen Picaro-Roman des frz. Schriftstellers Alain-René Lesage (1668–1747).

51 Tatsächlich hieß das ital. Markgrafen-Geschlecht «Da Passano», abgeleitet von Passano, einem Ortsteil von Coriano in der Emilia Romagna; «wirklicher» Titelinhaber war zu Manolescus Zeit Manfredo Da Passano (1846–1922).

52 Lat. «verpassen».

53 Als «französisch» wurde das Savate-Boxen bezeichnet, ein in der Unter- und Halbwelt Frankreichs gebräuchlicher Kampfstil, bei dem Faustschläge und Fußtritte, lange Zeit auch Schläge mit der offenen Hand erlaubt waren. *«Boxe Française»* stand deshalb im Ruf ordinären, unsportlichen Schlägertums. Dagegen war das *«boxing»* der Engländer ein reiner Faustkampf, ausgeführt entweder mit bloßen Fäusten (*«bare-knuckle»*) oder mit Bandagen, ehe sich mit dem Queensberry-

Regelement in den 1880er-Jahren das Tragen von Boxhandschuhen durchsetzte.

54 Frz. «Schuh-Tritt», mit offener Fußsohle ausgeführt.

55 Veraltet für «kleines Mittagessen».

56 30 km südlich von Tokio liegende Hafenstadt, die im späten 19. Jh. zum zentralen Umschlagplatz für internationalen Seehandel und zur bevorzugten Ausländerenklave mit brit., amerikan. und ndl. Garnisonen wurde.

57 Stadt und Provinz Padua war Teil des Königreichs Lombardo-Venetien und dieses bis zur Annexion durch das Königreich Italien im Jahre 1866 Hoheitsgebiet der Habsburgermonarchie. Die Herren da Carrara hatten im 14. Jh. noch als Fürsten von Padua die Herrschaft über die Stadt ausgeübt. Ihnen entstammte der padovanische Nebenzweig derer von Papafava Antonini, die den Grafentitel trugen.

58 Lat. «mietete».

59 Lat. «modernen».

60 Engl. «Page».

61 Ein 1877 von den ital. Gebrüdern Giacomo und Battista Monico gegründetes Restaurant in der Tichborne Street (heute: Shaftesbury Avenue) in London.

62 1885 eröffnetes, nach dem Stifter, dem Pillenfabrikanten James Holloway, benanntes Frauen- und Männergefängnis samt einem Sanatorium für Geisteskranke.

63 Nach der Anthropometrie, der Messung der menschlichen Körpermaße.

64 Lat. «Man mag wollen oder nicht».

65 HM Prison Wormwood Scrubs, berüchtigtes Männergefängnis im Stadtteil Hammersmith und Fulham, West-London.

66 Frz. «großer Herr», ehemals der Angehörige des Hochadels, daraus abgeleitet ein vornehmer, weltgewandter Edelmann, dessen Habitus vornehme Abkunft und großes Vermögen verraten.

67 Lat. «Umstände zu machen».

68 Finanzielle Sonderzuwendung, Bonuszahlung.

69 Prachtstraße mit durchgehenden Arkaden, im 1. und 4. Arrondissement gelegen; zu den feinsten Adressen vor Ort gehörte das älteste Luxushotel von Paris, das «Hôtel Le Meurice», in der Rue de Rivoli Nr. 228.

70 Königliche Freistadt und Hauptstadt des ungar. Komitats Csongrád.

71 Ital. Schreibung von frz. «Mentone», Grenzstadt zu Italien, bis 1848

unter monegassischer Herrschaft, im Winter der wärmste Ort an der frz. Côte d'Azur.

72 Eigentlich «pontieren»: im Hasardspiel gegen den Bankhalter spielen.

73 Das Zuchthaus von Nîmes war berüchtigt für die menschenunwürdigen Haftbedingungen.

74 In 300 m Höhe gelegener Vorort mit Blick auf die Hafenstadt.

75 Ital. «heiliges Feld», Bezeichnung für einen speziellen Friedhofstypus, eine hofartig umschlossene Anlage mit Bogengängen, typisch für Italien; hier gemeint: der «Cimitero monumentale di Staglieno», ein 1855 eröffneter genuesischer Monumentalfriedhof südöstlich des Stadtzentrums, spektakulär durch Terrassenlage und pompöse Sepulkralkunst.

76 Die dt. Gräfin Angelika Wilding von Königsbrück (1870–1945).

77 Hügel nördlich des Stadtzentrums von Rom, dessen Name auf das antike Patriziergeschlecht der Pincii zurückgeht.

78 Röm. Parkanlage, das ehemalige Landgut der Adelsfamilie Borghese.

79 Bezeichnung für die Besitzlosen Neapels, die für ihre Gewalttätigkeit bei den Aufständen der Parthenopäischen Republik berüchtigt waren. Als eine ihrer Eigenheiten erwähnt Goethe in seiner *Italienischen Reise*, dass sie sich nackt am Strand von Neapel aufhielten.

80 Das «Teatro Argentina», eines der ältesten Theaterhäuser Roms, 1732 eröffnet, am Largo di Torre Argentina. Eine Schlüsselszene in Alexandre Dumas Roman *Der Graf von Monte Christo* spielt im imposanten Zuschauerraum des «Teatro Argentina».

81 Pietro Mascagni (1863–1945), ital. Komponist, einer der wichtigsten Exponenten des Verismo, feierte seinen Durchbruch mit der Oper *Cavalleria rusticana* (1890); seither zählten Inszenierungen des Werks neben anderen Opern Mascagnis zum festen Repertoire des «Teatro Argentina», wo bereits die Uraufführungen von Gioachino Rossinis *Barbier von Sevilla* (1816) und Giuseppe Verdis *Die beiden Foscari* (1844) stattgefunden hatten.

82 Spenden der Katholiken aller Länder alljährlich am 29. Juni, dem Hochfest der Apostel Petrus und Paulus, für den Unterhalt des Apostolischen Stuhls.

83 Lat. «verehren».

84 Anspielung auf die berühmte Maxime Friedrichs II.: «Jeder soll nach seiner Façon selig werden.»

85 Lucius Licinius Lucullus (117–56 v. Chr.), röm. Senator, Feldherr und Gourmet, war bekannt für seine verschwenderischen Gastmähler.

86 Lat. «Druck» im Sinne von «Vollgas geben».

87 Im Jahre 1882 richtete sich der Erfinder und Motorenhersteller Gottlieb Daimler (1834–1900) die erste Versuchswerkstatt in Stuttgart-Bad Cannstatt ein, wo er 1885 das erste Daimler-Motorboot und 1886 den Bootstyp «Neckar» entwickelte, der von einem schnell laufenden Einzylindermotor angetrieben wurde.

88 Benannt nach seinem Erfinder Franz von Soxhlet (1848–1926); mit der Apparatur, die um 1900 in der Kleinkinderpflege eingesetzt wurde, ließ sich der Fettgehalt von Trockenmilch bestimmen.

89 Frz., der mit einem vermögensrechtlichen Geschäft Betraute.

90 Gemeint: die in ihren Heimatländern polizeilich gesuchten Anarchisten – Russen um Michail Bakunin und Fürst Pjotr Kropotkin, Italiener um Errico Malatesta und Carlo Frigerio, Deutsche um Johann Most –, Marxisten und Sozialisten. Wegen ihrer im europ. Vergleich liberalen Flüchtlings- und Einwanderungspolitik, ihrer Neutralität und ihrer geografischen Lage wurde die Schweiz im 19. Jh. zum Hauptumschlagplatz sozialrevolutionärer und syndikalistischer Ideen und zum Exil politisch verfolgter Linksaktivisten aus ganz Europa. Schon 1866 fand in Genf der Kongress der Internationalen Arbeiterassoziation statt, und in der Zeit des dt. Sozialistengesetzes war die Zürcher Volksbuchhandlung die Hauptvertriebsstelle für Schriften von Marx und Engels nach Deutschland.

91 Das kroat.-ungar. Geschlecht der Feštetić, auch Festetich, ungar. Festetics, leitet sich vom Stammherrn Petar Feštetić her und wurde 1625 von König Ferdinand II. in den erblichen Adelsstand erhoben; berühmte Namensträger des ungar. Zweigs waren zu Manolescus Zeiten Tassilo Graf Festetics de Tolna (1813–1883), österr. General der Kavallerie, György László Graf Festetics de Tolna (1815–1883), ungar. Minister, und Marie Gräfin Festetics de Tolna (1839–1923), Hofdame der österr. Kaiserin Elisabeth.

92 Kleinkunstbühne auf der Neuen Zeil 80/82, Nähe Konstablerwache.

93 Frz. «Nachtessen», «von der vornehmen Welt des Theaters wegen um 9 Uhr des Abends eingenommen» (*Damen Conversations Lexikon*, Bd. 9.: *Ohrringe bis Rübe*, S. 306).

94 Lat. «zählen», «spielen ... eine Rolle».

95 Das luzernische Kriminalstrafgesetz von 1827 kannte neben Stockhaus- (d.i. Einzelhaft) und Einsperrungsstrafen noch die Zuchthausstrafe, das Auspeitschen, Stockschläge und Brandmarkung. 1838 hatte der Kanton Luzern außerhalb der Stadt vom Frauenkloster Rathausen

den Sedelhof erworben und dort ein Zuchthaus für Strafgefangene eingerichtet, die leichte Vergehen zu büßen hatten. Da ein einheitliches schweizerisches Strafgesetzbuch erst 1937 in Kraft trat, oblagen bis dahin Strafgesetzgebung sowie die Ausgestaltung des Strafvollzugs den jeweiligen Kantonsregierungen.

96 Freiheitsentzug mit strafverschärfenden Haftbedingungen, etwa harter körperlicher Zwangsarbeit in Steinbrüchen, im Wegebau oder in der Landwirtschaft. Neben Gesetzesbrechern wurden auch verhaltensauffällige Personen, «Nichtsnutze», gewerbsmäßige Bettler, Vagabunden und Prostituierte in Zuchthäuser gesteckt. Die Zuchthausstrafe, ehemals Vergeltung für begangenes Fehlverhalten, sollte abschreckende und im Zuge der Humanisierung des Strafvollzugs mehr und mehr erzieherische Wirkung entfalten.

97 Ein pathologischer Impuls zum Stehlen.

98 Lat. «überführt».

99 Amtsdeutsch: «Anfechtung», Einwand gegen die Weisung eines Vorgesetzten oder einer Autoritätsperson erheben.

100 Lat. «Ungehorsam».

101 **Anm. PL:* Lediglich zur Illustration, wie ernst es der Verlag mit seinen Nachforschungen gehalten hat und mit welchen Schwierigkeiten er hierbei zu kämpfen hatte, führen wir an, dass wir wiederholt an sämtliche im Werk und in den Presseberichten genannten Personen mit der Bitte um Auskunft geschrieben haben. Aus Luzern hat uns nur der Gefangenenwärter Bucher geantwortet, und zwar Folgendes: «Laut Schreiben vom 8. Februar und Karte vom 23. Februar wünschten Sie Auskunft darüber, was für Eindrücke der zurzeit hier inhaftierte Manolescu auf mich gemacht hat. Leider kann ich Ihrem Wunsch nicht entsprechen, da es mir laut Reglement nicht gestattet ist, über Inhaftierte an Privatpersonen Auskunft zu geben.»

102 Lat. «umherschweifende Venus», Beiname der röm. Göttin der Liebe, des erotischen Verlangens und der Schönheit: Freudenmädchen.

103 Anhänger des griech. Philosophen Epikur (341–270 v. Chr.), die der Sinnenfreude und Wollust frönten.

104 Lat. «erwiderte».

105 Zitat-Anspielung auf Friedrich Schillers Drama *Don Karlos*, wo es im 9. Auftritt des 1. Aktes aus dem Munde des Titelhelden heißt: «*Arm in Arm* mit dir, / So fordr' ich mein *Jahrhundert in die Schranken.*».

106 Mit der Karbatsche (von türk. «Kurbatsch», einer aus Lederriemen geflochtenen Peitsche) schlagen.

107 Lat. «Rechnung».

108 Kurze, dicke Zigarren.

109 Principe Prospero Colonna (1885–1937) aus dem stadtröm.-päpstlichen Adelsgeschlecht fürstlichen Standes war zwischen 1899 und 1905 (und nochmals zwischen 1914 und 1919) Bürgermeister von Rom.

110 Weißwaren: Sammelbegriff für alle gebleichten, ungefärbten und unbedruckten Baumwoll- und Leinengewebe wie Musseline, Zwillich oder Gaze sowie für Gardinenstoffe, Weißstickereien und Nähereien.

111 Abkürzung für «*Horsepower*», eine Maßeinheit aus dem angloamerikanischen Maßsystem für Motorenleistung, vergleichbar, aber nicht identisch mit den dt. PS («Pferdestärken»).

112 Frz. «ausgerüstet», «mit dem Nötigen versehen».

113 Manolescu adoptiert hier den Namen einer in seiner rumän. Heimat ruhmreichen Aristokratenfamilie; Alexandru Lahovary (1841–1897) wie auch seine Brüder Ion (1844–1915) und Iacov Lahovary (1846–1907) amtierten u. a. als Außenminister des Königreichs Rumänien. Ions Tochter, Marthe-Lucie Lahovary (1886–1973), ehelichte 1902 in Bukarest ihren Cousin dritten Grades, Prinz George III. Valentin Bibesco. Als Prinzessin Bibesco de Brancovan unterhielt sie in Paris Bekanntschaften zu Schriftstellern wie Anatole France, Marcel Proust, Jean Cocteau, Antoine de Saint-Exupéry, Rainer Maria Rilke, Edith Wharton, Paul Valéry und Paul Claudel und schrieb auch selbst.

114 Hier im Sinne von Edelleuten.

115 Unterbau oder Sockel von Gebäuden, Statuen oder Säulen.

116 Frz. «Emporkömmlinge», «Neureiche».

117 Glücks- und Schicksalsgöttin der röm. Mythologie.

118 Frz. «den Hof».

119 Traditionsreiches Restaurant-Café auf der Avenue de l'Opéra nahe dem Boulevard des Italiens.

120 1863 gegründete Geschäftsbank, die 1880 bereits über 24 Niederlassungen in Paris und über Auslandsdependencen in Genf, London, Konstantinopel und Alexandria verfügte.

121 Frz. «Zirkel», hier gemeint: exklusive Gesellschaften (lt. *Baedeker Paris*, S. 42, «Einführung durch ein Mitglied notwendig») nach dem Vorbild brit. Gentlemen's Clubs, in denen regelmäßige Whist- und Hasard-Abende stattfanden.

122 Der mondäne Kurort in der belg. Provinz Lüttich beherbergte mit der 1762 gegründeten Redoute das traditionsreichste Kasino der Welt.

123 Frz. «Geldbörse».

124 Oper in vier Akten von Georges Bizet (1838–1875); im vierten und letzten Akt stirbt die titelgebende Heldin von der Hand des eifersüchtigen Sergeanten Don José auf dem Vorplatz der Stierkampf-Arena, in der Escamillo, der große Torero und Rivale Don Josés, Triumphe feiert.

125 Cléopatre-Diane «Cléo» de Mérode (1875–1966) war eine frz. Ballerina und Varieté-Tänzerin von Weltruf und die von Malern und Fotografen meistporträtierte Frau ihres Zeitalters. Für den Wiener Dichter Peter Altenberg verkörperte sie «das Paradigma der *ästhetischen Kraft*, sich äußerlich *individuell* zu gestalten, seine exzeptionelle Art auch nach außen hin künstlerisch zum Ausdruck zu bringen» *(Märchen des Lebens)*.

126 Frz. Markenchampagner.

127 Frz. «Eispalast»: Schlittschuhlauf-Halle in den Champs-Élysées mit «künstlich hergestelltem Natureis ... von Oktober bis Ende April geöffnet» (*Baedeker Paris*, S. 31).

128 Ironische Bezeichnung für eine Geliebte, ausgehend von der imaginären Herzdame Don Quijotes, Dulcinea del Toboso, im Roman *Don Quijote von der Mancha* von Miguel de Cervantes (1547–1616).

129 Frz. für «*Full House*»: Hand, die aus einem Drilling und einem Paar besteht.

130 Frz. für «*Flush*»: Hand, die aus fünf Karten derselben Farbe besteht.

131 Hazardspiel, bei dem mehrere Pointeurs gegen einen Banquier spielen.

132 Russ. Gouvernement in der mittleren und südlichen Wolgaregion.

133 Engl. «Teekleid», ein weit geschnittenes, bodenlanges Kleid.

134 Frz. «Restaurantleiter».

135 Bezeichnung für eingeführte Waren, hier Zigarren.

136 Lat. «brachte ... gewaltsam und widerrechtlich in meinen Besitz».

137 Um 1864 in der jüd. Gemeinde in Nikolsburg (Mikulov), Südmähren, geboren. Hugo Friedländer: «Er stammte aus Ungarn, war Artist und trat in Spezialitätentheatern als Rauchkünstler auf.»

138 Im Europa des 19. Jh. eines der am weitesten verbreiteten Kartenglücksspiele.

139 Führendes «Programm- und Verzehrtheater» südlich des Bahnhofs Friedrichstraße in Berlin-Mitte, das dt. Mekka des Varietés, wo internationale Stars wie die Chansonette Yvette Guilbert, der Wunderjongleur Rastelli oder der Entfesselungskünstler Houdini gastierten.

140 Künstlertreff im Gebäude des Passage-Panoptikums, Unter den Linden, wo u.a. Oscar Straus, Arnold Schönberg und Rudolf Bernauer verkehrten.

141 Ital. «Gendarmen», Angehörige des ital. Heeres, im allgemeinen Polizeidienst eingesetzt.

142 Königliches Untersuchungsgefängnis im Stadtteil Moabit, 1881 eröffnet.

143 Lat. «festgesetzt».

144 Detlef von Ingerleben (1862–1934), Königlicher Justizrat und Landgerichtsdirektor.

145 Otto Maßmann (1859–1916), Untersuchungsrichter.

146 Dr. Carl Schwindt (1864–1925), Anfang des 20. Jh. einer der bekanntesten Berliner Strafverteidiger, spezialisiert auf spektakuläre Prozesse wie etwa den gegen Friedrich Wilhelm Voigt, den «Hauptmann von Köpenick».

147 Der oben erwähnte ehemalige Leibdiener des Fürsten Colonna.

148 Dr. Hugo Mittenzweig (1851–1903), Königlicher Gerichts-Physikus, also gerichtlicher Sachverständiger. / **Anm. PL:* Inzwischen verstorben.

149 Ältestes Krankenhaus von Berlin und zwischen 1870 und 1918 die führende Institution auf dem Gebiet medizinischer Forschung und Behandlung.

150 Vincenz Skoczynski (1873–1938), Privatdozent und Facharzt für Nervenheilkunde an der psychiatrischen Klinik der Charité.

151 Schnurrbart, dessen Enden nach oben gezwirbelt wurden («Kaiser-Wilhelm-Aufsteiger»), eine Modekreation des 1890 zum dt. Hoffriseur berufenen François Haby (1861–1938).

152 Von 1595 bis 1601 Fürst der Walachei, die mit dem Fürstentum Moldan 1859 zu Rumänien vereinigt wurde.

153 **Anm. PL:* Wie ersichtlich, behauptet Manolescu, den Glauben an seine Fürstenwürde nur simuliert zu haben. Prof. Dr. Köppen dagegen urteilt: «Besonders interessant war es auch, dass er sich als Fürsten, ausgab, und an diese Lüge schließlich selbst glaubte.» Auch hat Prof. Dr. Köppen im Gegensatz zu obiger Darstellung Manolescu als durchaus bescheidenen Menschen in Erinnerung; Dr. Schwindt stimmt jedoch mit dem Verfasser überein, dass dieser andauernd ein hochmütiges Wesen zur Schau trug.

154 Friedrich Jolly (1844–1904), Professor für Psychiatrie, kam 1891 aus Straßburg nach Berlin und wurde Direktor der Universitätsklink für Geisteskranke. Er gründete Volksheilstätten und Trinkerasyle und galt als Koryphäe der modernen Nervenheilkunde. / **Anm. PL:* Inzwischen verstorben.

155 Max Köppen – von Manolescu «Koeppen» geschrieben – (1860–1916), Ordinarius für Nervenkrankheiten an der Universität Berlin, war 1891 als wissenschaftlicher Assistent Friedrich Jollys von Straßburg mit nach Berlin übersiedelt.

156 **Anm. PL:* Diese Episode wird von Professor Dr. Köppen als unzutreffend bezeichnet. Vielleicht liegt vonseiten Manolescus infolge der häufigen Beobachtungen durch verschiedene Ärzte eine Verwechslung vor, da die auf Seite 196 erzählte Szene mit der goldenen Uhr mehrfach bestätigt wird.

157 **Anm. PL:* Auch diese Angabe erklärt Dr. Schwindt für irrtümlich, besonders da sie durchaus nicht den amtlichen Verkehrsformen zwischen Staatsanwaltschaft und Verteidigung entspricht. Man gewinnt unwillkürlich den Eindruck, als schreibe M. in seinem großen Vertrauen zu seinem Rechtsbeistand diesem von vornherein jede günstige Wendung in seinem Schicksal auch da zu, wo die Grenzen der Verteidigung eine solche Einwirkung ausschließen.

158 Arthur Leppmann (1854–1921), Gefängnisarzt an der Königlichen Strafanstalt Moabit und ärztlicher Leiter der dortigen Beobachtungsanstalt für geisteskranke Gefangene.

159 Kur- und Badeort im nördlichen Böhmen, heute Teplice.

160 Bis 1919 slowak. «Prešporok» (heute: «Bratislava»), zum Habsburgerreich gehörig, Ende des 19. Jh. ein bedeutendes wirtschaftliches und administratives Zentrum des Königreichs Ungarn.

Zweiter Band
GESCHEITERT

1 Café-Restaurant auf dem Boulevard Saint-Michel 25, Ecke Rue des Écoles.

2 Gemeint ist womöglich das «Café de la Rotonde» in der Rue de l'École-de-Médecine.

3 Frz. «Lebemann».

4 Frz. «Einkünfte».

5 Vom Hindi «*nawwāb*», ursprünglich Bezeichnung eines islamischen Provinzstatthalters in Indien, später eines in Indien zu Reichtum gekommenen Engländers oder Holländers, verallgemeinert zu: «Krösus», «Magnat».

6 Lat. «gutschrieb».

7 Lat. «stiller Teilhaber».
8 Altgriech. «Ich habe [es] gefunden».
9 **Anm. PL:* Unter Abrechnung der Strafen in dieser Zeit in noch nicht sieben Jahren.
10 Lat. «Handlungsgehilfe».
11 Frz. «Abteilung».
12 Nach Gen 5,27: 969 Jahre.
13 Von frz. «*Chef de rayon*»: «Abteilungsleiter».
14 Ende des 19. Jh. waren etliche Erfinder damit beschäftigt, neue Antriebstechniken für Dreiräder zu entwickeln; der Pariser Ingenieur Gustave Trouvé entwickelte 1881 das elektrisch angetriebene Trouvé Tricycle, im Jahr darauf stellten William Edward Ayrton und John Perry der Öffentlichkeit ihr Electric Tricycle in London vor. Die ersten Modelle mit Verbrennungsmotor waren 1885 das Petrol-Cycle von Edward Butler und 1886 der dreirädrige Patent-Motorwagen von Carl Benz.
15 Norddt. «vierspännig fahren».
16 Eine der ältesten Straßen in Paris, markiert die Grenze zwischen dem 11. und dem 12. Arrondissement.
17 Von frz. «en gros»: «im Großen»: Großhändler.
18 Auch «Korkgeld», an eine Gaststätte zu entrichtendes Entgelt für den Konsum selbst mitgebrachter Getränke.
19 Lat. «Vorliebe».
20 Der tschech. Reformator Jan Hus (um 1370–1415) hatte die Abschaffung der seit beinahe 1400 Jahren bestehenden Papstwürde und die Verteilung der kirchlichen Güter an die Armen gefordert. Auf dem Konzil von Konstanz wurde er «als hartnäckiger und unbelehrbarer Ketzer» verurteilt und auf dem Scheiterhaufen verbrannt. Ein altes Weiblein, das voller Glaubenseifer ihr Reisigbündel zum Scheiterhaufen herbeitrug, bedachte er der Überlieferung nach mit den Worten: «O, sancta simplicitas!» («O heilige Einfalt!»).
21 Frz. «Junggesellenwohnung».
22 Frz. «Ausstattung».
23 Ursprünglich wohl engl. Sentenz: «*The way to hell is paved with good intentions*», die sich erstmals 1855 in Henry G. Bohn's *A Hand-book of Proverbs* findet, die laut Boswell in verkürzter Form (ohne «*The way to*») aber auf einen Ausspruch Samuel Johnsons (1709–1784) zurückgeht.
24 Lat. «angenommenen».
25 Griech. «τῆς δ' ἀρετῆς ἱδρῶτα θεοὶ προπάροιθεν ἔθηκαν ἀθάνατοι» –

«Vor die Tugenden haben die unsterblichen Götter den Schweiß gesetzt»: eine zum bildungsbürgerlichen Gemeingut geronnene Sentenz des frühantiken Philosophen Hesiod (vor 700 v. Chr.) aus dessen Lehrgedicht *Werke und Tage* (289).

26 1802 eröffnetes Restaurant, «sehr vornehm, Weine bis zu 100 u. 150 fr.» (*Baedeker Paris*, S. 13); seinen herausragenden gastronomischen Ruf verdankte es den Kochkünsten Adolphe Dugléré s (1805–1884), seinen Rang als Pariser Institution u. a. der Erwähnung durch Honoré de Balzac (*Verlorene Illusionen*), Gustave Flaubert (*Erziehung der Gefühle*) und Émile Zola (*Nana*), später durch Marcel Proust (*Im Schatten junger Mädchenblüte*) sowie Tania Blixen (*Babettes Fest*).

27 Frz. «Gesellschaft für Fesselballone». Ursprünglich zu Zwecken militärischer Aufklärung entwickelt, waren anlässlich der Internationalen Elektrotechnischen Ausstellung von 1891 in Frankfurt am Main erstmals Passagierfahrten mit dem Fesselballon angeboten worden.

28 Lat. «mit Ordenszeichen geschmückten».

29 Frz. «erzbereit»: Anspielung auf einen damals populären Ausspruch von Edmond Le Bœuf (1809–1888), Marschall von Frankreich und Kriegsminister, der Kaiser Napoleon III. 1870 vor versammeltem Ministerrat versichert hatte: «*Nous sommes prêts et archiprêts. La guerre dût-elle durer deux ans, il ne manquerait pas un bouton de guêtre à nos soldats.*»

30 «Einzelhandelsgeschäft».

31 Engl. «Rede».

32 Edelsteine aus dem südlichen Afrika, im Durchschnitt größer als jene, die aus Brasilien oder Indien stammen. Die 1867 entdeckten reichen Vorkommen drückten die Weltmarktpreise.

33 Frz. «durchbrochen», luftige Öffnungen und Durchbrüche in der Fassung bei der Herstellung von Schmuck mit lichtdurchlässigen Steinen.

34 Eildepesche, die unter Benutzung des städtischen Wasserleitungssystems in einer Metallbüchse durch Druckdifferenz zur betreffenden Empfangsstation innerhalb der äußeren Pariser Boulevards befördert wurde. Die erste pneumatische Rohrpostlinie, konstruiert von Mignon & Rouart, war Ende 1866 zwischen Grand-Hôtel (Rue des Capucines) und Börse in Betrieb genommen worden. Bis 1896 galten Rohrpostsendungen aufgrund der hohen Beförderungsgeschwindigkeit (bis zu 60 km/h) und der weiten Übermittlungsdistanzen als Fernschreiben und waren mit «*télégramme*» bedruckt, erst danach erfolgte die Umbenennung in «*carte pneumatique fermée*».

35 Ital. «süßes Nichtstun»
36 Lat. «beleidigt».
37 Höchster Adelstitel im Königreich Kastilien, deren Träger ohne besonderen Befehl des Königs nicht vor Gericht gestellt werden durfte.
38 Frz. «Zusammentreffen».
39 Seit 1853 zu Frankreich gehörende Inselgruppe im Südpazifik.
40 Renaissanceschloss auf dem Gebiet von Neuilly-sur-Seine, einem westlichen Vorort von Paris, an den Bois de Boulogne angrenzend, eine bewaldete, 850 Hektar große Parkanlage, «die Lieblingspromenade der Pariser» (*Baedeker Paris*, S. 157); in der Orangerie des «Château de Madrid» befand sich ein luxuriöses Restaurant.
41 Separeé im Restaurant «Château de Madrid», benannt nach Madame de Pompadour (1721–1764), der kunstsinnigen Mätresse Ludwig XV., der ihr das Schloss 1746 überlassen hatte.
42 Geschmeidiges, aus Nordafrika stammendes Ziegenleder.
43 Restaurant-Café in der Rue Saint-Honoré.
44 Von ital. «*corso*»: «Lauf», «Umzug»: langsame Fahrt mehrerer Fahrzeuge.
45 Unbedingte Menschenpflicht, von Immanuel Kant (1724–1804) in den *Grundlagen zur Metaphysik der Sitten* und in der *Kritik der praktischen Vernunft* postuliert als oberstes sittliches Prinzip, das von vernunftbegabten Wesen unabhängig von jeder Bedingung und ohne Rücksicht auf Nutzen oder Vergnügen zu erfüllen sei – gemäß der Formel: «Handle nur nach derjenigen Maxime, durch die du zugleich wollen kannst, dass sie ein allgemeines Gesetz werde.»
46 Frz. für «Überzieher»: kurzer, dunkler Überrock.
47 Schmachtender Liebhaber.
48 Von frz. «*escamoter*»: «wegzaubern», «verschwinden lassen».
49 Anspielung auf das Krankenlager Heinrich Heines (1797–1856), der seine letzten Lebensjahre weitgehend gelähmt und erblindet in seiner Pariser Wohnung in der Rue Matignon 3 verbrachte.
50 Lat. «Untersagung», im katholischen Kirchenrecht die Suspendierung aller gottesdienstlichen Handlungen mit Ausnahme von Taufe, Firmung, des Bußsakraments sowie des Abendmahls für Kranke und Sterbende.
51 Frz. Geschäftsbank, 1864 gegründet, um die Entwicklung von Handel und Industrie zu fördern; 1890 gab es an die 150 Zweigstellen in Frankreich und zahlreiche Auslandsniederlassungen.
52 Lat. «zu durchsuchen».

53 Womöglich meint der Autor hier «Greenhorn». «Greenback» ist der amerikan. Slangausdruck für die 1-Dollar-Note: Darauf bezog sich die Greenback-Party, eine zwischen 1874 und 1884 existierende US-Partei, die sich für staatliche Emissionen zur Unterstützung Not leidender Landwirte aussprach.

54 Frz. «*coulant*»: «gefällig», «entgegenkommend».

55 **Anm. PL: Ein Fürst der Diebe*, Seite 51.

56 Bezeichnung für ungar. Wagenpferd, ein auf Schnelligkeit und Ausdauer trainiertes Halbblut.

57 Frz. «Goldjugend», Bezeichnung reicher, vergnügungssüchtiger, sozial verantwortungsloser junger Stutzer, abgeleitet von der royalistisch gesinnten Pariser Jugend, die 1794 nach dem Sturz Robespierres als Vorkämpferin der Gegenrevolution auftrat.

58 «Isidor-Jugend», Wortspiel mit frz. *«dorée»* (dt. «golden») und frz. *«Isidore»*, einem bei europ. Juden überdurchschnittlich häufig auftretenden Vornamen. Obwohl nicht hebr., sondern griech. Ursprungs (mit der Bedeutung: «Geschenk der Isis») und trotz eines frühchristlichen Märtyrers, eines Bischofs und eines Schutzheiligen als Namensträger wurde «Isidor» Anfang des 20. Jh. zum Synonym für den Juden schlechthin, zur Chiffre eines ethnischen Stereotyps und schließlich zum antisemitischen Schmähwort. Im dt. Sprachraum erfuhr der Vorname seine populärste Verkörperung in der jüdischen Bühnenfigur des Isidor Blumentopf, erdacht von den Gebrüdern Anton (1866–1929) und Donat Hernfeld (1867–1916) für ihr 1896 in Berlin eröffnetes jiddisches Jargon-Theater.

59 Gemeinsamer Ausflug anlässlich des Stiftungsfests einer Studentenverbindung.

60 Anspielung auf den berühmten Monolog «*To be, or not to be, that is the question*» des Titelhelden aus dem 3. Aufzug, 1. Szene, der Tragödie *Hamlet, Prinz von Dänemark* von William Shakespeare (1564–1616).

61 Anspielung auf *Narziß. Ein Trauerspiel in fünf Aufzügen* von Albert Emil Brachvogel (1824–1878), wo der Titelheld im 2. Aufzug, 4. Auftritt räsoniert: «Teufel, der Pagode! – Stiert mich der Kerl mit seinem langweiligen Gesicht an, und die Illusion ist weg; – so geht's aber immer, sie hält nie Stich. […] Pah, wir sind doch eigentlich eine abgelebte Spezies; – der Puls des Menschengeschlechts geht langsam … – lauter Pagoden auf dem Nipptisch unsres Herrgotts!», um im 5. Auftritt den Vorwurf, er habe mutwillig einen Pagoden zertrümmert, mit den Worten zu quittieren: «Ich habe aus Langerweile Vorsehung gespielt.

Beruhigen Sie sich, Doris, es gibt in der Welt so viele Pagoden, dass es keine Rarität mehr ist, einen unter seinen Nippsachen zu haben.»

62 Frz. «Der Appetit kommt mit dem Essen».

63 Frz. «Der Appetit kommt mit dem Gewinnen».

64 Um 1880 in Wien geprägte Bezeichnung für einen Modenarren.

65 Altertümlich für «derb», «protzig», «prahlerisch».

66 Charles Frederick Worth (1825–1895), engl. Modeschöpfer und Ahnherr der Haute Couture, betrieb in der Rue de la Paix 7 das «Worth et Bobergh» für exquisite Damen-Toiletten; mit kostbaren Materialien und kühnen Kreationen avancierte er zum Modezar der europ. Aristokratie.

67 Lat. «*Mundus vult decĭpi ergo decipiātur*», dt. «Die Welt will betrogen sein, also werde sie betrogen»; dem päpstlichen Legaten Gian Pietro Carafa (1476–1559), dem späteren Papst Paul IV., zugeschriebener Ausspruch.

68 Frz. «Halbwelt-Dame».

69 Antonius der Große (um 250–351), Einsiedler, Asket und Begründer des christlichen Mönchtums. In der *Vita Antonii* werden seine Versuchungen durch den Teufel geschildert, der ihn in Menschengestalt u. a. als verführerische Frau zu sündhafter Unzucht verführen will.

70 Frz. «Kleine Kunstwerke», Kunstgewerbliches.

71 Ital. «Die Frau ist launisch» oder «O wie so trügerisch sind Weiberherzen» (so Johann Christoph Grünbaum im dt. Libretto): Textzitat aus dem dritten Akt von Giuseppe Verdis (1813–1901) Oper *Rigoletto* (1851).

72 Damals geläufige Bezeichnung für Südosteuropa, etwa Galizien, die Bukowina und Rumänien.

73 Hauptstadt im frz. Département Seine-et-Marne mit prächtigem Lustschloss samt Garten und Wald, beliebter Ausflugsort der Pariser und der Sommeraufenthalt des frz. Präsidenten.

74 In der griech. Mythologie der Gott der Schönheit und deren Inbegriff.

75 Leichenschauhaus der Namenlosen. «Am Ost-Ende der Cité-Insel steht die Morgue, ein kleines, 1864 aufgeführtes Gebäude, in dem unbekannte Leichen, die im Fluss oder sonst gefunden sind, zur Rekognoscierung [= Identifizierung] durch die Angehörigen öffentlich ausgestellt werden. [...] Durchschnittlich werden hier jährlich 800 Leichen ausgestellt, darunter etwa 1/7 weibliche» (*Baedeker Paris*, S. 228).

76 Ex 21,23.

77 1850 eröffnete Gefängnisanlage für 1200 Insassen unweit des Gare de Lyon.

78 Geschlechtername einer ital. Adelsfamilie im Rang von Marchesi.

79 Frz. «Auf einen Schelmen anderthalbe» – Ausspruch des dt. Reichskanzlers, geäußert im Zuge seines Kampfes mit der Sozialdemokratie; um diese «ins Herz zu treffen», dürfe das Reich «nicht zimperlich sein in der Anwendung der Mittel. *A corsaire, corsaire et demi!*».

80 Frz. wörtlich «Pferdefutter», im Sinne von: «Truppenverpflegung».

81 Lat. «eintreiben», «etwas als erforderlich für sich in Anspruch nehmen».

82 1844 errichtetes Männergefängnis in Versailles; *«La maison d'arrêt des hommes de Versailles»*, so der offizielle Name der Strafanstalt, hieß im Volksmund nur nach der Straße, in der sie lag.

83 «Bagno (ital. ‹Bad›), Name der berüchtigten, die im Mittelalter gebräuchlichen Galeeren ersetzenden Strafanstalten in Frankreich, bezeichnete ursprünglich die Bäder des Serails zu Konstantinopel, bei denen sich ein Sklavengefängnis befand. Als Strafanstalten wurden die Bagnos 1748 eingeführt. Das erste war das zu Toulon, dem 1750 das zu Brest, 1767 das zu Rochefort folgte. Unter Ludwig XIV. befanden sich nicht bloß schwere Verbrecher, sondern auch viele Protestanten und politisch missliebige Personen darin. Auf der rechten Schulter gebrandmarkt und bei Tag und Nacht an Ketten geschlossen, wurden die Sträflinge zu den niedrigsten Arbeiten verwendet. Die Revolution ließ die Bagnos zwar fortbestehen, milderte jedoch die Strafe und bezeichnete sie als ‹Zwangsarbeit auf Lebenszeit›. Die Sträflinge wohnten in großen, massiven Gebäuden, in Rochefort auch in schwimmenden Gefängnissen. Sie wurden, z. T. gegen Lohn, mit Handarbeiten beschäftigt. Die Nahrung war dürftig, die Disziplin hart. Nachdem schon 1832 die Brandmarkung abgeschafft war, wurde unter Napoleon III. die Bagnostrafe in Deportation nach den Strafkolonien Cayenne etc. verwandelt; das letzte B. war das in Toulon. Dem B. entspricht jetzt die Zuchthausstrafe.» (*Meyers Großes Konversations-Lexikon*, Band 2. Leipzig 1905, S. 268); das genannte Zitat Guy de Maupassants (1850–1893) konnte nicht nachgewiesen werden.

84 Anspielung auf eine Prägung Gotthold Ephraim Lessings (1729–1781) in seinem dramatischen Gedicht *Nathan der Weise*, uraufgeführt 1783, in dem es aus dem Munde der Titelfigur heißt: «... Jeder liebt sich selber nur / am meisten? – O, so seid ihr alle drei / betrogene Betrüger ...» (3. Aufzug, 7. Auftritt).

85 Der Begriff wurde noch in den ersten Jahrzehnten des 20. Jh. ohne negativen Beiklang synonym zu dem der «Nervenheilanstalt» verwendet.

86 Frz. «Klaps-Zylinder»; schwarzer Zylinderhut aus Seide mit Einklappmechanismus. Wenn die Hutkrempe gegen die Handfläche geschlagen wird, springt der Hut automatisch auf.

87 Frz. «fördern».

88 Lat. «wiedererkennen».

89 Lat. «Festnahme».

90 Lat. «Beweisstück».

91 Waffengang des Jahres 1854 im Krimkrieg, in dem Russland am Fluss Alma den Alliierten Frankreich und Großbritannien unterlag.

92 Als die Konservativen im mexikan. Bürgerkrieg 1861 den republikanischen Kräften unterlagen, entsandten Frankreich, Großbritannien und Spanien Expeditionstruppen nach Übersee, vorgeblich, um die Rückzahlung ihrer Kredite zu erzwingen. Nach der span. Armada trafen 1862 die brit. und die frz. Flotte in Veracruz ein. Napoleons III. eigentliches Ziel bestand im Unterschied zu jenem seiner beiden Koalitionäre darin, das widersetzliche Land zu erobern und eine von Frankreich abhängige Monarchie zu installieren. 1864 rief die konservative Junta das «Zweite Kaiserreich Mexiko» aus, das allerdings 1867 der mexikan. Republik weichen musste.

93 Im Zweiten Italienischen Unabhängigkeitskrieg 1859 beabsichtigte Napoleon III., ein geeintes Italien unter Vorherrschaft des Französischen Kaiserreichs zu errichten. Durch Beistandserklärungen ermutigte er das Königreich Sardinien-Piemont zum Krieg gegen die Österreicher und forderte im Gegenzug das Stammland Savoyen und die Grafschaft Nizza. Nach dem österr. Ultimatum an Turin marschierte er an der Spitze eines 170000 Mann starken Heeres in Italien ein.

94 Lat. «vollblütiges»: heiter, genießerisch und leichtsinnig veranlagt, zugleich leichtsinnig und skrupellos, gemäß der humoralpathologischen Einteilung der Menschen in vier grundlegende Temperamente (Temperamentenlehre).

95 Lat. «üblen Beigeschmack».

96 Wer wie der frz. Komödiendichter Molière (1622–1673) dem übel beleumundeten Berufsstand der Schauspieler angehörte, dem war es zu jener Zeit nicht gestattet, in geweihter Erde bestattet zu werden. Nur mit Mühe erwirkte seine Witwe Armande durch eine an König Ludwig XIV. gerichtete Petition beim Erzbischof von Paris das Zugeständnis einer Beisetzung auf dem Gemeindefriedhof Saint-Joseph,

allerdings zu nächtlicher Stunde, ohne priesterlichen Beistand und in dem ungetauften Kindern vorbehaltenen Bezirk.

97 «Fastenkur durchführen», nach dem österr. Ernährungsphysiologen und Leibarzt Bismarcks Ernst Schweninger (1850–1924), der mit seiner Methode individueller Diätpläne gegen Fettleibigkeit bekannt wurde.

98 Der ital. Dichter Dante Alighieri (1265–1321) beschrieb im ersten Teil seiner epochalen Dichtung *Divina Commedia*, dem *Inferno*, in drastischen Bildern die Folterqualen der dort bestraften Sünder. Je nach Schwere ihrer Vergehen fallen die Höllenqualen aus. Habgierige müssen Felsbrocken vor sich herwälzen, Gefräßige werden vom Höllenhund Cerberus geschunden (3. Höllenkreis), und Räuber sieden nebst Mördern in einem Blutstrom (7. Höllenkreis). Besonders drakonisch fallen die Strafen im Übeltätergraben («Malebolge») des 8. Höllenkreises aus: Verführer werden von gehörnten «Wächtern» mit Peitschen gezüchtigt (1. Graben), Schmeichler waten in ätzendem Kot (2. Graben), Betrüger büßen, von Teufeln mit Bratspießen malträtiert, in einem brodelnden Pechsee (5. Graben), Heuchler stöhnen unter der Last vergoldeter Bleikutten (6. Graben), und Diebe winden sich inmitten schrecklicher Schlangen (7. Graben). Im Hinblick auf George Manolescu, den notorischen Lügner und Vortäuscher falscher Identitäten, ist außerdem die Gestalt des Gianni Schicchi zu nennen, der im 10. Graben des Maleboge dafür bestraft wird, dass er sich als ein anderer ausgegeben und so ein Testament zu eigenen Gunsten erschlichen hat.

99 «Geschicklichkeit».

100 «Gelage», von einem dem röm. Weingott Bacchus geweihten Frühlingsfest.

101 Société des Bains de Mer et du Cercle des Étrangers, 1863 gegründete, führende Gesellschaft im europ. Glücksspiel- und Casinogeschäft, von der u. a. die Opéra de Monaco, die Spielbank Monte Carlo und das Hôtel de Paris betrieben wurden.

102 Dependance des berühmten Pariser «Café Riches» auf dem Boulevard des Italiens.

103 Wortspiel mit «versalzen»: Lots Frau erstarrt zur Salzsäule, als sie bei der Flucht aus Sodom das Verbot der Engel vergisst und sich umblickt (Gen 19,1–29).

104 Gemäß Gnosis war Maria Magdalena die Gefährtin Jesu.

105 Am Beginn des Zweiten Perserkrieges im Jahre 480 v. Chr.

106 Frz. «Fesselballon».
107 Vgl. Anm. 58.
108 «Frachtstück», «Lade- bzw. Verpackungseinheit».
109 Dreifach trockener Champagner der frz. Traditionsmarke Veuve Clicquot Ponsardin.
110 Von lat. «*poculum*»: «zechen».
111 Baccara-Klub im 1882 eröffneten «Casino municipal de Nice», benannt nach dessen Lage an der Place Masséna.
112 Lat. «Kreis», hier im Sinne von: «Kreis von Menschen», «Versammlung», «Menge».
113 Frz. «gerade», also auf die geraden Zahlen.
114 In Friedrich Schillers *Lied von der Glocke* fährt ein hochbeladener Erntewagen zum Tor herein, die betreffenden Verse lauten: «Schwer herein / Schwankt der Wagen, / Kornbeladen, / Bunt von Farben / Auf den Garben / Liegt der Kranz, / Und das junge Volk der Schnitter / Fliegt zum Tanz».
115 «Schuldner».
116 Frz. «zwanglose».
117 Frz., amtliche Beschreibung einer Person, die erforderlich ist, wenn ein Pass ausgestellt oder ein Steckbrief erlassen wird.
118 Altertümlich für «austrinken».
119 Frz. «Prahlerei», «Angeberei».
120 Lat. «ausführen».
121 Lat. «notwendige / unerlässliche Bedingung».
122 1876 gegründete, meistgelesene ital. Tageszeitung.
123 Schnallenschuhe, mit den dazugehörigen Seidenstrümpfen und Kniehosen seit 1890 am dt. Kaiserhof etikettenmäßige Hoftracht.
124 Frz. «Ehrenbezeugungen», bei Militärs verpflichtend gegenüber Ranghöheren und allen Zivilpersonen fürstlichen Standes.
125 Hier im militärischen Sinne: Zusammenstellung mehrerer Geschütze.
126 Ital. «Kerker», «Gefängnis».
127 Gefangenentransportwagen, in Berlin seit 1866 im Einsatz, waren geschlossene Pferdefuhrwerke mit Luftschlitzen und grün gestrichenen Außenwänden.
128 Auch: Hydrotherapie-Anstalt, in der körperliche Leiden gelindert werden durch Anwendung des kalten, kühlen oder lauwarmen Wassers, sowohl durch Trinken als auch durch Bäder, Waschungen, Abreibungen, Umschläge, Duschen, Klistiere, Einspritzungen und Einwickeln von Körperteilen in nasse Tücher.

129 1893 eröffnete große psychiatrische Anstalt der Stadt Berlin.
130 Gestampftes und flüssig gemachtes Papier, in Formen gebracht und gebacken, um Behälter oder Geschirr daraus zu fertigen.
131 Anspielung auf das Buch Josua, in dem die Zerstörung Jerichos durch die Israeliten geschildert wird. Dabei soll die Klanggewalt von Trompeten (Schofaren) die Stadtmauern zum Einsturz gebracht haben soll (Jos 6,4–20).
132 Fixpunkt außerhalb eines Versuchsaufbaus, benannt nach dem griech. Mathematiker Archimedes von Syrakus (um 287–212 v. Chr.), der behauptete, er könne die Erde aus den Angeln heben, wenn er einen solchen Fixpunkt hätte.
133 Frz. «es gilt die Bank», d. h. die ganze Summe des Bankhalters im Hasardspiel. Im übertragenen Sinne: «alles aufs Spiel setzen».
134 Lat. «verhandeln».
135 Luise von Österreich-Toskana (1870–1947), Erzherzogin von Österreich, Kronprinzessin von Sachsen und Gemahlin von Friedrich August III. von Sachsen.
136 Lat. «beschlagnahmen».
137 Von ital. «*bandeliera*»: breiter, über die linke Schulter gehender Lederriemen, an dem die Patrontasche hängt.
138 1889 erschien in Berlin das Buch *Baron Mikosch, der ungarische Witzbold. Lustige Anekdoten aus seinem Leben*, im Jahr darauf gefolgt von *Neue Mikosch-Witze. Lustige Anekdoten aus seinem Leben*. Sie begründeten ein eigenes Witz-Genre und erlebten mehrere Auflagen.
139 Lat. «vor Augen», «augenfällig».
140 Altertümlich für «Multimillionär», Wortspiel mit Huntingtons Vornamen Archer.
141 Archer Milton Huntington (1870–1955), als Sohn eines US-Eisenbahnmagnaten einer der reichsten Erben seiner Zeit, tat sich als Philanthrop, Literatur- und Kunstmäzen, Museumsgründer, Dichter, Bibliophiler und Hispanist hervor.
142 Hauptstadt in der ital. Provinz Novara, gelegen auf einer Landzunge am westlichen Ufer des Lago Maggiore.
143 Pauline Pollet.
144 Von 1903 bis 1928 als Chefdiplomat des Königreichs Rumänien in Mailand aktiv.

NACHWORT

«Ich kann mein inneres Verhalten zur Welt, oder zur Gesellschaft, nicht anders als widerspruchsvoll bezeichnen», sinniert ein berühmter Romanheld, der sich Armand nennt. Und verrät der Leserschaft, welcher Gedanke ihm angesichts der von Kellnern umschwänzelten Gästeschar eines Pariser Nobelhotels durch den Kopf ging: «Es war der Gedanke der *Vertauschbarkeit*. Den Anzug, die Aufmachung gewechselt, hätten sehr vielfach die Bedienenden ebenso gut Herrschaft sein und hätte so mancher von denen, welche, die Zigarette im Mundwinkel, in den tiefen Korbstühlen sich räkelten – den Kellner abgeben können. Es war der reine Zufall, dass es sich umgekehrt verhielt – der Zufall des Reichtums; denn eine Aristokratie des Geldes ist eine vertauschbare Zufallsaristokratie.»[1] Vom subversiven «Gedankenexperiment», dem sich Armand hingibt, bis zur subversiven Tat ist es nur ein Katzensprung. Geltungsdrang, Lust am Bluff, pantomimisches Talent und kriminelle Energie vorausgesetzt, steht dem realen Identitätswechsel nichts mehr im Weg. Heute noch Kellner, morgen schon Kavalier. Aus Armand, der in Wahrheit Felix Krull heißt, wird ein Marquis de Venosta. In der Literatur nicht anders als im gewöhnlichen Leben versteht sich der Hochstapler als Held selbst inszenierter «Einkleidungs- und Erhöhungsgeschichten»[2], als Initiator eines planvollen Rollentauschs, der ihn auf der gesellschaftlichen Rangleiter nach oben katapultiert.

Im deutschen Sprachraum taucht der Hochstapler im

18. Jahrhundert zuerst in der rotwelschen Gaunersprache auf. Grimms Wörterbuch bezeichnet als Hochstapler einen «*gauner, der als ein vornehmer bettelt;* [...] unter dem polizeilichen namen hochstappler versteht man einen menschen, der entweder wirklich der gebildeten gesellschaft angehörend oder unter der behauptung ihr anzugehören, wiederum nur die mitglieder dieser gesellschaft unter allerhand vorspiegelungen in contribution setzt.»[3] Diese Bestimmung impliziert, dass Hochstapler eine «gebildete Gesellschaft» benötigen, die sich durch den Ausschluss der Ungebildeten definiert. Der Hochstapler gehört ihr nicht an, tut aber so. Durch «Vorspiegelungen» verschafft er sich ihm nicht gebührende Vorteile und erschwindelt sich Zugang.

1929 gab Kriminalrat Dr. Gebhardt dazu folgende Bestimmung:

> «Man versteht heute darunter einen Menschen, der sich den Anschein einer wohlhabenden Persönlichkeit von gutem Namen zu geben weiß, um unter dieser Maske Betrügereien, Diebstähle oder Veruntreuungen zu begehen [...].[4] Meistens sind die Hochstapler Leute, die in ihrer Jugend Bildung genossen oder doch Gelegenheit gehabt haben, sich den Schein einer Bildung anzulernen. Nebenbei gesagt, haben sie Hang zu gutem Leben und zur Trägheit, der sie an regelmäßiger Arbeit hindert. [...] er weiß die Schwächen der Menschen, sich durch wohlklingende Namen, durch tadellose Kleidung, gewandtes, sicheres Auftreten und glänzendes Äußere blenden zu lassen, tüchtig auszunützen. Er weiß, dass die Unklugen nie alle werden, und lebt so auf ihre Kosten – bis er einmal erwischt wird.»[5]

Zu den Talenten eines Hochstaplers gehören gemeinhin: Gewandtheit, Charme, Verführungsgabe, Situationsgespür, Geistesgegenwart, Fantasie, Verkleidungs- und Verstellungskunst, Höflichkeit, rhetorisches und pantomimisches Talent, Beweglichkeit, Unerschrockenheit, ein ausgeprägter Sinn für das Mögliche, das Wahrscheinliche und das Plausible, Witz, Frechheit, Dreistigkeit, absolute Präsenz, Manieren, gesellschaftlicher Schliff, Sprach- und Schlagfertigkeit, Fremdsprachenkenntnisse, Gedächtnis – Fähigkeiten also, die meist auch in der bürgerlichen Gesellschaft in Ansehen stehen. Gute Hochstapler sind nicht nur Schauspieler, sondern auch Gesellschaftspsychologen. Sie wissen die latenten Dispositionen ihrer Opfer zu lesen. Sie hören, was die anderen sagen, und sagen, was jene hören wollen. So herrscht eine eigenartige Symbiose zwischen Täter und Opfer. Hochgestapelt werden kann aus vielen materiellen und psychologischen Motiven, sogar auch aus Vorfreude auf die Berühmtheit nach der Verhaftung.

Hochstapelei ist gewissermaßen eine Querschnittswissenschaft, zu der die Soziologie und die Psychologie gehören – dort ist «Hochstapelei» allerdings kein Fachbegriff –, die Anthropologie, die Schauspielwissenschaften, die Rhetorik, und natürlich Kriminalistik, Kriminologie und Strafrecht. Üblicherweise ist Hochstapelei kein selbstständiges Delikt. Verpönt sind vor allem seine Mittel und Begleiterscheinungen: Betrug, Diebstahl, Urkundendelikte, Amtsanmaßung, Zechprellerei, Erschleichung von Leistungen, unrechtmäßige Titelführung, Simulieren etc. Die meisten Hochstapeleien sind indes nicht strafbar, manche werden gar nicht als solche erkannt.

Unter den Kriminologen genossen die Hochstapler besondere Aufmerksamkeit und oft sogar Sympathie. So meinte der soziologisch interessierte Psychiater Gustav Aschaffenburg 1907, sie seien zwar «eine recht bedenkliche Gesellschaft», aber psychologisch «eine der interessantesten Verbrechergruppen»:[6]

> «Ich bin im Laufe meiner Berufstätigkeit als Gutachter und Gefängnisarzt oft mit Hochstaplern zusammengekommen; ich habe im Laufe der Jahre so manchen dieser eigentümlichen Menschen kennengelernt, und ich muss gestehen: So gefährlich vom Standpunkte der öffentlichen Rechtssicherheit diese Leute sind, so sehr ich überzeugt bin, dass gerade die Hochstapler zu den Berufsverbrechern der gefährlichsten und unverbesserlichsten Sorte gehören – trotz aller dieser Überzeugung kann ich mich des Gefühls einer gewissen Sympathie für sie nicht erwehren. Dafür habe ich mich zu oft über die Genialität der Erfindung, zu oft über die Unverfrorenheit ihres Auftretens, zu oft mich auch über die Zahl der Getäuschten freuen dürfen.»

Für Aschaffenburg waren die Hochstapler nicht nur Verbrecher, sondern auch etwas *krank*. Er fragte sich, «ob die Hochstapler als normale Menschen gelten können», und fügte hinzu: «Zu einem richtigen Hochstapler gehört ein erheblicher Einschlag degenerativer Veranlagung, eine Freude am Schwindeln und an Abenteuern, wie sie ähnlich sehr häufig bei entarteten Hysterischen auftritt. [...] Dass unsere Gesetze und unser Strafvollzug der Individualität der Hochstapler nicht gerecht werden, und vor allem, dass alle Strafen keinen bessernden Einfluss ausüben können, liegt an dieser pathologischen Beimengung.»[7]

Der Dresdner Staatsanwalt Erich Wulffen hielt die Hochstapler für die «geistige Elite nicht nur der Betrüger, sondern der Verbrecher überhaupt»: «Sie verfügen über Fantasie und Selbstsuggestion, ohne die sie nicht reüssieren können. Sie haben eine gewisse Lust bereits am bloßen Schwindeln. Sie besitzen die bekannte schauspielerische Befähigung, sich selbst in Stimmung zu setzen. Beim Schwindeln passt sich ihnen der Ton der Gebärde, die Gebärde dem Ton an. In ihrem Äußern haben sie meist ein angeborenes elegantes und sicheres Auftreten, dem ihre inneren ‹noblen Passionen› entsprechen, die sie auf die abschüssige Bahn unstillbarer Genusssucht führen.»[8]

Kriminalrat Gebhardt knüpfte 1929 daran an:[9]

> «Das Gebiet der Hochstapelei ist und bleibt für die Zuschauer immer interessant. Der eine erfreut sich an dem rein Tatsächlichen, der andere genießt wahre Schadenfreude, jenen ergötzt der Fall, weil er in den oberen Kreisen spielt, diesen wieder fesselt das Psychologische der Schwindlerin oder des Schwindlers. [...] Die Kriminalisten nennen sie die Elite der Betrüger, weil sie über Eigenschaften verfügen, die der Durchschnittsbetrüger nicht braucht. [...] Alle besitzen sie aber ein für sie unschätzbares Talent, sich in jeder Lage, sie sei ihnen noch so fremd, zurechtzufinden. [...] Daher finden wir unter den Hochstaplern Leute von Begabung, Geschicklichkeit und namentlich von Geistesgegenwart.»

Diese Einschätzung hat sich bis in unsere Tage gehalten. So führt *Das große Lexikon des Verbrechens* von 2002 bündig aus: «Die Hochstapler bilden die Elite unter den Betrügern.»[10]

Der Hochstapler beweist die – mindestens temporäre – Veränderbarkeit der Welt. Er ist selbst der Agent dieser Veränderung. Jeder Hochstapler hat etwas Weltenschöpferisches. Er erfindet und gestaltet Wirklichkeit. Er verfestigt Möglichkeiten zu Wirklichkeit. Dies verschafft ihm Macht. Hochstapler können sich von Regeln und Gegebenheiten aller Art befreien, von staatlichen Gesetzen und gesellschaftlichen Konventionen, von der Kraft des Faktischen, der Vergangenheit, der Identität. Sie leben in der Überlappung von Fantasie und Wirklichkeit und verbinden in ihrer Person Künstlertum und Kunstwerk.

Natürlich ist Hochstapelei auch ein soziologisch relevantes Phänomen. Ihre Vertreter reagieren auf die Gesellschaft und werden zu deren Spiegel. Der Betrug deckt auf: soziale Missstände, menschliche Gier, die Einfalt der Opfer. Der Hochstapler entschädigt die Gesellschaft mit dem Einblick in ihre Fehlerhaftigkeit. Er ermöglicht die Solidarisierung mit ihm gegen die Genarrten, aus Selbstschuld Geschädigten. Das ist ein Grund, weshalb viele von diesen auf eine Anzeige verzichten. Nachdem sie sich haben betrügen lassen, wollen sie nicht noch einmal Opfer sein, diesmal der Schadenfreude eines unübersehbaren Publikums.

Dies führt uns zu Georges Manolescu und seinen Memoiren. Manolescu wurde 1871 in Ploiești als Sohn eines Offiziers geboren. In Paris lancierte er als Kaufhausdieb seine kriminelle Karriere. Wiederholt wurde er verhaftet, verurteilt und bestraft. Insgesamt verbrachte er über acht Jahre in Zucht- und auch Irrenhäusern, wie man sie noch lange nannte. Von Anfang an strebte er die Heirat eines «sehr reichen Mädchens» an, das ihm ein sorgenfreies Leben ermöglichen sollte. Mit angemaßten Adelstiteln wollte er eine Millionenerbin anlocken. Dazu musste er sich einschlägig heiratsfähig machen und deshalb «luxuriös leben». Er finanzierte dies mit den «verschiedensten Veruntreuungen und Diebstählen». Soweit dieses Kapital nicht in demonstrativen Konsum investiert wurde, um eine angemessene Repräsentation vorzutäuschen, wurde es beim Glücksspiel vertan. Manolescu unterlief dann aber die Heirat mit einer armen Adligen. Die Ehe wurde sogleich geschieden, nachdem die Angetraute Kenntnis von seiner wahren Existenz erlangt hatte. 1901 wurde Manolescu von psychiatrischen Gutachtern für unzurechnungsfähig erklärt und in die Berliner Anstalt Herzberge eingeliefert. 1903 gelang ihm die Flucht nach Österreich.

Im November 1903 wurde Manolescu von dort nach Rumänien abgeschoben. Er versuchte, ein untadeliges Leben zu führen, und sprach von *«régéneration»*.[11] Tatsächlich scheint er seine kriminelle Existenz beendet haben zu können. Um über die Runden zu kommen, schrieb er für die rumänische Zeitschrift *Adeverul* Artikel mit Episoden aus seinem Leben. Weil er bis Ende Mai 1904 keine feste Anstellung gefunden hatte, verließ er Europa. In Amerika wurde er nach eigenen Angaben Lastträger, Kellner, Geschirrwäscher, Stiefelputzer, Hafenarbeiter, Ausrufer und Chauffeur. Auch schrieb er weiter für Zeitungen. Dann ging er als Goldgräber nach Alaska. In den Gruben von Manitoba brach er sich den rechten Arm und konnte fortan keine schwere körperliche Arbeit mehr leisten. 1905 kehrte er nach Europa zurück und zog, da ihm Frankreich, Deutschland und Österreich verwehrt waren, nach Italien, wo er sich in Mailand niederließ.

Nun kommt der Berliner Verleger Paul Langenscheidt ins Spiel, der sich für Manolescus in Französisch geschriebene Memoiren interessierte. Er übersetzte sie ins Deutsche und brachte sie 1905 in Buchform heraus: *Georges Manolescu (Fürst Lahovary): Ein Fürst der Diebe.* Das Buch schlug ein.

Schon nach wenigen Monaten lag die fünfte Auflage in den Läden. Langenscheidt erkannte sogleich die Chance einer gewinnträchtigen Fortsetzung. Der findige Verleger hatte eine ebenso originelle wie stimmige Idee. Er fragte brieflich bei Karl May an, ob der sich vorstellen könne, Georges Manolescus Memoiren weiterzuschreiben. In diesem Ansinnen lag eine gehörige Portion Perfidie. Denn Karl May hatte in seiner Jugend selbst als betrügerischer Hochstapler praktiziert, sich als «Augenarzt Dr. med. Heilig», als «Noten- und Formenstecher Hermes» oder als «Polizeileutnant von Wolframsdorf» ausgegeben. Als «Albin Wadenbach», Neffe eines Pflanzungsbesitzers aus Martinique, war er schließlich aufgeflogen und zu vier Jahren Zuchthaus verurteilt worden, die er von 1870 bis 1874 verbüßte. Wie nicht weiter verwunderlich, verwahrte sich nun der Auserkorene entschieden dagegen, als Manolescu-«Biograf» oder -Ghostwriter indirekt an seine eigene kriminelle Vergangenheit zu erinnern und so als Bruder im Geiste dazustehen. Er notierte: «Langenscheidt, den ich gar nicht kannte, schickte mir den von ihm herausgegebenen Band Manolescu. Er fragte mich, ob ich gesonnen sei, ihm einen zweiten Band dazu zu schreiben. Ich war erstaunt über diese mehr als sonderbare Zumutung und schickte ihm sein Buch zurück.»[12] Nach Karl Mays Absage wandte sich Langenscheidt wieder an Manolescu selbst. Er besuchte ihn in Paris, angeblich, um sich einen Eindruck über seinen Geisteszustand zu verschaffen, hauptsächlich wohl aber, um ihn zu dem gewünschten Fortsetzungsband zu bewegen, was ihm mühelos gelang. Manolescu diktierte den zweiten Band zum größten Teil, wiederum auf Französisch. Bei seiner Übersetzung konnte Paul Langenscheidt nach eigener Aussage nicht einmal die Hälfte verwerten[13] und musste nicht nur kürzen, sondern auch bearbeiten. Insbesondere erotische Episoden seien ausgesondert oder abgeschwächt sowie Hinweise auf lebende Personen unterdrückt worden.[14] Das Ehe-Kapitel wurde zum Schutz der ehemaligen Gattin verändert.

All dies, schreiben, übersetzen, bearbeiten, setzen und drucken, geschah in journalistischer Rasanz. Noch im selben Jahr 1905 kam der zweite Band unter dem Titel *Gescheitert. Aus dem Seelenleben eines Verbrechers* heraus. Trotz seines Untertitels ist er aber keine psychologische Vertiefung, sondern das Ganze nochmals, mit dem Unterschied, dass der zweite Band noch unstrukturierter ist. Auch dieser Band verdankte sich offensichtlich finanziellen Interessen.

Durch die beiden Bände wuchs Manolescus Bekanntheit weiter. Mehrfach setzten sich Großindustrielle mit dem Verleger in Verbindung, die seinem seltsamem Autor eine auskömmliche Stellung «ohne pekuniäre Versuchungen» anboten.[15] Damit ihn das Land, in dem er nun lebte, kennen und würdigen könne, bemühte sich Manolescu um eine italienische Übersetzung.[16] Auch dachte er daran, mit der Schriftstellerei fortzufahren. Er wollte aus seinem Leben ein Theaterstück machen (und in diesem dann die Hauptrolle selber übernehmen) sowie einen weiteren Band mit (erotischen) Geschichten aus seinem Leben folgen lassen. Ferner wollte er dem Verleger das Gehirn verkaufen, damit man später seine Genialität erforschen könne, und er sandte ihm auch gleich einen entsprechenden Vertrag. Langenscheidt lehnte ab. Ebenso erfolglos offerierte er das Gehirn auch dem italienischen Kriminologen Cesare Lombroso und Staatsanwalt Wulffen.[17]

Erst recht der zweite Band hatte den auf der Hand liegenden Verdacht abzuwehren, es gehe dem Verleger einzig um Sensation. Deshalb beteuerte dieser seine (ganz offensichtlich auch juristisch motivierte) Hoffnung, die Memoiren Manolescus würden «– weit entfernt, zu ähnlichen Verfehlungen anzureizen – nach allen Seiten klärend, warnend und erschütternd wirken».[18] Immerhin scheinen die Memoiren für Manolescu selbst zum Mittel der Läuterung und der Verlag zur Resozialisierungsinstanz geworden zu sein.

Bereits vor dem Erscheinen der Memoiren war in der internationalen Presse über Manolescu berichtet worden – in seinen Erinnerungen wies er sogar stolz auf einzelne Meldungen hin, um seine Aussagen zu beglaubigen. Schon 1901 ging er auch in die Literatur ein: Am 21. und 22. November 1901 erschien in den *Münchner Neuesten Nachrichten* die Novelle *Das Ehepaar Kuminsky* des Münchner Schriftstellers Kurt Martens. Sie beruhte auf der ersten Heirat Manolescus, wie Martens in seiner *Schonungslosen Lebenschronik* festhielt:[19]

> «‹Das Ehepaar Kuminski› ging den psychologischen Möglichkeiten nach, die sich aus dem Fall des Hochstaplers Manolescu ableiten ließen. Eben hatte er in Dresden zuerst von sich reden gemacht, weil eine Dame der Dresdner Hofgesellschaft sein Opfer geworden war. In einem D-Zug hatte er sich an die ahnungslose Gräfin Wilding herangepürscht und sie im Nu zur Ehe beschwatzt. Zu spät erfuhren Mutter und Tochter, dass sie einem internationalen Gauner ins Netz gegangen waren.»

Diese Episode hatte sich 1897/1898 abgespielt und wurde nach der späteren Verhaftung Manolescus und der Scheidung publik.

Ein bedeutender und interessierter Leser von Martens' Novelle war Thomas Mann, wie sich aus seinem Brief vom

30. November 1901 an Martens ergibt. 1904 erschien *Das Ehepaar Kuminsky* dann im Band *Katastrophen*, den Martens Thomas Mann widmete.

Zur selben Zeit wurde gemunkelt, dass Manolescu sich mit der Absicht trage, seine Memoiren zu verfassen. So meldete das *Berliner Tageblatt* am 5. Januar 1904: «Manolescu beabsichtigt jetzt, seine Memoiren zu schreiben, die sehr interessant zu werden versprechen, wenn man die Tatsache in Erwägung zieht, dass er während seiner fast zwanzigjährigen Laufbahn Diebstähle in einer Gesamthöhe von nahezu zweieinhalb Millionen Franc verübt und in den höchsten Gesellschaftskreisen der alten und neuen Welt die interessantesten Abenteuer erlebt hat.»[20] Woher hatte das *Berliner Tageblatt* diese Informationen, und weshalb machte es bereits Werbung? Hat am Ende schon Langenscheidt etwas propagandistisch gewirkt?

Georges Manolescus Bücher zeitigten dann auch eine Flut von Rezensionen in der Tagespresse. Thomas Mann, dessen Frühwerk bereits von zahlreichem Personal mit hochstaplerischen Zügen und Dilettanten aller Art bevölkert wurde – man denke nur an die Erzählungen *Der Bajazzo* (1897), *Luischen* (1900) und *Das Wunderkind* (1903), ganz zu schweigen von den Heiratsschwindlern und Betrügern Grünlich und Weinschenk in den *Buddenbrooks* (1901) –, gehörte vermutlich schon im Erscheinungsjahr zu den begierigen Lesern der Manolescu-Memoiren. Die Lektüre brachte für ihn nämlich nicht nur eine Anregung, sondern auch eine Bestätigung: Im Kriminellen erkannte er vielfach Künstlerisch-Eigenstes wieder. Dass im Hochstapler Künstler und Verbrecher zusammenfielen, musste Thomas Mann nicht in Manolescu hineinlesen, das sagte dieser schon selbst – und stellte damit Nietzsches Künstlerbild auf den Kopf. Er war kein Künstler mit den Mitteln des Betrugs, sondern machte umgekehrt aus dem Betrug eine Kunst. Handwerklich konnten Thomas Mann die Memoiren als «Thatsachen- und Fabel-Gerippe» dienen, wie er es in einem Brief vom 14. März 1902 an Hilde Distel formuliert hatte. Sie lieferten eine Fülle von Typen, Handlungen, Szenen, Motiven, Themen, die eine brauchbarer als die andere. «Was mich aber stilistisch bezauberte», hielt Thomas Mann in seinem *Lebensabriss* von 1930 fest, «war die noch nie geübte autobiografische Direktheit, die mein grobes Muster mir nahelegte.»[21]

So standen George Manolescus Memoiren also Pate bei der Konzeption der *Bekenntnisse des Hochstaplers Felix Krull*. Insbesondere in den frühen *Bekenntnissen* sind diese überall wiederzuerkennen. Sie boten reiches Material für die Figur des Protagonisten, zur Technik und Psychologie des Hochstaplers, aber auch für weitere Figuren, und darüber hinaus zahllose Realien. Hans Wysling und vor ihm schon Peter de Mendelsohn führten aus, Thomas Mann habe sich bei der Fixierung von Felix Krulls Lebenslauf weitgehend an Manolescus Biografie gehalten. Die Analogie geht indes nicht ganz so weit. Felix Krull kommt im Roman nicht über sein 21. Altersjahr hinaus, das Buch bricht schon auf der ersten Station der Weltreise ab. Er arbeitet nicht als Hoteldieb, er kommt nicht ins Zuchthaus und heiratet nicht. Immerhin aber wird auch das frühe Fragment von einem Erzähler verfasst, der diese Stationen hinter sich weiß. Sie sind also in seiner Erzählung vorausgesetzt und auch in einzelnen Andeutungen und Vorgriffen präsent. In einer Notiz hielt Thomas Mann 1910 fest: «Felix Krull wird mit 20 Jahren Kellner, lernt mit 21 Jahren den jungen Aristokraten kennen, an dessen Statt er reist. Kehrt mit 22 zurück. Arbeitet bis 27 als Hoteldieb. Von 27 bis 32 im Zuchthaus. Heirat mit 34. Gerät mit 39 wieder in Untersuchungshaft und wird von den Polizisten an das Sterbebett seiner Frau begleitet. Flucht aus dem Untersuchungsgefängnis und Entweichung nach England.»[22]

Georges Manolescu – oder sein Übersetzer – schreibt ein Gartenlauben-Deutsch. Bildungssprachliche Partikel oder verdeckte Literatur-Zitate, die wohl Paul Langenscheidt zuzuschreiben sind, werden parodistisch eingesetzt. An diese Sprache klingt der *Krull* manchmal wörtlich an. Glänzend beherrscht Manolescu den Euphemismus, die Ironisierung. Seine Existenz gibt er dauernd als «Abenteuer» aus und verharmlost sie so.

Die Darlegungen eines notorischen Lügners stehen unter dem Generalverdacht der Lüge. Ihn überzeugend zu entkräften, bedürfte es einer glaubwürdigen Läuterung. Der Wahrheitsanspruch eines Hochstaplers gründet auf dem Sockel seiner Bekehrung. Aber Manolescu ist nicht lauter, sondern lediglich älter geworden. Dass er wiederholt im Zuchthaus saß, bewirkt und beweist keine Wandlung von Haltung und Charakter – im Gegenteil, auch nach der Verbüßung von Strafen hat er unverdrossen fortdelinquiert. Auch seine Memoiren folgen nicht einmal ansatzweise dem traditionellen religiösen Schema von Konfessionen: Beichte, Läuterung, Buße, Bekehrung, Rückkehr des verlorenen Sohnes in die Gemeinschaft der Rechtschaffenen. Manolescu kennt weder Scham noch Reue, noch Schuldbewusstsein.

Von Ibsen war zu lernen, dass Schreiben Selbstanalyse, mit anderen Worten: Gerichtstag halten über sich selbst, hieß.[23] Manolescu hielt herzlich wenig davon. Seine Selbstdarstellung diente der kreativen Konstituierung einer Idealidentität. Auch Thomas Mann ging es in den *Bekenntnissen des Hochstaplers Felix Krull* nicht um Selbstquälerei oder

Selbstzerfleischung in pietistischer Manier. Nirgendwo eine Spur von christlicher *confessio*, von bußfertiger Lebensbeichte, von Sünden- oder Unrechtsbewusstsein. Die Selbsterforschung diente vielmehr dem Selbstbildnertum, der Identitätskonstituierung im kreativ erinnernden Rückblick.

Mit seinen Memoiren gelang dem «glänzenden Herrn Manolesku» (so Thomas Mann 1913)[24] das Kunststück, sich erdichtend ein letztes Mal als Meisterlügner in Szene zu setzen. Er fingierte ganze Episoden, erfand Verbrechen und frisierte die gestohlenen Summen. In reiner Fabulierlust erfand er sich selbst noch einmal und ließ die Leser an seine Erfindung glauben. Dies ergab eine besondere Geständnissituation: Die «Beichte» wurde Täuschung, die «Offenbarung» Delikt. Manolescus nicht ganz neue These, dass die Welt danach schreie, betrogen zu werden, bewies sich auch an der Aufnahme seiner Memoiren. Das Publikum ließ sich bereitwillig hinters Licht führen.

Als Manolescu am 2. Januar 1908 in Mailand starb, wurde weitherum darüber berichtet. Im Rückblick von 1918 hielt Hermann Pilz dazu fest: «[W]enn wir heute die damaligen Kundgebungen in den großen Blättern Deutschlands, Frankreichs, Englands, Italiens usw. überblicken, so müssen wir gestehen, dass sein Tod als ein so interessantes Ereignis, eine so hervorragende Begebenheit angesehen wurde, als ob ein Fürst sich zu seinen Ahnen versammelt, ein König aus dieser Zeitlichkeit geschieden wäre. Und man hat ihn auch tatsächlich schon bei Lebzeiten einen König genannt, den König – der Diebe im Allgemeinen, den König der Hoteldiebe im Besonderen.»[25] Weiterhin blieb Manolescu in der Presse gegenwärtig, etwa 1911 in einem Artikel *Der Hochstapler von heute, ein Kapitel aus der modernen Kriminalistik*[26], in dem «die berühmtesten Diebe und Hochstapler» mit Foto abgebildet wurden, darunter auch – wie die Bildlegende ausweist – «Der ‹König der Diebe, Fürst Manolescu›, der eleganteste, raffinierteste und bedeutendste Hochstapler der Gegenwart».

1920 war Manolescu Gegenstand eines von Max Mendheim und Hermann Pilz herausgegebenen Reclam-Büchleins *Berühmte Kriminalfälle. Nach dem Neuen Pitaval und anderen Quellen, Zwölfter Band: Manolescu, der Fürst der Diebe.*[27] 1927/1928 erschienen in der Vereinigten Verlagsgesellschaft Dietsch und Speka in Leipzig 27 Manolescu-Heftromane.[28] Die einzelnen Hefte, in sich geschlossen, folgten nur lose dem Original – wodurch Manolescu noch mehr zur fiktiven Figur wurde. Drei dieser Geschichten sind in einer Zusammenstellung von Werner G. Schmidtke von 1932 abgedruckt.[29] In der Einleitung hieß es jeweils: «Manolescu […] machte vor Jahren durch seine unerhört genialen und dreisten Diebstähle überall in der Welt von sich reden. Die in dieser Sammlung vorliegenden Romane sind auf Grund authentischer Unterlagen geschrieben und beweisen erneut, dass das Leben selbst den krassesten, fantastischsten und interessantesten Roman übertrifft.» Welche «authentischen Unterlagen» da gemeint waren, wird allerdings nicht ausgeführt. 1935 wurde Manolescu in *Schicksale und Verbrechen: Die großen Prozesse der letzten hundert Jahre* beschrieben. 1958 erschien ein weiterer Heftroman zum Thema, Nr. 14 innerhalb der Reihe «Prominent» des Bastei-Verlags in Rastatt: *Frauen, Fürsten und ein Dieb. Ein Lebensroman um den Hochstapler Fürst Lahovary.* Unter dem Titel *Manolescu, der «König der Hoteldiebe»* befasste sich Paul Schweder 1961 mit dem Hochstapler, und schließlich wurde er auch in eine Zusammenstellung *Indizien* von 1966 aufgenommen.

Sodann wurde sein Leben in Deutschland verschiedentlich mehr oder weniger frei verfilmt: erstmals 1919 unter dem Titel *Der Fürst der Diebe und seine Liebe* mit Viggo Larsen, dann 1920 als *Manolescus Memoiren / Fürst Lahovary, der König der Diebe* mit Conrad Veidt; 1929 folgte *Manolescu – Der König der Hochstapler* mit Ivan Mosjoukin und 1932/1933 *Manolescu – Der Fürst der Diebe* mit Iván Petrovich. In Ernst Lubitschs Filmkomödie *Trouble in Paradise* (1932) heißt eine der Hauptfiguren, ein Dieb und Betrüger, Gaston Monescu. Der Film lehnte sich in mehreren Episoden an Manolescus Memoiren an. Am 9. und 10. Juni 1972 wurde im Zweiten Deutschen Fernsehen der Spielfilm *Manolescu – die fast wahre Biographie eines Gauners* als zweiteilige Fernsehsendung ausgestrahlt.[30]

1963 erschien in London eine Manolescu-Biografie: *The Prince of Thieves: A Biography of George Manolesco alias H.H. Prince Lahovary alias The Duke of Otranto*; 1964 und 1965 folgten deutsche und holländische Übersetzungen.[31] Beim Autor handelt sich um Joachim Joe Lynx (1898–nach 1965), einen deutschen Journalisten.[32] In den 1920er-Jahren arbeitete er als Korrespondent in Wien, wo er Material sammelte, das er später für sein Manolescu-Buch verwertete. Als Jude emigrierte er in den 1930er-Jahren nach England. Sein Manolescu-Buch, ohne Nachweise und mit offensichtlich fingierten Dialogen, besitzt allerdings nur geringen Quellenwert.

Das 20. Jahrhundert hat etliche spektakuläre Hochstapler, Status-Schwindler und Gentleman-Gauner hervorgebracht: allen voran Friedrich Wilhelm Voigt (den «Hauptmann von Köpenick»), «Graf» Victor Lustig (den Verhökerer von Gelddruckmaschinen, sogenannten «Rumänischen Schachteln», und des Eiffelturms) oder Harry Domela (Hohenzollernprinz von eigenen Gnaden). Doch George Manolescus Ruf überdauerte. Peter Sloterdijk nannte ihn in seiner 1983 erschienenen *Kritik der zynischen Vernunft* einen «Jahrhunderthochstapler»[33]. 1984 brachte der Verlag Klaus G. Renner die Memoiren neu heraus: *Georges Manolescu, Der Mann mit dem blauen Gehrock, Memoiren eines Hochstaplers.*[34] Der Titel dieser fragwürdigen Edition, vom S. Fischer Verlag ins Taschenbuch übernommen, stammt nicht von Manolescu und wird auch nicht erklärt. Das Nachwort führt aus, die Herausgeber – die nicht einmal genannt werden! – hätten sich an Manolescus Memoiren *Gescheitert* «orientiert». Tatsächlich haben sie sie erheblich verändert und gekürzt. Der erste Band *Ein Fürst der Diebe* bleibt unerwähnt.

Manolescus Memoiren liefern viele Hinweise zu Voraussetzungen, Technik und Psychologie des Hochstaplers. Manolescu (der zunächst Georgiu Mercadente Manulescu hieß)[35] nimmt immer wieder andere Namen, Titel und Identitäten an: Herzog von Otranto, Marchese da Passano, Prinz von Padua, Graf Festetisch, Georges Lahovary Fürst Georges Lahovary, Georg Mercadente, Pasquale Dombrini, Dr. Davila[36]. Er tritt auch als «Dr. iur.» auf und lässt sich mit «Herr Doktor» ansprechen.

Seine Schilderungen zeigen, dass zwischen «Bürger» und «Verbrecher» kein kategorialer Unterschied besteht, nur ein gradueller. Manolescus Taten erscheinen als Ausweitung und Intensivierung einer Verhaltensweise, die noch nicht als kriminell wahrgenommen wird. Das Streben nach Geld und Gold entspricht den Werten der bürgerlichen Gesellschaft. Die Subversion besteht allenfalls in einem Sozialprotest gegen die ungleiche Verteilung der Güter, auf die der Diebstahl meist verweist. Der Kaufmann, der Profit anstrebt, heißt es, müsse nur einen Schritt machen, um zum gewinnsüchtigen Betrüger zu werden. Auch Manolescu betont den Nutzen bürgerlicher (Sekundär-)Tugenden für verbrecherische Zwecke. Dieselben Qualitäten und Mittel, die den Bürger, den Politiker, den Geschäftsmann, den Wissenschaftler voranbringen, sollen es auch beim Verbrecher tun. Wer schneller, skrupelloser, verschlagener, gerissener, entschlossener ist, überholt die andern, hier wie dort.

Auch der Betrug will mit Fleiß erarbeitet und geleistet sein. Es bedarf seriöser Vorbereitung. Einmal übt Manolescu vierzehn Tage ununterbrochen vor dem Spiegel und macht «tausendmal begonnene und immer von Neuem aufgenommene Versuche». Er bezeichnet seine Tätigkeit ironisch als «Arbeit», «Handwerk», «Beruf» und «Profession». Wiederholt spricht er – wie vor ihm schon das *Berliner Tageblatt* – von seiner «Laufbahn». Tatsächlich verbessert er sein Diebesdasein, wechselt von Ladendiebstählen, die nicht viel einbringen, zu den lukrativen Hotel- und den Juwelendiebstählen, und kommentiert: «[Ich] verlor keinen Augenblick, mich in meinen neuen, noch aristokratischeren Beruf einzuarbeiten.» Er spricht ferner von einer «Lehrzeit», dass «vom Lehrling zum Gesellen und Meister [...] ein weiter Weg» sei und dass er seine «Meisterprüfung abgelegt» habe. Seine Memoiren werden so zu einer Parodie des Bildungsromans. In diesem Zusammenhang ist anzufügen, dass die Kriminologen des 19. Jahrhunderts den Begriff der Arbeit dazu verwendeten, «die müßiggängerische von einer tätigen Lebensweise abzugrenzen». Sie wandten sich gegen ein «Verständnis von Arbeit als beliebige[r] Tätigkeit» und «betrachteten die Gleichsetzung des ‹schändlichen Handwerks› eines Gauners mit einem bürgerlichen Gewerbe als Ausdruck eines völlig abgestorbenen Rechtsgefühls». Der Arbeitsbegriff wurde «moralisch aufgeladen» und sollte «zur Grenzziehung zwischen bürgerlicher und krimineller Welt» dienen.[37] Manolescu übernimmt diese Haltung, die er und sein Verleger auch bei den Lesern vermuten müssen, durch die ironische Verwendung des Arbeitsbegriffs.

Bürgerliche Instinkte spricht auch Manolescus Wenn-schon-denn-schon-Haltung an, das Postulat eiserner Konsequenz bei der Durchführung eines Plans: «Von vornherein war mir klar, dass, wenn man etwas unternimmt, man sich entweder die denkbar größte Geschicklichkeit für seine Aufgabe aneignen oder besser gar nicht anfangen müsse.» So spricht auch ein Bürger und Kaufmann, der anderen Geschäften nachgeht. Schließlich betont Manolescu den Faktor Zeit und zitiert gleich zweimal Benjamin Franklins geflügeltes Wort *Zeit ist Geld*, zunächst in Bezug auf die englische Rechtsprechung, die ohne langes Verfahren zum Urteil komme, und dann, als wäre er ein Leistungsethiker, ironisch in Bezug auf seine eigenen Diebstähle.

Auch auf dem Heiratsmarkt verhält sich Manolescu in Übereinstimmung mit einer weitverbreiteten Praxis. Die Ökonomie der ehelichen Verbindung wird ins Handfeste getrieben. Das wichtigste Attribut jeder heiratsfähigen Frau ist ihre finanzielle Ausstattung. Unbedingt will Manolescu eine Frau heiraten, die ihm eine Rente von jährlich einer halben Million Franc sichert und damit das Arbeiten erspart. Die Umsetzung seines Plans geht er unternehmerisch an. Er überlegt sogar, ob er einen Kommanditisten finden könnte, der so viel in ihn investiert, dass er zu einer reichen Heirat gelangt, also einen stillen Teilhaber an einem Unternehmen, dem er dann nach erreichtem Ziel das Doppelte oder Dreifache erstatten könne.

Ein häufiges Muster ist die beidseits nutzbringende Verbindung von Geld und Adel. Manolescu berichtet davon, wie sich eine Ehe anbahnt zwischen ihm als «Herzog von Otranto» und einem reichen amerikanischen Mädchen mit einer Mitgift «von 50000 Dollar Rente pro Jahr»[33]. Er brächte den Adel ein, seine Braut das Geld. Dass sein Adel kein richtiger ist, verhinderte das Geschäft nicht, sondern modifizierte es.

In seiner ersten Ehe vertauscht Manolescu die Rollen: Er spielt den vermögenden rumänischen Gutsherrensohn und heiratet eine deutsche Adlige ohne Vermögen. Er schwindelt sich zur Heirat, indem er behauptet, über jene Rente zu verfügen, die er eigentlich anstrebt. Diese Heirat, im Buch als Liebesheirat deklariert, ist ein grober Geschäftsfehler, nimmt aber immerhin später Leserin und Leser für Manolescu ein.

Hochstapelei ist eine «beständige Komödie und Lüge». Der Hochstapler ist unaufhörlich Schauspieler. Unter allen Umständen hat er seine Rolle zu halten. Miene, Geste, Wort, alles muss auf den Gleisen wenn nicht des Vorgenommenen, so doch des situativ Erforderlichen bleiben, nicht einmal nur aus Angst vor Entdeckung, sondern auch aus Berufsstolz. Die Selbstbeherrschung ist keine Äußerlichkeit, sie muss von innen kommen und psychologisch erzeugt werden, wenn sie als ganz echt erscheinen soll.

Seit den Zeiten, welche Klugheitslehren provozierten, hat sich nichts geändert: Die gesellschaftlichen Strukturen basieren auf dem Prinzip der Lüge. Der Hochstapler lügt insofern nicht, als sein Lügen der Regel der Gesellschaft entspricht. Er offenbart ihre Lügenwahrheit deutlicher als sie selbst. Aufklärung als Plädoyer: Indem der Hochstapler die Welt als hochstaplerisch entlarvt, entlastet er sich selbst. Das Mittel zum Erfolg ist überall Täuschung. Nun könnte jeder talentierte Blender und Täuscher reüssieren, in «Politik, Handel, Industrie und Wissenschaften». Weshalb versucht Manolescu seine Talente nicht dort in Ruhm und Reichtum umzumünzen? Weil er da, wie er sagt, von Geburts wegen ausgeschlossen ist. Dies zwinge ihn zum Hochstaplertum: In einer Gesellschaft, die keine Meritokratie ist, muss der Außenseiter seine soziale Existenz und Herkunft fälschen, die Zeichen der Macht vortäuschen, um zu den Mächtigen zugelassen zu werden. Nun ging es aber im Kaiserreich durchaus auch um Leistung, es herrschte Wirtschaftsliberalismus, und tüchtige Unternehmer drängten kraft ihres Erfolgs mit an die Spitze. Allerdings war dies in der Regel mit Arbeit und Mühsal verbunden. Nach eigener Aussage hätte der talentierte Herr Manolescu auch auf vielen anderen Gebieten erfolgreich sein können. Umso brüchiger wird seine Kritik. Und doch mag seine Taktik aufgehen. Der da für sich so dahinbetrog, wurde gedeckt durch den epidemischen Betrug in der Gesellschaft. Auf dem Schwindel, den Manolescu betrieb und beschrieb, gründete ihre eigene Existenz.

Der Anlass, sich für das Verbrechen zu entscheiden, soll die Empörung über das unverdiente Glück eines unbegabten Studenten gewesen sein, der allein durch seinen Adelstitel eine reiche Ehefrau erwarb. «Dieses eklatante Beispiel dafür, wie willkürlich das Schicksal seine Gaben unter die Menschen austeilt, erschütterte mich geradezu und pflanzte den ersten Keim der Auflehnung gegen die Ungerechtigkeiten dieser Welt in mein Herz.» Wie aufgesetzt diese Empörung ist, zeigt sich nur schon daran, dass von ihr erst im zweiten Buch berichtet wird, als Manolescu gewissermaßen unter Anleitung des Verlegers schrieb (oder als dieser gar selbst schrieb). Im ersten Band war von dem angeblichen «Feldzug» gegen die «Gesellschaft», dem «Kampf mit der französischen Gesellschaft» noch keineswegs die Rede gewesen. Manolescu stilisiert sich nicht nur zum Opfer, sondern aufs Unglaubwürdigste auf einmal auch zum einsamen Helden der Notwehr – er gegen alle.

Auch wenn er die Polizei verachtet und die Justiz betrügt – Manolescus Gegner ist das jeweilige Opfer, nicht Staat und Gesellschaft, zu deren Spitze er ja vielmehr kostenlos gehören will und von deren Verfasstheit er profitiert. Seine Autobiografie lässt sich nicht als Ausdruck eines politisch motivierten Rebellentums lesen, auch wenn der Verleger an einer solchen Darstellung merkantil interessiert war und sie vermutlich stark in diese Richtung lenkte. Sein Infantilismus, der Gesellschaft Schuld daran zu geben, dass er nicht beliebig hohe Summen stehlen und verspielen kann, verdient den Namen Sozialkritik nicht. Manolescu wendet sich bei seinem egoistischen Tun nicht gegen die Gesellschaft und will sie schon gar nicht ändern, denn dadurch würde er sich selbst ja die Geschäftsgrundlage entziehen. Er zielt nicht auf Weltverbesserung, sondern auf Selbstbereicherung.

Mit seinen Memoiren tritt Manolescu nicht als Fürst Lahovary, sondern als Hochstapler Manolescu vor sein Publikum. Entscheidend ist dabei der literarische Auftritt. Das wirkliche Leben bleibt im Hintergrund und der Brechungswinkel der Inszenierung zur historischen Realität ohne Belang. Die Hochstapelei geht mit literarischen Mitteln weiter. Manolescu fiktionalisiert seine Existenz, zieht das Grobschlächtige und Banale ein Stück weit ab und stilisiert sich zum feinnervigen Künstler. Andere Figuren kommen und gehen in dieser ich-zentrierten Autobiografie und gewinnen nur selten Farbe und Kontur, wobei dem Autor immerhin zugute zu halten ist, dass manche Helfer oder Opfer dafür bezahlt haben sollen, in seiner Erzählung *nicht* vorzukommen. Im Wesentlichen bilden sie die Folie, vor der der Held sich abhebt.

Mit der Erzählzeit wird in Manolescus Kunstprodukten sehr frei umgegangen. Wiederholt greift der Erzähler vor («Ich habe den Ereignissen vorgegriffen», «Ich kehre zurück»). Dabei versucht er auch Spannung zu erzeugen: «Wohl sah ich beide später wieder, aber unter welch fürchterlichen Umständen!» Eine achtzehnmonatige Strafe wird mit einem einzigen Satz abgetan. Der Erzähler spart aus und nimmt, unter Missachtung der Chronologie, laufend Wechsel vor. Nach der Verurteilung in Luzern spielt das Geschehen unvermittelt in Philadelphia. Die Szenen lösen einander in rascher Folge ab. Das Erzähltempo ist rasant; zu Beginn trägt jeder Abschnitt ein neues Delikt vor. Dabei sind die Kapitel von sehr unterschiedlicher Länge. Im ersten Buch gehören dem ersten zwei, dem zwanzigsten vierundvierzig Seiten. Das hängt wohl auch damit zusammen, dass Manolescu seine Memoiren zunächst für eine Zeitung schrieb und die einzelnen Artikel erst später zu einem Buch fügte.

Der Ich-Erzähler setzt die Welt fest; was ist, ist durch seine Erzählung. Daher muss nicht nur der Held, sondern auch der Erzähler vor der Leserschaft bestehen. Während Goethe schon im Titel zum Ausdruck bringt, dass seine Autobiografie Wahrheit *und* Dichtung sei, schwört Manolescu auf die reine Wahrheit seiner Geständnisse. Man soll sie als zutatenfreien Tatsachenbericht auffassen. Zur Inszenierung von Glaubwürdigkeit geizt er nicht mit Orts- und Zeitangaben. Wiederholt verspricht er, seine Erfahrungen rücksichtslos und einzig der Wahrheit verpflichtet aufzuschreiben und die Ereignisse zu schildern, «wie sie sich zugetragen» haben. Nach der Beschreibung einer tollkühnen Flucht durch den Sprung von einem Dach führt er aus: «Allein dieses Erlebnis, so unglaublich es auch erscheint, ist authentisch. Sämtliche Zeitungen Frankfurts, Deutschlands und ganz Europas haben von dem Vorfall, der sich am 3. Oktober 1899 ereignete, berichtet. Diejenigen, die irgendwie daran zweifeln, können jederzeit bei der Frankfurter Polizei Informationen darüber einholen.» Manolescu stellt also die Presse in den Dienst der Beglaubigung seiner Ausführungen, und darüber hinaus komischerweise auch die Polizei. Er will Geschichtsschreiber sein. Aber er zieht teleologisch Schlüsse, wertet und ordnet ein, vor allem im zweiten Band, und macht sich dadurch erst recht zum «Dichter». Dies gilt, wie erwähnt, auch in Bezug auf die Behandlung der Zeit. Dichtung erlaubt Beschleunigung und Retardierung, Zeitraffung und -dehnung. Manolescu geht noch darüber hinaus. Er springt vor und zurück. Manches fasst er äußerst summarisch zusammen oder überspringt es ganz, anderes breitet er lustvoll aus. All dies unterstreicht, dass da kein Chronist am Werke ist.

An der «Zuverlässigkeit» des Erzählers und der Authentizität seiner Memoiren weckt auch ihre Machart erheblichste Zweifel. Da werden Dialoge hingestellt, die zehn oder zwanzig Jahre zurückliegen, ohne dass ihre Wortgenauigkeit plausibilisiert würde – und dies, nachdem der Autor den zweiten Band «ohne die geringste Notiz» und «frei nach dem Gedächtnis» verfasst hat. Der Erzähler lässt Dritte Aussagen machen, bei denen er nicht dabei war, ohne dies zu erklären. Auch werden von vielem Diebesgut allzu präzise Wert- und Erlösangaben gemacht. Schon zu Beginn führt Manolescu aus, dass er insgesamt über 200 Diebstähle begangen habe, dass sich der Gesamtwert des Gestohlenen auf über 7 Millionen Franc belaufe und dass er daraus zweieinhalb Millionen Franc hehlerisch erlöst habe. Er behauptet damit implizit, über seinen Erwerb Buchhaltung geführt und nach anderthalb Jahrzehnten immer noch einen genauen Überblick zu haben. Auch im Einzelnen atmen seine Stückchen oft größte Unwahrscheinlichkeit. Nachdem er in London verhaftet worden ist, soll der zuständige Richter «in sämtlichen Hauptstädten der Welt» angefragt haben, ob Manolescu polizeilich aktenkundig sei. Solche Übertreibungen und Ausschmückungen zeigen, dass er auch als Erzähler ohne Hemmungen schwindelt. Es kommt ihm nicht auf Wahrheit, sondern auf Wirkung an. Im Anhang zum ersten Band findet sich ein Bericht seines Verteidigers Dr. Schwindt, Berlin, der im Rahmen des Anwaltsgeheimnisses die Abschnitte, die er verfolgen konnte, als zum Teil schlicht falsch bezeichnet.

Seine Memoiren, behauptet Manolescu, sollen Dokument sein, kein Roman. Aber an ihnen haben ein bis zwei Schelme mitgeschrieben. Nicht zu übersehen ist der Einfluss des Verlegers Paul Langenscheidt, der die verschiedensten Funktionen übernommen hat: Er hat beide Bände aus dem Französischen übersetzt und bearbeitet.[39] Besonders stark war der Eingriff beim zweiten Band. Im Vorwort führte Langenscheidt aus:[40] «[B]ei den eigentümlichen Verhältnissen, in denen Manolescu das Buch verfasste – ohne die geringste Notiz und unter wöchentlicher Übersendung des frei nach dem Gedächtnis Geschriebenen an den Verlag –, hat der Übersetzer hier und da von dem ihm übertragenen Recht gleichzeitiger Bearbeitung vorsichtigen Gebrauch machen müssen.» Wie aus einer Studie von Staatsanwalt Wulffen hervorgeht, «verwertete» Langenscheidt nicht einmal die Hälfte[41] und kürzte massiv. Der zweite Band, wie er im Druck vorliegt, enthält also nur einen Bruchteil der Vorlage. Es ist anzunehmen, dass diese «Bearbeitung» auch Stilisierung bedeutete.

Der Verleger amtierte obendrein als Herausgeber. Er stellte den Büchern Vorworte voran und war für die Anhänge verantwortlich. Auch die Buchtitel und -untertitel stammen mit großer Sicherheit von Langenscheidt. Der Titel *Ein Fürst der Diebe* ist bei aller möglichen Ironie in verschiedener Hinsicht eine Provokation. Er bringt den Adel zusammen mit der Welt der Kriminalität. Fürst und Dieb bilden Begriffskreise, von denen suggeriert wird, dass sie sich überschneiden. Im Untertitel *Erlebtes und Erlittenes*[42] rekurriert «Erlebtes» auf Authentizität, «Erlittenes» erst recht. Der Täter wird passiviert, zur Leidensfigur, zum Opfer stilisiert; als hätte er nicht aktiv Verbrechen auf Verbrechen gehäuft. Die Titelgebung des zweiten Bandes scheint der bürgerlichen Moral zu folgen: Aus einem *Fürsten der Diebe* wird ein *Gescheiterter*. Das muss jede rechtstreue Seele freuen. Aber es handelt sich auch hier um Titelschwindel. Es bleibt vollkommen unklar, worin nach der Darstellung des fürstlichen Verbrechertums auf einmal das Scheitern liegen soll, nachdem in beiden Bänden dasselbe in derselben Tonalität erzählt wird. Manolescu «scheitert» im ersten Band ebenso sehr oder ebenso wenig wie im zweiten. Er folgt dem von seinem Verleger der guten Ordnung halber matt geforderten Bekenntnis nicht und kniet auch als Schriftsteller nicht vor den Altar der bürgerlichen Moral. Schließlich stimmt auch der Untertitel *Aus dem Seelenleben eines Verbrechers* nicht so ganz – der erste Band ist psychologisch so ergiebig wie der zweite.

Schon im Vorwort zum ersten Band nimmt Langenscheidt starken Einfluss auf die Rezeption. Er macht Manolescu auf Schillers Spuren zu einem Resultat der Umwelt («Wir alle sind mehr oder minder ein Produkt der Verhältnisse») und relativiert und entlastet ihn auf diese Weise. Davon, dass

Manolescu, mit Lombrosos Wort, ein «geborener Verbrecher» sei oder eine Manifestation der «Entartung», ist nicht die Rede. Langenscheidt bewertet Manolescu vielmehr positiv: «ein geweckter Junge», «ein lebenshungriger [...] Jüngling», «ein schöner, mutiger, geistvoller Mann», der – in bezeichnender Passivkonstruktion – «auf die schiefe Bahn des Verbrechens getrieben» worden sei. Trotzdem «büßt er doch nicht jeden moralischen Halt ein, glimmt immer wieder ein Funke Ehrlichkeit, Gutmütigkeit und von Ruhe und Behaglichkeit erfüllter Frohsinn in ihm auf und lässt ihn gegen das Ende seines noch jungen Lebens noch Glück und Frieden finden, wie sie andere, die nichts als Mühe und Arbeit kennengelernt haben, niemals von dem Pfad der Tugend und Rechtlichkeit abgewichen sind, meist vergebens suchen». Das gewerbsmäßige Verbrechen wird demnach zum «Abweichen vom Pfad der Tugend und Rechtlichkeit» verniedlicht. Statt von seinen Verbrechen spricht Langenscheidt absurderweise von «Ehrlichkeit», ja «Gutmütigkeit» – wem gegenüber sollte Manolescu sich denn als gutmütig gezeigt haben? –, von «Ruhe», «Behaglichkeit» und «Frohsinn», als handle es sich um reinstes Biedermeiertum. Der chronische Dieb und Betrüger, über die langweiligen Immer-Korrekten emporgehoben, wird zum verlorenen Sohn, der in die gute Bürgerstube zurückkehrt und dafür mit «Glück und Frieden» belohnt wird. Und noch eine unglaubliche Leistung erbringt er: «Ja, dieser Mensch findet sogar noch so viel Genugtuung in alle dem, was er getan und durchgemacht hat, dass er es fertigbringt, in zwei umfangreichen Bänden seine Memoiren zu schreiben und zu veröffentlichen, und so auch noch durch die Selbstverherrlichung seiner Verbrechen den Ruhm eines gelesenen Schriftstellers zu kosten.» Dass er sich selbst widerspricht, indem er eine «Genugtuung» lobt, die auf der «Selbstverherrlichung» von Verbrechen beruht, mag Langenscheidt entgangen sein, oder die «Selbstverherrlichung» dient als Alibi. Völlig verbiedert Langenscheidt seinen Autor allerdings nicht. Denn dieser sei auch «rätselhaft», widersprüchlich, ein psychologisches Rätsel, und zudem begabt: Er hätte «vielleicht Schönes und Großes [...] leisten können, wenn er seine Begabung edleren Zielen zugewandt hätte». Insgesamt leistet Langenscheidt eine immense Stilisierung, indem er den Serientäter umfälscht in eine durch äußere Umstände untugendhaft gewordene Mischung von bürgerlicher Frohnatur und überbürgerlicher Größe.

Schließlich macht der Herausgeber im laufenden Text verschiedene kommentierende Anmerkungen, die im Wesentlichen der «Authentizitätssicherung» gelten. Er spricht bei offensichtlichen Unwahrheiten von «subjektiven Selbsttäuschungen» Manolescus, bittet indirekt um «Nachsicht und Vorurteilslosigkeit» und betont im Stil seines Autors die eigene Glaubwürdigkeit: «Lediglich zur Illustration, wie ernst es der Verlag mit seinen Nachforschungen gehalten hat [...], führen wir an, dass wir wiederholt an sämtliche im Werk und in den Presseberichten genannten Personen mit der Bitte um Auskunft geschrieben haben.» Ob es sich tatsächlich so verhält, muss im Übrigen offenbleiben. Solche «Auskunft» wird, abgesehen von den im Anhang wiedergegebenen, nicht erwähnt, weder die Ausführungen des Autors bestätigende noch sie korrigierende.

Wer Langenscheidts Vorworte mit den Memoiren vergleicht, gewinnt den Eindruck, der Verleger habe als Übersetzer auch stilistisch in hohem Maße eingewirkt.[43] Durch ihn zweifellos – Manolescu kannte weder Goethe noch *Dichtung und Wahrheit* – kommt ein «pseudogoethischer

Ton» in die deutsche Übersetzung. Gemäß Erich Wulffen hat Manolescu nichts gelesen. Ihn charakterisiere «eine erhebliche geistige Interesselosigkeit».[44] Wenn literarische Zitate parodistisch eingesetzt werden, ist dies daher dem Übersetzer zuzuschreiben. So macht Manolescu einem Staatsanwalt vor Gericht den Vorschlag, ihn, «falls er meine Freisprechung beantragte und erzielte, als meinen Sekretär zu engagieren, da er doch als Hochstapler mein Kollege wäre, und dass wir in Nordamerika Arm in Arm unser Jahrhundert in die Schranken fordern wollten» – ein verdecktes, allerdings bekanntes und viel parodiertes Schiller-Zitat aus *Don Karlos*. Dasselbe gilt für bildungssprachliche Partikel. Manolescus/Langenscheidts Sprache ist – wie bereits erwähnt – eine Mischung von blumigem Bilderreichtum, Manierismus, Ironie, Euphemismus, Bildungsbeflissenheit, Zynismus und *Gartenlaube*-Biederkeit, wodurch sie Eindruck machen will, je nachdem aber abstößt oder unfreiwillig komisch wirkt. Nachdem er einen Schlafenden bestohlen hat, sagt Manolescu: «Natürlich fiel es mir gar nicht ein, ihn nach meiner Manipulation aus seinen Träumen zu wecken, denn ich respektiere den friedlichen Schlaf jedes Sterblichen.» Er nennt den Zuchthaus-Aufenthalt eine «unfreiwillige Zurückgezogenheit», und von einem amerikanischen Hehler heißt es: Er «schüttelte mir […] die Hand, als ob er einen Pflaumenbaum abernten wollte».

Während Manolescu an seinem zweiten Buch saß, lernte er die Französin Pauline Pollet kennen. Im Oktober 1905 verlobten sie sich. Im Dezember kam es zu einer zweiten Operation seines rechten Armes, die ungünstig verlief. Im März 1906 musste der Arm amputiert werden,[45] was Manolescus kriminelle Karriere definitiv beendete. Dessen ungeachtet gelangte er im Sommer 1906 zur zweiten Hochzeit.

Damit sicherte er sich, wie er seinen Verleger stolz wissen ließ, eine jährliche Rente von 30 000 Franken und eine Anwartschaft von dreieinhalb Millionen – endlich hatte er das so lange Angestrebte erreicht. Leider aber bedeutete die Amputation nicht das Ende. Der nächste Schnitt ging noch weiter; auch ein Stück der Schulter musste entfernt werden. Davon erholte sich Georges Manolescu nicht mehr. Er starb am 2. Januar 1908 mit nur siebenunddreißig Jahren. Sein Nachlass soll bestanden haben «aus zwölf Anzügen, vierzig Seidenhemden, zehn Paar Lackschuhen und einem gefälschten Adelsbrief»[46].

Thomas Sprecher

ANMERKUNGEN ZUM NACHWORT

1 Thomas Mann, *Bekenntnisse des Hochstaplers Felix Krull*, 3. Buch, 3. Kapitel, GKFA, Bd. 12/1, S. 257 f.

2 Ebd., 5. Kapitel, S. 294.

3 Jacob Grimm/Wilhelm Grimm (Hg.): *Deutsches Wörterbuch*, Fotomechanischer Nachdruck der Erstausgabe 1854–1984, 33 Bände, München: Deutscher Taschenbuch Verlag 1984, Bd. X, Sp. 1633–1634.

4 Kriminalrat Dr. Gebhardt, *Hochstaplerinnen*, S. 15.

5 Kriminalrat Dr. Gebhardt, *Hochstapler*, S. 74.

6 Gustav Aschaffenburg, *Zur Psychologie des Hochstaplers*, S. 544.

7 Ebd., S. 548.

8 Erich Wulffen, *Gauner- und Verbrecher-Typen*, S. 203 ff.

9 Kriminalrat Dr. Gebhardt, *Hochstaplerinnen*, S. 15.

10 Norbert Borrmann, *Das große Lexikon des Verbrechens*, S. 222. Vgl. Andrea Köhler, *Die Elite unter den Verbrechern*. In: NZZ, 31. 12. 2008.

11 Erich Wulffen, *Georges Manolescu und seine Memoiren*, S. 116.

12 Dieter Sudhoff/Hans-Dieter Steinmetz, *Karl-May-Chronik IV*, Bamberg: Karl-May-Verlag 2006, S. 160.
13 Erich Wulffen, *Manolescu und seine Memoiren*, S. 105 f.
14 Ebd., S. 117.
15 Ebd., S. 118.
16 Von Manolescus Memoiren liegen neben den deutschen Ausgaben offenbar nur Übersetzungen ins Englische und Norwegische vor, keine auf Italienisch und auch keine Edition im französischen Original.
17 Vgl. Erich Wulffen, *Manolescu und seine Memoiren*, S. 110f.
18 Manolescu I, 7.
19 Kurt Martens, *Schonungslose Lebenschronik*, S. 44.
20 Manolescu I, Anhang A, S. 260, vgl. S. 259.
21 Thomas Mann, GKFA, Bd. XI, S. 122.
22 Notizblatt F 560.
23 Vgl. Henrik Ibsen, *Ein Vers*. In: *Ibsen's sämtliche Werke in deutscher Sprache, durchgesehen und eingeleitet von Georg Brandes, Julius Elias und Paul Schlenther, vom Dichter autorisiert*, Bd. 1–10, Berlin: S. Fischer [1898–1905], Bd. 1, 1903, S. 167: «Leben heißt – dunkler Gewalten / Spuk bekämpfen in sich. / Dichten – Gerichtstag halten, / Über sein eigenes Ich.»
24 *Vorwort zu einem Roman*, 1913.
25 Hermann Pilz, *Manolescu, der Fürst der Diebe*, S. 5.
26 In: *Berliner Illustrierte Zeitung*, Nr. 18, S. 337–339.
27 Leipzig: Reclam 1920 (o. J.) [= UB 5987].
28 Heinz Bruno Hart [= Heinz Bruno Decker] verfasste die ersten zwölf Nummern. Weitere Autoren waren Max Wing [= Ernst Johann Friedrich Weber] und Ernst A. Czerwonka.
29 S. Literaturverzeichnis.
30 Regisseur war Hans Quest, den jungen Manolescu spielte Michael Heltau, den alten Hans Söhnker. Das Skript stammte von Maria Matray und Answald Krüger. Der erste Teil stellt seine Tätigkeit vor; im zweiten Teil geht es um den Prozess, in dem Manolescu Unzurechnungsfähigkeit simuliert. Answald Krüger führte gegenüber dem *Hamburger Abendblatt* (9. 6. 1972, S. 16) aus: «Manolescu nahm es auch in seinen Erinnerungen mit der Wahrheit nicht so genau. Wir haben deshalb ganz in seinem Sinne einige Retuschen an seinem Leben vorgenommen.»
31 Joachim Joe Lynx, *Manolesco, König der Diebe*, München: List 1964; Joachim Joe Lynx, *Koning der dieven*, Amsterdam: Becht 1965.

32 Vgl. URL: https://de.wikipedia.org/wiki/Joachim_Joe_Lynx; zugegriffen am 26.4.2020.

33 Peter Sloterdijk, *Kritik der zynischen Vernunft*, S. 859.

34 München: Klaus G. Renner 1984; als Taschenbuch 1987 bei S. Fischer.

35 Joachim Joe Lynx, *The Prince of Thieves*, S. 5.

36 Erich Wulffen, *Manolescu und seine Memoiren*, S. 48.

37 Peter Becker, *Verderbnis und Entartung*, S. 194 ff.

38 Manolescu I, 63.

39 Erich Wulffen, *Manolescu und seine Memoiren*, S. 7.

40 Manolescu II, 3 f.

41 Erich Wulffen, *Manolescu und seine Memoiren*, S. 105 f.

42 Der Untertitel war einigermaßen kurrent. Vgl. Heinrich Grans, *Fünfzehn Jahre in Weimar, Erlebtes und Erlittenes*, Leipzig: Spamer 1889. So hieß dann auch der Untertitel der (ersten) Autobiografie des als Mörder verurteilten Carl Hau: *Lebenslänglich, Erlebtes und Erlittenes*, Berlin: Ullstein 1925. Vgl. zu dem viel diskutierten Fall z. B. Reiner Haehling von Lanzenauer, *Angeklagt wegen Mordes, Rechtsanwalt Karl Hau*. In: *Jahrbuch der juristischen Zeitgeschichte* 7 (2005/2006), S. 389–414.

43 Manolescu I, 6.

44 Erich Wulffen, *Manolescu und seine Memoiren*, S. 103.

45 Erich Wulffen, *Psychologie des Hochstaplers*, S. 47.

46 Robert A. Stemmle. In: *Indizien. Der Fall Maria Rohrbach und 5 weitere internationale Kriminalfälle*, S. 235.

LITERATURVERZEICHNIS

Zu Georges Manolescu

Hugo Friedländer, *Manolesco, der König der Diebe vor Gericht*. In: ders., *Interessante Kriminal-Prozesse von kulturhistorischer Bedeutung*, Berlin: Hermann Barsdorf Verlag 1911–1921, Bd. 9.

Alfred Gold, *Georges Manolescu. Psychologie des Hoteldiebs*. In: *Die neue Rundschau*, Berlin: S. Fischer 1906, S. 253–254.

Diana Kainz, *Georges Manolescu im «Kampf mit der Gesellschaft». Oder: Wie viel Rumänien steckt in dem Mann mit dem blauen Gehrock?* In: Dennis Gräf/Verena Schmöller (Hg.), *Rumänienbilder. Mediale Selbst- und Fremddarstellungen*, Marburg an der Lahn: Schüren Verlag 2016, S. 25–40.

Joachim Joe Lynx, *The Prince of Thieves. A biography of George Manolesco, alias H.H. Prince Lahovary, alias the Duke of Otranto*, London: Cassell 1963 [dt.: *Manolesco, König der Diebe*, München: List 1964; ndl.: *Koning der dieven*, Amsterdam: Becht 1965].

Kurt Martens, *Schonungslose Lebenschronik*. Zweiter Teil, 1901–1923, Wien u. a.: Rikola 1924.

Hermann Pilz, *Manolescu, der Fürst der Diebe*, Leipzig: Reclam 1918.

Georg Potempa, *Manolescu – eine Hochstaplerbiographie*, Lübeck 1995.

Thomas Rahn, *Der Lügner als Autor, der Autor als Lügner, Georges Manolescus Memoiren und die Psychologie des Hochstaplers*. In: Hartmut Eggert/Janusz Golec (Hg.), *Lügen und ihre Widersacher. Literarische Ästhetik der Lüge seit dem 18. Jahrhundert*, Würzburg: Königshausen & Neumann 2004, S. 55–71.

Katja Schmidt, *Georges Manolescu: der Bildungsprozess eines hochstapelnden Meisterdiebs*. In: dies., *Lüge, Hochstapelei und Bildung. Bildungstheoretische Annäherungen und biographische Rekonstruktionen*, Bielefeld: Transcript 2018, S. 226–276.

Werner G. Schmidtke, *Georges Manolescu – ein Gauner als Held*, hg. v. Thomas Ostwald, Braunschweig: Edition Corsar 1982 [= Texte zur Heftromangeschichte 5].

Paul Schweder, *Die großen Kriminalprozesse des Jahrhunderts. Ein deutscher Pitaval*, Hamburg: Kriminalistik 1961, S. 63–66.

Thomas Sprecher, *Georges Manolescu und Erich Wulffen*. In: ders., *Literatur und Verbrechen. Kunst und Kriminalität in der europäischen Erzählprosa um 1900*, Frankfurt am Main: Vittorio Klostermann 2015², S. 229–343.

Thomas Sprecher, *Literatur und Verbrechen*, 2., korrigierte und überarbeitete Auflage, Frankfurt am Main: Klostermann 2015.

Thomas Sprecher, *Georges Manolescu*. In: Thomas Sprecher/Monica Bussmann (in Zusammenarbeit mit Eckhard Heftrich), Kommentarband zu Thomas Mann, *Bekenntnisse des Hochstaplers Felix Krull. Der Memoiren erster Teil*. Große kommentierte Frankfurter Ausgabe [GKFA], Bd. 12.2, Frankfurt am Main: S. Fischer 2012, S. 95–104.

Robert A. Stemmle (Hg.), *Der Fürst der Diebe oder Fortunas Schoßkind: der Fall Georges Manolescu*. In: Robert A. Stemmle, *Indizien. Der Fall Maria Rohrbach und fünf weitere internationale Kriminalfälle (Christian B., Andreas Bichel, Franz Schall, Georges Manolescu, Theodor Berger)*, München: Kurt Desch 1966, S. 201–234.

Paul Wiegler, *Schicksale und Verbrechen: Die großen Prozesse der letzten hundert Jahre*, Berlin: Ullstein 1935, S. 194–200.

Erich Wulffen, *Georges Manolescu und seine Memoiren. Kriminalpsychologische Studie*, Berlin-Groß-Lichtenfelde-Ost, Paul Langenscheidt 1907.

Zu Hochstapler- und Verbrechertum,
deren literarische Inszenierung und Bewertung

August Aichhorn/Paul Federn/Anna Freud u.a. (Hg.), *Über Hochstapler und Verwahrloste. Eine Diskussion der Schweizerischen Gesellschaft für Psychoanalyse über den narzißtisch-triebhaften Charakter. Mit einer Bibliographie der deutschsprachigen psychoanalytischen Literatur über Verwahrlosung und Kriminalpsychologie*, 9. Jg., Heft 3, Wien: Verlag der Zeitschrift für psychoanalytische Pädagogik 1935.

Gustav Aschaffenburg, *Zur Psychologie des Hochstaplers*. In: *März*. Halbmonatszeitschrift für deutsche Kultur 1 (1907), S. 544–550.

Arno Baruzzi, *Philosophie der Lüge*, Darmstadt: Wissenschaftliche Buchgesellschaft 1996.

Peter Becker, *Verderbnis und Entartung. Eine Geschichte der Kriminolo-*

gie des 19. Jahrhunderts als Diskurs und Praxis, Göttingen: Vandenhoeck & Ruprecht 2002.

Maria Bettetini, *Eine kleine Geschichte der Lüge. Von Odysseus bis Pinocchio*, Berlin: Klaus Wagenbach 2003.

Norbert Bolz, *Der Kult des Authentischen im Zeitalter der Fälschung*. In: Anne-Kathrin Reulecke (Hg.), *Fälschungen. Zu Autorenschaft und Beweis in Wissenschaft und Künsten*, Frankfurt am Main: Suhrkamp 2006, S. 406–417.

Norbert Borrmann, *Das große Lexikon des Verbrechens. Täter, Motive und Hintergründe*, Berlin: Schwarzkopf & Schwarzkopf 2002.

Pierre Bourdieu, *Die feinen Unterschiede. Kritik der gesellschaftlichen Urteilskraft*, Frankfurt am Main: Suhrkamp 1982.

Isabella Claßen, *Darstellung von Kriminalität in der deutschen Literatur, Presse und Wissenschaft 1900 bis 1930*, Frankfurt am Main u. a.: Peter Lang 1988.

Florike Egmond, *The Noble and the Ignoble Bandit. Changing Literary Representations of West-European Robbers*. In: *Ethnologia Europaea XVU*, Kopenhagen: Museum Tusculanum 1987, S. 139–156.

Lionel Finkelstein, *The Impostor. Aspects of his Development*. In: *Psychoanalytic Quarterly* 43, 1974, S. 85–115.

Monika Fludernik, *Unreliability vs. Discordance. Kritische Betrachtungen zum literaturwissenschaftlichen Konzept der erzählerischen Unzuverlässigkeit*. In: Fabienne Liptay/Yvonne Wolf (Hg.), *Was stimmt denn jetzt? Unzuverlässiges Erzählen in Literatur und Film*, München: edition text + kritik 2005, S. 39–59.

Kriminalrat Dr. Gebhardt, *Hochstapler*. In: *Das Kriminal-Magazin 1*, Dezember 1929, S. 73–79.

Kriminalrat Dr. Gebhardt, *Hochstaplerinnen*. In: *Das Kriminal-Magazin 1*, November 1929, S. 15–23.

John H. Goldthorpe, *The constant flux: a study of class mobility in industrial societies*, Oxford: Clarendon Press 1992.

Detlev Haag, *Betrügerische Hochstapelei und Schwindel. Tat, Täter und Opfer*, Albert-Ludwigs-Universität zu Freiburg im Breisgau 1977.

Irene Haberland, *Schein oder Sein. Der Bürger auf der Bühne des 19. Jahrhunderts*, Oberhausen: Athena 2019.

Ernst Wilhelm Hampel, *Schwärmer, Schwindler, Scharlatane*, Berlin: Neues Leben 1961.

Manfred Hecker, *Psychosoziale Strukturelemente der Subkultur des Betrügers in kriminologischer Sicht*, Thesis (doctoral), Albert-Ludwigs-Universität zu Freiburg im Breisgau 1986; darin: Hochstapelei, S. 141 ff., Geltungsschwindel, S. 144 ff.

Frank D. Hirschbach, *Götterlieblinge und Hochstapler*. In: *The German Quarterly*, 1 January 1959, Vol. 32(1), S. 22–33.

Oliver Hochadel/Ursula Kocher (Hg.), *Lügen und Betrügen. Das Falsche in der Geschichte der Antike bis zur Moderne*, Köln u. a.: Böhlau 1999.

Rodrigo Jokisch, *Logik der Distinktionen. Zur Protologik einer Theorie der Gesellschaft. Studien zur Sozialwissenschaft*, Bd. 171, Opladen: Westdeutscher Verlag 1996.

Hartmut Kaelble, *Historische Mobilitätsforschung: Westeuropa und die USA im 19. und 20. Jahrhundert*, Darmstadt: Wissenschaftliche Buchgesellschaft 1978.

Mick Matthys, *Cultural Capital, Identity, and Social Mobility*, London: Routledge 2012.

Burkhard Müller, *Fälschungen, Verwandlungen. Vom schönen Schein der Bilder, Häuser und Menschen*, Springe: Dietrich zu Klampen 2016.

Ralf Ottermann, *Soziologie des Betrugs*, Hamburg: Kovač 2000.

P. R. Otts, *Das Buch vom gesunden und kranken Protz*, Leipzig/Zürich: Schröter 1900.

Natalie Petiteau, *Élites et mobilités: la noblesse d'Empire au XIXe siècle, 1808–1914*, Paris: La Boutique de l'histoire éditions 1997.

François Gayot de Pitaval, *Unerhörte Kriminalfälle*, hg. u. mit einer Einleitung v. Rudolf Marx, Leipig: Dieterich/Bremen: Carl Schünemann 1980.

Stephan Porombka, *Felix Krulls Erben. Die Geschichte der Hochstapelei im 20. Jahrhundert*, Salzhemmendorf: Blumenkamp 2008.

Vincenzo Ruggiero, *Crime in Literature, Sociology of Deviance and Fiction*, London/New York: Verso 2003.

Benedikt S. Scheper, *Täuschende Talente. Hochstapelei in der Literatur (1890–1940)*, Baden-Baden: Tectum Verlag 2018.

Eberhard Schmidhäuser, *Verbrechen und Strafe. Ein Streifzug durch die Weltliteratur von Sophokles bis Dürrenmatt*, München: C. H. Beck 1996.

Jörg Schönert, *Bilder vom «Verbrechermenschen» in den rechtskulturellen Diskursen um 1900: Zum Erzählen über Kriminalität und zum Status kriminologischen Wissens*. In: ders. (Hg.), *Erzählte Kriminalität. Zur Typologie und Funktion von narrativen Darstellungen in Strafrechtspflege, Publizistik und Literatur zwischen 1770 und 1920*. Vorträge zu einem interdisziplinären Kolloquium, Tübingen: Max Niemeyer 1991, S. 497–531.

Reinhard Schüren, *Soziale Mobilität. Muster, Veränderungen und Bedingungen im 19. und 20. Jahrhundert*. Winkel: St. Katharina 1989.

Franz Schuh, *Literatur und Verbrechen*. In: ders., *Schwere Vorwürfe, schmutzige Wäsche*, Wien: Paul Zsolnay 2006, S. 12–19.

Wieland Schwanebeck, *Über Hochstapelei: Perspektiven auf eine kulturelle Praxis/On Imposture: Perspectives on a Cultural Practice*. In: *English and American Studies in German*, Berlin: De Gruyter 20142014, Vol. 2014(1), S. 36–37.

Thomas-Michael Seibert, *Erzählen als gesellschaftliche Konstruktion von Kriminalität*. In: Jörg Schönert (Hg.), *Erzählte Kriminalität, Zur Typologie und Funktion von narrativen Darstellungen in Strafrechtspflege, Publizistik und Literatur zwischen 1770 und 1920*. Vorträge zu einem interdisziplinären Kolloquium, Tübingen: Max Niemeyer 1991, S. 73–86.

Pitirim Sorokin, *Social Mobility*, New York: Harper 1927.

Thomas Sprecher, *Literatur und Verbrechen. Kunst und Kriminalität in der europäischen Erzählprosa um 1900*, Frankfurt am Main: Vittorio Klostermann 2015[2].

Helene Friederike Stelzner, *Zur Psychologie der verbrecherischen Renommisten*. In: *Zeitschrift für die gesamte Neurologie und Psychiatrie*, Vol. 44, Nr. 1, Dezember 1919, S. 391–435.

Alice Strauß, *Zur Psychologie der pathologischen Schwindler. Aus der psychiatrischen Klinik der Krankenanstalt Lindenburg*, Cöln. In: *Archiv für Kriminalanthropologie und Kriminalistik* 56, Bonn 1914, S. 111 ff.

Martina Wagner-Engelhaaf, *Autofiktion – Theorie und Praxis des autobiographischen Schreibens*. In: Johann Berning u. a. (Hg.), *Schreiben im Kontext von Schule, Universität, Beruf und Lebensalltag*, Berlin: LIT 2006, S. 80–101.

Warnung vor Hochstapler. In: *Schweizer Hotel-Revue / Revue suisse des hotels*, 9. Juli 1892, Vol. 1 (18).

Patricia Waugh, *Metafiction. The Theory and Practice of Self-Conscious Fiction*, London/New York: Methuen 1984.

Martha Wenger-Kunz, *Kasuistische Beiträge zur Kenntnis der Pseudologia phantastica*. In: *Zeitschrift für die gesamte Neurologie und Psychiatrie*, 1920, Vol. 53 (1), S. 263–288.

Erich Wulffen, *Gauner- und Verbrecher-Typen*, Berlin-Groß-Lichterfelde-Ost: Paul Langenscheidt 1910.

Joachim Zelter, *Die Würde des Lügens*, Stuttgart: Ithaka 2000.

Zu Epoche, Schauplätzen und historischen Realien

Baedeker Berlin und Umgebungen. Handbuch für Reisende, Leipzig 1896[9].

Baedeker Oberitalien bis Florenz, nebst Ausflug nach Nizza und Ajaccio. Handbuch für Reisende, Leipzig 1894[14].

Baedeker Paris und Umgebungen. Handbuch für Reisende, Leipzig 1896[14].

Claude-Isabelle Brelot, *La Noblesse réinventée. Nobles de Franche-Comté de 1814 à 1870*, Besançon: Annales littéraires de l'Université de Besançon / Paris: Les Belles Lettres 1992, 2 tomes.

Ion Bulei, *Kurze Geschichte Rumäniens*, Bukarest: Editura Meronia 1998.

Arno Buschmann, *Textbuch zur Strafrechtsgeschichte der Neuzeit. Die klassischen Gesetze*, C.H. Beck: München 1998.

Brockhaus' Kleines Konversations-Lexikon, Leipzig 1911[2].

Moritz Csáky, *Das Gedächtnis der Städte. Kulturelle Verflechtungen – Wien und die urbanen Milieus in Zentraleuropa*, Wien u.a.: Böhlau 2010.

Damen Conversations Lexikon, hg. v. Carl Herloßsohn, Leipzig 1834 ff.

Pierre Delannoy/Michel Pichol, *La saga des casinos*, O. Orban: Paris 1986.

Marius Diaconescu, *Nobilimea românească din Transilvania: Az erdélyi román nemesség*, Satu Mare: Ed. Muzeului Sătmărean, 1997.

Handwörterbuch zur deutschen Rechtsgeschichte, hg. v. Adalbert Erler und Ekkehard Kaufmann, mitbegründet v. Wolfgang Stammler, Erich Schmidt Verlag: Berlin 1964–1998.

Heinz Horat, *Objekte des Strafvollzugs*, Luzern: Historisches Museum Luzern 2006.

John Hostettler, *A History of Criminal Justice in England and Wales*, Winchester: Waterside Press 2009.

Adrian Majuru, *Stadt der Verlockungen: das vormoderne Bukarest zwischen Orient und Europa*, Berlin: Frank & Timme 2014.

Meyers Großes Konversations-Lexikon, Leipzig 1907.

Amy Milne-Smith, *London Clubland: A Cultural History of Gender and Class in Late-Victorian Britain*, London: Palgrave Macmillan 2011.

Nathaniel Newnham-Davis, *The Gourmet's Guide to Europe*, New York: Brentano's 1903.

Jacques-Guy Petit, *Ces peines obscures. La prison pénale en France, 1789–1870*, Paris: Fayard, 1990.

Pierer's Universal-Lexikon der Gegenwart und Vergangenheit oder neu-

estes encyclopädisches Wörterbuch der Wissenschaften, Künste und Gewerbe, Berlin u. Stuttgart: W. Spemann 1857².

E. M. Richard, *Titulaturen, weltliche und geistliche, deutsche und fremdländische*, Leipzig 1890.

Monique de Saint-Martin, *Der Adel. Soziologie eines Standes*, Konstanz: UVK (Edition discours) 2003.

David G. Schwartz, *Roll The Bones: The History of Gambling*, Winchester Books 2013.

Anton Wapf, *Die luzerner'sche Strafanstalt und ihre Leitung seit einem Vierteljahrhundert*. Beitrag zur Kulturgeschichte des Luzernervolkes. Ein Neujahrsgeschenk an die Landesväter, Luzern 1876.

Zu literarischen und filmischen Verarbeitungen von Manolescus Memoiren

Thomas Mann, *Bekenntnisse des Hochstaplers Felix Krull. Der Memoiren erster Teil*. Text- und Kommentarband von Thomas Sprecher und Monica Bussmann in Zusammenarbeit mit Eckhard Heftrich, Große kommentierte Frankfurter Ausgabe, Bd. 12.1/2, Frankfurt am Main: S. Fischer 2012.

Bernhard J. Dotzler, *Der Hochstapler. Thomas Mann und die Simulakren der Literatur*, München: Wilhelm Fink, 1991.

Peter de Mendelsohn, *Der Zauberer. Das Leben des deutschen Schriftstellers Thomas Mann*, Bd. 2: 1905–1918, Frankfurt am Main: S. Fischer 1996.

Heidemarie Oehm, *«Hochstapelei» und Kunst in Thomas Manns Roman «Felix Krull»*. In: Hartmut Eggert/Janusc Golec (Hg.), *Lügen und ihre Widersacher. Literarische Ästhetik der Lüge seit dem 18. Jahrhundert*, Würzburg: Königshausen & Neumann 2004, S. 43–54.

Hans Wysling, *Narzissmus und illusionäre Existenzform. Zu den «Bekenntnissen des Hochstaplers Felix Krull»*, Bern, München: Francke 1982.

Hans Wysling, *Thomas Manns Pläne zur Fortsetzung des «Krull»*. In: ders., Dokumente und Untersuchungen. Beiträge zur Thomas-Mann-Forschung, Bern, München: Francke 1974.

Le 11 Juillet 05.

Georges Manolescu

EDITORISCHE NOTIZ

Als Textvorlage der vorliegenden Neuausgabe der Manolescu-Memoiren dienten die Erstdrucke der beiden 1905 von und bei Paul Langenscheidt herausgegebenen Bände. Im Zuge des Neuumbruchs wurden Druckfehler beseitigt, historische Schreibweisen aktualisiert sowie fehlende Kommata ergänzt bzw. überzählige getilgt. Von der Aktualisierung der Schreibungen betroffen waren in der Hauptsache Währungen («Frank» zu «Franc»), Städte- und Ländernamen («Neuyork»/«Neu-york» zu «New York»; «Edinburg» zu «Edinburgh»; «Neu-Kaledonien» zu «Neukaledonien»), mitunter auch Fachbegriffe («Bakkara» zu «Baccara»; «Verhaftbefehl» zu «Haftbefehl»; «Urteilssprechung» zu «Urteilsverkündigung») und Idiomatik («dreimonatlichen» zu «dreimonatigen»; «auf die Neige gehen» zu «zur Neige gehen»; «mit kaltem Blute» zu «kaltblütig»). Alle Eingriffe in den Text erfolgten unter Beachtung rhetorischer Eigentümlichkeiten. Bei der Tilgung von Druckfehlern war Behutsamkeit ebenso oberstes Gebot wie bei der Anpassung der Orthografie an die heute gültigen Gepflogenheiten.

Die Schreibung fremdsprachiger Ausdrücke und antiquierter Wortstände folgt zur Wahrung des sprachlichen Kolorits der Textvorlage. Vor allem die für das Werk konstitutiven Idiosynkrasien des Autors werden originalgetreu wiedergegeben – der großsprecherische Duktus des Verfassers, das Auftrumpfende, Bildungshuberische. Kein Hochstapler ohne imitatorisches Sprachvermögen, ohne die Fähigkeit, sich den Soziolekt seines Gast-Milieus anzueignen: die Ausdrucksweise, den Konversationston und allerlei diskursive Gepflogenheiten. Manolescus Geschick bewährt sich in der täuschend echten Nachahmung sprachlicher Muster, in perfekter Stilmimikry. Dass er dabei immer wieder ins Formelhafte und Konventionelle abgleitet, ist Teil des Spiels. «Weltanschauungen sind Vokabelmischungen», wird Walter Serner in seinem Hochstapler-Handbrevier *Letzte Lockerung* einige Jahre später schreiben. Bei der Mischung der Vokabeln, in Wahl und Wechsel sprachlicher Register beweist Georges Manolescu großes Feingefühl. Sein rhetorisches Imponiergehabe, zentrales Mittel der schöpferischen Neuinszenierung als Fürst Lahovary, der demonstrative, nicht selten ironisch gefärbte Gebrauch von Fremdwörtern und aristokratischen Parolen (das «à jour», die «Speech», das «Greenback», die «Fourage», das «Office»), sein polyglotter Distinktions-Jargon (von «konvenieren» und «arretieren» über «figurieren», «supponieren» und «equipieren» zu «annektieren», «eskamotieren», «requirieren», «lancieren», «sistieren» und «degagieren») machen ihn zu einem durch und durch modernen Typus, der, entspräche auch nur ein Bruchteil seiner Aufzeichnungen der Wahrheit (s. Nachwort), nicht nur ein Renommist von hohen Gnaden gewesen sein muss, sondern mit Unterstützung seines Souffleurs Paul Langenscheidt auch ein begnadeter Fabulant, Wortjongleur und Stimmenimitator.

Horst Lauinger

INHALT

Die Originalausgaben der beiden hier zusammen publizierten Bände
erschienen 1905 unter dem Titel *Ein Fürst der Diebe. Memoiren*
und *Gescheitert. Aus dem Seelenleben eines Verbrechers*
(nach dem im Besitz des Verlags befindlichen Original
übersetzt v. Dr. Paul Langenscheidt)
bei Paul Langenscheidt in Berlin-Groß-Lichterfelde-Ost.

MIX
Papier aus verantwortungsvollen Quellen
FSC® C014496

Penguin Random House Verlagsgruppe FSC® N001967

Diese Buchausgabe wurde von Greiner & Reichel, Köln,
aus der Sabon Lt Pro gesetzt,
von der Druckerei GGP Media GmbH, in Pößneck
auf FSC-zertifiziertem Papier gedruckt und gebunden.
Den Umschlag gestaltete Cornelia Niere, München,
unter Verwendung eines Motivs von
© K. TICHENOR / ClassicStock / akg-images.
Printed in Germany 2020
ISBN 978-3-7175-2514-1

www.manesse-verlag.de

Dieses Buch ist auch als E-Book erhältlich.

dem Gesetz, endlich – wenn auch mit einem letzten Betrug – in geordnete und ruhige Verhältnisse zu gelangen.

Ich kam in T… am 2. Januar 1901 um neun Uhr morgens an und stieg im «Hotel Marquart» ab. Nachdem ich etwas Toilette gemacht hatte, nahm ich einen Wagen und fuhr in die Stadt, um einiges Spielzeug für mein Kind sowie Geschenke für meine Frau zu kaufen. Hierauf fuhr ich zu der Villa, die meine Frau bewohnte, und ließ den Kutscher vor dem Tor halten. Ich stieg aus und zog fünf- bis sechsmal an der Gartenglocke. Doch nichts regte sich – niemand kam, um mir zu öffnen. Meine Frau wohnte nämlich im Parterre, sodass sie jeden Besuch vom Fenster aus, hinter dem Vorhang verborgen, sehen konnte, ohne dass man sie selbst erblickte. Als sie erkannte, dass ich es war, der an der Glocke zog, unterließ sie es, die Tür zu öffnen, da sie ihrer Tante versprochen hatte, niemals mehr mit mir zusammenzukommen.

Allein ich wollte und musste sie und nicht minder das Kind unbedingt sehen und läutete deshalb unaufhörlich, wohl eine Viertelstunde lang. Endlich öffnete sich die Tür, und Gerda kam an das Gartentor, ohne es jedoch zu öffnen. Sie blieb ängstlich hinter dem Gittertor stehen und fragte mich mit zitternder Stimme, was ich von ihr wünschte, da ich doch wüsste, dass sie mit mir nicht mehr verkehren dürfte. Ich vermochte vor Erregung zuerst nicht zu sprechen. Ich reichte ihr durch das Torgitter die Gegenstände, die ich mitgebracht hatte; allein sie verweigerte ihre Annahme, indem sie sagte, sie könnte nicht wissen, mit wessen Geld ich dies alles gekauft hätte.

Ich bat sie hierauf, mich hineinzulassen und mir unser Kind zu zeigen. Seit achtzehn Monaten, seit meinem Weggang aus M…, hatte ich es nicht wieder gesehen!